U0796243

企业用工合规之道

风险识别与合规策略

亓伟龙　贺继征　陈锐　游本春 / 主编

法律出版社
LAW PRESS · CHINA
北京

图书在版编目（CIP）数据

企业用工合规之道：风险识别与合规策略 / 亓伟龙等主编. -- 北京：法律出版社，2024. -- ISBN 978-7-5197-9405-7

Ⅰ. D922.504

中国国家版本馆 CIP 数据核字第 2024XV5214 号

企业用工合规之道：风险识别与合规策略
QIYE YONGGONG HEGUI ZHIDAO：
FENGXIAN SHIBIE YU HEGUI CELÜE

亓伟龙 贺继征
陈 锐 游本春 主编

策划编辑 张 颖
责任编辑 张 颖
装帧设计 鲍龙卉

出版发行 法律出版社
编辑统筹 法律应用出版分社
责任校对 王 丰 王语童
责任印制 刘晓伟
经 销 新华书店

开本 710 毫米×1000 毫米 1/16
印张 22.5 **字数** 452 千
版本 2024 年 11 月第 1 版
印次 2024 年 11 月第 1 次印刷
印刷 固安华明印业有限公司

地址：北京市丰台区莲花池西里 7 号（100073）
网址：www.lawpress.com.cn
投稿邮箱：info@lawpress.com.cn
举报盗版邮箱：jbwq@lawpress.com.cn

销售电话：010-83938349
客服电话：010-83938350
咨询电话：010-63939796

版权所有·侵权必究

书号：ISBN 978-7-5197-9405-7
定价：88.00 元

凡购买本社图书，如有印装错误，我社负责退换。电话：010-83938349

编　委　会

主　编：亓伟龙　贺继征　陈　锐　游本春

副主编：赵　金　周　杰　焦荣军　齐　波

许高伟　梁柱坚　陈阵芳　陈　萍

杨春霞　何志霞　马　丽　刘学玉

编　委：庄延坤　邵文艳　柳慧波　宋　婷

吕培涛　林树焕　游锦泉　刘建军

马　金　杨月婷　张素玉　罗永清

陈效峰　王凤英　杨　伟　郑慧丽

张桂春　王　建　王　毅　刘　悦

序　言

社会治理，已开始由粗放过渡为精细；信任关系，已开始由盲从沉淀为理智；劳动纠纷，已开始由沉默升级为涌动。时代之始，时代之势，不能逆转，只能顺从，只能借力。当前，企业劳动纠纷的数量呈“井喷式”增长，此种趋势，法律行业同仁有目共睹，无须罗列数据于此证明。因此，本书的编写是站在助力企业识别用工风险和进行合规管理的角度，顺势而为，借势蓄力，凸显一个核心目的：使企业减少劳动纠纷。

本书体例大体分典型法律风险、法务 HR 合规管理、合规工具应用三个板块。内容涉及：招聘与入职的合规管理，试用期的合规管理，劳动合同订立、变更、解除、终止的合规管理，规章制度的合规管理，专项培训与服务期的合规管理，保密与竞业限制的合规管理，离职权益结算的合规管理等方面，对劳动关系全流程中的典型法律风险进行了列举、解析和管控，框架实用，细节聚焦，行文深刻，操作直观。本书不重点梳理法律概念，而是直接列举裁判观点和执行政策，并对应合规操作思路与技巧，向律师、法务、HR[①] 及企业负责人提供能“减少劳动纠纷”的最有价值的参考信息。

让企业在劳动用工领域降本增效，是我个人及团队的使命和责任，也希望读完本书的朋友能获得与我们同质的使命感和责任感。如果您是律师，点塔七层，不如暗处一灯，希望您能从本书中获得灵感，开启企业用工合规管理项目新业态；如果您是法务或 HR，十样会不如三样好，三样好不如一样绝，希望您能从本书中找到工具，引领企业进入高质量用工合规管理工作的超车道；如果您是劳动者，等风来，不如追风去，或许您能一跃成为劳动用工合规管理领域的先行者；如果您是企业负责人，众里寻他，不如凭栏一阅，抑或您能凭借本书之力，减少劳动纠纷，降本增效。

本书赋能于实务之时，也是实务变化之时。因我国法律、法规和各地的裁判政策不统一，劳动立法的地域性特征一时还不能被消除，时间一长，书中难免会有时效落后的内容，恳请大方之家雅正。

亓伟龙　主任
2024 年 7 月 8 日

① 本书中 HR 指从事人力资源管理的相关人员。

目录

CONTENTS

>>> 第一章 <<<

招聘与入职的合规管理

招聘与入职环节是用人单位进行劳动用工管理的第一个环节，也是劳动用工合规管理的基础。用人单位（企业）基于追求经济效益的天然属性，通常将大量的注意力放在效益管理上，忽略了招聘阶段与入职阶段的法律风险；殊不知，招聘与入职工作开展得好将从源头上规避诸多法律风险。招聘的目的是“找到人”，用人单位不能任性招聘，招聘行为要符合法律对招聘的规定；入职的目的是“用对人”，用人单位要秉持宁缺毋滥的态度，绝不囫囵吞枣，应将入职审查和签订一系列预防劳动纠纷的文书作为工作重点。本章将重点探讨招聘和入职环节的典型法律风险及实务合规管理。

第一节　招聘与入职的典型法律风险

典型风险 1：招聘广告添加虚假信息

在招聘广告中添加虚假信息，是用人单位为了引发劳动者的求职意向并使其采取求职行动，发布夸大或编造与实际情况不符的劳动条件及薪资福利的行为。

虚假信息包含与实际工作中不一致的工作职位、工作内容、工作时长、办公地址、薪资结构及数额、年终奖金、职位升迁、福利年假、专项培训、配车配房、股票期权等。例如，诚招保安，实招保镖；年薪 50 万元招聘经理，入职后只给 20 万元；入职六险二金，实则试用期畸长，不缴社保；优秀人员出国进修，实则没有一人优秀；提供三餐实则为下午茶和加班晚餐等。

用人单位发布虚假招聘信息违反了诚实信用原则。人力资源和社会保障部《就业服务与就业管理规定》第十四条第（一）项明确规定，用人单位招用人员不得有提供虚假招聘信息，发布虚假招聘广告的行为。该规定第六十七条明确规定了法律后果，用人单位违反第十四条第（一）项、第（五）项、第（六）项规定的，由劳动保障行政部门责令改正，并可处以1000元以下的罚款；对当事人造成损害的，应当承担赔偿责任。

用人单位发布虚假招聘信息，劳动者与其签订了劳动合同的，用人单位大概率构成欺诈。现实中，通常是劳动者以用人单位欺诈致使劳动合同无效为由提出辞职，要求用人单位支付经济补偿。

典型风险2：招录过程中涉及就业歧视

就业歧视是一种禁止性原则，其侵犯了公民的平等就业权。《劳动法》第十二条规定，劳动者就业，不因民族、种族、性别、宗教信仰不同而受歧视。《就业服务与就业管理规定》第二十条规定："用人单位发布的招用人员简章或招聘广告，不得包含歧视性内容。"此外，《就业促进法》第三条在《劳动法》第十二条的基础上扩大了歧视性内容的范围，值得高度注意。该法第三条规定："劳动者依法享有平等就业和自主择业的权利。劳动者就业，不因民族、种族、性别、宗教信仰等不同而受歧视。"后者在前者的基础上增加了一个"等"字，使就业歧视的范围不仅限于民族、种族、性别、宗教信仰4种情况。《劳动法》虽然采用了封闭式列举的方式明确了构成就业歧视的4种情形，但是《就业促进法》的一个"等"字，表明该条款是一个不完全列举的开放性条款，即法律除认为前述4种事由构成不合理差别对待的禁止性事由外，还存在与前述事由性质相同的其他不合理事由，亦为法律所禁止。何种事由属于前述条款中"等"的范畴，一个重要的判断标准是，用人单位是根据劳动者的专业、学历、工作经验、工作技能以及职业资格等与"工作内在要求"密切相关的"自获因素"进行选择，还是基于劳动者的性别、户籍、身份、地域、年龄、外貌、民族、种族、宗教信仰等与"工作内在要求"没有必然联系的"先赋因素"进行选择，后者构成法律禁止的不合理就业歧视。劳动者的"先赋因素"，是指人们自出生伊始所具有的人力难以选择和控制的因素。法律作为一种社会评价和调节机制，不应该基于人力难以选择和控制的因素给劳动者设置不平等条件；反之，应消除这些因素给劳动者带来的现实中的不平等。将与"工作内在要求"没有任何关联性的"先赋因素"作为就业区别对待的标准，违背了公平正义的一般原则，不具有正当性。2019年1月1日生效的《最高人民法院关于增加民事案件案由的通知》（法〔2018〕344号），决定增加"平等就业权"的案由。自此，劳动者因就业歧视而被侵犯平等就业权有了"接待窗口"。司法实践中，就业歧视到底完全由法律明确列举来决定，还是根据就业歧视本身含义的解释来确定，存在争议。通常理解，就业歧视应以涉及劳动者先天不可更改的条件为前提，通过后天努力可改变的条件不宜作为就业歧视内容。

禁止就业歧视的范围除民族、种族、性别、宗教信仰4项外，见诸法律明文规定的还有禁止歧视妇女、残疾人、传染病病原携带者、农村劳动者进城就业4项。另外，《就业服务与就业管理规定》第六十八条明确规定："用人单位违反本规定第十九条第二款规定，在国家法律、行政法规和国务院卫生行政部门规定禁止乙肝病原携带者从事的工作岗位以外招用人员时，将乙肝病毒血清学指标作为体检标准的，由劳动保障行政部门责令改正，并可处以一千元以下的罚款；对当事人造成损害的，应当承担赔偿责任。"因此，用人单位不招用乙肝病原携带者和将乙肝病毒血清学指标作为体检标准的，易引发就业歧视。

结合司法实践中的判例，用人单位涉及就业歧视和法律禁止性行为时可能存在以下风险：

（1）用人单位被判侵犯劳动者的平等就业权，承担侵权责任。

（2）用人单位被判侵犯劳动者的劳动权，判令与劳动者签订劳动合同。

（3）用人单位被判支付精神损害赔偿金。

（4）用人单位实施法律禁止性行为的，将被追究民事赔偿责任和被行政处罚。

（5）用人单位被判赔礼道歉。

（6）易被媒体报道，损害用人单位的形象和声誉。

目前，我国法律体系未对用人单位实施就业歧视的行为制定惩罚性赔偿制度，部分涉嫌就业歧视的领域也未被明确规定和解释，导致较多用人单位对此产生认知误区，易生风险。

典型风险3：招录过程中未尽告知义务，未充分满足知情权

基于诚实信用原则，用人单位对应聘者有如实告知的义务，劳动者对用人单位有如实说明的义务。《劳动合同法》第八条规定："用人单位招用劳动者时，应当如实告知劳动者工作内容、工作条件、工作地点、职业危害、安全生产状况、劳动报酬，以及劳动者要求了解的其他情况；用人单位有权了解劳动者与劳动合同直接相关的基本情况，劳动者应当如实说明。"由此可知，这些内容与劳动者权益密切相关，具有法定性和无条件性，无论应聘者是否要求告知，用人单位都应主动如实地告知上述基本内容。应聘者想了解用人单位的其他内容（除商业秘密外），用人单位也应答复。用人单位应主动获得与应聘者订立劳动合同相关的其他信息资料，这是行使知情权的重要体现，用人单位若不主动了解和获取相关信息，则应聘者可以不说、不提供，即应聘者的如实说明义务在用人单位要求时履行。

应聘者通过面试并与用人单位建立劳动关系后，用人单位如未尽到如实告知义

务，即无书面证据证明已保障了应聘者的知情权，当实际劳动条件与面试所谈的大有不符时，劳动者可能会提出用人单位在招聘时未尽到如实告知义务，存有欺诈情形，主张劳动合同无效、要求离职及经济补偿。

应聘者应向用人单位如实告知自己的基本信息和用人单位想要了解的与签订劳动合同相关的其他基本情况。应聘者故意隐瞒、编造、虚构自身的基本情况、工作经历、学历资格等信息欺骗用人单位获得劳动机会，用人单位可依据《劳动合同法》第三十九条第（五）项的规定，以劳动者欺诈为由主张劳动合同无效，解除劳动合同。当然，用人单位此间不因劳动者欺诈而不承担给付劳动报酬义务，用人单位还应支付劳动者在确认劳动合同无效前的劳动报酬。

用人单位借应聘之机获取涉及与工作无关的信息即过分知情，诸如恋爱、婚姻、生育及性态度等，亦可能侵害应聘者的隐私权。人民法院案例库入库编号为2023－07－2－186－008案例的裁判要旨指出："用人单位对劳动者享有知情权，可以了解劳动者的学历、履历、薪酬要求、劳动技能等，以保障劳动成果，提高经营效益。但用人单位知情权的范围限于'与劳动合同直接相关的基本情况'，通常包括工作岗位相匹配的信息，如教育经历、工作经验、技术技能等。与岗位、工作能力不直接相关的信息，不属于用人单位知情权的范围。"

典型风险4：招用在校大学生

大学生用工典型的风险是实习法律关系被认定为事实劳动关系，即民事雇佣关系被认定为劳动关系，用人单位继而将承担劳动法律框架下的用工责任。现将大学生用工的法律风险场景归纳如下。

（1）招用在校大学生实习双方建立民事雇佣关系的，大学生员工在雇佣活动中遭受人身损害或致人损害的，雇主承担赔偿责任。受到伤害或发生死亡时，用人单位虽无须提请工伤认定，但当大学生员工是高校集体户口而无法办理缴纳社保手续，社保基金无法赔付时，用人单位须进行赔偿。当然，如果大学生员工就安全事故本身存有重大过错，雇主所承担的赔偿责任可以适度降低。

（2）招用在校大学生实习双方建立民事雇佣关系的，双方虽签订了实习协议，但实习协议载明的实习期限超过大学生员工获得毕业证书上所载明的毕业日期时，自超出该日期起，该大学生员工脱离实习机制的限制。用人单位以实习为名继续用工，自毕业日期的次日起，双方形成事实劳动关系。大学生员工因薪资和福利与其他员工不同，可主张同工同酬，要求补发工资和福利。未签订劳动合同的，大学生员工可主张未签订书面劳动合同的二倍工资。用人单位随意辞退的，或被认定为违法解除劳动合同，大学生员工可主张赔偿金。

（3）在校大学生临近毕业且以就业为目的实习。大学生员工有明确的求职就业愿望，用人单位以劳动管理代替实习管理，即大学生员工接受用人单位与其他员工无差别的劳动管理（如考勤、绩效管理等），并按月领取劳动报酬，即使双方未签订劳动合同（双方签订了实习协议），司法实践中因存在自由裁量也有被认定双方已建立事实劳动关系的可能。发生劳动纠纷后，用人单位以劳动者是未毕业在校大学生为由，主张其不具有建立劳动关系的主体资格和所订劳动合同无效的，缺乏依据。

典型风险5：招聘已达到退休年龄的人员

《劳动合同法》第四十四条第（二）项规定，劳动者开始依法享受基本养老保险待遇的，劳动合同终止。《劳动合同法实施条例》第二十一条规定，劳动者达到法定退休年龄的，劳动合同终止。据此可以确定，用人单位招用达到法定退休年龄且已经享受养老保险待遇（城镇职工养老保险待遇）的退休人员（非内退人员），双方建立的是劳务关系。

现实中由于未缴、欠缴社保费等多种原因，劳动者达到法定退休年龄，并不必然能够享受基本养老保险待遇。风险焦点是：达到法定退休年龄但未享受基本养老保险待遇的劳动者与用人单位之间是否可以建立劳动关系？如建立的是劳动关系，此种情况下，用人单位须承担劳动法下的用工责任，应引起重视。

就用人单位与此类劳动者之间建立何种用工关系，司法实践中有不同观点。

第一种观点：双方建立的是劳务关系。根据《劳动合同法实施条例》的规定，劳动者达到法定退休年龄的，劳动合同终止。劳动者达到法定退休年龄后，不再具备建立劳动关系的主体资格。北京、江苏、浙江、辽宁、广东、四川、重庆等地司法实践中持此观点。

第二种观点：双方建立的是劳动关系。此观点认为，达到法定退休年龄不意味着劳动者失去与用人单位建立劳动关系的主体资格。最高人民法院民一庭认为，对于达到或者超过法定退休年龄的劳动者（含农民工）与用人单位之间劳动合同关系的终止，应当以劳动者是否享受养老保险待遇或者领取退休金为标准（可理解为劳动者在职时达到或超过法定退休年龄，但未享受养老保险待遇或者领取退休金的，劳动关系不终止）。天津市高级人民法院的观点是，由于用人单位原因致使已经达到法定退休年龄的劳动者尚未享受基本养老保险待遇或尚未领取退休金，劳动者与原用人单位之间形成实际用工关系的，按照劳动关系处理。江苏省劳动人事争议仲裁委员会的观点是，用人单位与其招用的已达到或超过法定退休年龄但未享受基本养老保险待遇或领取退休金的人员发生用工争议，双方之间的用工情形符合劳动关系特征的，应按劳动关系特殊情形处理。另外，根据《最高人民法院关于审理劳动争议案件适用法律问题的解释（一）》（法释〔2020〕26号）第三十二条第一款的规定，用人单位与其招用的已经依法享受养老保险待遇或者领取退休金的人员发生用工争议而提起诉讼的，人民法院应当按劳务关系处理。按照此条的理解是否能反方向推导出，用人单位招用达到法定退休年龄但未依法享受养老保险待遇或领取退休金的人员可以按照劳动关系处理的结论，尚有争议。用人单位不应想当然地认为与此类劳动者所建立的关系是劳务关系，应重视天津、江苏、上海、云南、河北、山东等地的司法实践。

第三种观点：双方建立的是附带条件的劳动关系。劳动者达到法定退休年龄，劳动合同并不必然自动终止，用人单位须向劳动者发出终止劳动关系的通知，方可终止劳动关系，否则用人单位与员工之间视为劳动关系的延续。上海市高级人民法院认为，对于虽已达到法定退休年龄，但用人单位未与劳动者解除劳动关系仍继续用工，未按规定办理退休手续的，按劳动关系处理。安徽省劳动人事争议仲裁院认为，劳动者达到法定退休年龄前与用人单位建立劳动关系，达到法定退休年龄后未享受职工基本养老保险待遇，仍继续为该用人单位提供劳动的，应当认定双方的劳动关系延续，但用人单位与劳动者均有单方终止劳动关系的权利。武汉市人力资源和社会保障局、武汉市劳动人事争议仲裁委员会认为，之前已在岗工作，尚未享受养老保险待遇，仍在原用人单位继续工作，该用人单位亦未办理终止合同（事实劳动关系）手续的，按劳动关系处理，但用人单位仍可依据《劳动合同法》第四十四条第（一）项、第（二）项和《劳动合同法实施条例》第二十一条规定终止劳动合同。所以用人单位应注意上海、安徽、湖北等地的司法实践。

用人单位需要格外注意的是，《最高人民法院关于审理劳动争议案件适用法律问题的解释（二）（征求意见稿）》第六条规定："达到法定退休年龄但是尚未享受基本养老保险待遇的劳动者为用人单位提供劳动，劳动者请求参照适用劳动法律法规处理劳动报酬、工作时间、休息休假、劳动保护、职业危害防护以及工伤保险待遇等争议的，人民法院应予支持。"该条规定并不着力于用人单位与此类"劳动者"是否建立劳动关系，而是明确了此情形下用人单位的法律责任，尤其是明确和解决了该类"劳动者"认定工伤的问题，这无疑使用人单位招用该类"劳动者"的法律风险陡然提高。但用人单位在与此类"劳动者"解除"劳动关系"时，是否应支付经济补偿或赔偿金，目前并无明确的规定，有待对各地司法实践的具体观察。

用人单位招用退休返聘人员仍存在以下法律风险。

（1）退休返聘人员受伤或患病。退休返聘人员已达法定退休年龄，龄高体弱，身体健康状况及运动机能不比当年，易受伤，易生病。依据《最高人民法院关于审理人事损害赔偿案件适用法律若干问题的解释》（2022年2月15日修正）第一条的规定，因生命、身体、健康遭受侵害、赔偿权利人起诉请求赔偿义务人赔偿物质和精神损害的，人民法院应予受理。用人单位如不能举证退休返聘人员系非因工作（雇佣活动）原因受到伤害，而退休返聘人员又能初步举证受伤系履职行为导致，加之该类情形不能申请工伤认定，用人单位不能免除相应的赔偿责任。退休返聘人员患病，用人单位虽不承担责任，但不能完全避免涉诉之风险。

（2）用人单位聘用内退人员。内退人员是未达法定退休年龄从用人单位办理退出工作岗位进行休养的人员。内退人员与原用人单位保持劳动关系，社会保险由原用人单位缴纳，其不是法律意义上的退休人员。根据《最高人民法院关于审理劳动争议案件适用法律问题的解释（一）》（法释〔2020〕26号）第三十二条第二款的规定，企业停薪留职人员、未达到法定退休年龄的内退人员、下岗待岗人员以及企业经营性停产放长假人员，因与新的用人单位发生用工争议而提起诉讼的，人民法院应当按劳动关系处理。因此，用人单位招聘时应进行身份鉴别，不应盲目用工。

（3）用人单位招用达到退休年龄且享受新型农村社会养老保险的人员会被认定为存在劳动关系。新型农村社会养老保险，指通过个人、集体、政府多方筹资，将符合条件的农村居民纳入参保范围，达到规定年龄时领取养老保障待遇，是带有自愿性、非强制性和补贴性的社会保障制度。根据《劳动合同法》的规定，劳动合同终止的前提是劳动者开始享受基本养老保险待遇。《社会保险法》第十六条第二款规定："参加基本养老保险的个人，达到法定退休年龄时累计缴费不足十五年的，可以缴费至满十五年，按月领取基本养老金；也可以转入新型农村社会养老保险或者城镇居民社会养老保险，按照国务院规定享受相应的养老保险待遇。"由此可知，新型农村社会养老保险与基本养老保险类型并列但性质不同，并非《劳动合同法》意义上的基本养老保险。另外，《最高人民法院关于审理劳动争议案件适用法律问题的解释（一）》第三十二条第一款中规定的"已经依法享受养老保险待遇"，也不应理解为包括新型农村社会养老保险。用人单位招用此类人员时应进行身份鉴别，不应盲目用工。

（4）用人单位与退休返聘人员签订的劳务合同中包含劳动合同的条款。用人单位因法务工作不细致，直接照抄劳动合同的条款，导致劳动关系条件下才应约定的病假、经济补偿金、加班费、年休假及未休年休假工资等项目可能成为日后争议的隐患。

典型风险6：招聘权限不明，多层级招聘

招聘权限不明，又称为被动招聘。用人单位的其他部门直接对外招聘并进行用

工，导致人力资源部门无法得知招聘情况，从而无从审查劳动者的相关资料，无法签订相关法律文书。根据《劳动合同法》第十条第三款的规定，劳动关系自用工之日起建立。换言之，劳动关系不因招聘权限设定与否而不建立。用人单位必须从管理上建立招聘权限明确且唯一的制度。

多层级招聘易发生的用工风险：

（1）未签订书面劳动合同的二倍工资赔偿。

（2）因没有劳动者身份材料而不及时缴纳社保引发的被迫辞职的经济补偿金。

（3）因未及时办理工伤保险手续，由用人单位支付工伤待遇。

（4）用人单位随意辞退导致违法解除或终止劳动合同的赔偿金等。

典型风险7：未对拟录用员工进行入职审查

（1）用人单位未对拟录用员工进行身份、年龄审查面临的风险

①拟录用员工冒用、借用他人身份证入职，如遇工伤，社保基金不予赔偿，人民法院可依据用人单位过错程度裁量其承担赔偿责任。

②拟录用员工提供虚假身份材料导致无法办理或未为其本人办理社保缴纳手续，在无证据证明虚假资料来自该员工时，面临补缴社保和缴纳滞纳金的风险。员工亦可以以用人单位未依法缴纳社会保险费为由，主张经济补偿金。

③未审核年龄使用童工的，按每名5000～10,000元罚款。

（2）用人单位未对拟录用员工进行资质、经历审查面临的风险

①拟录用员工使用虚假或经篡改的学历证书、职业资格证、职业技能等级证书、专项能力证书等资质材料骗取录用构成欺诈的，双方订立的劳动合同无效。

②拟录用员工通过虚构工作经历骗取录用构成欺诈的，双方订立的劳动合同无效。

③拟录用员工虚构入职材料骗取录用，用人单位未在短时间内尽审查义务，在员工试用期过后或该员工无试用期但存在长时间用工情形的，用人单位以员工欺诈为由解除劳动合同，或构成违法解除。

（3）用人单位未对拟录用员工进行身体健康审查面临的风险

①用人单位招用有潜在疾病的员工，在未办理社会保险参保手续的情形下，员工如突发疾病工亡的，用人单位须支付一次性工亡补助金、丧葬费、供养亲属抚恤金等款项。

②用人单位招用有潜在疾病的员工，员工入职即请病假，用人单位在3～24个月法定医疗期内，无法解除劳动合同，且需支付病假工资或疾病救济费并缴纳社保。用人单位在员工医疗期未满时解除劳动合同的，系违法解除劳动合同，有支付

赔偿金或被要求继续履行劳动合同的法律风险。

③用人单位招用有潜在疾病的员工，医疗期满后的合法解除程序复杂。用人单位需证明劳动者不能从事原工作和不能从事由其另行安排的工作，若未能有效证明而以《劳动合同法》第四十条第（一）项解除的，系违法解除劳动合同。实务中，有些地方因有医疗期满后还需进行劳动能力鉴定的规定，故当未进行劳动能力鉴定程序而解除合同的，也有被认定违法解除的风险。

④用人单位招用了有职业病的员工，该员工如以替身通过入职体检，用人单位面临承担工伤赔偿的风险。

（4）用人单位未对拟录用员工进行劳动关系审查面临的风险

①用人单位招用已与多家用人单位产生劳动争议的员工，用人单位有被“恶意诉讼”的风险。

②用人单位招用存在双重劳动关系的员工，给其他用人单位造成损失的，应承担连带赔偿责任。连带赔偿的份额应不低于对原用人单位造成经济损失总额的70%。经济损失包括对生产、经营和工作造成的直接经济损失及因获取商业秘密给原用人单位造成的经济损失。

③用人单位招用存在双重劳动关系的员工，在新用人单位发生工伤事故的，新用人单位承担工伤保险责任。

（5）用人单位未对拟录用员工进行竞业限制审查面临的风险

①用人单位对拟录用员工已尽审查义务，仍不知其是负有竞业限制义务的人员，该员工在工作中私自违反与原用人单位有关保守商业秘密的协议，披露、使用其所掌握的商业秘密。由负有竞业限制义务的人员承担损害赔偿责任，用人单位因竞业限制人员的违约行为获取的利益应返还受害人。

②用人单位明知或应知拟录用员工是负有竞业限制义务的人员，而继续聘用并披露、使用其所掌握的商业秘密。用人单位违反了《反不正当竞争法》，与负有竞业限制义务的人员共同侵犯了他人的商业秘密，构成共同侵权，应对受害人承担侵权赔偿责任。

③用人单位因聘用负有竞业限制义务的人员而侵犯其他单位商业秘密的，由监督检查部门责令停止违法行为，没收违法所得，处10万元以上100万元以下的罚款；情节严重的，处50万元以上500万元以下的罚款。

（6）用人单位未对拟录用员工进行犯罪、信用审查面临的风险

用人单位招录有犯罪记录或有不良征信记录的员工，存在不能确定的潜在风险。

典型风险 8：入职前发送录用通知书

在劳动法律体系中没有明确规定录用通知书的性质和法律效力，该文书并非法律要求的文件，也不是签订劳动合同的必经程序。管理实践中，用人单位为了增加录用仪式感和提升格调，会给拟录用人员发送录用通知书，录用通知书中通常包含薪资、福利等信息，但操作不当会引发不必要的用工风险。用人单位发送录用通知书面临以下风险。

（1）录用通知书送达被录用者后（被录用者作出入职承诺的），用人单位反悔（撤销），违反诚信原则，需承担缔约过失责任。被录用者基于合理信赖做了入职前的准备，如暂停找工作、购买办公用品、辞去原单位工作、支付原单位违约金等，用人单位应承担被录用者所支出的各项直接且合理的费用。

（2）用人单位在与被录用者签订劳动合同后撤销录用通知须承担赔偿责任。双方签订劳动合同后，用人单位又以体检不合格等理由撤销录用通知，该撤销行为应是解除劳动合同，在不满足法定解除劳动合同条件的情形下，系违法解除，用人单位应承担继续履行劳动合同或支付赔偿金的法律后果。

（3）劳动合同的约定与录用通知书所载的内容不一致。用人单位未在录用通知书中明确“双方约定内容与劳动合同不一致时，以劳动合同为准”或“签订劳动合同后原录用通知书失效”的，录用通知书的效力依然存在。被录用者要求将录取通知书约定的内容写入劳动合同的，用人单位应当履行，不履行的，被录用者有权主张相关权益。

（4）录用通知书未约定有效期、生效条件和到岗日期。在双方久拖未决的情形下，用人单位另行招聘录用其他人员后，有原被录用者前来办理入职并要求用人单位承担未予录用的违约赔偿责任的法律风险。

典型风险 9：入职时未获得对员工个人信息处理的同意或授权

《个人信息保护法》对用人单位提出了高标准、高要求的个人信息保护义务。用人单位从招聘、面试、入职、签订劳动合同、考勤管理，社保缴纳、支付工资到离职、档案转出，全过程伴随对员工个人信息的收集、存储、使用、加工、传输、提供、公开、删除，用人单位在处理员工个人信息时，如未获得同意或授权将面临侵犯员工隐私权、个人信息保护权、名誉权的风险。

典型风险 10：入职时员工提供的材料不足或未签字确认

入职时员工提供的材料不足或未签字确认，在发生争议时员工否认用人单位提供材料的真实性，导致证据被认定无效，造成用人单位败诉。

入职时员工提供的材料包括但不限于：自备简历、入职登记表、与原件核对过的身份证复印件、户口本复印件、学历学位证书复印件、学历学位证书学信网认证报告、国（境）外学历学位复印件、国（境）外学历学位认证书、职业资格证书复印件、职业技能等级证书复印件、培训合格类证书复印件、解除或终止劳动关系证明书、无竞业限制义务证明书、社保缴费记录等。

第二节　法务 HR 合规管理

一、招聘的合规管理

（一）认清招聘广告的法律性质

结合对《民法典》第四百七十二条、第四百七十三条的理解，招聘广告是面向多数不特定的求职者，目的是促使应聘行为发生，法律属性上当属要约邀请，而非要约。要约则是向特定的受要约人发出订立合同的意思表示，是订立合同的必经程序，其内容具体，条件明确。要约邀请则是希望他人向自己发出要约的意思表示，一般对发出者并不具有法律约束力。虽然招聘广告在法律性质上属于要约邀请，一般不产生法律约束力，但用人单位发布招聘广告要谨防出现以下三种情况。

其一，招聘广告内容如果明确具体，在形式上符合要约的特征要求，且求职者对该招聘广告产生了合理信赖，裁判实践中也可能被认为具有法律约束力，被认定为劳动合同的组成部分。

其二，用人单位恶意夸大和编造招聘信息使求职者产生合理信赖，导致劳动者作出辞职及关联性支出（购买服装、办公用品、交通等）等行为，用人单位应承担赔偿责任。

其三，用人单位恶意夸大和编造招聘信息违背诚实守信原则，可能构成欺诈，所订立的劳动合同自始无效。

（二）招聘广告内容要严守真实性原则

《就业服务与就业管理规定》第十一条第二款规定，招用人员简章应当包括用人单位基本情况、招用人数、工作内容、招录条件、劳动报酬、福利待遇、社会保险等内容，以及法律、法规规定的其他内容。上述法定 8 项内容结合用人单位的招聘实践，招聘广告在内容上可以归纳为三部分：

其一，展示用人单位的基本信息，包括用人单位所在的行业性质、发展规模、产品系列、内部架构、招聘岗位等。

其二，概括劳动者的招录条件，包括应聘者的任职学历、从业经历、职业资格、技术职称、工作能力、工作态度等条件。

其三，承诺给劳动者的综合待遇，包括薪资数额、福利待遇、社会保险、专业培训、晋升空间等。

结合以上招聘广告的一般性内容可知，招聘广告是用人单位向劳动者履行告知义务的重要方式之一，其真实性是用人单位遵循诚实信用原则的重要体现。诚实信用原则是民法的“帝王条款”，在劳动法体系中亦至关重要。无论是用人单位自身的基本信息，还是对劳动者的招录条件和承诺的综合待遇，用人单位在招聘广告中呈现的要与到岗后实际兑现的一致，不能兑现的坚决不予承诺。用人单位应洞悉员工待遇的确定性和展望性，严守诚实信用原则，在规避法律风险的同时实现长治久安。

（三）严格区分招聘条件与录用条件

用人单位要对招聘条件与录用条件进行严格区分，不应将招聘条件作为录用条件管理员工。《劳动合同法》规定，劳动者在试用期间被证明不符合录用条件，用人单位可以解除劳动合同。明确且被劳动者确认的录用条件是用人单位合法解除劳动合同的首要前提。劳动者被证明不符合录用条件，是用人单位合法解除劳动合同的程序要件。用人单位在无明确且被劳动者确认的录用条件的前提下，以不符合招聘条件为由解除劳动合同，有违法解除劳动合同或者被要求继续履行劳动合同并支付工资损失的风险。

招聘条件与录用条件的一般区别（见表1-1）。

表1-1 招聘条件与录用条件的一般区别

对比项目	招聘条件	录用条件
适用阶段	招聘阶段	试用期阶段
面向主体	面向待面试的众多求职者	面向在试用期的少数已录用者
内容不同	简单直接、有吸引力	严密、能考核、有可操作性
要求不同	要求符合面试的初步资格 （最低岗位要求）	要求符合岗位胜任力的全部要件 （最终录用标准）

续表

对比项目	招聘条件	录用条件
法律性质	一般不具有法律约束力（特例除外）	对试用期员工具有法律约束力
法律后果	不能据此解除劳动合同	被证明不符合录用条件的可单方解除
呈现形式	招聘广告	劳动合同、录用通知书、录用条件确认函等
生效形式	用人单位单方制作发布	需劳动者签字确认

在现实的招聘实践中，对明确和固定录用条件存在两种操作：

第一种，前置操作。在招聘广告中直接明确具体的录用条件，将岗位职责和薪资待遇等详尽描述，承诺即兑现，并重视面试，精挑细选，且采取一定方式保留和固定招聘广告中的录用条件。固定录用条件通常需要保存与招聘媒体合作的协议文本，再根据岗位类别分别固定招聘广告的内容，打印并与合作协议文本同时装订保留。

第二种，后置操作。在招聘广告中明确应聘者的基础任职条件和薪资待遇区间，不列明具体的录用条件，待求职者经面试筛选进入试用期后，用人单位结合劳动合同或录用通知书或录用条件确认函等工具进行确认和固定。

需要注意的是，前置操作的重点是要求用人单位拥有自信的面试筛选能力，选中即人才。后置操作着眼于拟录用人员面试表现与试用期工作呈现的差别程度，彼此留有空间。就招聘实践而言，建议用人单位在招聘广告中列明岗位的基础任职条件（岗位要求）和薪资待遇区间即可，一般不建议列明详细的录用条件，与招聘相关的其他信息也不应过于明确和具体。

（四）用人单位招聘须符合禁止性规定

用人单位招用人员时不得有以下行为：

（1）提供虚假招聘信息，发布虚假招聘广告；

（2）扣押被录用人员的居民身份证和其他证件；

（3）以担保或者其他名义向劳动者收取财物；

（4）招用未满 16 周岁的未成年人以及国家法律、行政法规规定不得招用的其他人员；

（5）招用无合法身份证件的人员；

（6）以招用人员为名牟取不正当利益或进行其他违法活动；

（7）招用未取得合法就业资格、手续或就业证件使用期限过期的外国人。

二、就业歧视的合规管理

（一）用人单位构成就业歧视以劳动者参加应聘为程序要件

招聘广告内容涉嫌就业歧视是实体要件，加上应聘而未录用的程序要件，则构成就业歧视。

（二）劳动者主张用人单位侵犯其平等就业权的证据

第一种证据是招聘广告明确载明的涉及就业歧视的用语，采取网络招聘的，劳动者可以取得招聘网站广告页的公证书，以证明该份证据是招聘单位拥有和发布的。第二种证据是与参与面试工作人员之间的谈话录音及录像。第三种证据是相关人员的证人证言等。

（三）重视就业歧视发生的阶段

用人单位涉及就业歧视多发生在两个阶段：第一，发布招聘广告阶段（包括用人单位自有的微信、微博、公众号等自媒体）；第二，面试筛选阶段。

（1）招聘启事禁止出现与就业歧视有关的文字内容，诸如对性别、民族、种族、婚姻、生育、年龄、身高等不合理的限制（见表1－2）。比如，“年龄××以下”“只招男士”“不得患有乙肝”“入职前未婚”“入职时未孕”等。

表1－2　就业歧视词汇与类型

错误表述	歧视类型
不招少数民族	民族歧视
拒用黑种人	种族歧视
女士勿扰，男士优先	性别歧视
信教人士止步	宗教歧视
不招外地人	地域歧视
限城市户口	农村户口歧视
年龄20～30岁	年龄歧视
未婚、未生育	婚育歧视
165厘米以上	身高歧视
乙肝或新冠肺炎康复者	传染病携带者歧视
拒绝残疾人	残疾人歧视

（2）用人单位组织面试筛选工作应避免歧视性言行。面试官不分级别高低，在面试问答时一律禁止使用歧视性的语言，防止求职者固定证据。例如："我们只招男士，你一个女生怎么进来了?""你结婚了，不符合我们的要求""今年多大了，35 岁了，太大了，我们需要 25 岁左右的"等。

（3）面试后应聘者回信或回电询问面试结果时，面试官无论是采用书面形式还是采用口头形式，直接的还是间接的，都不应向应聘者表明拒绝录用的原因系表 1－2 所列举"错误表述"中的任意一种，"错误表述"也应包括应聘者过往的负面经历，诸如被追究过刑事责任、被辞退过、与原用人单位有过劳动纠纷等。

需要注意的是，用人单位要想招聘广告所载的招聘条件不构成就业歧视，须承担证明其招聘条件的合法性、合理性和正当性的责任。用人单位对招聘设定限制性条件的，在不违反法律强制性和禁止性规定的前提下，应属于《就业促进法》第八条规定的"用人单位依法享有自主用人的权利"的范畴。

另外，用人单位被认定为就业歧视的情形还包括：因就业歧视解除或终止劳动合同；不予录用通知书的理由包含就业歧视的内容；日常管理过程中存在就业歧视的行为等。

（四）劳动争议与侵犯平等就业权的区别

劳动争议，是指劳动者和用人单位，在执行劳动法律、法规或履行劳动合同过程中，就劳动权利和劳动义务关系所产生的争议。平等就业权通常可以理解为劳动者在选择用人单位时，平等获得劳动机会而不因民族、种族、性别、宗教信仰等因素受歧视的权利。

两者的区别见表 1－3。

表 1－3 劳动争议与侵犯平等就业权的区别

对比项目	劳动争议	侵犯平等就业权
纠纷类型	以人身关系、财产关系为主的社会纠纷	一般人格权纠纷
产生阶段	从劳动关系建立到终止的全过程	未建立劳动关系的应聘阶段
法律程序	仲裁作为诉讼前置程序	直接向人民法院提起诉讼
法律适用	《劳动法》《劳动合同法》等	《民法典》
法律后果	支付劳动报酬、经济补偿金、赔偿金等	精神损害抚慰金、损害赔偿金、赔礼道歉等

三、如实告知义务与知情权的合规管理

（一）用人单位履行如实告知义务和知情权的正确做法是：先告知，后答复，再获得

先告知：告知的基础内容，如工作内容、工作条件、工作地点、职业危害、安全生产状况、劳动报酬；扩展内容如产品类型、经营范围、经营规模、部门设置、工作流程、人员数量、绩效考核制度、企业规章制度等。告知内容应书面记载或印刷在岗位说明书中，对拟录用者出示并要求签字确认。后答复：答复劳动者随机提出想要了解的其他内容，涉及商业机密的应婉拒回答。再获得：用人单位应使用内容完整详细的《应聘登记表》，请劳动者本人全面填写，并按要求提交相关文件资料，以获得与劳动合同相关的必要信息。

（二）用人单位在相关文书中通过注明相关内容的形式固定已尽告知义务证据

用人单位在面试环节没有固定已尽告知义务的证据时，可在《入职登记表》《录用通知书》《劳动合同》《员工手册》等必备文书中以“注明”的形式载明告知内容，并要求劳动者签字确认。注明内容包括工作内容、工作条件、工作地点、职业危害、安全生产状况、劳动报酬和其他与本岗位相关的情况。

（三）用人单位应固定应聘者提供或书写的所有书面材料

应聘者提供的书面材料包括但不限于身份证复印件、户口本复印件、应聘登记表、求职简历、学历学位证书复印件、解除或终止劳动合同证明书、无犯罪记录证明等。固定书面证据的实操步骤：第一步，逐页签字或合订骑缝签字及盖骑缝手印。第二步，签署《承诺书》。依据这些书面材料，做好背景调查也是用人单位行使知情权的重要体现。

四、招用在校大学生

（一）实习生与实习单位的法律关系并不明确

我国劳动法律体系未对实习作出明确规定，教育部等八部门联合印发的《职业学校学生实习管理规定》是目前关于规范实习的最高位阶的规范性文件。该文件仅对职业学校学生实习作出了定义及相关规定，适用范围并不能涵盖全日制普通高等学校。实习学生和实习单位之间的法律关系尚不完全明确，司法实践中多种观点并存。实习生和实习单位之间的法律关系争议主要存在以下几种观点：教育管理关系、劳动关系、教育管理与劳动关系并存、“非标准劳动关系”等。基于用人单位

防范法律风险的目的，建议用人单位审慎招用在校大学生，确需招用的应签署标准详细的实习协议书。

（二）关于在校大学生能否成为劳动关系主体，我国劳动法律法规并未作出禁止性规定

《劳动法》及《劳动合同法》既没有对劳动者身份做出限制性描述，也没有明文规定学生不能成为劳动法保护下的劳动者。劳动部①发布的《关于贯彻执行〈中华人民共和国劳动法〉若干问题的意见》第四条规定，公务员和比照实行公务员制度的事业组织和社会团体的工作人员，以及农村劳动者（乡镇企业职工和进城务工、经商的农民除外）、现役军人和家庭保姆等不适用劳动法。值得关注的是，该条规定并未将在校大学生包括在内。关于大学生的年龄，《劳动法》第十五条第一款规定，禁止用人单位招用未满 16 周岁的未成年人。《民法典》第十七条规定，18 周岁以上的自然人为成年人。第十八条规定，成年人为完全民事行为能力人，可以独立实施民事法律行为。16 周岁以上的未成年人，以自己的劳动收入为主要生活来源的，视为完全民事行为能力人。可以预见的是，绝大部分的在读大学生大概率符合《劳动法》规定的就业年龄，并具备完全民事行为能力，也具备与用工单位建立劳动关系的行为能力与责任能力。学生身份并不当然限制在读大学生作为普通劳动者加入劳动力群体，其在取得毕业证书之前进入劳动力市场的行为并不受法律限制。另外，《最高人民法院公报》2010 年第 6 期中郭某诉江苏益丰大药房连锁有限公司劳动争议案裁判摘要中写明："即将毕业的大专院校在校学生以就业为目的与用人单位签订劳动合同，且接受用人单位管理，按合同约定付出劳动；用人单位在明知求职者系在校学生的情况下，仍与之订立劳动合同并向其发放劳动报酬的，该劳动合同合法有效，应当认定双方之间形成劳动合同关系。"

（三）用人单位要辨别勤工助学与兼职

勤工助学，是指学生在学校的组织下利用课余时间，通过劳动取得合法报酬，用以改善学习和生活条件的实践活动。兼职一般是指在校大学生利用课余时间，自行与用工单位联系工作，通过劳动取得合法报酬的活动。勤工助学由学校组织和管理，兼职由在校大学生决定和选择，私自兼职不属于勤工助学。据劳动部发布的《关于贯彻执行〈中华人民共和国劳动法〉若干问题的意见》第十二条规定："在校生利用业余时间勤工助学，不视为就业，未建立劳动关系，可以不签订劳动合同。"在校大学生确实属于勤工助学的，用人单位应要求其出具学校证明材料以及

① 现为人力资源和社会保障部，后文不再赘述。

为其购买的意外险的凭证或证明。在校大学生在用人单位长时间兼职的，有被认定为建立劳动关系的法律风险。用人单位应从以下方面进行风险规避。

（1）确认学生身份。用人单位应要求其提供学生证或在读证明用以鉴别学生身份，并在学信网查询在读情况。相关资料要复印存档。

（2）要求签订书面的兼职协议。兼职协议应重点明确劳动者的在校大学生身份；兼职系其本人向用人单位申请的不以就业为目的的勤工俭学；双方不具有建立劳动关系的合意；明确约定兼职的时间区间；明确发生事故时的紧急联系人和学校责任老师的联系方式等。

（3）用人单位应购买雇主责任险等商业保险用以抵销发生人身损害时的高额赔偿。

（4）用人单位支付兼职学生报酬，支付周期最长不得超过 15 日。支付报酬时要求兼职学生在报酬领取收据上签字确认。

（5）用人单位对兼职学生不应进行与正式员工一样的劳动管理，要对兼职的岗位要求做到简单明了，明确不对兼职学生进行劳动管理。

需要注意的是，用人单位对兼职学生实施无差别的劳动管理，按月支付劳动报酬，却以兼职协议的方式掩盖事实劳动关系，在双方权利义务符合建立劳动关系要件的情况下，可以认定双方建立的是劳动关系。该类情形，用人单位要承担劳动关系下的用工责任。

（四）对实习生应进行多重管理

1. 身份管理。用人单位应要求实习生提供在读证明或实习证明用以鉴别实习主体身份，并在学信网查询在读情况。对表明实习愿望的在校大学生要求其提供由本人书写的《非就业实习申请书》，对未表明实习愿望的疑似在校大学生（学籍内）要进行甄别或拒绝。

2. 期限管理。用人单位应与实习生明确实习用工日期和终止日期。实习终止日期原则上应与毕业日期相同，签署实习协议时不能确定毕业日期的，应约定：如实习期满前，乙方已取得毕业证书，本协议于乙方取得毕业证书之日终止。

3. 制度管理。用人单位应制定不同于劳动管理的实习生管理制度。重视对实习生履行劳动保护义务并执行《职业学校学生实习管理规定》中共 10 项的禁止规定。

4. 协议管理。用人单位应与实习生签订《实习协议》，坚持“不签不招”的原则。在实习协议中明确约定双方为实习关系并非劳动关系；明确身份为实习生而非员工；明确劳动报酬为实习补贴而非工资；明确福利待遇、管理方式与正式员工的差别等。

5. 报酬管理。用人单位在发放实习补贴时，在财务记录、银行转账中均不得出现“工资”字样。用人单位应制作相应的实习补贴领取收据而非工资条，让实习学生签字确认。实习补贴金额原则上不低于本单位相同岗位试用期工资标准的80%，以货币形式及时、足额支付给实习学生。

6. 保险管理。用人单位应为实习生购买实习保险或商业保险，符合条件的地区也可为实习生购买工伤保险。用人单位也可购买雇主责任险，以避免因实习身份无法缴纳社保发生意外或事故造成的巨额赔偿。就学生实习与学校签订协议的，应对实习生事故责任的承担进行明确约定。

7. 安全管理。明确约定发生事故时的紧急联系人和学校责任老师的联系方式。

8. 转正管理。用人单位应与拟录用的、已获得毕业证书的实习生及时签订书面劳动合同并及时购买社会保险，以避免支付未签劳动合同二倍工资和未依法缴纳社保导致被迫离职主张经济补偿的风险。劳动合同的签订日期和开始期限应以实习生的毕业日期为准。

五、招用已达到退休年龄的劳动者

（一）用人单位应了解退休的政策规定

1. 正常退休。在《国务院关于渐进式延迟法定退休年龄的办法》实施之前，全国范围内，根据《国务院关于工人退休、退职的暂行办法》等相关规定，男满60周岁，女干部年满55周岁，女工人（或工勤岗位）年满50周岁，社保累计缴费满15年的，可以正常退休。在《国务院关于渐进式延迟法定退休年龄的办法》实施之后，自2025年1月1日起，全国范围内实行渐进式延迟法定年龄退休的政策。具体是指：①从2025年1月1日起，用15年时间，原法定退休年龄60周岁的男职工和原法定退休年龄为55周岁的女职工，法定退休年龄每4个月延迟1个月，分别逐步延迟至63周岁和58周岁。原法定退休年龄为50周岁的女职工，法定退休年龄每2个月延迟1个月，逐步延迟至55周岁。用人单位可自主对照国家发布的《男职工延迟法定退休年龄对照表》、《原法定退休年龄五十周岁的女职工延迟法定退休年龄对照表》和《原法定退休年龄五十五周岁的女职工延迟法定退休年龄对照表》来确定本单位职工的准确退休年龄。②从2030年1月1日起，按照每年提高6个月的节奏，将职工按月领取基本养老金最低缴费年限由15年逐步提高至20年。用人单位可自主对照国家发布的《提高最低缴费年限情况表》来确定本单位职工应缴纳社会保险费的最低缴费年限。③遵循自愿弹性的原则，如果职工达到最低缴费年限，可以自愿选择弹性提前退休，但提前时间最长不超过3年，且退休年龄不得低于女职工50周岁、55周岁及男职工60周岁。如果职工达到法定退休年龄，所在单位与职工协商一致的，可以弹性延迟退休，但延迟时间最长不超过3年。举例说明，职工延迟后的法定退休年龄为60岁零5个月，那该职工可以最多弹性延迟到63岁零5个月退休。

2. 女干部和具有高级职称的女性专业技术人员退休。党政机关、人民团体中的正、副县处级及相应职务层次的女干部，事业单位中担任党务、行政管理工作的相当于正、副处级的女干部和具有高级职称的女性专业技术人员，年满60周岁退休。女干部和具有高级职称的女性专业技术人员如经本人申请，也可在年满55周岁时自愿退休。

3. 高级别专家退休。根据《国务院关于高级专家离休退休若干问题的暂行规定》的规定，副教授、副研究员以及相当于这一级职称的高级专家，最长不超过65周岁。教授、研究员以及相当于这一级职称的高级专家，最长不超过70周岁。根据《国务院办公厅关于院士等杰出高级专家退休年龄问题的通知》的规定，院士年满70周岁退休，个别确因国家重大项目特殊需要，可适当延长退休年龄，最多延长至75周岁。

（二）用人单位在招用达到退休年龄的劳动者时应注意的问题：

1. 退休返聘，要做到“三查”。查身份证，并对应相关延迟法定退休年龄对照表，准确计算劳动者是否达到法定退休年龄；查退休证或领取养老金的证明，以确定已享受城镇职工养老保险待遇；查《解除/终止劳动关系证明书》，以确定与前一单位无劳动关系纠纷。“三查”所用的三种文件复印并要求劳动者签字确认。

2. 退休返聘，双方要签书面的返聘协议或劳务协议。明确劳动者本人确认是已达到法定退休年龄且已享受基本养老保险待遇的退休人员。明确双方依据《民法典》等约定相关的权利义务，建立的关系为劳务关系，并不具备建立劳动关系的合意。

3. 退休返聘，用人单位要购买商业保险。用人单位一般无法为退休返聘人员缴纳工伤保险，建议购买雇主责任险等商业保险用以抵销发生人身损害时的高额赔偿。雇主责任险要避免未足额购买的问题，商业保险要重视谁作为受益人的问题。

4. 对疑似达到退休年龄但未享受基本养老保险待遇的劳动者，用人单位应先对其真实年龄和未享受基本养老保险待遇的事实予以确认，再根据自身经营情况选择签订合同的类型或是不予录用。选择建立劳务关系的，应签订严格详细的劳务协议，明确劳动者本人确认是已达到法定退休年龄的人员，明确双方依据《民法典》等约定相关的权利义务，建立的关系为劳务关系，并不具备建立劳动关系的合意。另外，用人单位以劳务关系为名，实施劳动管理，在双方权利义务符合建立劳动关系要件的情况下，可以认定双方建立的是劳动关系。尤其是该类劳动者办理退休手续而不得时，涉诉概率极大，一旦确认双方存在劳动关系，用人单位要面临补缴社保、工伤赔偿、缴纳滞纳金等风险。

5. 招用达到退休年龄的劳动者，要检查其身体健康状况、审核其工作技能，不安排与其身体健康状况不相符合的工作岗位，减少发生患病和人身意外的风险。

6. 招用达到退休年龄的劳动者，要确定与其有抚养、赡养关系的配偶或子女的姓名和有效的联系方式，包括联系地址和联系电话。

六、对拟录用员工进行入职审查

用人单位有必要对拟录用员工进行入职审查。HR 和法务在实际用工之日前对拟录用员工进行系统详细的入职审查，不仅可以大为降低员工因材料造假而欺诈用人单位的风险，还可以一并固定员工从求职到面试再到办理入职手续所提供和书写的全部书面性证据。人力资源部门和法务部门的专业人士要清楚“系统审查，棋先一招”与“发生纠纷，事后再补”在法律后果上有很大差别。用人单位对拟录用人员的审查至少包含以下 6 项内容：

（1）身份年龄审查；

（2）资质经历审查；

（3）身体健康审查；

（4）劳动关系审查；

（5）竞业限制审查；

（6）犯罪信用审查。

（一）对身份、年龄的审查

HR 和法务不能想当然地认为眼前此人和身份证上的是同一个人。冒用他人身份证、伪造身份证、篡改身份证信息（如年龄）、谎称身份证丢失先入职等情况时有发生。此类劳动者或是违法在逃，或是隐藏前科，或是失信列黑，或有不可告人的隐情。用人单位往往因无法甄别身份证的真假而陷于用工风险之中。用人单位对拟录用员工的身份、年龄审查应从以下几个方面入手。

（1）在审查身份证件时，同时要求出具户口本或复印件，两种材料齐备，以降低造假的风险。即使两种材料均为造假，用人单位也可以询问户口本上的其他成员信息以供判断。

（2）线上查询身份证的真伪。线上查询平台能够核对真实身份证上的姓名和身份证号码是否一致，但无法获得头像图片。线上查询的姓名与身份证号码一致则显示，不一致则无法显示；用人单位可以利用“无法显示”的功能鉴别该身份证是否涉嫌伪造。但是此种方法不能鉴别姓名、号码为真实存在而头像伪造的情形。

（3）暂时无法提供身份证，能提供学历证书和身份证号码的，用人单位可以登录学信网查询毕业证信息，核对学历信息上的头像是否与拟录用员工为同一人。此方法也可以间接核对身份证号码的真实性。

(4) 要求员工在身份证与户口本信息复印件上签字，以防止员工不认可该类材料由其本人提供。

(二) 对资质、经历的审查

资质、经历造假常见于劳动争议案件之中。资质审查，重点审查4项：学历(位)证书、职(执)业资格证书、职业技能等级证书、专项职业能力证书。需要注意的是，国家层面认可的证书包含以上4种，并有官方指定的查询渠道。经历审查，重点审查应聘者的专业方向和工作能力，一般是依据简历和《员工入职登记表》所填写的工作经历。如果应聘者为了获得职位，虚构从业经历和提供虚假证书，那么用人单位或将付出巨大的招聘成本。

1. 用人单位对拟录用员工的资质审查应从以下几个方面入手

(1) 学历、学位证书查询。登录中国高等教育学生信息网：www. chsi. com. cn，该网址工信部的备案号：京ICP备19004913－1号，登记主办单位：教育部学生服务与素质发展中心。用人单位应警惕高仿网站。

(2) 国外文凭查询。第一步先登录中国教育涉外监管信息网：jsj. moe. gov. cn，该网址工信部的备案号：京ICP备0508211号，登记主办单位：中华人民共和国教育部。查询国外文凭证书上学校的名字是否在案。第二步要求拟录用员工出具教育部留学服务中心出具的《国(境)外学历学位认证书》。第三步登录中华人民共和国教育部官网，点击直属单位，链入教育部留学服务中心全国学生资助管理中心(中国留学网) www. cscse. edu. cn，查询该《国(境)外学历学位认证书》的真伪。用人单位应警惕高仿网站和高仿认证书。

2. 用人单位对拟录用员工的经历审查应从以下几个方面入手

(1) 审查前应取得《员工个人信息单独处理授权书》。

(2) 用人单位应绕开拟录用员工在《入职登记表上》填写的工作经历证明人和联系方式，通过网络渠道获得其过往单位的联系方式，有策略地电话访问人力资源部门。访问的内容包括任职时间、职位、工作内容、工作表现、离职原因等。

(3) 用人单位在《录用条件确认书》或《劳动合同》中声明：员工提供资格证书和从业经历真实，如有弄虚作假或隐瞒的情况，则不符合录用条件，属于严重违反公司规章制度，公司有权解除劳动合同，公司因此遭受的损失，员工应赔偿。

(4) 对拟录用员工提交的所有文件材料，包括但不限于身份证复印件、户口本复印件、自备简历、证书复印件、入职登记表、解除或终止劳动合同证明书和各类声明书，均要求其本人用正楷签名，以防止员工不认可该类材料由其本人提供。

(三) 对身体健康的审查

当今社会，人均寿命在增加的同时得病概率不减反增，尤其是心理、精神疾病和各类癌症呈增长趋势。劳动纠纷案例中出现了劳动者在自身已患绝症的情形下，放弃治疗重新就业，在短时间内病亡在工作岗位上，用人单位因此支付巨额赔偿的案例。用人单位要重点筛查两类人群：一类是入职前已生病，且该类疾病可能危及生命健康，如心脏病、冠心病、高血压、白血病等；另一类是潜在职业病。防止员工自身已有职业病但未查明，导致新用人单位需要承担职业病责任的风险。用人单位对拟录用员工进行身体健康审查应从以下几个方面入手。

（1）先体检后录用。体检要成为用人单位办理入职的必经程序，体检相应指标应成为录用条件的一部分，在确认体检合格后再决定是否发放录用通知。若发现体检指标不符合录用条件，但此时已向拟录用员工发出并送达了录用通知，用人单位反悔可能要承担缔约过失责任。

（2）用人单位应选择合作医院，签订《员工入职健康体检合作协议》，通过合作医院对体检者进行身份确认，并把对本行业易发的职业病和工伤项目作为体检的重点。预防顶替体检风险。

（3）面试前，应告知被面试者带上指定医院的体检报告。无体检报告的，面试后需补检。

（4）要重视禁止的体检项目。如乙型肝炎五项指标（HBV – M）、孕检即人绒毛膜促性腺激素（HCG）。

（5）HR 和法务要学会查看体检报告书，并对有疑问的项目数据向合作医院的医师咨询。不得以“体检不合格”为由拒绝录用、拒绝转正、解除劳动合同。

（四）对劳动关系的审查

劳动关系审查，可分为劳动争议审查与双重劳动关系审查。通过劳动争议审查，用人单位会知悉拟录用员工与原工作单位之间是否存在过劳动争议。如出现过争议，要了解争议的数量和频次，还要了解争议的焦点是什么，一概拒绝录用有过劳动争议劳动者的做法不可取，但同一劳动者出现多次劳动争议也需要引起警惕。通过双重劳动关系审查，用人单位重点掌握拟录用员工是否持有与前一工作单位的《解除/终止劳动关系证明书》。《劳动合同法》第五十条规定，用人单位应当在解除或者终止劳动合同时出具解除或者终止劳动合同的证明。由此可知，求职者无论是何种原因与原单位解除劳动合同，都有获得《解除/终止劳动关系证明书》的权利。

劳动部 1996 年发布的《关于实行劳动合同制度若干问题的通知》规定，用人单位招用职工时应查验其终止、解除劳动合同证明，以及其他能证明该员工与任何用人单位不存在劳动关系的凭证，方可与其签订劳动合同。可见，审查劳动者与原单位是否已经解除或终止劳动关系，是为了防止招用存在双重劳动关系的劳动者。另外，根据《劳动合同法》第九十一条的规定，用人单位招用与其他用人单位尚未解除或者终止劳动合同的劳动者，给其他用人单位造成损失的，应当承担连带赔偿责任。用人单位如轻视审查双重劳动关系，会有连带赔偿的用工风险。

《劳动合同法》第三十九条第（四）项看似为用人单位处理双重劳动关系支了招：劳动者同时与其他用人单位建立劳动关系，对完成本单位的工作造成严重影响，或经用人单位提出，拒不改正的，用人单位可以解除劳动合同。但在管理实践中，用人单位对双重劳动关系取证难度极大，员工拒不承认，用人单位实际证明“严重影响”和“拒不改正”难度较大。与此同时，法律没有明确规定用人单位禁止双重劳动关系违法，实战思路中可绕开上述处理程序，直接明确对双重劳动关系的态度和立场。用人单位可直接在规章制度或劳动合同中明确规定或约定禁止双重劳动关系，即员工在职期间无论何种原因存在双重劳动关系，存在兼职的行为均视为严重违纪和严重违反规章制度，公司可解除劳动关系，并不支付任何补偿。

另外，除劳动者兼职情形外，企业内退人员、停薪留职人员、下岗待岗人员以及企业经营性停产放长假人员与新用人单位可建立劳动关系，用人单位在招聘时要注意审查应聘者的身份性质。用人单位对拟录用员工进行劳动关系审查时还应从以下几个方面入手。

（1）登录中国裁判文书网或人民法院案例库，检索拟录用员工的姓名，鉴别其是否有诉讼判决。

（2）明确要求拟录用员工出具与原单位的《解除/终止劳动关系证明书》，能够提供的，用人单位要重点关注解除或终止的时间和该员工是否对原单位负有竞业限制义务。

（3）拟录用员工无法出具与原单位的《解除/终止劳动关系证明书》的，应签署《无解除/终止劳动关系证明书承诺书》。由于该承诺书是和新用人单位之间的内部协议，因此无法对抗原用人单位，无法免除可能的连带赔偿责任。对于该承诺，因拟录用员工急于获得录用，不排除隐瞒实情的可能性。

（4）在拟录用员工签署《无解除/终止劳动关系证明书承诺书》的同时，该员工应在用人单位的指导下（包括提供文件材料），通过 EMS 方式向原单位邮寄一份《解除劳动合同通知书》。用人单位应保留快递详情单和回执原件，待邮件确认送达后，可启动签署劳动合同等后续程序。

（5）可要求拟录用员工提供人力资源和社会保障部门出具的社保缴费记录，根据该记录载明的缴费单位名称，通过电话访问加录音等形式，固定拟录用员工与原用人单位之间是否已经解除或终止劳动合同的证据。

（6）因拟录用员工可能已与多家用人单位建立劳动关系，用人单位只审查其与上一用人单位是否解除或终止劳动合同不足以完全免除可能的连带赔偿责任。用人单位应要求拟录用员工出具经签字确认的《声明书》，声明："本人已与所有建立过劳动关系的用人单位解除或终止了劳动合同，且不负有对任何单位的竞业限制义务，因本人未与其他单位解除或终止劳动合同导致本单位承担了连带赔偿责任的，或者因本人泄露原单位商业秘密导致本单位支付侵权赔偿和被罚款的，单位有权向本人追偿，本人愿意全额赔偿单位的经济损失。"

（五）对竞业限制的审查

用人单位招聘的新员工，尤其是高级管理人员和高级技术人员，其从原竞争单位带走客户资源、泄露商业秘密牟取自身利益的案件屡见不鲜。原单位出于保护自身商业秘密的考虑，大概率会和此类人员签订《保密协议》《竞业限制协议》或在劳动合同中约定保密与竞业限制条款。用人单位为规避侵犯其他单位商业秘密的风险，对拟录用员工进行竞业限制审查时应从以下几个方面入手。

（1）明确要求拟录用员工提供原单位出具的《解除或终止劳动关系证明书》或《免除竞业限制证明书》。查验此类文件中关于该员工是否负有竞业限制义务的文字表述。

（2）负有竞业限制义务的，应让员工出具与原单位签订的《竞业限制协议》或《保密协议》等文本，从原单位的营业范围、竞业限制的地域范围和期限等方面鉴别是否与原单位存在限制关系。存在限制性关系的，须确认该员工是否按月收到原单位的补偿金，进而再评估员工是否有泄露原单位商业秘密的可能，最后决定录用与否。

（3）拟录用员工无法出具与原单位竞业限制义务证明的，应出具经签字确认的《声明书》，声明："本人已与所有建立过劳动关系的用人单位解除或终止了劳动合同，且不负有对任何单位的竞业限制义务，因本人未与其他单位解除或终止劳动合同导致本单位承担连带赔偿责任的，因本人泄露原单位商业秘密导致本单位支付侵权赔偿金和被罚款的，单位可以向本人追偿，本人愿意全额承担单位经济损失。"

（4）对重点岗位重点人员，用人单位应考虑向该员工的原单位发函调查，函查往往无果，也可证明已履行调查的义务，对于减轻用人单位的法律责任意义重大。

（六）对犯罪、信用的审查

犯罪记录，是我国专门机关对犯罪人员的客观记载。除人民法院生效裁判文书确认有罪外，其他情况均应当视为无罪。信用记录，记录了个人信用支付历史。中国人民银行征信中心负责建立"信用档案"，并出具《个人征信报告》。中国执行信息公开网提供失信被执行人信息查询。

用人单位对拟录用员工进行犯罪、信用审查应分情况对待。通用类岗位如董事、监事、股东、高级管理人员、高级合伙人、会计、出纳等，建议用人单位根据自身需要进行犯罪和征信审查。特殊类岗位如证券、保险、银行信贷、押运、网约车驾驶员、拍卖师、保安员等，用人单位有必要在入职环节进行犯罪和征信审查。是否将具有犯罪历史和不良征信记录列为录用条件，用人单位可根据具体岗位的要求在符合法律规定的条件下确定。

用人单位对拟录用员工进行犯罪、信用审查的，应从以下几个方面入手：

（1）审查前应取得《员工个人信息同意处理授权书》。

（2）应要求拟录用人员提供公安机关出具的《无犯罪记录证明》。

（3）用人单位可登录“中国裁判文书网”查询拟录用人员名下是否有判决文书。

（4）用人单位可登录“中国执行信息公开网”查询拟录用人员是否是失信被执行人。

（5）应要求拟录用人员提供中国人民银行征信中心（www. pbccrc. org. cn）出具的《个人征信报告》。其他银行也有相应征信报告查询窗口，诸如移动客户端、柜台、自主查询机等，单位和个人可自主确定采信主体和查询方式。

（6）委托用人单位查询的，拟录用员工要出具《授权书》，用人单位按照相关部门的要求准备齐全的审查材料，如《企业介绍信》、经办人身份证原件/复印件、《查询申请表》（盖单位公章）、被查询人员身份证复印件等。用人单位查询犯罪记录获得的文书是《查询告知函》。

（7）用人单位应重点对财务类人员的个人征信报告进行审查。在选人环节尽可能防范职务侵占、贪污、挪用资金、私分财产等法律风险。

七、关于发送录用通知书的合规指引

（一）录用通知书属于要约而非要约邀请

《民法典》第四百七十二条规定：“要约是希望与他人订立合同的意思表示，该意思表示应当符合下列条件：（一）内容具体确定；（二）表明经受要约人承诺，要约人即受该意思表示约束。”根据对《民法典》该条规定的理解，用人单位制作的录用通知书包含了与被录用者工作相关的，如薪酬、岗位、期限等主要信息，也希望被录用者接到该文书后与之建立劳动关系，完全符合上述“要约”的构成要件。要约邀请则是希望他人向自己发出要约的表示。因此，录用通知书的法律性质可以认定为用人单位希望与被录用者建立劳动关系的要约。另外，要约在到达受要约人时生效，即录用通知书送达被录用者后即刻发生法律效力。

（二）录用通知书送达被录用员工后无正当理由不能撤销

录用通知书在送达被录用员工前，用人单位可以撤回，因为此时要约并未生效。一旦要约送达，被录用者基于对要约的合理信赖，以通知或行为的方式接受了该录用通知书的全部内容，即对要约做出了承诺。根据《民法典》第四百七十九条的规定，承诺是受要约人同意要约的意思表示。被录用者一旦做出承诺，双方之间的合同成立并具有法律约束力，用人单位此时无正当理由单方面撤销录用通知的，违反《民法典》第五百条第（三）项的规定，即违背诚信原则给对方造成损失的，应承担损害赔偿的缔约过失责任。

（三）录用通知书应与劳动合同的内容保持一致

发送录用通知书是订立劳动合同的意思表示，订立劳动合同是发送录用通知书的最终目的，录用通知书不能代替劳动合同。录用通知书并不因订立了劳动合同而自动失效。用人单位要确保录用通知书的内容和劳动合同条款一致，如果两者对同一事项作了不同的约定（如薪资、福利、年休假、年终奖等），易引发不必要的纠纷。用人单位应在录用通知书中载明，“双方约定内容与劳动合同不一致时，以劳动合同为准”或“签订劳动合同后原录用通知书失效”。

（四）用人单位还应从以下方面进行防范

（1）非必要不发送录用通知书。

（2）发送录用通知书的时间：拟录用员工入职体检合格后。

（3）录用通知书中应列明录用条件，明确不予录用的情形，达到录用条件公示的目的，保留一定的录用主动权。

（4）设置生效条款：如简历、证书、离职证明等信息完整真实、体检指标符合录用条件、通过背景调查等录用通知才能生效。也可设置生效前提：“本通知书的生效前提是个人提供的信息全部真实无误，如发现有编造、篡改、虚假陈述或与真实情况不符，本通知书自始至终无效。”

（5）设置失效条款：在指定日期内未书面回复或未电话确认，录用通知自动失效，用人单位有权另聘他人或取消该职位。

（6）设置无条件撤销条款：在报到时间之前，本单位可无条件撤销录用通知。

（7）设置违约条款：双方就录用通知书达成合意后，被录用者未在指定之日内报到的，应承担相应的违约责任。

（8）设置待遇前置条件：如在录用通知书中列明相关待遇，应设置待遇前置条件，如写明“公司基于现在的经营情况、薪酬福利政策和你所在部门的情况，向你提供以下聘用条件……”

第三节　合规工具应用

合规工具1：《实习协议》

实习协议

甲方（实习单位）：

乙方（实习学生）：

学校及院系：　　　　　　　　　　　　　专业年级：

学生证号码：　　　　　　　　　　　　　身份证号码：

现通信地址：　　　　　　　　　　　　　联系电话：

乙方确认上述信息和身份证复印件所载明的信息均为乙方有效的送达地址。

甲乙双方经平等协商同意，自愿签订如下实习协议，以共同遵守。

1. 实习期限

1.1　实习期限自____年____月____日起至____年____月____日止。

1.2　如实习期满前，乙方已取得学历毕业证书，本协议于乙方取得毕业证书之日终止。

1.3　甲方可提前__________日通知乙方终止实习。

2. 实习目的

乙方利用业余时间勤工助学。

3. 实习内容

3.1　甲方安排乙方在__________部门__________岗位实习，乙方应按照甲方安排的实习内容及要求，努力完成实习任务。

3.2　根据甲方业务及工作安排情况以及乙方的实习表现，甲方可以自行调整乙方的实习岗位。

4. 实习地点

乙方的实习地点为__________，甲方根据工作实际情况有权调整乙方的实习地点，乙方应予以遵守，否则甲方有权直接解除本协议。

5. 实习时间

乙方的实习时间由甲乙双方协商决定，乙方每日工作____小时，每周工作____日。实习时间可以根据实际情况由甲方安排变动。如果乙方由于学校学习原因须改变实习工作时间，应事先向甲方说明情况。

6. **实习待遇**

6.1 实习期间乙方获得实习补贴。乙方因故缺勤，按所缺天数扣减相应实习补贴。

6.2 在实习期内，根据乙方实到天数，乙方的实习补贴为人民币____元/日。

6.3 实习补贴如有需扣除所得税的情形，由甲方按月代扣代缴所得税。

6.4 甲方如实行新的薪资制度，或乙方的实习岗位发生变化时，甲方可对乙方的实习补贴予以适当的调整。

6.5 甲方每月____日前向乙方支付上月的实习补贴。

6.6 在实习期间，乙方不享受甲方具有劳动关系员工依据《劳动合同》及规章制度所享受的福利待遇。

7. **实习管理**

7.1 乙方确认身份为实习生，并非甲方的正式员工。

7.2 乙方遵守甲方的工作纪律，接受实习指导人员的业务指导和日常管理。

7.3 乙方应爱护甲方的财产，保守甲方的技术及商业秘密。如因乙方的个人过错造成甲方财产损失或是泄露技术及商业机密而给甲方造成利益损害，乙方应承担损害赔偿责任。

7.4 未经甲方允许，乙方不得擅自脱离实习岗位。实习期间乙方累计脱岗____次以上者，甲方有权解除本协议。

7.5 自本协议生效之日起____日内，乙方需向甲方提供乙方所在学校的在校证明。如乙方逾期未能提供，甲方可与其解除本协议。

8. **伤害赔偿**

8.1 乙方因从事实习活动负伤，甲方应向乙方承担赔偿责任。从事实习活动，是指从事甲方授权或者指示范围内的生产经营活动或者其他劳务活动。

8.2 实习期间乙方非因工作原因发生人身损害或疾病，乙方应自行负责，甲方依法不承担赔偿或补偿责任。甲方不承担赔偿或补偿责任的情形包括但不限于：

（1）乙方实习期间患病的；

（2）乙方在上下班途中发生交通事故的；

（3）乙方因自身过错在工作中受到伤害的；

（4）乙方由于第三方原因受到伤害的；

（5）其他非因从事劳务活动受到的伤害情形。

8.3 乙方在从事实习活动期间超越工作范围或因过错造成他人伤害的，自行承担赔偿责任。如因此导致甲方对第三方承担赔偿责任，甲方有权向乙方追偿。

8.4　如甲方为乙方出资购买了保险，则一旦发生应由甲方承担责任的事宜，保险赔付金额应计算在甲方的赔偿金额之中。

9. 协议解除

出现下列情形之一，本协议解除且甲方不承担赔偿责任：

（1）甲乙双方协商一致可以解除，协议一方提前7天通知另一方；

（2）乙方有违法行为、严重违反劳动纪律或甲方规章制度的，本协议解除；

（3）乙方患病或非因工负伤导致本协议无法继续履行的；

（4）乙方已落实工作单位，本协议无履行必要的（乙方须提前7日书面通知甲方）；

（5）甲方因客观情况发生变化，导致本协议无法履行或已经无履行必要的；

（6）由于乙方原因造成甲方____元以上损失的；

（7）实习期满，或协议中约定的其他解除情形。

10. 知识产权和商业秘密

10.1　乙方为完成甲方的工作任务，或者利用甲方的设备、资料、时间、场地等完成的发明创造，开发的技术成果，发展的业务渠道，建立的商业信誉等，都属于甲方的知识产权和无形资产，乙方并不因为其曾付出了劳务而取得占有、转让、披露以及利用其为自己或其他人谋取利益的权利。

10.2　乙方对在甲方工作期间所获悉的甲方商业秘密负有保密义务，非经甲方许可，不得擅自披露或许可他人使用，一经发现，乙方应向甲方承担赔偿责任。具体赔偿数额以甲方提报的损失数据为准。

10.3　乙方应当于协议解除或终止或者于甲方提出要求时，将其持有或保管的一切保密信息及载体交付给甲方，并不得私自留存任何上述信息的复制品、复印件等。

11. 法律关系确认

甲乙双方充分理解在本协议下所建立的实习关系，不构成劳动关系。双方不适用劳动法律法规的调整。

12. 争议解决

因本协议发生争议，甲乙双方应友好协商，协商不成，提交甲方住所地有管辖权的人民法院诉讼解决。

以下除附件外无正文。

附件1：学生证复印件1份。

附件2：身份证复印件1份。

附件3：学校证明复印件1份。

附件4：声明书1份。

备注：附件均需实习生本人用正楷签字。

甲方（公章）：　　　　　　　　　　　　乙方（签字）：
法定代表人或委托代理人签字：　　　　　乙方（捺印）：
日期：　　年　　月　　日　　　　　　　日期：　　年　　月　　日

合规工具2：《实习声明书》

实习声明书

本人确认：＿＿＿＿＿＿公司（以下简称公司）已征得本人同意，在本人实习期间，出资为本人购买意外伤害保险（具体险种、额度由公司决定）。

本人同意：一旦发生应由公司赔偿的保险事故，本人同意保险事故发生后自动将保险金的请求权转让给公司，保险赔付的金额可抵扣公司的赔偿金额。本人将配合公司办理保险理赔手续。

签名确认：
日期：　　年　　月　　日

合规工具3：《员工入职声明书》

员工入职声明书

本人姓名＿＿＿＿，身份证号码＿＿＿＿＿＿＿，现在就职于＿＿＿＿＿＿公司＿＿＿＿＿岗位，现就相关受聘事宜作如下声明。

1. 关于公司已尽告知义务的声明

公司已向本人如实告知了工作内容、工作地点、工作条件、职业危害、安全生产状况、劳动报酬以及本人要求了解的情况。本人确认公司不存在欺诈、胁迫及乘人之危之情形。

2. 关于本人提供相关资料及背景调查授权声明

本人向公司出示的、陈述的任何有关本人自身情况的说明和材料都是真实有效的。本人自身情况包括但不限于本人的身份证件、学历学位、职（执）业资格、技能等级、工作经历等。本人授权公司对我提供的个人信息进行诚信调查，如有不实，则视为本人违反诚实信用原则存在欺诈行为，公司有权依据本人“不符合录用条件”或“严重违反劳动纪律”或“严重违反公司规章制度”等与本人解除劳动合同，并不支付任何经济补偿，并由________承担由此产生的一切法律责任。

3. 关于本人与前雇主之间关系的声明

本人入职之时即____年____月____日之前与任何单位不存在任何劳动关系。前雇主开具的《解除/终止劳动关系证明书》____________或____________（填写已提交公司或无法取得），公司不会因雇佣本人而引发任何诉讼。公司因雇佣本人而引发的任何法律责任（包括连带赔偿责任）由__________承担。

4. 关于本人违反保密义务承担责任的声明

本人对前雇主或其他任何单位不负有保守商业秘密、知识产权和竞业限制义务。本人承诺不将任何涉及第三方的商业秘密、知识产权带入公司，并在公司使用。任何因本人违反对第三方的保守商业秘密、知识产权和竞业限制的义务而导致的任何法律责任，由__________承担。经法院判决公司负有侵权赔偿责任的，公司履行法院的判决后，由本人全额赔偿公司因该诉讼所产生的全部费用，包括但不限于赔偿费、律师费、交通费等。

5. 关于本人对公司各项规章制度的声明

在办理入职手续时，公司已向本人出示了公司现有的各项规章制度，具体表现形式包括《劳动纪律》《员工手册》以及部门规章等，本人清楚公司将根据发展情况不定时地更新这些规章制度，本人表示将对全部规章制度予以严格遵守。若本人违反上述规章制度，愿意接受公司按照规章制度的规定予以处理。

6. 关于录用条件的声明

在本人入职前，公司已向本人出示了应聘岗位的岗位胜任条件、岗位职责说明以及绩效考核方案。本人认同并已签收《录用条件确认函》，本人确认接受公司的试用期考核，该考核可能有相当程度的主观因素，本人仍然同意以公司作出的考核结论作为录用条件的依据。

7. 关于本人对在职兼职和在职遵守竞业限制的声明

未经公司许可不会私自进行倒买倒卖、兼职工作等牟利的业务行为，更不会在在职期间自己开业和指挥他人组织生产或者经营与公司同类产品、从事同类业务。如本人违反上述承诺，本人愿意赔偿公司的所有损失，公司能以严重违反规章制度为由解除与本人的劳动合同，且公司不承担任何赔偿责任。如本人有离职后竞业限制义务，本人愿意履行义务。

公司已给予充分时间供本人阅读，本人已阅读以上内容，且声明均为本人真实意思的表示。

____

____

特立此声明书。

声明人签字：

日期：　　年　　月　　日

合规工具4：《录用通知书》

录用通知书

________先生/女士：

您好！鉴于您应聘本公司____________职位，结合您提供的入职申请资料和所获得的面试成绩，依本公司员工录用管理规定拟录用您来公司工作。有关事项，敬请参照办理。

一、报到时间：______年____月____日____时。

二、报到地点：______市______区________路________________公司人力资源部。

三、报到资料

（一）身份证原件及复印件（复印件____份）；

（二）户口本原件及复印件（复印件____份）；

（三）个人简历；

（四）学历学位及资格证书原件及复印件；

（五）《解除/终止劳动关系证明书》原件及复印件；

（六）二寸正面半身免冠照片（4张）；

（七）根据公司要求的其他资料______________________________。

四、试用期及薪酬待遇

（一）本公司拟与您约定试用期：____个月，试用期内将进行考核；在您试用期满并考核合格后，您将成为公司的正式员工。

（二）试用期的薪酬待遇：______________________。

（三）您试用期和转正后的工资均为税前工资，其他有关薪酬、福利以及工作条件等细节，将会在劳动合同中作详细规定，您可向人力资源部门征询。

五、录用通知书效力

（一）有效期：本录用通知书自送达之日起有效期为____日。

（二）效力说明：

1. 本通知书的生效前提是您提供的资料信息全部真实无误、背景审查通过、体检合格（具备胜任本职位的身体健康状况）、无任何欺诈公司情形，否则，本通知书自始至终无效。

2. 有效期内填写接受该岗位的回执，并将原件邮寄至________________（公司地址）或当面送达公司。如公司未在有效期内收到回执原件，公司将视为您放弃本工作机会，本录用通知失效。

3. 如您签署了回执并邮寄给了公司，而又未在本通知书第一条确定的报到时间前到岗（到岗认定以人力资源部门报到签字为准），或者到岗后不与公司正式签订劳动合同，公司将视为您主动放弃本工作机会，本录用通知失效，由此给您个人造成的不便和损失我们将不予承担。

4. 本录用通知书在签订劳动合同后不再发生法律效力，本通知如有其他未尽事宜将在劳动合同中予以进一步说明，若本通知内容与您未来的劳动合同、规章制度等内容存在冲突，双方的权利和义务一律以后签订的协议为准。

5. 在本录用通知书规定的报到时间之前，本公司根据经营情况有权撤销本录用通知书。

六、违约责任

（一）如果您签署了本通知书并送达了公司，而又未在本通知书第一条确定的时间前报到，将承担本职位____个月共计________元的违约金。

（二）如果您签署了本通知书并送达了公司，而公司不能在本通知书第一条确定的日期接受您的报到，将承担本职位____个月共计________元的违约金。

七、咨询渠道

以上事项若有疑问或困难，请与本公司人力资源部门联系。

联系电话：　　　　　　　　　　　联系地址：

本人同意上述条款，并领取录用通知书。

本人签字：

签署时间：　　年　　月　　日

-- 裁剪线 --

回 执

本人同意接受上述职位，将按公司要求入职。

本人签字：

签署时间： 年 月 日

合规工具5：《员工个人信息同意处理授权书》

员工个人信息同意处理授权书

依据《个人信息保护法》的规定，本人对公司基于合法目的的处理本人个人信息充分知情，本人自愿同意授权____________________________公司采取收集、存储、使用、加工、传输、提供、公开、删除等方式处理本人的个人信息。

公司处理本人个人信息的合法目的：招聘、入职、签订劳动合同、考勤管理、绩效管理、背景调查（包括员工入职前公司向第三方收集及员工离职后公司向第三方提供相关信息）、保险及公积金办理、薪酬发放、福利计划、工作联络、出差或旅行期间的订票与联络、学习和发展、晋升规划、仲裁/诉讼处理、包装宣传、财务合规、税务合规、用工合规、工作场所管理、内部健康和安全管理、保护公司的合法利益（包括但不限于常规业务运营、出于审计和报告目的的披露、内部调查、与第三方的合同义务、管理网络和信息系统安全以及保护公司的资产）公司结构调整、合并、分立、重组、并购、撤销投资、业务转让或部分业务转让及出于履行劳动合同需要处理员工的个人信息等。

本人同意授权公司处理的个人信息和敏感个人信息包括但不限于：姓名，性别，户籍，国籍，常住地址，电话号码，电子邮箱，微信号码，出生日期，肖像照片，紧急联系人，身份证号码，有效身份证件的影印件或照片，考勤设备收集的声音指纹，面部识别信息，医疗健康信息，体检信息，疫苗接种信息，工作经历，职位，专业技术技能及认证，学历，学位，培训记录，考勤记录，历史薪酬，福利信息，休假记录，绩效评估记录，纪律处分和申诉记录，离职日期以及与雇佣期间解除或终止相关的信息，社会保障（五险一金）信息，银行账户信息，护照号码，缴税识别编号，无刑事犯罪证明，安保系统（办公、公共区域监控系统）收集的声音、影像信息及本人使用计算机（包括公司配发计算机及公司支付补贴的员工个人计算机），邮箱（含个人邮箱）、微信、QQ、手机等网络或设备创建、存储或传输的工作成果、网络活动轨迹、通信记录/信息、浏览使用记录、IP 地址、公司通过技术手段搜集到的信息。

特别说明：

本人已详细阅读并完全理解本《员工个人信息同意处理授权书》的全部内容。

本人__________，身份证号码________________________，确认上述授权信息为本人的真实意思表示。如本人需撤销上述授权，本人将通过书面形式通知公司。因本人撤销上述授权而导致本人无法享受公司提供的服务、福利（如有）或双方签署的劳动合同无法正常履行的损失及因此造成的不利后果由本人自行承担。

本授权书一式两份，公司及员工各持一份。

员工（签字按指印）：　　　　　　　　　　授权日期：　　年　　月　　日

合规工具 6：《物品及电子账号领用清单》

物品及电子账号领用清单

<table>
<tr><th>序号</th><th>物品名称</th><th>型号/规格</th><th>数量</th><th>领取时间</th><th>备注</th></tr>
<tr><td>1</td><td></td><td></td><td></td><td></td><td></td></tr>
<tr><td>2</td><td></td><td></td><td></td><td></td><td></td></tr>
<tr><td>3</td><td></td><td></td><td></td><td></td><td></td></tr>
<tr><td>4</td><td colspan="5">办公电话：　　　　　　　　　　电子邮箱：
办公平台名称：　　　　　　　　办公平台账号：
办公平台密码：　　　　　　　　IP 地址：</td></tr>
<tr><td>声明</td><td colspan="5">1. 本人已领取邮箱账号和邮箱密码，并将及时更改并妥善保存相关密码；如因有关 ID、密码被盗用，本人将承担相关责任。
2. 本人将至少每天查阅一次企业邮箱，该邮箱收到的邮件将视为送达本人，该邮箱发出的邮件视为代表本人的意思表示。
3. 本人认可电子化办公，本人将妥善保管办公平台账号及密码；本人账号作出的请销假、通知、申请、批复及其他行为，将视为本人作出的行为。
4. 本人将至少每周查阅一次公司办公平台发布的信息，本人确认，公司办公平台上发布的通知、制度、工作任务布置等将视为本人已经收到并知悉。

领用人签字确认：
日期：　　年　　月　　日</td></tr>
</table>

合规工具7：《法律文书送达地址确认函》

法律文书送达地址确认函

<table>
<tr><td>姓名</td><td colspan="2"></td><td>身份证号码</td><td></td></tr>
<tr><td>告知事项</td><td colspan="4">1. 员工确认所填写内容须真实，全面，无遗漏。
2. 员工确认下列所填联系方式和身份证复印件载明的地址系本人有效的送达方式。
3. 员工确认填写的钉钉、邮箱、微信和短信等所有电子账号信息是自己实名所有。
4. 所有电子账号的使用记录均视同员工本人的真实意思表示。
5. 公司向员工下列地址送达文书，出现地址不详、错误、查无此人、查无此地址、乙方拒签收、他人代收、其他无法送达的情形均视为文书已经送达员工。
6. 若乙方通信地址发生变化，应在发生变化后____日内书面告知甲方，否则，造成的一切责任由乙方负责。</td></tr>
<tr><td rowspan="4">送达地址</td><td>地址</td><td colspan="3"></td></tr>
<tr><td>签收人</td><td colspan="3"></td></tr>
<tr><td>手机号码</td><td></td><td>微信</td><td></td></tr>
<tr><td>实名邮箱</td><td></td><td>其他账号</td><td></td></tr>
<tr><td rowspan="4">紧急状态联系人送达地址</td><td>紧急联系人</td><td></td><td>与本人的关系</td><td></td></tr>
<tr><td>紧急送达地址</td><td colspan="3"></td></tr>
<tr><td>签收人</td><td colspan="3"></td></tr>
<tr><td>手机号码</td><td></td><td>微信</td><td></td></tr>
<tr><td>员工确认</td><td colspan="4">我已经认真阅读了本确认书上的告知事项，自愿同意并接受。本人保证填写的以上各项内容是正确、有效的。本人同意授权公司处理上述所填写的信息。
书写栏：（亲笔自愿书写上述两行内容）
____
____
____
员工（签字）：______________ 填写日期： 年 月 日</td></tr>
</table>

合规工具8：《员工手册（规章制度）签收确认表》

员工手册（规章制度）签收确认表

兹确认收到______________有限公司《员工手册》（编号：______________）一份，并已认真阅读、熟知全部内容，明白该手册是经由民主公示程序生效的法律文件，确认自签字起已向我送达。

我理解遵守《员工手册》是我与公司合作的前提，我将详细阅读且完全理解手册的各项内容并谨此声明愿意严格遵守《员工手册》的所有内容，同时愿意承担违反相关内容的责任。公司有权根据法律法规的调整和公司经营发展的需要修改该手册上的有关条款，我愿意接受并认可以书面形式或电子平台形式公布的《员工手册》及公司规章制度等相关内容。

本人如对该手册所规定事项有任何疑问，将向部门负责人咨询，本人同意爱惜使用手册，并在离职时交还。如离职时不能将手册交还公司，或有涂画撕剪现象，愿意承担20元工本费的赔偿金。

姓名	身份证号码	签收内容	签字	日期
		我已收到《员工手册》，并愿遵守其规定		
		我已收到《员工手册》，并愿遵守其规定		
		我已收到《员工手册》，并愿遵守其规定		
		我已收到《员工手册》，并愿遵守其规定		
		我已收到《员工手册》，并愿遵守其规定		
		我已收到《员工手册》，并愿遵守其规定		
		我已收到《员工手册》，并愿遵守其规定		
		我已收到《员工手册》，并愿遵守其规定		
		我已收到《员工手册》，并愿遵守其规定		
		我已收到《员工手册》，并愿遵守其规定		
		我已收到《员工手册》，并愿遵守其规定		
		我已收到《员工手册》，并愿遵守其规定		
		我已收到《员工手册》，并愿遵守其规定		

合规工具 9：《入职登记表》

入职登记表

告知：填写本表是为准备订立、履行劳动合同和实施人力资源管理所必需的文件材料，填写本表视为同意公司依法处理下述个人信息，包括个人信息和敏感个人信息。

填表时间：　　年　　月　　日

<table>
<tr><td>姓名</td><td></td><td>性别</td><td></td><td>出生日期</td><td></td><td>民族</td><td></td><td rowspan="3">照片</td></tr>
<tr><td>职称</td><td></td><td>学历</td><td></td><td>入职时间</td><td></td><td>政治面貌</td><td></td></tr>
<tr><td>户口性质</td><td colspan="7">□城镇居民　□农村居民</td></tr>
<tr><td>身份证号码</td><td colspan="8"></td></tr>
<tr><td>现居住地址</td><td colspan="8"></td></tr>
<tr><td>文书送达</td><td colspan="8">同上可抄写</td></tr>
<tr><td>婚姻状况（选填）</td><td colspan="2">□未婚　□离异
□已婚　□已育</td><td colspan="6">健康状况（选填）：是否存在心血管、呼吸、血液等疾病或者其他病史　□是　□否
是否做过重大手术：__________</td></tr>
<tr><td>本人电话</td><td colspan="2"></td><td>本人微信</td><td colspan="2"></td><td>本人邮箱</td><td colspan="2"></td></tr>
<tr><td>首次工作</td><td colspan="2">年　月　日</td><td>累计工作</td><td colspan="2">个月</td><td>社保累计</td><td colspan="2">个月</td></tr>
<tr><td>职业资格</td><td colspan="2"></td><td>技能等级</td><td colspan="2"></td><td>有无驾驶证</td><td colspan="2"></td></tr>
<tr><td>紧急联系人</td><td colspan="2"></td><td>与本人关系</td><td colspan="2"></td><td>紧急连续电话</td><td colspan="2"></td></tr>
<tr><td colspan="9">紧急联系人住址：</td></tr>
<tr><td colspan="9">是否被列为失信被执行人：□是　□否　是否有亲属在本公司任职：□是　□否
是否曾经承担过刑事责任：□是　□否　是否已经休本年度年休假：□是　□否
是否正在被追究刑事责任：□是　□否　是否接受出差：□是　□否
是否被认定为工伤或者职业病：□是　□否　是否接受加班：□是　□否
是否与其他单位曾经或正在发生劳动纠纷：□是　□否　详细情况：__________
是否从事过井下、高空、高温，特别繁重的体力劳动以及有毒有害工种：□是　□否
是否被劳动能力鉴定委员会鉴定为具有伤残等级以及何级伤残：□是　□否
等级：________
是否由于严重违规违纪等原因被其他用人单位辞退：□是　□否　详细情况：__________</td></tr>
</table>

续表

<table>
<tr><td rowspan="3">教育
经历</td><td>起止时间</td><td>学校全称</td><td>专业</td><td>学历</td><td colspan="2">在校职务与所获奖励</td></tr>
<tr><td></td><td></td><td></td><td></td><td colspan="2" rowspan="2">1. ____________
2. ____________</td></tr>
<tr><td></td><td></td><td></td><td></td></tr>
<tr><td rowspan="2">工作
经历</td><td>起止时间</td><td>公司全称</td><td colspan="2">部门及职务</td><td>证明人</td><td>证明人电话</td></tr>
<tr><td></td><td></td><td colspan="2"></td><td></td><td></td></tr>
<tr><td rowspan="3">专业技术
技能培训</td><td>培训时间</td><td>培训机构</td><td colspan="2">培训内容</td><td colspan="2">所获证书全称及等级</td></tr>
<tr><td></td><td></td><td colspan="2"></td><td colspan="2"></td></tr>
<tr><td></td><td></td><td colspan="2"></td><td colspan="2"></td></tr>
<tr><td rowspan="3">家庭成员
（选填）</td><td>姓名</td><td>关系</td><td colspan="2">工作单位全称</td><td colspan="2">联系电话</td></tr>
<tr><td></td><td></td><td colspan="2"></td><td colspan="2"></td></tr>
<tr><td></td><td></td><td colspan="2"></td><td colspan="2"></td></tr>
</table>

本人声明及确认：

1. 本人确认：公司已向本人如实告知了工作内容、工作地点、工作条件、职业危害、安全生产状况、劳动报酬以及本人要求了解的情况。

2. 本人已充分理解并知悉本表内容为公司需要了解的劳动者与劳动合同直接相关的基本情况，系公司决定聘用与否的关键内容并作为试用期考核的录用条件内容。本人若有隐瞒、编造、提供虚假信息之情形，公司有权依据本人“不符合录用条件”或“严重违反公司的规章制度和劳动纪律”等与本人解除劳动合同，并不支付任何经济补偿；本人以虚假、不实信息等手段，欺诈公司订立劳动合同的，公司有权对该劳动合同作无效认定处理，本人自愿承担赔偿责任。同时，由此致使公司承担连带责任的，公司有权向本人进行追偿。

3. 公司或司法机关通过上述任一联系方式（包括电子邮箱等电子账号），向本人发送相关通知、发布规章制度与文件、布置工作等以及相关法律文书等，如出现包括但不限于拒收、迁址、查无此人等情形时，均视为有效送达与告知。所产生的后果由本人承担。

4. 本人与任何主体均不存在劳动关系，与任何主体也均不存在保密、竞业限制或服务期义务。否则，若由此引发法律纠纷，由本人自行承担法律责任。

5. 本人保证上述信息真实、准确，并授权公司对本人进行背景调查，同时，本人承诺不会在任何时间对公司或团体因提供或透露本人资料而起诉。

本表共____页，本人在每一页均签字确认。

员工签字确认：　　　　　　　　　　填写日期：　　年　　月　　日

合规工具 10：《岗位职责告知书》

岗位职责告知书

告知人：____________（公司全称） 被告知人：________（员工姓名）

岗位名称		告知时间	年 月 日
晋升方向		轮转岗位	
工作内容	1. ________ 2. ________ 3. ________ 4. ________ 5. ________		
工作条件	1. ________ 2. ________ 3. ________ 4. ________ 5. ________		
任职资格	1. 教育背景：________ 2. 职业经验：________ 3. 专业技能：________ 4. 工作态度：________ 5. 其他资格：________		
工作关系	直接上级：	直接下级：	
薪资待遇	工资数额：	公司福利：	

告知人对以上内容无异议。

告知人（公司全称） 被告知人（员工姓名）

签字确认： 公章确认：

>>>第二章<<<

试用期的合规管理

试用期是劳资双方相互考察的阶段，也是相互选择的阶段。用人单位在劳动合同中约定试用期有两个意义：其一，管理意义；其二，法律意义。管理意义在于激发劳动者高效履职的积极性；法律意义在于劳动者不符合录用条件时可依法解约。用人单位违法约定试用期，将不能适用“不符合录用条件”解约的法律规定，且面临支付赔偿金的法律风险；用人单位在合法约定试用期的前提下，如无明确的录用条件，则因不能依法解约，其约定的试用期将失去法律意义。本章将重点探讨约定试用期和不符合录用条件解约等环节的典型法律风险及合规管理实务。

第一节　试用期的典型法律风险

典型风险1：违法约定试用期

（1）约定的试用期超出法定标准。《劳动合同法》对试用期的期限作出了限制，其第十九条第一款规定：“劳动合同期限三个月以上不满一年的，试用期不得超过一个月；劳动合同期限一年以上不满三年的，试用期不得超过二个月；三年以上固定期限和无固定期限的劳动合同，试用期不得超过六个月。”根据《民法典》第一千二百五十九条的规定，民法所称的“以上”“以下”“以内”“届满”，包括本数；所称的“不满”“以外”，不包括本数。《劳动合同法》第十九条第一款中的“不满”应不包括本数，而“以上”则包括本数，即劳动合同期限恰好为1年的，则试用期最多可以约定为2个月；劳动合同期限恰好为3年的，则试用期最多可以约定6个月（见表2-1）。用人单位与劳动者订立的劳动合同所约定的试用期超出法定标准的，根据《劳动合同法》第八十三条的规定，用人单位违反本法规定与劳动者约定试用期的，由劳动行政部门责令改正；违法约定的试用期已经履行的，由用人单位以劳动者试用期满月工资为标准，按已经履行的超过法定试用期的期间向劳动者支付赔偿金。劳动者能否主张已履行超出法定试用期的工资差额，因法律未有禁止性规定，该问题在司法实践中尚存争议。主流观点认为，违法约定试用期的赔偿金具有惩罚性和补偿性的功能，用人单位无须向劳动者补足超过期间的工资差额。

表 2－1 试用期法定上限速对

劳动合同期限	试用期
3 个月≤劳动合同期限＜1 年	试用期≤1 个月
1 年≤劳动合同期限＜3 年	试用期≤2 个月
劳动合同期限（固定期限和无固定期限）≥3 年	试用期≤6 个月

举例理解违法约定试用期的赔偿标准：甲公司与 A 员工签订 2 年期固定期限劳动合同，劳动合同约定试用期 6 个月，试用期工资 8000 元，试用期满后工资 10, 000 元。A 员工在履行劳动合同的第 7 个月提起仲裁，主张甲公司支付违法约定试用期的赔偿金。结合该例，甲公司依法约定的试用期不得超过 2 个月，违法约定试用期超出规定 4 个月，而 A 员工已经履行超过法定试用期 4 个月，甲公司最终支付 10000 元×4 个月＝40000 元的赔偿金。该赔偿金不包含甲公司已经支付的前 6 个月的工资。A 员工已履行超出法定试用期的工资差额（10000－8000）元×4 个月＝8000 元是否能得到支持，要结合地方裁判规则确定。

提示：HR 和法务基于避免违法约定试用期或足额约定试用期的想法，同时又曲解了“不满”“以上”等法律词汇的含义，与劳动者约定类似 1 年零 1 日或 3 年零 1 日的劳动合同。该类劳动合同履行完毕，增加的 1 天即满足《劳动合同法》第四十七条第一款“不满六个月的，向劳动者支付半个月工资的经济补偿”的规定。举例说明：员工 2022 年 7 月 28 日入职，签署 3 年期劳动合同，具体期限应为 2022 年 7 月 28 日至 2025 年 7 月 27 日，后面的日期比前面的日期少 1 日，而非签到 2025 年 7 月 28 日。

（2）与同一劳动者多次约定试用期。《劳动合同法》对试用期的次数作出了限制，立法本意在于限制用人单位任意约定试用期从而侵害劳动者权益的情形。《劳动合同法》第十九条第二款规定，同一用人单位与同一劳动者只能约定一次试用期。因此，与同一劳动者多次约定试用期，无论其是否从事原岗位工作，均系违法约定试用期。用人单位违法约定试用期将面临支付违法约定试用期赔偿金的风险，以试用期不符合录用条件为由解除劳动合同的，还面临支付违法解除劳动合同赔偿金的风险。违法多次约定试用期场景如下。

①用人单位以劳动者试用期不合格为由延长试用期，属于再次约定试用期；

②同一用人单位与同一劳动者在续订劳动合同的情形下再次约定试用期；

③同一用人单位在同一劳动者二次入职的情形下再次约定试用期；

④在劳动者升职、调岗变更劳动合同的情形下再次约定试用期。

另外，同一劳动者入职用人单位的关联公司和用工单位与转正的派遣员工建立劳动关系以及劳动者不是由于本人原因从原用人单位被安排到新用人单位工作，这三种情形下再次约定试用期的，有被认定违法约定试用期支付赔偿金的风险，用人单位应审慎处理。

（3）劳动合同仅约定试用期或者劳动合同期限与试用期相同的。《劳动合同法》第十九条第四款规定，试用期包含在劳动合同期限内。劳动合同仅约定试用期的，试用期不成立，该期限为劳动合同期限。可以理解为，签订单独的试用期合同是一份无试用期的短期劳动合同，从而形成了用人单位与劳动者签订的第一次固定期限劳动合同。如果用人单位与劳动者短时间内第二次签订了固定期限劳动合同，将失去第二次固定期限劳动合同的终止权和签订第三次劳动合同类型的选择权，即劳动者提出要求签订无固定期限劳动合同时，用人单位应当签订（上海除外）。另外，在该情形下，用人单位无法以试用期不符合录用条件为由解除劳动合同。

（4）不得约定试用期的劳动合同约定了试用期。根据《劳动合同法》第十九条第三款和第七十条归纳出不得约定试用期的劳动合同类型：

①以完成一定工作任务为期限的劳动合同；

②期限不满三个月的劳动合同；

③非全日制用工双方当事人约定的口头协议或书面合同。

（5）第一次签订的劳动合同不约定试用期，在续签劳动合同时约定试用期。因《劳动合同法》没有规定约定试用期的时间点，加之同一用人单位与同一劳动者只能约定一次试用期。用人单位认为此间可以钻法律的空子，第一次与员工签订6个月的短期劳动合同，在续签劳动合同时约定合同期限超过3年，从而约定试用期6个月，以达到延长试用期的目的。根据《劳动部关于〈中华人民共和国劳动法〉若干条文的说明》（劳办发〔1994〕289号）第二十一条第二款的规定，“试用期”适用于初次就业或再次就业时改变劳动岗位或工种的劳动者。用人单位与员工第一次签订劳动合同（初次就业）时未约定试用期，应视为自此放弃约定试用期的权利，续签劳动合同时再约定试用期的，有可能被认定为违法约定试用期。

典型风险2：试用期工资低于法定标准

根据对《劳动合同法实施条例》第十五条规定的理解，法律对劳动者在试用期的工资实行底线性保护，用人单位与劳动者约定的试用期工资不得突破以下底线。

（1）不得低于本单位相同岗位最低档工资的80%；

（2）不得低于劳动合同约定工资的80%；

（3）不得低于用人单位所在地的最低工资标准。

用人单位与劳动者约定的试用期工资突破上述底线的，将面临以下风险。

（1）劳动者以用人单位未足额支付劳动报酬为由被迫辞职主张经济补偿；

（2）要求支付试用期工资差额；

（3）劳动者可以根据用人单位“未按照劳动合同的约定或者国家规定及时足额支付劳动者劳动报酬”，以及《劳动合同法》第八十五条的规定“由劳动行政部门责令限期支付劳动报酬、加班费或者经济补偿；劳动报酬低于当地最低工资标准的，应当支付其差额部分；逾期不支付的，责令用人单位按应付金额百分之五十以上百分之一百以下的标准向劳动者加付赔偿金”，要求用人单位支付赔偿金。

典型风险3：以不符合录用条件为由违法辞退试用期员工

用人单位与劳动者订立了书面劳动合同并约定了合法的试用期，试用期成立。口头约定试用期的，难以证明试用期的存在，试用期不能成立。用人单位解除试用期员工的劳动合同，须满足法定解除条件。根据《劳动合同法》第三十九条第（一）项的规定，劳动者在试用期被证明不符合录用条件的，用人单位可以解除劳动合同。因此，用人单位对试用期员工进行合法辞退的前提有四个：一是要有书面劳动合同；二是劳动合同中明确约定了合法的试用期；三是用人单位设置了明确且具有可操作性的录用条件；四是录用条件须经员工确认。《最高人民法院关于审理劳动争议案件适用法律问题的解释（一）》（法释〔2020〕26号）第四十四条规定，因用人单位作出的开除、除名、辞退、解除劳动合同、减少劳动报酬、计算劳动者工作年限等决定而发生的劳动争议，用人单位负举证责任。因此，“证明”本身就要求用人单位固定和举证员工不符合录用条件的有效证据。用人单位不能有效证明却辞退了试用期员工的，属于违法解除，将面临继续履行劳动合同或支付（《劳动合同法》第四十七条规定的经济补偿标准的二倍）赔偿金的风险。用人单位以不符合录用条件为由违法辞退试用期员工的场景如下。

（1）口头约定试用期且不能证明试用期真实存在，却以员工不符合录用条件为由辞退；

（2）无明确的录用条件，以员工不符合录用条件为由辞退；

（3）有明确的录用条件，未向员工公示或员工未确认，以员工不符合录用条件为由辞退；

（4）有明确的且经员工确认的录用条件，辞退后未固定不符合录用条件的证据；

（5）有明确的且经员工确认的录用条件，辞退后不能充分证明不符合录用条件（录用条件无法考核或考核不合理等情形）。

典型风险 4：试用期满后以不符合录用条件为由辞退员工

试用期满后用人单位合法解除劳动合同的条件较为严格，而在试用期间则只需证明员工“不符合录用条件”，且录用条件是由用人单位单方面制定的。根据《劳动合同法》第三十九条第（一）项的规定，劳动者在试用期间被证明不符合录用条件的，用人单位可以解除劳动合同。“试用期间”规定了严格的时间限制，试用期满后用人单位失去了以不符合录用条件为由解除劳动合同的权利，只能寻找其他法定理由。用人单位未在“试用期间”提出员工不符合录用条件的，视为员工符合录用标准，并当然“转正”。试用期满后用人单位以“转正申请未批准”等为由主张员工试用期不合格的，没有法律依据。试用期满后以不符合录用条件为由辞退员工的，属于违法解除劳动合同，将面临继续履行劳动合同或支付赔偿金（《劳动合同法》第四十七条规定的经济补偿标准的二倍）的风险。举例说明：约定试用期是 2022 年 7 月 1 日至 7 月 31 日，用人单位在 8 月 1 日发出经考核不符合录用条件解除劳动合同的书面通知，就已超过试用期。

典型风险 5：不给试用期员工缴纳社会保险

试用期包含在正式的劳动合同期限内，是正式用工的开始。用人单位自用工之日起，与员工建立劳动关系，员工享有法律规定的全部权利。《社会保险法》第五十八条第一款规定：“用人单位应当自用工之日起三十日内为其职工向社会保险经办机构申请办理社会保险登记。未办理社会保险登记的，由社会保险经办机构核定其应当缴纳的社会保险费。”由此可知，为员工缴纳社会保险是用人单位的法定义务，不因员工是否在试用期而有差别。同时，根据《劳动合同法》第三十八条第一款第（三）项的规定，用人单位未依法缴纳社会保险费的，员工拥有单方面解除劳动合同的权利。用人单位未给试用期员工缴纳社会保险将面临以下风险。

（1）员工以用人单位未依法缴纳社会保险费为由，主张经济补偿；

（2）员工发生医疗、工伤、生育情形时，社会保险基金无法赔付，用人单位承担赔偿责任；

（3）补缴社会保险和被行政处罚（包括银行存款被划拨；财产被扣押、查封和拍卖；被加收万分之五的滞纳金；被处以欠缴金额一倍以上三倍以下的罚款）。

另外，试用期员工除试用期工资与转正后的工资有差异外，其他所有的权益都应和正式员工一样，包括社会保险、法定休假日、医疗期、婚假、产假及其他福利待遇。

典型风险6：给试用期的员工出资进行技术培训，员工在试用期内解约

用人单位为试用期员工出资提供各类专业技术培训，若员工在试用期内解约，即使在劳动合同或服务期协议中有支付违约金或返还培训费的约定，用人单位仍难以要求其支付违约金和返还该培训费用。在（2017）黑12民终272号案件中，某公司主张员工返还培训费，法院认为用人单位培训劳动者的目的是提高劳动生产能力，根本受益者是用人单位。劳动者依据《劳动合同法》第三十七条的规定，在试用期内有自由解除权，劳动者行使法定解除权不应受合同约定的规制。故法院认定公司主张员工返还培训费缺乏法律依据。

第二节　法务HR合规管理

用人单位与劳动者签订劳动合同是约定试用期的前提条件，考核劳动者是否符合录用条件是约定试用期的核心目的，无录用条件的试用期不能产生法律意义。在试用期间，用人单位建立合法、可衡量、可操作的录用条件和避免违法解除劳动合同是用工合规的要点。

一、录用条件的设定

（一）设定录用条件的原则

录用条件的设定应遵循合法原则、可量化原则、可操作原则。

1. 合法原则。合法原则是录用条件生效的前提，录用条件的内容应符合《劳动法》、《劳动合同法》及相关的法律法规，不能与法律法规相抵触，相抵触的部分无效。例如，乙肝病毒携带者不符合入职条件、试用期间怀孕者视为严重违纪，视为不符合录用条件或员工在试用期内进入医疗期的视为不符合录用条件。设置这种条件明显违法且可能涉及就业歧视，致使录用条件无效或部分无效。用人单位援引违法的录用条件不可能实现合法解除劳动合同的目的，反而有被认定违法解除的可能。

2. 可量化原则。可量化原则是对录用条件有效考核的前提，其本身具有明确

性、可衡量性、可实现性的特点。诸如纪律类和业绩类的考核指标，应是具体的且可以衡量和测度的，比如，试用期连续缺勤5次以上或累计警告超过3次；试用期绩效考核得分低于60分；试用期每月销售额低于20,000元等。反之，如试用期上班“不积极”，工作能力“较低”，销售“能力差”，表面上看似可衡量，实质上不可量化，存在较强的主观性评判，实务中很难被认定为合法解除的依据。

3. 可操作原则。可操作原则是证明不符合录用条件的前提，该原则能使录用条件中的条款找到法律性、制度性、禁止性的依据，从而将“证明”变得客观、公正、有依据。如“提供虚假资质材料、编造履历”，其依据来源是《劳动合同法》第三条第一款的诚实信用原则；“入职30日内经公司书面通知后拒绝签订劳动合同的”，其依据来源是《劳动合同法实施条例》第五条自用工之日起1个月内，经用人单位书面通知，劳动者不与用人单位订立书面劳动合同的；“未按公司要求的报到日期到岗上班的”，其依据来源可以是《录用通知书》或《规章制度》。禁止性的条件要在录用条件中自然明确，在合法性原则的前提下，其本身就体现了单位用人的底线规定。如“曾与原用人单位因劳动争议而产生劳动仲裁或诉讼案件的”，一经查实有判决文书，即可以此为据进行操作。

（二）设定录用条件的内容

录用条件的内容因用人单位生产经营特点的不同而不同，一般而言可分为通用录用条件和定制录用条件。通用录用条件是基于法律底线和公序良俗而制定的大部分用人单位可适用的录用条件。定制录用条件是根据岗位的不同性质、具体特点和特别要求依岗而定，用人单位可与劳动者在劳动合同、岗位职责说明书或目标考核协议等文件中进行明确约定。如销售类岗位设置销售额目标，客服类岗位设置投诉率目标等。一般而言，通用录用条件包括诚实信用条件、合规入职条件、劳动纪律条件、工作能力条件和绩效考核条件。

1. 诚实信用条件。例如，劳动者存在隐瞒真实情况、告知虚假信息以及其他违背诚实信用提供个人基本信息的情况。乙方的个人基本信息包括但不限于身份信息、身体健康信息、学历（位）信息、职（执）业资格、教育背景、工作经验等由其本人提供的与工作有关的其他个人情况。

2. 合规入职条件。例如，不向用人单位提供办理录用、社会保险、住房公积金、档案转移等所需要的证明材料；与原用人单位存在服务期、保密协议，从而不能或者被限制在新用人单位工作的；不能提供与原用人单位解除或终止劳动关系证明的；与原用人单位签署了限制在类似性质的单位工作的竞业限制协议等。

3. 劳动纪律条件。例如，试用期内连续缺勤3天以上或累计缺勤达5天以上的；试用期内旷工的；试用期内迟到或早退累计5次以上的；属于严重违反公司的劳动纪律和规章制度的行为等。

4. 工作能力条件。例如，不能遵照岗位要求按时、保质、保量地完成工作任务；工作能力、工作态度不符合岗位职责要求的；拒绝接受领导交办的工作任务等。

5. 绩效考核条件。试用期内绩效考核低于80分的；入职、岗前培训考核低于60分的等。

另外，在实践中，用人单位不可能与每位劳动者将录用条件的所有方面都约定得十分详尽。如果没有约定明确的录用条件是否就不能依据《劳动合同法》第三十九条第一款之规定与劳动者解除劳动合同呢？通常而言，职业道德、劳动纪律、敬业精神（完成劳动任务）、遵守安全卫生制度等基本的工作素质当然地被认定为蕴含在录用条件的内涵之中，无须明确约定。

二、录用条件的生效

录用条件生效的前提是履行了对劳动者的公示程序，一份合规的录用条件文件在未对劳动者公示的情况下，不能作为抗辩的证据。为了防止争议的发生，用人单位履行了公示程序后务必保留好相关证明材料。公示程序可以采用以下方式。

（1）在招聘简章中明示录用条件并固定，在面试时要求劳动者签字确认；

（2）在录用通知书中明示录用条件，现场领取或邮寄回执时要求劳动者签字确认；

（3）在劳动合同中明确约定录用条件，在订立劳动合同时要求劳动者签字确认；

（4）将录用条件合并在《岗位职责说明书》中，在办理入职手续时要求劳动者签字确认；

（5）出具单独的《录用条件确认函》，在办理入职手续时要求劳动者签字确认。

备注：可将《岗位职责说明书》或《录用条件确认函》作为劳动合同的附件。

三、劳动者在试用期内解除劳动合同

1. 劳动者在试用期内解除劳动合同无须任何理由。《劳动法》第三十二条规定，劳动者在试用期内可以随时通知用人单位解除劳动合同。《劳动合同法》第三十七条规定“劳动者提前三十日以书面形式通知用人单位，可以解除劳动合同。劳动者在试用期内提前三日通知用人单位，可以解除劳动合同”。该条在《劳动法》的基础上对劳动者在试用期内解除劳动合同作了程序上的限制，劳动者只需提前3天通知用人单位，就可以单方面无理由无障碍地解除劳动合同。

2. 用人单位为员工出资培训而员工在试用期内解约的，单位难以要求员工支付违约金或返还赔偿费用。关于违约金。劳动法仅允许用人单位在两种法定情形下向劳动者约定违约金，即培训服务期违约金和竞业限制违约金。虽然《劳动合同法实施条例》第二十六条第一款规定：“用人单位与劳动者约定了服务期，劳动者依照劳动合同法第三十八条的规定解除劳动合同的，不属于违反服务期的约定，用人单位不得要求劳动者支付违约金。”这并不意味着，劳动者不依据《劳动合同法》第三十八条的规定解除劳动合同，就一定属于违反服务期的约定。在试用期，有培训服务期协议的劳动者与单位解除劳动合同的，用人单位理论上虽可追索违约金，但因试用期是用人单位考察劳动者是否符合本单位的录用条件而设置的选择期（同时也是劳动者的选择期：劳动者在试用期内提前三日通知用人单位，可以解除劳动合同）。基于试用期特殊的法律性质，用人单位在此期间追索劳动者解约的违约金，难度不小。关于培训费。用人单位在试用期内为劳动者提供各种培训，并支付相应的培训费用，该培训和费用应视为基于用人单位营利需要而向劳动者提供的福利。用人单位要求劳动者返还培训费，并不合理。

3. 用人单位可主张招录劳动者所支付的费用。根据《违反〈劳动法〉有关劳动合同规定的赔偿办法》（劳部发〔1995〕223 号）第四条第（一）项的规定，劳动者违反规定或劳动合同的约定解除劳动合同，对用人单位造成损失的，用人单位可以向职工索赔招收录用其所支付的费用。因此，用人单位可提前在劳动合同中约定关于招录费用赔偿的细则，以减少试用期员工行使法定解除权时造成的损失。

四、用人单位在试用期内解除劳动合同

（一）用人单位在试用期内解除劳动合同须符合法定条件

法律对用人单位解除劳动合同作了比较严格的限制，违法解除的后果是支付高额的惩罚性赔偿（《劳动合同法》第四十七条规定的经济补偿标准的二倍）或被判决继续履行劳动合同从而支付工资损失，试用期违法解除自然包含在内。《劳动合同法》第二十一条规定，在试用期内，除劳动者有本法第三十九条和第四十条第（一）项、第（二）项规定的情形外，用人单位不得解除劳动合同。用人单位在试用期解除劳动合同的，应当向劳动者说明理由。据此反推，员工具有《劳动合同法》第三十九条的 6 种情形和第四十条的 2 种情形共 8 种情形之一即可被用人单位合法解除。《劳动合同法》第三十九条第（一）项，是员工在试用期被证明不符合录用条件解除劳动合同的专项条款。

综合上述法律条款，试用期内劳动者可被合法解除劳动合同的 8 种情形如下。

（1）在试用期间被证明不符合录用条件的；

（2）严重违反用人单位的规章制度的；

（3）严重失职，营私舞弊，给用人单位造成重大损害的；

（4）劳动者同时与其他用人单位建立劳动关系，对完成本单位的工作任务造成严重影响，或者经用人单位提出，拒不改正的；

（5）劳动者以欺诈、胁迫的手段或者乘人之危，使对方在违背真实意思的情况下订立或者变更劳动合同的；

（6）被依法追究刑事责任的；

（7）劳动者患病或者非因工负伤，在规定的医疗期满后不能从事原工作，也不能从事由用人单位另行安排的工作的；

（8）劳动者不能胜任工作，经过培训或者调整工作岗位，仍不能胜任工作的。

另外，因法律无明文规定，用人单位应避免援用《劳动合同法》第四十条第（三）项“情事变更”和第四十一条“裁减人员”来解除试用期员工的劳动合同，以防止被认定为违法解除。

需特别说明的是，用人单位选择上述不同的解约理由会承担不同的法律后果。第（1）～（6）项属劳动者具有过错而解除的情形，用人单位解除劳动合同后无须支付经济补偿。第（7）～（8）项属劳动者无过错而解除的情形，用人单位解除劳动合同后须按《劳动合同法》第四十七条的规定支付经济补偿外，还要提前30日书面通知劳动者本人或额外支付劳动者1个月工资（代通知金）。

（二）用人单位以不符合录用条件为由合规解除劳动合同的操作步骤

第一步，制定合法、可量化、可操作的录用条件。用人单位可在通用录用条件的基础上制定符合本单位不同岗位的录用条件，录用条件越详细、越具体、越明确，证明就越容易。

第二步，履行公示程序使录用条件生效。一个有效的录用条件，需要满足4个要素：其一，内容必须合法；其二，条款细则可衡量；其三，证明步骤可操作；其四，向劳动者公示。“员工签收”是司法实践中向劳动者公示最明确的手段，公示方式上文已有列举，不再重复。用人单位没有向劳动者公示，即使有完备的录用条件也不能实现合法解除的目的。

第三步，固定试用期评估考核报告及相关证据。用人单位对辞退试用期员工负有举证责任。因此，有效的试用期评估考核报告才能作为呈堂证供。首先，用人单位应在劳动合同、规章制度或录用条件确认函等文件中明确将对试用期员工进行评估考核，评估考核的内容包括通用录用条件和定制录用条件，明确考核方式、考核流程、考核依据。其次，要保存未通过试用期评估考核员工的相关资料，如员工签字确认的录用条件确认函和岗位职责说明书、不符合哪一录用条件的具体证明性材料、试用期考评表和考评所依据的有效制度文本等材料。

管理实践中，用人单位常用试用期考核不合格作为证明劳动者不符合录用条件的依据，这种做法往往包含管理者强烈的主观喜好、主观评判，或是因为没有明确的试用期考核标准和办法，或是没有固定客观的证据，员工也不会认可和签收考核报告，从而无法从法律角度证明和得出不合格的结论。用人单位可制定完备的试用期管理规定和采取适合本单位生产经营特点的考核方式，以防范试用期无法考核或考核程序瑕疵的风险。对于考核方式，用人单位可选择采用《试用期考评表》、360度考核法、目标与关键成果考核法（OKR）、关键绩效指标考核法（KPI）、平衡积分卡考核法（BSC）和目标管理考核法（MBO）等多种方式。

另外，试用期评估考核应根据试用期的长短设计不同的考核次数，在考核制度和考核工具不够完善的情况下，不应仅凭1次考核就做出辞退的决定。还应注意的是，原劳动部办公厅对《关于如何确定试用期内不符合录用条件可以解除劳动合同的请示的复函》（劳办发〔1995〕16号）指出：对试用期内不符合录用条件的劳动者，企业可以解除劳动合同；若超过试用期，则企业不能以试用期内不符合录用条件为由解除劳动合同。也就是说，试用期的考核应在做出辞退决定前进行，辞退决定须在试用期内被送达，超出试用期再做考核或辞退决定（以不符合录用条件为由）的可能被认定为违法解除。

第四步，履行通知工会的程序。《劳动合同法》第四十三条规定，用人单位单方解除劳动合同，应当事先将理由通知工会。用人单位违反法律、行政法规规定或者劳动合同约定的，工会有权要求用人单位纠正。用人单位应当研究工会的意见，并将处理结果书面通知工会。依据该规定，用人单位可通过《解除理由向工会告知书》履行通知的义务，工会无意见的用人单位应保存通知被送达的证据，如回执、邮寄过程材料等。但现行法律中没有明确规定，当工会行使纠正权时，用人单位是否必须接受工会的意见，实际上，解雇权仍在用人单位手中。

第五步，书面送达解除通知（理由）。试用期评估考核不合格首先适用劝退策略，让员工由于个人原因申请离职，劝退不成的要在试用期满前向员工发送书面解除劳动关系通知书。根据《劳动合同法》第二十一条的规定，用人单位在试用期解除劳动合同的，应向劳动者说明理由。说明理由的方式法律并未明确规定，用人单位可通过劳动者已确认持有的电子信息渠道向其告知，如微信、邮箱、办公信息化平台，结合司法实践，建议最好一并采用书面形式直接送达并要求其签字确认或向法律文书送达确认函中载明的地址通过EMS邮寄送达。特别注意，要准确填写解除劳动合同的事由为试用期不符合录用条件，不要填写成试用期不胜任工作。

第三节 合规工具应用

合规工具11：《录用条件确认函》

录用条件确认函

鉴于__________公司已经录用_______（员工姓名），身份证号码：___________（以下简称乙方）为___________（岗位），且双方已签订了《劳动合同》并约定了____个月试用期，试用期期限自____年____月____日至____年____月____日。试用期是甲方（公司）与乙方（员工）相互了解的时间，为明确试用期内双方的权利义务，经双方协商一致，将乙方在试用期内出现的下列任何情形之一的均视为不符合录用条件，甲方有权根据《劳动合同法》第三十九条的规定，随时解除劳动合同，无须支付任何经济补偿。

一、违背诚实信用原则

乙方存在隐瞒真实情况、告知虚假信息以及其他违背诚实信用提供个人基本信息的情况。乙方的个人基本信息包括但不限于身份信息、身体健康信息、学历（位）信息、职（执）业资格、教育背景、工作经验等由其本人提供的与工作有关的其他个人情况等。

二、不具备入职条件

1. 不满16周岁；
2. 不符合甲方的招聘条件；
3. 不具备政府机关规定的就业手续、证件、资质等；
4. 不具备所从事岗位的相关技能；
5. 未按公司要求的报到日期到岗上班的；
6. 入职30日内不与甲方签订劳动合同的；
7. 不向甲方提供办理录用、社会保险、住房公积金、档案转移等所需要的证明材料（如相片、身份证、健康证明、学历证、学位证、其他专业或职业资格证书等）；
8. 与原用人单位签署了限制在类似性质的单位工作的竞业限制协议；
9. 与原用人单位存在服务期、保密协议，从而不能或者限制在甲方工作的；

10. 不能提供与原用人单位解除或终止劳动关系证明的；

11. 有酗酒、赌博、吸毒、嫖娼、参加邪教组织等行为的；

12. 受行政拘留、司法拘留处罚的，或隐瞒曾经受到刑事处罚事实的；

13. 通缉在案或者被取保候审、监视居住的或本人涉案正在审理的；

14. 隐瞒曾经受过法律处罚或者违纪处分的事实的；

15. 曾被本公司辞退或者被列入公司《黑名单员工目录》的；

16. 曾在其他单位未办理离职交接的，或拖欠其他单位款项尚未清偿的；

17. 新入职人员与公司经理级（含）以上管理人员存在亲属关系，而未如实告知的；

18. 其他不满足劳动合同或者甲方规章制度规定的入职条件的。

三、不符合岗位职责要求

1. 不能遵照岗位要求按时、保质、保量地完成工作任务；

2. 工作能力、工作态度不符合岗位职责要求的；

3. 拒绝接受领导交办工作任务的；

4. 其他不符合劳动合同或者甲方规章制度规定的岗位职责要求的。

四、不满足绩效考核要求

1. 试用期内销售金额未达到双方约定标准的，试用期满 1 周前还未达到销售总金额____元；

2. 试用期内连续缺勤____天或以上的；

3. 试用期内累计缺勤达____天或以上的；

4. 试用期内旷工的；

5. 试用期内迟到或早退的；

6. 试用期内违反甲方规章制度、操作规程的；

7. 试用期内绩效考核低于____分的；

8. 试用期内未能通过业务准则或行为准则考核的；

9. 入职培训、岗前培训考核不合格的。

五、其他情形

1. 工作时间在其他单位同时进行兼职的；

2. 在非工作时间从事与其本职工作存在竞争关系的兼职情形的；

3. 未与原用人单位依法解除、终止劳动合同的；

4. 入职后拒不同意公司为其缴纳社会保险或公积金的；

5. 故意或过失泄露本公司秘密的；

6. 法律、行政法规、甲方人事管理制度中规定的或双方在劳动合同中约定的不符合录用条件的其他情形；

7. 补充情形：____。

乙方确认接受甲方进行试用期考核，该考核可能有相当程度的主观因素，乙方仍然同意以甲方作出的考核结论作为试用期是否录用条件的依据。

甲方（公章）： 乙方（签字）：

法定代表人：

签订日期： 年 月 日 签订日期： 年 月 日

合规工具12：《试用期解除劳动合同通知书》

试用期解除劳动合同通知书

________先生/女士（身份证号码：____________________________）

鉴于：

1. 本单位与你签订了书面劳动合同，并约定了试用期，其中约定劳动合同期限自____年____月____日至____年____月____日届满，其中试用期至____年____月____日止。

2. 在你入职之初以及任职期间，公司已经向你公示了录用条件和规章制度，你有义务并已承诺严格遵照执行。

解除事由：

1. 被证明不符合录用条件：________________________________

2. 其他解除事由：____

根据相关规定，本单位决定自____年____月____日起，解除与你之间的劳动合同。请你在接到此通知后____日内到本单位办理解除劳动关系的相关手续。

离职警示：

1. 请你按照公司规章制度的要求办理离职交接手续。

2. 公司与你签署的其他协议中的内容不因本通知而必然失效。

公司（公章）： 日期： 年 月 日

合规工具 13：《解除理由向工会告知书（试用期）》

解除理由向工会告知书（试用期）

________工会：

我公司（全称）________________________现根据《劳动合同法》的相关规定，将解除员工的通知函告贵工会。如工会认为有不妥之处，请工会在收到此函后____日内提出相关意见。如果工会在____日内没有复函，则视为工会同意公司的处理意见，我们将根据相关法律法规和规章制度解除劳动合同。

解除情况如下：

现有员工（姓名）________身份证号码________________已与我公司签订书面劳动合同，现因____根据《劳动合同法》第____条规定和公司____________________（规章制度）第____条规定，经公司研究决定与其解除劳动合同，解除劳动合同时间为____年____月____日。

特此函告，盼复！

附件：

1. 公司与该员工签订的劳动合同（复印件）；
2. 该员工具体行为材料；
3. 处理依据：
4. 公司地址：

公司（公章）：　　　　　　　　　　　　　　　　日期：　　　年　　　月　　　日

本通知书一式两份，通知方与被通知方各执一份，具有同等效力。

-------------------------------- 裁剪线 --------------------------------

签收回执

我工会收到____________________（公司全称）发出的《解除理由向工会告知书（试用期）》，通知内容与上述内容一致。

工会（公章）：　　　　　　　　　　　　　　　　日期：　　　年　　　月　　　日

合规工具 14：《提交办理五险一金手续材料通知书》

提交办理五险一金手续材料通知书

________女士/男士：

根据《社会保险法》和《劳动合同法》等相关法律规定，为了保障您能及时享受社会保险等相关福利待遇，请您配合并及时提交所需的个人资料，以便办理缴纳五险一金手续事宜。

注意事项及法律责任：

1. 办理险种：养老、医疗、失业、工伤、生育。

2. 如其他用人单位已经为你办理了五险一金缴纳手续，请自行联系或前往原用人单位办理相关转移手续。

3. 如你以个人名义参加社会保险或城乡居民医疗保险，请自行联系或前往社保经办机构，办理相关手续。

4. 请你在接到本通知起____日内完成上报材料和上述 1、2 项的内容，以便公司及时为你办理五险一金的相关手续。

5. 如你未按通知要求办理相关手续，出现未提交材料或提交的材料不及时、不充分、不真实等情形，造成未能办理或延迟办理五险一金手续的，系你个人原因所致，公司将不予办理补缴业务，相关责任和经济损失由你本人承担；同时，公司将以你在试用期不符合录用条件为由解除劳动合同。

材料准备：

1. 身份证原件 1 份及复印件 4 份；

2. 户口本复印件（户口本首页，本人页）2 份；

3. 一寸白底彩色照片 3 张；

4. 其他材料：____。

本通知书一式两份，通知方与被通知方各执一份，具有同等效力。

-- 裁剪线 --

签收回执

本人________（姓名）于____年____月____日收到________________（公司全称）办理缴纳五险一金手续的通知，并同意按照通知的内容及要求办理相关手续。若因本人未按通知要求履行相关义务，导致的相关责任和经济损失将由本人独自承担。

员工签字：　　　　　　　　　　　　　　　　日期：　　年　　月　　日

>>> 第三章 <<<

劳动合同订立的合规管理

劳动合同是确定劳资双方权利义务的重要载体，订立书面劳动合同，是一项专业技术性很强的工作，十分考验法务和 HR 的人力资源管理的基本功。合规订立（续签）劳动合同，是用人单位获得充分用工自主权的首要前提，一个不能掌握劳动合同订立实务技巧的用人单位，即使其管理艺术至高至深，也已经失去了在法律层面防范劳动用工风险的先机。

劳动合同订立的合规管理可分为两个层次：第一层，形式合规；第二层，内容合规。形式合规包括订立时间、订立次数、订立操作等诸多方面；内容合规包括条款设计、条款审查、条款执行等诸多方面。本章将重点探讨劳动合同订立的形式合规等环节的典型法律风险及实务合规管理。

第一节　订立劳动合同的典型法律风险

典型风险 1：未订立书面劳动合同

《劳动法》第十六条规定，劳动合同是劳动者与用人单位确立劳动关系、明确双方权利和义务的协议。建立劳动关系应当订立书面劳动合同。同时，《劳动合同法》第八十二条第一款规定，用人单位自用工之日起超过 1 个月不满 1 年未与劳动者订立书面劳动合同的，应当向劳动者每月支付二倍的工资。《劳动合同法》第十四条第三款规定，用人单位自用工之日起满 1 年不与劳动者订立书面劳动合同的，视为用人单位与劳动者已订立无固定期限劳动合同。结合《劳动合同法实施条例》第六条、第七条和其他相关规定，总结用人单位不依法与劳动者订立书面劳动合同承担相应的法律后果如下。

（1）用人单位自用工之日起 1 个月内未与劳动者订立书面劳动合同的（用工 1

个月 < 未订立书面劳动合同时间点 < 用工 1 年），自用工之日起的第二个月（自用工之日起满 1 个月的次日），向劳动者每月支付二倍工资，并补订书面劳动合同。二倍工资的起算时间点与试用期无关，最多支付 11 个月（不包括不签订无固定期限劳动合同的二倍工资）。用工之日既包括初次用工，也包括前一劳动合同终止后的继续用工。

（2）用人单位自用工之日起满 1 年未与劳动者订立劳动合同的（未订立书面劳动合同的时间点≥用工 1 年），自用工之日起满 1 个月的次日至满 1 年的前一日，向劳动者每月支付二倍工资，且视为自用工之日起满 1 年的当日已经与劳动者订立了无固定期限劳动合同，并应补订无固定期限劳动合同。

（3）根据《劳动合同法》第十四条和第八十二条第二款的规定，应当订立无固定期限劳动合同而未订立的（视为无固定期限劳动合同的情况除外），自应当订立无固定期限劳动合同之日起，向劳动者每月支付二倍工资。

（4）用工后未订立劳动合同，不能有效约定试用期（口头约定试用期很难被证明），用人单位无法以不符合录用条件为由合法解除试用期员工。以试用期不符合录用条件为由解除是法定解除中难度系数最低的方式，用人单位因未订立劳动合同将失去这一管理优势。

在《最高人民法院关于审理劳动争议案件适用法律问题的解释（二）（征求意见稿）》出台之前，司法实践中通常认为，无论是劳动者拖延甚至拒绝与用人单位订立劳动合同，还是用人单位根本未与劳动者订立或是发生了订立事实却无法当庭证明订立过书面劳动合同，都不能改变“未与劳动者订立书面劳动合同”的法律事实，且在超出 1 个月的法定宽限期后，用人单位不能豁免支付二倍工资的法律责任。下列情形极有可能被认定为“未与劳动者订立劳动合同”：

（1）用人单位不予签订或忘记签订、员工无正当理由故意拖延、拒绝签订、员工出具声明书申请不签等；

（2）用人单位一方所持有的劳动合同或可证明签订过劳动合同的书面材料，由于保存不当或由于相关人员徇私舞弊等原因，出现丢失、被隐匿、被盗窃、被销毁等情形；

（3）劳动者签名用消字笔、左手签字、盖未经公安机关备案的私章、无授权的他人代签、签非本人真实姓名，如艺名、别名、假名、所签字样潦草连笔等；

（4）签订空白劳动合同，合同主要的约定条款未填写；

（5）用人单位拟定的劳动合同文本内容大部分不具备《劳动合同法》第十七条规定的劳动合同必备条款；

（6）用人单位以不完全具备劳动合同必备条款的录用通知、入职申请表、董事会聘书等文件替代劳动合同；

（7）用人单位使用未获得工信部颁发的《电子认证服务许可证》的不可靠第三方电子合同平台签署电子劳动合同。

《最高人民法院关于审理劳动争议案件适用法律问题的解释（二）（征求意见稿）》第十四条第（二）项规定，因“劳动者自身原因未订立”劳动合同的，劳动者请求用人单位支付未订立书面劳动合同的二倍工资，人民法院不予支持。因此，当未签订书面劳动合同系“劳动者自身原因”时，用人单位提交相关证据后，则可避免支付二倍工资。

典型风险 2：未签订无固定期限劳动合同

用人单位与劳动者订立无固定期限劳动合同有下列三种情形，司法实践中通常认为，劳动者满足第（3）种法定订立条件进而提出订立无固定期限劳动合同的，用人单位不予订立，自应当订立无固定期限劳动合同之日起，向劳动者每月支付二倍工资。

（1）协商订立。《劳动合同法》第十四条第一款规定，无固定期限劳动合同，是指用人单位与劳动者约定无确定终止时间的劳动合同。因此，用人单位与劳动者协商一致后，可以订立无固定期限劳动合同。

（2）视为订立。《劳动合同法》第十四条第三款规定，用人单位自用工之日起满 1 年不与劳动者订立书面劳动合同的，视为用人单位与劳动者已订立无固定期限劳动合同。该条款的核心在于法律推定双方已经订立无固定期限劳动合同，这是对用人单位违反法律规定的一种惩罚。

（3）法定订立。依据《劳动合同法》第十四条第二款的规定，有下列情形之一，劳动者提出或同意续订、订立劳动合同的，除劳动者提出订立固定期限劳动合同外，应当订立无固定期限劳动合同：①劳动者在该用人单位连续工作满 10 年的；②用人单位初次实行劳动合同制度或者国有企业改制重新订立劳动合同时，劳动者在该用人单位连续工作满 10 年且距法定退休年龄不足 10 年的；③连续订立二次固定期限劳动合同，且劳动者没有本法第三十九条和第四十条第（一）项、第（二）项规定的情形，续订劳动合同的。根据《劳动合同法实施条例》第十一条的规定，除劳动者与用人单位协商一致的情形外，劳动者依照《劳动合同法》第十四条第二款的规定，提出订立无固定期限劳动合同的，用人单位应当与其订立无固定期限劳动合同。

另外，根据《劳动合同法》第十四条的本意，劳动者符合签订无固定期限劳动合同的法定条件，除劳动者提出订立固定期限劳动合同外，用人单位应当与劳动者订立无固定期限劳动合同。“应当”即必须之意，即虽然劳动者没有要求签订固定期限劳动合同的，但当符合上述三种法定条件之一时，用人单位应与之签订无固定期限劳动合同，主动行为方是用人单位，无关乎劳动者是否提出签订无固定期限劳动合同，其立法所倡导的方向是订立无固定期限劳动合同。若签订了固定期限劳动合同，用人单位须举证该固定期限劳动合同是劳动者主动要求签订的，无法证明则可能面临被动局面。而《劳动合同法实施条例》第十一条增加了程序条件，即“除劳动者与用人单位协商一致外，劳动者依照劳动合同法第十四条第二款的规定，提出订立无固定期限劳动合同的，用人单位应当与其订立无固定期限劳动合同”，即劳动者提出订立无固定期限劳动合同后，用人单位才有义务签订，举证责任在劳动者。用人单位与劳动者实际上签订了固定期限劳动合同（无欺诈、胁迫、乘人之危等情形），且劳动者无法提供向用人单位提出过签订无固定期限劳动合同意向的证据时，主流观点认为该签订行为视为双方之合意，该固定期限劳动合同合法有效。这一观点也变相被《最高人民法院关于审理劳动争议案件适用法律问题的解释（二）（征求意见稿）》第十六条认同，其规定：“符合订立无固定期限劳动合同条件的劳动者与用人单位协商一致订立固定期限劳动合同，劳动者请求用人单位支付未订立无固定期限劳动合同第二倍工资的，人民法院不予支持。”但是，当符合无固定期限劳动合同条件时，用人单位与劳动者签订了固定期限劳动合同，是否必然等同于“协商一致”，是否还需要其他证据证明双方已经“协商一致”，是未来司法实践中值得进一步确定的问题。

无论是用人单位必须主动签订无固定期限劳动合同还是劳动者完成“提出”程序后才予以签订，抑或需要证明符合订立无固定期限劳动合同条件而签订了固定期限劳动合同的“协商一致”，一旦被裁判机关认定用人单位未及时签订无固定期限劳动合同，则面临承担支付二倍工资的惩罚性责任。另外，用人单位与劳动者应当订立无固定期限劳动合同而未订立，并以合同到期为由终止劳动关系系违法终止（除上海外），劳动者可根据《劳动合同法》第四十八条的规定主张赔偿金或要求补订无固定期限劳动合同并继续履行劳动合同。

典型风险 3：未及时续订劳动合同

《劳动合同法》第十条第二款规定：“已建立劳动关系，未同时订立书面劳动合同的，应当自用工之日起一个月内订立书面劳动合同。”这说明法律对劳动合同的签订时间作了明确的规定，即用人单位在用工之日起 1 个月内与劳动者订立劳动合同，法律界通常称为“宽限期”或“协商期”。

《劳动合同法》第八十二条规定：“用人单位自用工之日起超过一个月不满一年

未与劳动者订立书面劳动合同的，应当向劳动者每月支付二倍的工资，用人单位违反本法规定不与劳动者订立无固定期限劳动合同的，自应当订立无固定期限劳动合同之日起向劳动者每月支付二倍的工资。”这说明法律对不签订劳动合同的行为设定了惩罚性条款，用人单位在签订劳动合同的法定期限逾期后将受到支付二倍工资的惩罚。

未及时续订劳动合同大多发生在原劳动合同到期之后的继续用工阶段。用人单位与劳动者的首次用工期限届满后，双方的劳动关系应视为消灭，用人单位继续用工的，新一段的劳动关系自再次用工之日起建立，即形成事实劳动关系。司法实践中通常认为，该种情形如同新入职未签订劳动合同一样，也应执行《劳动合同法》关于未签订劳动合同的二倍工资的规定。与首次用工相区别的是，该种情形是否与首次用工一样给予用人单位 1 个月的“宽限期”。司法实践中，一般分为两种观点：一种观点是给予 1 个月的宽限期，其结果是用人单位应当自劳动合同到期未续订一个月的次日至满 1 年的前一日向劳动者每月支付二倍的工资，最多支付 11 个月，如江西省、甘肃省、浙江省；另一种观点是不应再给 1 个月的宽限期，理由是用人单位对原劳动合同期满和继续用工的法律后果均有预期，原劳动合同期满的次日，即用人单位应当订立劳动合同之日和承担未订立劳动合同的法律后果之日，其结果是用人单位应自劳动合同期满的次日至双方补订书面劳动合同的前一日支付二倍工资，最多支付 12 个月，如北京市的相关规定。此外，用人单位在原劳动合同期满后继续用工却未与劳动者签订劳动合同超过了 1 年，则视为双方已经订立了无固定期限劳动合同，用人单位丧失了通知终止劳动合同的权利，如时效未过，亦不能避免被追索二倍工资的法律风险。

需要着重提出的是，续订劳动合同可能会使劳动者满足“连续订立二次固定期限劳动合同”的法定条件，用人单位据此将面临签订无固定期限劳动合同的管理压力。基于这种压力，用人单位从“主观动机”上并不完全情愿主动续订劳动合同，并可能在实践中采用各种方式来“变相续订劳动合同”，用以规避签订无固定期限劳动合同。

《最高人民法院关于审理劳动争议案件适用法律问题的解释（二）（征求意见稿）》第十七条规定：“符合下列情形之一，劳动者主张已经与用人单位连续订立二次固定期限劳动合同的，人民法院应予支持：（一）用人单位与劳动者协商延长劳动合同期限累计达到一年以上，延长期限届满的；（二）用人单位与劳动者约定劳动合同期满后自动续延，续延期限届满的；（三）劳动者仍在原工作场所、工作岗位工作，双方通过交替变换用人单位名称再次订立劳动合同，期限届满的；（四）以其他违反诚信原则的规避行为再次订立劳动合同，期限届满的。”

依据上述司法解释，用人单位“变相续订劳动合同”用以规避签订无固定期限劳动合同之路被明文堵死，用人单位在采用上述所列条款的方式实施续签行为的，依然会被认定为连续二次签订固定期限劳动合同。这里需要注意的是，用人单位在与劳动者第一次签订的劳动合同到期前，若与劳动者协商延长劳动合同期限累计“未”达到一年，则不符合上述司法解释中连续二次固定期限劳动合同的认定标准。

另外，如上文典型风险2所述，劳动者符合签订无固定期限劳动合同而用人单位未及时续订的，也不可豁免支付二倍工资的惩罚性责任。

典型风险4：补签与倒签劳动合同

用人单位存在超过1个月未与劳动者签订书面劳动合同的违法情形时，除劳动者拒绝签订进而用人单位选择书面通知终止劳动关系外，用人单位经常会与劳动者补签或倒签劳动合同。法律规定了未签订劳动合同用人单位应向劳动者支付二倍工资，却未禁止双方在面对违法状态时的事后弥补。对于补签和倒签两类弥补行为是否被认可即补签和倒签劳动合同的效力问题，笔者所查四川、山东、安徽、吉林、江西、陕西、北京、广州、深圳、东莞、徐州等地相关文件有不同情形的说明。

法律中关于劳动合同的“补签”或“倒签”，并无明确定义。补签劳动合同可理解为用人单位在法定期限内未与劳动者签订劳动合同，逾期后与劳动者补签合同时，将劳动合同的起始时间设定在实际用工之日（或补签当日），落款时间为补签该合同的实际时间。倒签劳动合同可理解为将劳动合同起始时间设定为实际用工之日，并将劳动合同落款日期提前至用工之日。

倒签劳动合同与补签劳动合同的主要区别在于签订合同的落款日期是否与实际签订日期一致。倒签劳动合同的签订日期是劳动关系建立之初即实际用工的当天，补签劳动合同的时间是实际签署日期。为了更好地说明补签与倒签的区别，举例如下：

假如小张2023年1月1日入职，工作到2023年6月30日，公司于6月30日与小张签订了2023年1月1日至2023年12月31日的劳动合同。合同的落款日期为2023年6月30日，此为补签劳动合同。若合同的落款日期为2023年1月1日，则属于倒签劳动合同。

根据各地的司法实践，补签劳动合同和倒签劳动合同是否支付二倍工资的裁判决口径差异较大。即使在诸多案例中“倒签”会更多倾向于被认定为是劳动者的追认或是放弃追索二倍工资之权利，但也因各地观点与口径的不同，补签和倒签均会涉及二倍工资支付的可能，用人单位不应因为补签或倒签了劳动合同而认为即可免除支付二倍工资的法律风险。例如，上海第一中级人民法院（2017）沪01民终

2138 号民事判决书认为，用人单位“未提供证据证明其有合理的理由导致劳动合同未在法律规定的期限内签订以至于后来补签，因此该补签劳动合同的行为不能弥补其违反法律规定的事实以及应承担的法律责任”。又如，江西省高级人民法院（2016）赣民申 318 号民事裁定书认为，“劳动者自述其与用人单位倒签了劳动合同，一审法院要求对该劳动合同进行笔迹鉴定，但用人单位拒绝鉴定，其应承担举证不能的法律后果，故倒签劳动合同的事实可以认定。根据《中华人民共和国劳动法》第八十二条第一款的规定，用人单位倒签劳动合同是规避法律规定的行为，应该承担未签订书面劳动合同向劳动者支付双倍工资的责任”。上述两则判例认为，无论是补签还是倒签都属于未及时与劳动者签署书面劳动合同，用人单位应当承担法律责任。

典型风险 5：签订空白劳动合同

《劳动合同法》第十七条第一款规定：“劳动合同应当具备以下条款：（一）用人单位的名称、住所和法定代表人或者主要负责人；（二）劳动者的姓名、住址和居民身份证或者其他有效身份证件号码；（三）劳动合同期限；（四）工作内容和工作地点；（五）工作时间和休息休假；（六）劳动报酬；（七）社会保险；（八）劳动保护、劳动条件和职业危害防护；（九）法律、法规规定应当纳入劳动合同的其他事项。”用人单位与劳动者在签订劳动合同前，应当就以上条款内容进行协商，并将协商结果完整地填写在劳动合同中，不应使上述必备条款全部或部分缺失。

管理实践中，劳动者对用人单位有较强的人身依附属性，有些用人单位凭借强势地位，会在签订劳动合同时先让员工签字而己方并不盖章，故意在关键条款（如甲方名称、合同期限、工作岗位、劳动报酬、工时制度、落款日期等）处留下空白，收走员工签署的所有空白合同，便于日后做“填空题”。司法实践中，劳动者作为完全民事行为能力人签署了空白劳动合同，有时会被推定已知晓“事后所填”的全部内容或被认定作为对合同相对方的无限授权。此类合同成立后，双方的权利与义务即受其制约，一旦产生劳动纠纷，若劳动者无法提供有效证据，证明劳动合同的签订中存在《劳动法》第十八条所述劳动合同无效情形，就会处于被动状态。

但是，根据《民事诉讼法》第七十九条的规定，当事人可以就查明事实的专门性问题向人民法院申请鉴定。因此，劳动者可以选择走司法鉴定程序，对笔迹形成时间申请鉴定，主张主要条款内容属于事后填补，即劳动者签字的时间与主要条款内容填写的时间并非同一时期形成，前者早于后者；或者申请对甲方印章的形成时间申请鉴定，主张合同所载印章为新盖印章。基于鉴定结果，裁判机关有可能会认定用人单位虚假陈述，判定双方未对劳动合同条款协商一致确认，责令用人单位承担未订立劳动合同的法律责任。

江苏省徐州市中级人民法院（2014）徐民终字第3112号民事判决书认为，“根据笔迹鉴定结论可以确认劳动者在合同签字的时候，双方应该协商一致的劳动合同期限、工作地点、工作内容、休息休假等重要内容均没有经过协商，合同空白处均没有填写……本案中，劳动合同重要内容没有约定，同时亦没有将其中一份合同交劳动者持有，对劳动者没有约束力，应视为双方未签订书面劳动合同，用人单位应向劳动者支付未签订书面劳动合同的二倍工资”。

苏州市2022年《劳动人事争议裁审衔接十大典型案例》第八个案例由苏州市中级人民法院给出裁判结果：“法院经审理认为，用人单位要求与劳动者签订未明确工作内容、工作时间、劳动报酬等基本内容的空白劳动合同，劳动者有权拒绝。双方因此未签订书面劳动合同，劳动者主张用人单位支付未签订劳动合同二倍工资差额的，人民法院予以支持。”因此，空白劳动合同起不到应有的约束和规范作用，用人单位向劳动者提供空白劳动合同模板的行为，不足以证明已经履行了订立劳动合同的义务，劳动者拒签后要求用人单位支付二倍工资差额有被支持可能。

典型风险6：不把劳动合同交给劳动者

管理实践中，用人单位经常不把订立后的劳动合同文本交给劳动者，以为会占据主动权，殊不知该行为已违法，并不能起到防止劳动纠纷的作用。《劳动合同法》第十六条第二款规定，劳动合同文本由用人单位和劳动者各执一份。《劳动合同法》第八十一条规定，用人单位提供的劳动合同文本未载明本法规定的劳动合同必备条款或者用人单位未将劳动合同文本交付劳动者的，由劳动行政部门责令改正；给劳动者造成损害的，应当承担赔偿责任。因此，将已订立的劳动合同交付劳动者是用人单位的法定义务。司法实践中，劳动者以用人单位未交付劳动合同为由，主张未签订劳动合同的二倍工资赔偿，因签署之后的劳动合同文本未交给劳动者并不代表未签订劳动合同，因此不能得到裁判机关的支持。劳动者可选择投诉获取行政支持和主张损害赔偿，后者举证难度相对较大。在劳动纠纷案件中，因不能排除用人单位对自有的劳动合同进行添加、删减、变更内容的可能性，当劳动者对劳动合同所约定条款的真实性提出疑问时，该劳动合同不能作为对劳动者不利的证据，也不能对抗劳动者的主张，即对劳动者不具有约束力。

第二节 法务 HR 合规管理

一、关于订立（续订）劳动合同的合规指引

（一）选择适合的劳动合同类型

劳动合同共有 3 种类型：固定期限劳动合同、无固定期限劳动合同、以完成一定任务为期限的劳动合同。固定期限劳动合同是指双方约定有确定终止时间的劳动合同。无固定期限劳动合同是指双方约定无确定终止时间的劳动合同。以完成一定任务为期限的劳动合同是指双方约定以某项工作任务的完成为期限的劳动合同。

用人单位与劳动者可凭双方意志协商确定劳动合同的类型。对于流程化明显且具有较强稳定性的工作，用人单位可与劳动者签订固定期限劳动合同，法律对固定期限劳动合同的最长期限和最短期限并无明文限制，只规定了不同期限的固定期限劳动合同所约定试用期的法定上限，双方甚至可以签订一个月的固定期限劳动合同。对于符合法定条件或具有特别竞争力的人才型劳动者，用人单位可以与之签订无固定期限劳动合同。对于具有单项一次性特点、独立承包特点或季节性特点的工作，用人单位可与劳动者签订以完成一定任务为期限的劳动合同。单项一次性的工作，如研发一项技术或软件、合作的一项科研项目等；独立承包性的工作，如建筑工程分包、装修、拆迁以及大型设备安装等；由于季节原因临时用工的工作，如采摘、榨糖、捕鱼等。

非全日制用工的（如兼职人员），法律允许双方订立口头协议，并未要求必须签订劳动合同，但兼职人员被认定与用人单位存在劳动关系的，用人单位被裁判支付二倍工资的概率很大，笔者建议用人单位严格审查后再签订。另外，用人单位在特定情形下只能与劳动者签订无固定期限劳动合同。特定情形是指原合同期满，用人单位无法就终止劳动合同或改签其他类型劳动合同与劳动者达成一致，劳动者又符合《劳动合同法》第十四条第二款中规定的 3 种情形之一且提出签订无固定期限劳动合同的。

用人单位无论选择哪一种合同类型，只有具备了《劳动合同法》第十七条所规定的“必备条款”才是严格意义上的劳动合同。管理实践中，用人单位由于法律意识欠缺等原因不与劳动者签订书面劳动合同，发生劳动纠纷后再“临时抱佛脚”，主张发给劳动者的录用通知、入职登记表、聘书等资料具备了书面劳动合同的性质，以求规避支付二倍工资和视为无固定期限劳动合同的法律责任。司法实践中，

虽有支持的口径和案例，但用人单位不应寄希望于纠纷之后的庭审“再认定”，管控风险的核心还在于签订正式的书面劳动合同。

（二）小微企业应谨慎采用电子形式签订劳动合同

《劳动合同法》第十条第一款、第二款规定，建立劳动关系，应当订立书面劳动合同。已建立劳动关系，未同时订立书面劳动合同的，应当自用工之日起一个月内订立书面劳动合同。《民法典》第四百六十九条第二款、第三款规定：“书面形式是合同书、信件、电报、电传、传真等可以有形地表现所载内容的形式。以电子数据交换、电子邮件等方式能够有形地表现所载内容，并可以随时调取查用的数据电文，视为书面形式。”《电子签名法》第十四条规定：“可靠的电子签名与手写签名或者盖章具有同等法律效力。”加之《电子签名法》未被明文禁止用于签订劳动合同，所以，用人单位采用电子形式签订劳动合同，属于电子邀约和电子承诺，也是法律认可的签订书面劳动合同的形式。

《人力资源和社会保障部办公厅关于订立电子劳动合同有关问题的函》〔2020〕33号回复北京市人力资源和社会保障局的请示：“……用人单位应保证电子劳动合同的生成、传递、储存等满足电子签名法等法律法规规定的要求，确保其完整、准确、不被篡改符合劳动合同法规定和上述要求的电子劳动合同一经订立即具有法律效力，用人单位与劳动者应当按照电子劳动合同的约定，全面履行各自的义务。”用人单位因无法自主确保电子合同的“完整”、“准确”和“不被篡改”，通常选择第三方签约平台。第三方签约平台大多是企业平台，在劳动者身份识别技术、合同信息加密技术、数字签名技术、可信任时间戳方面都或多或少存在不完善的情况，加之电子合同的形式要件要求高，无痕迹篡改可能性高，数据容易灭失，一旦发生劳动纠纷，用人单位在举证时往往只能掌握从第三方平台下载并打印的合同，为了证明其真实性，还要向平台申请验真报告，有时需要对相关证据进行公证和运用原始载体当庭演示，大大增加了举证难度。《最高人民法院关于互联网法院审理案件若干问题的规定》第十一条第二款规定：“当事人提交的电子数据，通过电子签名、可信时间戳、哈希值校验、区块链等证据收集、固定和防篡改的技术手段或者通过电子取证存证平台认证，能够证明其真实性的，互联网法院应当确认。”因此，司法实践中，裁判机关一般会要求用人单位对其电子劳动合同的形成过程的真实性进行证明，这无疑增加了用人单位的举证难度。我们更倾向于小微企业直接选择纸质这一简单、有效的形式签约，有条件的企业可根据人力资源和社会保障部发布的一些具体操作指引选择政府平台或合规的企业平台签约。管理实践中，用人单位如采用电子邮件、微信、QQ等聊天工具和办公软件签署的劳动合同并不属于上述意义上的电子合同，一般不会得到支持，需谨慎对待。

（三）签订劳动合同的法定时间

根据《劳动合同法》的规定，用人单位必须在用工之日起 1 个月内与劳动者订立劳动合同。用人单位自用工之日起与劳动者建立劳动关系，即建立劳动关系的时间可以先于劳动合同订立的时间。建立了劳动关系一定要订立劳动合同，订立了劳动合同不必然建立了劳动关系。用工之日即用人单位开始使用、指挥、管理劳动者之日，通俗地讲是劳动者上班的第一天。用人单位组织的岗前培训和“试工”时间应当计入订立劳动合同的 1 个月宽限期内。对自用工之日起“一个月内”的理解可分两种情形：其一，员工入职日期为当月 1 日，一个月则按该月的实际天数计算；其二，员工入职日期非当月 1 日，一个月则按 30 日计算。

（四）劳动者不与用人单位签订劳动合同，可立刻终止劳动关系

根据《劳动合同法》的规定，与劳动者订立劳动合同是用人单位的法定义务。未签订劳动合同要承担二倍工资的法律责任，在过往的多数情况下，不因劳动者久拖、回避、拒绝签订，甚至出具不签劳动合同的声明等其他理由（除用人单位掌握有因劳动者原因导致未签订劳动合同的充分证据）而免除。法律赋予了用人单位在劳动者拒绝签订劳动合同时单方终止劳动合同的权利，但应注意终止的操作步骤。

1. 用工之日起 1 个月内未签劳动合同。《劳动合同法实施条例》第五条规定，自用工之日起 1 个月内，经用人单位书面通知后，劳动者不与用人单位订立书面劳动合同的，用人单位应当书面通知劳动者终止劳动关系，无须向劳动者支付经济补偿，但是应当依法向劳动者支付其实际工作时间的劳动报酬。解读上述第五条可知，用人单位有两次“书面通知”的法定义务，即书面通知签订义务和书面通知终止义务。在 1 个月的宽限期内，用人单位应通过邮政快递 EMS，向劳动者在入职登记表、简历、文书送达地址确认函中确认的送达地址发送《限期签署劳动合同通知书》，劳动者明确拒绝签订后，再向劳动者发送《终止劳动合同通知书》。《限期签署劳动合同通知书》中要明确签订合同的最后期限，并表明逾期未签将视为劳动者明确表示不与用人单位签订劳动合同。用人单位从证据角度要固定送达两次书面通知的证据（邮寄全过程的证据包括邮寄单、签收确认单、视频、照片等），未履行通知签订义务而终止劳动关系的，可能会被认定为违法终止。在上述 1 个月的宽限期内，用人单位终止劳动关系的用工成本仅为劳动报酬。

2. 用工之日起超过 1 个月不满 1 年未签劳动合同。《劳动合同法实施条例》第六条规定：“用人单位自用工之日起超过一个月不满一年未与劳动者订立书面劳动合同的，应当依照劳动合同法第八十二条的规定向劳动者每月支付两倍的工资，并与劳动者补订书面劳动合同；劳动者不与用人单位订立书面劳动合同的，用人单位

应当书面通知劳动者终止劳动关系，并依照劳动合同法第四十七条的规定支付经济补偿。前款规定的用人单位向劳动者每月支付两倍工资的起算时间为用工之日起满一个月的次日，截止时间为补订书面劳动合同的前一日。”解读上述规定可知，用人单位理论上已不能免除支付二倍工资和经济补偿的法律责任（司法实践中主流观点已把签订书面劳动合同作为用人单位法定的、强制的、不可推卸的义务，但有的地区也规定因未签劳动合同确系不可归责于用人单位的，不支持劳动者二倍工资的诉请）。从之后的司法解释来看，其明显认可后一种观点，但仍然有书面通知终止的权利。该情形下，用人单位应以劳动者不签劳动合同为由，果断发出《终止劳动合同通知书》。如用人单位的终止行为发生在用工之日起满 1 年后，双方因法定情形而被视为已经订立无固定期限劳动合同，此时用人单位依然失去了该情形下的终止权，可能会被认定为违法终止。这期间，用人单位的用工成本包括劳动报酬、经济补偿、二倍工资差额。当然，用人单位在了解当地的相关政策后，也可以选择补签和倒签，毕竟补签和倒签也有被允许的空间。

3. 劳动者符合签订无固定期限劳动合同的法定条件，用人单位在未降低原劳动合同的条件下与劳动者签订无固定期限劳动合同而遭到拒绝的，用人单位可依法终止原合同，不支付经济补偿。

另外，用人单位行使通知终止的权利因发生时间不同所导致的法律后果不同。

（1）在用工之日起 1 个月内通知终止，只支付劳动报酬，无赔偿责任。

（2）在用工之日起超过 1 个月不满 1 年内通知终止，支付劳动报酬、经济补偿、二倍工资差额。

（3）在用工之日起满 1 年之后通知终止，若无其他法定终止原因，系违法终止，须支付劳动报酬、最多 11 个月的二倍工资和赔偿金。

用人单位需注意，劳动者拒绝签订劳动合同的，不可以以严重违纪为由解除劳动合同，拒绝签订或许是因具体条款未协商确定。结束双方关系所采用的理由是“劳动者不与用人单位订立书面劳动合同”，结束双方关系所采用的法律术语是“终止”，而非“解除”。

（五）签订无固定期限劳动合同的合规要点

1. 用人单位应区分无固定期限劳动合同和固定期限劳动合同

（1）时间节点：固定期限劳动合同有起始时间点和终止时间点，无固定期限劳动合同只有起始时间点。

（2）终止条件：固定期限劳动合同期满可以终止，无固定期限劳动合同的终止情形一般是劳动者退休或死亡等。

（3）解除条件：固定期限劳动合同可以解除，无固定期限劳动合同也可以解除，两种合同均可适用《劳动合同法》第三十九条和第四十条的相关规定。特殊情况是，无固定期限劳动合同的解除在适用《劳动合同法》第四十一条经济性裁员时受到限制，即应当留用与本单位订立无固定期限劳动合同的人员。

（4）解除后果：根据《劳动合同法》第三十九条解除的，劳动者无经济补偿；根据《劳动合同法》第四十条解除的，劳动者有经济补偿。违法解除情形下，用人单位还要支付违法解除的赔偿金（经济补偿的二倍）或被要求继续履行劳动合同。固定期限劳动合同被要求继续履行的，合同到期有终止的可能；无固定期限劳动合同被要求继续履行的，只能等待出现劳动者退休、死亡或企业消亡等法定情形才可终止。

2. 用人单位应准确理解订立无固定期限劳动合同的法定条件

《劳动合同法》第十四条第二款规定了订立无固定期限劳动合同的三项法定条件。用人单位要着重准确理解“连续工作满十年”和“连续订立二次固定期限劳动合同”两项。

（1）劳动者在该用人单位连续工作满 10 年。《劳动合同法实施条例》第九条规定：“劳动合同法第十四条第二款规定的连续工作满 10 年的起始时间，应当自用人单位用工之日起计算，包括劳动合同法施行前的工作年限。”劳动者满足用工之日起连续工作 10 年即可，并不一定要求日期连贯的劳动合同作为证明。第十条规定，“劳动者非因本人原因从原用人单位被安排到新用人单位工作的，劳动者在原用人单位的工作年限合并计算为新用人单位的工作年限”。这里需要指出的是，“非因本人原因”发生工作单位改变导致工龄连续累计的情形除包括《最高人民法院关于审理劳动争议案件适用法律问题的解释（一）》（法释〔2020〕26 号）第四十六条明示的：劳动者仍在原工作场所、工作岗位工作，劳动合同主体由原用人单位变更为新用人单位；组织委派或任命调动工作；单位合并、分立等原因导致工作调动；关联企业轮流签订 4 种情形外，还应包括劳务派遣转正式雇佣；用人单位改制重组的；中方职工被合资、合作的中方单位安排到合资、合作的企业中；军队退伍、复员、转业的军人被接收安置单位接收等其他合理情形。需要注意的是，即使在上述某种情形下用人单位支付了经济补偿，劳动者的工龄仍然连续计算，即经济补偿的年限不能抵扣连续工作的年限。另外，让劳动者辞职“工龄清零”再入职以规避签订无固定期限劳动合同的做法不可取。因法律层面尚无禁止用人单位恶意规避签订无固定期限劳动合同的规定，但各地司法实践多有地方性规定，用人单位不可轻易触碰。另外，劳动者在用人单位连续工作 10 年后（包括连续二次签订固定期限劳动合同）自动拥有了单方面提出签订无固定期限劳动合同的权利，并不能直接视为双方已经订立无固定期限劳动合同，“视为订立”只限于用人单位自用工之日起满

1 年未与劳动者签订书面劳动合同的情形。

（2）连续订立二次固定期限劳动合同，且劳动者没有《劳动合同法》第三十九条和第四十条第（一）项、第（二）项规定的情形，续订劳动合同的。连续订立了二次固定期限劳动合同且第二次合同到期后，用人单位是否必须与劳动者签订无固定期限劳动合同的问题有一定争议。司法实践中有两种观点，第一种观点也是主流观点，即第二次劳动合同到期后，用人单位不得行使劳动合同的终止权，除劳动者提出订立固定期限劳动合同或者不再续签劳动合同的情形外，当劳动者提出续订无固定期限劳动合同的要求时，用人单位必须与劳动者订立无固定期限劳动合同，即续订无固定期限劳动合同是用人单位的义务。第二种观点认为，第二次劳动合同期满时，续订无固定期限劳动合同是否需要得到用人单位的同意：同意续订的，应当订立无固定期限劳动合同；不同意续订的，用人单位可选择终止劳动关系。理由有两个方面：一方面，因《劳动合同法》第十四条第二款第（三）项结尾有“续订劳动合同的”表述，如果连续订立二次固定期限劳动合同后用人单位必须订立无固定期限劳动合同，那么立法时就不应该添加“续订劳动合同的”表述，既然添加了这样的表述，应将用人单位是否续订理解为必要程序；另一方面，若不考虑第二次固定期限劳动合同到期后用人单位是否有选择续订的意愿就强制签订，这无疑剥夺了用人单位的用工自主权，不是劳动合同双方的真实合意，劳动合同也是合同中的一种，而“合意”恰是合同法律的底层逻辑，也是合同达成的必要条件。

《上海市高级人民法院关于适用〈劳动合同法〉若干问题的意见》（2009 年 3 月 3 日　沪高法〔2009〕73 号）第四条第（四）项规定：“《劳动合同法》第十四条第二款第（三）项的规定，应当是指劳动者已经与用人单位连续订立二次固定期限劳动合同后，与劳动者第三次续订合同时，劳动者提出签订无固定期限劳动合同的情形。”上海地区强调的“与劳动者第三次续订”，正属于上述第二种观点。

另外，用人单位与劳动者签订一次固定期限劳动合同和一次以完成一定工作任务为期限的劳动合同的，不符合连续二次订立固定期限劳动合同的条件，劳动者不能主张订立无固定期限劳动合同。

（3）准确理解“连续”。连续工作满 10 年和连续订立二次固定期限劳动合同中的连续，并不一定是分秒不差地衔接。国家层面的法律并没有明确“连续”的定义，有些省市作了补充性规定。一般情况下，用人单位与劳动者在解除或者终止固定期限劳动合同之日起 3 ~ 6 个月内，可能被认定为连续，具体要看各地司法实践的政策。如山东省和深圳市：《山东省劳动合同条例》明确了连续订立固定期限劳动合同“连续”的具体含义。该条例第十五条规定，用人单位与劳动者在解除或者终止固定期限劳动合同之日起 3 个月内，再次与劳动者订立固定期限劳动合同的，视为连续订立二次固定期限劳动合同。山东有 3 个月的宽限期。

《深圳经济特区和谐劳动关系促进条例》第二十四条第一款规定：“用人单位与劳动者解除或者终止劳动合同，在六个月内重新订立劳动合同的，除因劳动者违反《中华人民共和国劳动合同法》第三十九条规定被用人单位解除劳动合同外，劳动合同在本单位的工作年限应当连续计算。”深圳有 6 个月的宽限期。

关于“连续订立二次固定期限劳动合同”的认定，需要着重强调的是，《最高人民法院关于审理劳动争议案件适用法律问题的解释（二）（征求意见稿）》第十七条明文列举了可认定“连续订立二次固定期限劳动合同”的情形。①用人单位与劳动者协商延长劳动合同期限累计达到一年以上，延长期限届满的；②用人单位与劳动者约定劳动合同期满后自动续延，续延期限届满的；③劳动者仍在原工作场所、工作岗位工作，双方通过交替变换用人单位名称再次订立劳动合同，期限届满的；④以其他违反诚信原则的规避行为再次订立劳动合同，期限届满的。

需提醒用人单位的是，用人单位使劳动者在原工作场所、工作岗位工作，通过交替变换用人单位名称再次签订劳动合同，刻意制造“不同用人单位”的假象用以规避签订无固定期限劳动合同的思路已行不通。在此种情形下，不仅在计算支付劳动者经济补偿或赔偿金的工作年限时，应当将原用人单位的工作年限合并计算为新用人单位的工作年限（《最高人民法院关于审理劳动争议案件适用法律问题的解释（一）》第四十六条），同时也视为双方连续订立二次固定期限劳动合同。

3. 用人单位签订无固定期限劳动合同的操作要点

（1）视为订立了无固定期限劳动合同的，用人单位在 1 年的仲裁时效过程中，最多承担11 个月的二倍工资差额的法律责任；对于用工满 1 年后被法律视为订立了无固定期限劳动合同而双方并未真实签订书面劳动合同的时间段，因“视为”本身具有对用人单位的惩罚性质，劳动者主张二倍工资差额一般不会得到支持。这一观点也被《最高人民法院关于审理劳动争议案件适用法律问题的解释（二）（征求意见稿）》第十五条所认可。该司法解释第十五条规定：“存在劳动合同法第十四条第三款规定情形，劳动者以用人单位未及时补订书面劳动合同为由，要求用人单位支付视为已与劳动者订立无固定期限劳动合同期间第二倍工资的，人民法院不予支持。”另外，虽然《劳动合同法实施条例》第七条规定了视为订立无固定期限劳动合同的“应当立即与劳动者补订书面劳动合同”，但是未见有承担相对应法律责任的表述，因此管理实践中首选补订新合同用以明确和调整未来劳动关系中的权利义务，若相关权利义务无须再调整或可不予补订。

（2）审查劳动合同中的续延条款和劳动合同变更协议书。用人单位在审查劳动者是否符合订立无固定期限劳动合同的法定条件时，除应注意计算连续工龄、连续订立书面劳动合同的次数以及上述可以视为连续的“宽限期”外，还应当对原劳动合同中的“续延条款”和“合同期限变更”进行审查。原劳动合同中有续延条款且实际发生续延事实的，其实质上是续订了一次劳动合同，当续延期限届满时，即满足了连续二次订立固定期限劳动合同的条件。用人单位与劳动者协商一致，采用对原劳动合同期限进行变更（协商一致延长劳动合同的终止时间）的方式替代“续延条款”，例如，双方签订劳动合同变更协议书，将原劳动合同 2 年期变更为 4 年期，使整个劳动合同的履行期变长，应视为用人单位与劳动者连续订立了二次劳动合同。需要注意的是，根据对《最高人民法院关于审理劳动争议案件适用法律问题的解释（二）（征求意见稿）》第十七条第（一）项规定的理解，用人单位与劳动者协商延长劳动合同期限累计“未”达到 1 年以上，即使延长期限届满，也不能被认定为“连续订立了二次固定期限劳动合同”。

（3）劳动者符合应当订立无固定期限劳动合同的法定条件时，用人单位欲与劳动者签订固定期限劳动合同的，应履行协商一致程序，并使劳动者同意并出具《自愿放弃签订无固定期限劳动合同确认书》或向劳动者发《续签劳动合同征询意见函》，让劳动者选择订立的是固定期限劳动合同类型。根据现行法律，若适用《劳动合同法》第十四条的规定，除非用人单位与劳动者协商一致订立固定期限劳动合同或者劳动者主动提出签订固定期限劳动合同，否则用人单位应当与劳动者签订无固定期限劳动合同。因此，用人单位负有举证责任：第一，举证劳动者动议要求续订的是固定期限劳动合同；第二，举证用人单位不存在《劳动合同法》第二十六条认定劳动合同无效的 3 种情形。举证不能则违法。如劳动者不出具此类文书用以证明，仅凭双方直接订立固定期限劳动合同的事实不能得出用人单位与劳动者协商一致订立固定期限劳动合同的结论。若适用《劳动合同法实施条例》第十一条的规定，劳动者提出订立无固定期限劳动合同后，方可续订，劳动者负有举证责任。用人单位要注意劳动者是否向单位送达过《自愿放弃签订无固定期限劳动合同确认书》或用其他电子送达方式明确要求签订无固定期限劳动合同，如果劳动者没有提出签订无固定期限劳动合同的具体行为，双方签订了固定期限劳动合同的，应属于合法有效，这也是当今的主流观点。如劳动者提出过签订无固定期限的请求，用人单位仍寻求与其签订固定期限劳动合同，应当进一步协商，再通过《续签劳动合同征询意见函》等表单工具使劳动者明确放弃之前的请求进而选择签订固定期限劳动合同。

司法实践中，多有用人单位与符合签订无固定期限劳动合同条件的劳动者订立了固定期限劳动合同后，劳动者又以用人单位欺诈为由，要求其支付应当订立无固定期限劳动合同之日起的二倍工资差额的情况。《最高人民法院关于审理劳动争议案件适用法律问题的解释（二）（征求意见稿）》第十六条规定："符合订立无固定期限劳动合同条件的劳动者与用人单位协商一致订立固定期限劳动合同，劳动者请求用人单位支付未订立无固定期限劳动合同第二倍工资的，人民法院不予支持。"所以，用人单位与符合签订无固定期限劳动合同条件的劳动者订立固定期限劳动合同的关键在于"协商一致"，可证明协商一致的要点在于上文所述几个管理工具，如《自愿放弃签订无固定期限劳动合同确认书》《续签劳动合同征询意见函》等。另外，如不使用该类管理工具，也可在即将签订的固定期限劳动合同中设置相应的"协商一致"条款。条款表述方向有两个：其一，劳动者有签订无固定期限劳动合同的权利，用人单位已经尽到告知义务，签订了此固定期限劳动合同视为劳动者对该权利的自愿放弃；其二，本固定期限劳动合同是经劳动者提出，双方协商一致而订立。

（4）用人单位与符合签订无固定期限劳动合同条件的劳动者订立的固定期限劳动合同期满后，绝大部分地区的司法实践仍认为用人单位不可单方面终止。在劳动者符合订立无固定期限劳动合同的法定条件下，用人单位与劳动者选择订立了固定期限劳动合同且合同期满后，仍然适用《劳动合同法》第十四条的规定，劳动者继续有权提出签订无固定期限劳动合同。用人单位若想继续用工，依然要通过《续签劳动合同征询意见函》等表单固定员工续签意向的证据。与上述观点不同的是，上海地区认为合同期限届满时，该合同自然终止。

（5）劳动者符合应当订立无固定期限劳动合同的法定条件时［包括上述（4）的情形］，用人单位不再继续用工的，最后一期劳动合同期满可协商终止劳动合同，切记不可单方面终止。单方终止的操作是向劳动者发出《终止劳动合同通知书》，协商终止的操作是双方签署《劳动合同到期终止协议》，两者的法律后果截然不同。单方终止系违法终止，劳动者可要求赔偿金或签订无固定期限劳动合同；协商终止是劳动者放弃签订无固定期限劳动合同权利的表示，也是双方就劳动关系终结的合意。劳动者与用人单位签署了《劳动合同到期终止协议》后反悔，主张继续签订无固定期限劳动合同和支付未签订无固定期限劳动合同的二倍工资差额将不会得到支持。

另外，用人单位与劳动者就终止劳动合同协商不成，且劳动者提出坚决要签订无固定期限劳动合同的，用人单位可与劳动者协商无固定期限劳动合同的具体条款，并保留协商过程的相关证据以证明用人单位并未拒绝与劳动者订立无固定期限劳动合同。在协商具体条款的过程中，用人单位降低了原劳动合同的约定条件，劳动者拒绝签订，用人单位终止劳动合同系违法终止。违法终止的法律后果是支付赔偿金，拒绝签订无固定期限劳动合同的法律后果是支付二倍工资差额。用人单位用支付赔偿金的方式规避支付二倍工资差额的法律责任并未违反相关法律规定。

当用人单位与劳动者均不同意续签为无固定期限劳动合同时，用人单位可以合法终止原合同，但要保留劳动者不同意续签的证据，以免劳动者反悔而被认定是用人单位单方面终止。

（6）用人单位要注意一种特殊情形，即劳动合同因法定续延事由致使劳动者在同一用人单位连续工作满 10 年的条件成立。这种情形是否符合无固定期限劳动合同的签订条件呢？主流观点认为只要劳动者提出订立无固定期限劳动合同后，用人单位应当订立。北京、上海地区认为，法定续延事由消失时，合同自然终止，用人单位不愿意续签劳动合同的，可以选择终止合同，劳动者要求签订无固定期限劳动合同的，不予支持。

（六）续订劳动合同的合规操作及要点

（1）掌握劳动合同到期情况的数据。用人单位应采用办公软件或查阅统计等方式监控每一位劳动者劳动合同的剩余天数，设置合同到期前 2 个月的时间提醒。

（2）对劳动合同即将到期的劳动者做续签评估（合同到期前第 2 个月内），统计续签名单。

（3）合同期满前 1 个月制作并发送《续订劳动合同征求意见函》，掌握劳动者的续签意向。该函应写明“劳动者一经本函作出续订与否的意向，即不可撤销”。

用人单位与劳动者均同意续签的，用人单位应审查劳动者是否符合订立无固定期限劳动合同的条件，符合法定条件的，根据双方合意确定劳动合同的订立类型。劳动者表面同意但背后拖延续签的，用人单位应在《续订劳动合同征询意见函》中设定明确的签署时间，逾期视为拒绝签订，可及时作出终止处理。

用人单位不同意续签但劳动者要求续签，且劳动者不符合订立无固定期限劳动合同条件、不存在劳动合同法定续延事由的，可支付经济补偿，在合同期满前 1 个月发送《终止劳动合同通知书》终止劳动关系；劳动者符合订立无固定期限劳动合同条件的，如劳动者坚持订立，用人单位应当订立。双方也可协商终止，签订《终止劳动合同协议书》终止劳动关系。

用人单位与劳动者均不同意续签劳动合同的（维持或提高原劳动合同条件的前提下），无论劳动者是否符合订立无固定期限劳动合同的条件，合同期满时（包括劳动合同有法定续延事由的）劳动关系自然终止。用人单位要固定劳动者不同意续订的书面证据，劳动合同终止后，可不予支付经济补偿。书面证据包括辞职通知或报告、征求员工是否续签的书面材料等。

（4）续签劳动合同的时间点首选合同期满前 1 个月，次选合同期满后 1 个月内。因北京等地区没有给予续签劳动合同的 1 个月宽限期，合同期满的次日就已经开始起算二倍工资，所以用人单位续签时间点的最优选择是在合同期满前的 1 个月。通知终止劳动合同的时间点首选合同期满前 1 个月。虽然法律无明文规定通知合同终止的具体时间，原则上可以在终止当天通知，但是《北京市劳动合同规定》第四十七条规定，用人单位应在合同期满前 30 日通知劳动者办理终止或续订手续，否则每延迟 1 日支付劳动者 1 日的赔偿金。所以，提前 1 个月通知终止是管理流程的优化，还可降低用工风险。

（5）续签劳动合同时，不得与劳动者再次约定试用期。

（6）工伤等级 1 ~ 6 级的劳动者劳动合同到期后，提出续签请求的，用人单位应当续签。根据《工伤保险条例》第三十五条、第三十六条的规定，工伤等级在 1 ~ 6 级的劳动者，用人单位应与之保留劳动关系。

（7）劳动合同存在《劳动合同法》第四十五条、《劳动合同法实施条例》第十七条、《工会法》第十九条规定的法定续延情形时，原劳动合同期满的，用人单位不需要再和劳动者续订新的劳动合同，原劳动合同在续延至相应情形消失后终止。根据《最高人民法院关于审理劳动争议案件适用法律问题的解释（二）（征求意见稿）》第十四条的规定，该类情形下，即使未订立新的劳动合同，用人单位也不需支付未订立书面劳动合同的二倍工资。

（8）慎用劳动合同期限到期自动顺延条款。该条款虽能自动避免未订立书面劳动合同支付二倍工资差额的法律风险，但最适合用于首次签订劳动合同的情形。该条款的本质相当于续订了一次固定期限劳动合同，因此增加了用人单位被要求签订无固定期限劳动合同的风险。

（9）漏签劳动合同，即没有在法定期限内续签成功，用人单位要与劳动者协商补签或倒签劳动合同。

（七）补签或倒签劳动合同的合规要点

补签或倒签劳动合同后是否能够豁免支付二倍工资的法律责任不能一概而论，用人单位应当核对当地口径，如允许则依照相关规定与劳动者协商补签或倒签，二者首选倒签。保险起见，如双方同意补签劳动合同，用人单位可将劳动合同的开始期限设定为实际签订的日期（落款为实际日期），并在该合同中明确约定自用工之日起至补签合同之日止，双方就未订立书面劳动合同期间的权利义务再无争议。

（八）订立劳动合同的合规流程与步骤

（1）审查用人单位的主体资格，避免混同用工。因劳动合同有其相对性，用人单位是劳动者提供劳动、接受管理、签订劳动合同的相对方。管理实践中，集团公司与子公司之间，关联公司之间混同用工导致用人单位错乱的情形并不少见；另外，未取得“营业执照”的公司和“登记证书”的社会团体还不具备法人资格，不能作为用人单位与员工签订劳动合同。

（2）审查劳动者的主体资格。审查年龄，避免使用童工。审查身份，是在校大学生的可签订实习协议；企业停薪留职人员、未达到法定退休年龄的内退人员、下岗待岗人员、企业经营性停产放长假人员 4 类劳动者属于现行法律框架下能够建立劳动关系的适格主体，可签署劳动合同。用人单位的法定代表人、股东应主动与企业高管、人力资源管理者签署劳动合同并区别保管。对符合劳动关系成立要件的兼职人员，因为有被判支付二倍工资的可能性，用人单位需要考虑与其签订劳动合同。

（3）审查劳动者是否符合订立无固定期限劳动合同的条件以及劳动合同是否存在法定续延（包括服务期）的情形。

（4）设定劳动合同签订时间。首签劳动合同的，应在用工之日起 1 个月内；续签劳动合同的，首选劳动合同终止前 1 个月或最迟不超过合同期满 1 个月。

（5）设定好劳动合同期限的开始时间。首签劳动合同的，劳动合同的开始之日和劳动合同的签订之日必须在用工之日起的 1 个月内；续签劳动合同的，劳动合同的开始之日可设定为原劳动合同期满后的次日。补签劳动合同的，劳动合同的开始之日可协商设定在用工之日的 1 个月内。

（6）准备纸质劳动合同及相关附件。劳动合同内容要合法有效、协商一致、条款完备、填写清楚、不留空白，一式三份，劳动者签订前不盖公章。

（7）签订过程要有细节操作。

①在签字现场的操作。用人单位自行准备好签字专用的笔、红色印泥，在签字现场采用面对面现场签署的方式，要求劳动者用正楷非连笔签字并按手印，所签名字应与身份证上的名字一致，不接受艺名、别名，不接受员工将合同带出会场或以研究条款为由带回住所，确需协商具体条款的，可在正式签订之前或签字现场进行。如需对部分条款修改，建议重新打印，手动修改内容的要让员工在修改处签字并按手印。劳动者只按手印而未签字的，不影响劳动合同的成立。

②留意特殊员工。员工的办公地在外地或出差时间长的，可安排员工回单位面对面签订，也可派 HR 前往员工的办公地签订，有条件的用人单位还可购买可靠的电子签订服务，签订电子合同。用人单位不应接受其他人代签劳动合同，除非拿到员工的授权委托书。负有签订劳动合同职责的高级管理人员或人力资源管理者应自行主动签订或由用人单位的法定代表人与其签订。

③多种保存方式。签订的劳动合同原件一份由法定代表人保留，一份交人力资源部存档，一份交给劳动者。在签订劳动合同的同时，还应签订一份《劳动合同签收确认表》，完成全部签订任务后，将该表复印两份，由法定代表人和人力资源部门分别存档。如条件允许，上述两种文件也可扫描进行云端存档。劳动合同保存期限应在劳动者离职后的2年以上，并规定劳动者和无人力资源管理权限的其他人员不得借阅由用人单位保管的劳动合同。

④注意禁止情形。签订劳动合同时不能要求劳动者有任何形式的担保，不能收取任何形式的费用，更不能扣押劳动者的身份证及其他证件的原件。

（8）明确用人单位在订立劳动合同时签字、盖章的权限。若双方约定用人单位同时满足签字和盖章两项要求时劳动合同才能成立，则用人单位应在劳动合同上加盖公章、合同专用章、法定代表人印鉴或被赋予签订劳动合同权利的人力资源专用章其中之一并有法定代表人或授权代表的签字。若双方未约定，在劳动者签字的前提下，用人单位法定代表人签名、授权代表签名、法人代表人印鉴、用人单位行政公章、用人单位合同专用章满足其中之一合同即可成立。用人单位应明确设定签订劳动合同的专用印章和授权代表，因为总经理、经理、人力资源部总监等在合同上签字有时会被认定为是代表企业履行职责的行为，可视为用人单位与劳动者订立了劳动合同。用人单位应在合同上盖骑缝章，并要求劳动者骑缝签字。

（9）订立了电子劳动合同的，用人单位有必要将电子劳动合同打印并以纸质形式保存。在认为有必要的前提下，可将电子合同通过电子邮件、微信、内部办公系统等形式再次发送给劳动者，请劳动者本人使用语音或者视频的方式回复：同意或确认已经订立劳动合同，并认可劳动合同中的各项条款内容。

二、关于二倍工资的性质、仲裁时效及计算规则

（一）二倍工资的性质问题

构成支付二倍工资的要件分为两种情形：其一，用人单位未依法与劳动者签订书面固定期限劳动合同、以完成一定工作任务为期限的劳动合同；其二，用人单位未依法与劳动者订立书面无固定期限劳动合同。而用人单位支付的二倍工资是何种性质，在某种程度上影响选用仲裁时效的类型。其实，二倍工资包含用人单位给付劳动者的一倍工资，支付二倍工资即加付第二倍工资之意（也称二倍工资差额），并非另行支付二倍的工资。二倍工资虽带有“工资”二字，但主流观点认为其不属于劳动报酬（第一倍的月工资属于劳动者正常工作时间劳动报酬的部分）。理由有三：其一，二倍工资起因于用人单位未与劳动者订立书面劳动合同，是用人单位违反法律法规应承担的具有法定性和惩戒性的民事赔偿责任；其二，二倍工

资在法律性质上不属于劳动者向用人单位提供正常劳动所获得之对价，劳动者请求用人单位支付二倍工资的请求权，不属于劳动报酬请求权，而属于惩罚性赔偿请求权（债权请求权）；其三，二倍工资不属于工资定义中所列举的任何项目一种，不属于劳动报酬。

需要注意的是，如果二倍工资被认定为劳动报酬，因劳动合同解除和终止导致经济补偿或赔偿的计算基数还可能包含二倍工资。《最高人民法院关于审理劳动争议案件适用法律问题的解释（二）（征求意见稿）》第四条明确了用人单位与劳动者未订立书面劳动合同的二倍工资的仲裁时效期间适用一般仲裁时效，反方向印证了未订立书面劳动合同的二倍工资并不属于劳动报酬的范畴。

（二）二倍工资的仲裁时效

《劳动争议调解仲裁法》第二十七条有4款内容：

第一款：劳动争议申请仲裁的时效期间为1年。仲裁时效期间从当事人知道或者应当知道其权利被侵害之日起计算。

第二款：前款规定的仲裁时效，因当事人一方向对方当事人主张权利，或者向有关部门请求权利救济，或者对方当事人同意履行义务而中断。从中断时起，仲裁时效期间重新计算。

第三款：因不可抗力或者有其他正当理由，当事人不能在本条第一款规定的仲裁时效期间申请仲裁的，仲裁时效中止。从中止时效的原因消除之日起，仲裁时效期间继续计算。

第四款：劳动关系存续期间因拖欠劳动报酬发生争议的，劳动者申请仲裁不受本条第一款规定的仲裁时效期间的限制；但是，劳动关系终止的，应当自劳动关系终止之日起一年内提出。

第一款定义了一般时效；第二款定义了时效中断；第三款定义了时效中止；第四款定义了特殊时效。需要指出的是，第四款定义的特殊时效适用于拖欠劳动报酬发生的劳动纠纷，其区分了劳动关系存续期间和劳动关系终止两种情形。因主流观点认为二倍工资不属于劳动报酬，劳动者主张二倍工资的时效则应受《劳动争议调解仲裁法》第二十七条第一款的制约，并需要严格遵守1年仲裁时效的规定（一般时效）。

确定了二倍工资适用1年的仲裁时效，但1年仲裁时效的起算时间点如何确定呢？在《最高人民法院关于审理劳动争议案件适用法律问题的解释（二）（征求意见稿）》出台之前，各地有不同的裁判尺度，细分来讲：结合司法实践中不同的裁判观点汇总有3种模式。

第一种模式，具体到日进行计算。首先从当事人申请仲裁之日起倒推1年，再从未签订劳动合同满 1 个月的次日（当事人应当知道其权利被侵害之日）起往后推算 11 个月，即到第 12 个月，两个时间区间相交叉部分的天数可获得二倍工资的支持。这种模式以北京、厦门、广州等地为代表。

第二种模式，具体到月进行计算。首先从当事人申请仲裁之日起倒推 1 年，再从未签订劳动合同满 1 个月的次日（当事人应当知道其权利被侵害之日）起往后推算 11 个月，即到第 12 个月，两个时间区间相交叉部分的月份可获得二倍工资的支持。这种模式以上海、四川、江西、广东等地为代表。

第三种模式，从违法状态消失之日起计算。用人单位超过 1 年未与劳动者签订书面劳动合同的，自用工之日起满 1 年的当日视为已经与劳动者订立了无固定期限劳动合同，即在满 1 年的当日未签订书面劳动合同的违法行为因法定条件下视为成立了无固定期限劳动合同而停止。此类情形下，二倍工资的仲裁时效自用工之日起满 1 年的当日起计算。用人单位与劳动者未签而后补签劳动合同的，二倍工资的仲裁时效自补签之日起计算（补签也是违法行为停止的一种）。计算办法：首先从当事人申请仲裁之日起倒推 1 年，再从满 1 年的当日或补签劳动合同之日往后推算 11 个月，即到第 12 个月，两个时间区间只要有相交叉的天数（哪怕只有一天）则 11 个月的二倍工资时效都没过，二倍工资请求会被作为整体之债从而得到全部支持（笔者称此类情形为“沾边即全给”）。这种模式以山东、浙江、重庆、吉林、江苏、湖南等地为代表。

假设张三自 2022 年 1 月 1 日首次入职 A 公司，至 2023 年 7 月 31 日双方并未签订书面劳动合同，张三于 2023 年 10 月 20 日申请仲裁，主张二倍工资差额。适用上述三种不同时效模式，所得的结果各有不同。

获得二倍工资差额的理论区间：应从 2022 年 2 月 1 日（满 1 个月的次日）至 2022 年 12 月 30 日（满 1 年的前一日）共 11 个月。

第一种模式，具体到日进行计算。

（1）自申请仲裁日 2023 年 10 月 20 日倒推 1 年至 2022 年 10 月 19 日。

（2）支持 2022 年 10 月 19 日至 2022 年 12 月 30 日期间合计 2 个月 13 天的二倍工资差额。

第二种模式，具体到月进行计算。

（1）自申请仲裁日 2023 年 10 月 20 日倒推 1 年至 2022 年 10 月 19 日。

（2）支持 2022 年 10 月 1 日至 2022 年 12 月 30 日期间合计 3 个月的二倍工资差额。

第三种模式，从违法状态消失之日起计算。

（1）自 2022 年 12 月 31 日违法行为消失起 1 年内提出视为未过仲裁时效。

（2）2023年10月20日为申请仲裁日，未过仲裁时效。

（3）支持2022年2月1日至2022年12月30日期间合计11个月的二倍工资差额。

关于未订立书面劳动合同第二倍工资的仲裁时效问题，最高人民法院以司法解释的方式作了统一。《最高人民法院关于审理劳动争议案件适用法律问题的解释（二）（征求意见稿）》第四条规定："用人单位未依法与劳动者订立书面固定期限劳动合同、以完成一定工作任务为期限劳动合同，劳动者请求用人单位支付未订立劳动合同第二倍工资的，仲裁时效期间适用劳动争议调解仲裁法第二十七条第一款规定，从用人单位应当订立劳动合同之日起满一个月的次日起计算。用人单位未依法与劳动者订立书面无固定期限劳动合同，劳动者请求用人单位支付未订立劳动合同第二倍工资的，仲裁时效期间适用劳动争议调解仲裁法第二十七条第一款规定，从用人单位应当订立劳动合同的次日起计算。"从上述司法解释的规定来看，无论是未订立书面固定期限劳动合同、以完成一定任务为期限的劳动合同，还是未订立无固定期限劳动合同，其二倍工资的仲裁时效统一采用了一般时效，即申请仲裁的时效期间为1年，但是仲裁时效的起算时间点或有争议。以未依法签订书面固定期限劳动合同为例，司法解释认定的时效起算时间点"从用人单位应当订立劳动合同之日起满1个月的次日起计算"，如何准确理解，具有难度。假设张三2023年1月1日入职，至2023年12月31日止，用人单位并未与张三签订书面固定期限劳动合同且仍继续用工，按照过往司法实践的口径，理论上张三在仲裁时效时间内最多能主张2023年2月1日至2023年12月31日共11个月的二倍工资。如按照《最高人民法院关于审理劳动争议案件适用法律问题的解释（二）（征求意见稿）》规定的仲裁时效起算点，则2023年2月1日是"从用人单位应当订立劳动合同之日起满一个月的次日"，适用1年的仲裁时效，则仲裁时效截止的时间点为2024年1月31日。从字面上理解，张三如在2024年1月31日之后主张二倍工资，则仲裁时效已过，这无疑大大缩短了劳动者主张二倍工资的有效期限。如上述理解视为正确理解，则该司法解释中"从用人单位应当订立劳动合同之日起满一个月的次日起计算"一句与《劳动争议调解仲裁法》第二十七条第一款中"仲裁时效期间从当事人知道或者应当知道其权利被侵害之日起计算"的立法表述相冲突。因为在用人单位次月发放上月工资（常规情形）且未支付二倍工资差额的情况下，劳动者才能"知道或者应当知道其权利被侵害"，即劳动者工作到第三个月收到第二个月的工资时才会知道第二个月工资里并未有二倍工资差额，才会知道或应当知道其权利被侵害，该情形下仲裁时效应从第三个月的发薪日起算。

另外，上述观点是在"从用人单位应当订立劳动合同之日起满一个月的次日起计算”被理解为“应当订立劳动合同之日即为用工之日（建立劳动关系之日）”的基础上展开论述的，如“从用人单位应当订立劳动合同之日”被理解为“自用工之日起一个月内”呢？因为用工之日起一个月内的最后一天也是被法律所允许的订立劳动合同之日①，在这种理解下，仲裁时效起算点应自用工之日起第一个月的最后一天往后推一个月的次日，即第三个月的第一天。结合上述举例，笔者认为，在上述案例情况下，《最高人民法院关于审理劳动争议案件适用法律问题的解释（二）（征求意见稿）》所定义的仲裁时效应倾向于从 2023 年 2 月 1 日开始起算，而非 3 月 1 日。

需要提出的是，《最高人民法院关于审理劳动争议案件适用法律问题的解释（二）（征求意见稿）》第十三条规定：“用人单位未依法与劳动者订立书面劳动合同的，应当支付劳动者的第二倍工资按月计算。不满一个月的，按该月计薪日计算。”本条中的“按月计算”，如理解为支持二倍工资的各月份分别“按月计算”时效，则计算结果可与过往司法实践口径相对接。2023 年 2 月的二倍工资仲裁时效最晚截止日期为 2024 年 2 月 28 日（往后推 1 年），2023 年 3 月的二倍工资仲裁时效最晚截止日期为 2024 年 3 月 31 日（往后推 1 年），2023 年 4 月的二倍工资仲裁时效最晚截止日期为 2024 年 4 月 30 日（往后推 1 年），以此类推。如按照这种计算方式，前文所属“第三种模式，从违法状态消失之日起计算”则失效，笔者所称的“沾边即全给”的模式将失去操作空间。另外，“当月不满一个月的，按当月计薪日计算”，当月计薪日并不一定与平均月计薪天数（21.75）相重合，应当注意。

（三）二倍工资的计算规则

对于二倍工资的计算基数，国家并未在法律层面上予以明确。二倍工资从文义上理解是在正常工资的基础上再加一倍，其数额应与劳动者当月工资数额保持一致，而当月工资数额应理解为应得工资数额。司法实践中的主流观点认为，二倍工资的计算基数应当为当月应得工资，二倍工资的总额应为支付第二倍工资期间各月应得工资之和。

因企业在管理实践中存在种类多样的工资结构，而各类工资结构中通常还设置了各类工资、各类奖金、各类补贴等。二倍工资的基数是按工资总额计算还是需要扣减部分项目，如加班费、年终奖等，各地司法实践也不尽相同。通过总结，大体

① 《劳动合同法》第十条规定：“建立劳动关系，应当订立书面劳动合同。已建立劳动关系，未同时订立书面劳动合同的，应当自用工之日起一个月内订立书面劳动合同。用人单位与劳动者在用工前订立劳动合同的，劳动关系自用工之日起建立。”

有以下4类判断标准。

第一类，以劳动者应得工资即全部工资项目的总和为基数（排除非工资项目），不作任何扣除。可理解为二倍工资的计算基数包括加班费、年终奖等全部工资性收入。

如北京、江苏、江西等地，在过往的司法实践中，一般会以劳动者当月应得工资（包括计时工资、计件工资、加班加点工资、奖金、津贴和补贴等全部工资性收入）作为二倍工资的计算基数，但近些年随着相关文件的废止，此类执行政策有所变化。

第二类，以劳动者应得工资（包含加班费）为基数，但应剔除非按月固定支付的工资项目。可以理解为二倍工资的计算基数不扣除加班费，但要扣除不定期发放的奖金、津贴和补贴。

如《深圳市中级人民法院关于审理劳动争议案件的裁判指引》第七十条认为，《劳动合同法》第八十二条规定的二倍工资差额的计算基数应为包括加班工资在内的当月应得工资，但不包含支付周期超过一个月或未确定支付周期的劳动报酬。

第三类，以劳动者应得工资为基数，剔除加班费、非常规性奖金、津贴、补贴、福利。

如《吉林省高级人民法院关于审理劳动争议案件法律适用问题的解答（二）》第七条认为，未订立书面劳动合同二倍工资的计算基数，可按劳动者对应月份实际获得的工资，扣除加班费及其他非常规性、风险性、福利性的奖金和提成等项目后的工资确定。

第四类，以职工所在的岗位（职位）相对应的标准工资为基数。

如《浙江省劳动争议仲裁委员会关于印发劳动争议案件处理若干问题的指导意见（试行）》（浙仲〔2009〕2号）第三十八条认为，加班工资和依据《劳动合同法》第八十二条规定加付的一倍工资的计算以职工所在的岗位（职位）相对应的标准工资为基数。

前款标准工资难以确定的，按以下方式确定计算基数：

（1）劳动合同有约定的，按劳动合同约定的工资为基数。

（2）劳动合同没有约定的，实行岗位技能工资制的单位，以职工本人的岗位工资与技能工资之和为基数。

（3）岗位、技能工资难以确定的，以上月职工正常工作情况下的工资为基数，同时应扣除绩效、奖金和物价补贴；难以区分工资、奖金、补贴等项目的，以职工上月实得工资的70%为基数。

三、规避支付二倍工资的综合操作

（一）从合规签署劳动合同、妥善保管书面劳动合同原件、妥善保管证明已经签署过劳动合同的其他材料3个方面的细节入手

可参考本部分“一、关于订立（续订）劳动合同的合规指引（八）订立劳动合同的合规流程与步骤”。

（二）从仲裁时效角度入手

用人单位的首要工作是审查劳动者提起仲裁的准确时间，做时效抗辩的准备。在仲裁时效已过的情况下，劳动者若提起仲裁，用人单位应积极且明确提出时效抗辩。用人单位未提出时效抗辩的，或有支付二倍工资的法律风险。

（三）从确认劳动关系角度入手

劳动者向用人单位主张二倍工资的前提是双方存在事实劳动关系。用人单位要审查与劳动者的关系是何种关系，如业务外包、劳务关系、承揽关系、委托关系等，重点审查双方是否符合建立劳动关系的条件，其核心依据是《关于确立劳动关系有关事项的通知》（劳社部发〔2005〕12号），如不符合建立劳动关系的条件，用人单位可借用其他关系否认劳动关系。值得关注的是，兼职人员（包括新就业形态劳动者）如被认定为劳动关系，应当签订书面劳动合同；反之，则有支付二倍工资的法律风险。关于新就业形态劳动者，《人力资源和社会保障部办公厅关于印发〈新就业形态劳动者劳动合同和书面协议订立指引（试行）〉的通知》（人社厅发〔2023〕6号）第三条规定：“本指引所称新就业形态劳动者，是指线上接受互联网平台根据用户需求发布的配送、出行、运输、家政服务等工作任务，按照平台要求提供平台网约服务，并获取劳动报酬的劳动者。本指引所称企业是指平台企业和平台用工合作企业。”第四条规定：“企业要根据用工事实和劳动管理程度，综合考虑新就业形态劳动者对工作时间及工作量的自主决定程度、劳动过程受管理控制程度、是否需要遵守有关工作规则和劳动纪律及奖惩办法、工作的持续性、能否决定或者改变交易价格等因素，与符合确立劳动关系情形的新就业形态劳动者订立劳动合同，与不完全符合确立劳动关系情形的新就业形态劳动者订立书面协议。”所以，用人单位主动避免非劳动关系被认定为劳动关系是管理实践中的核心焦点。

（四）从劳动者的身份角度入手

（1）法定代表人与劳动者人格混同，不应支持二倍工资。

（2）负有人力资源管理职责的企业高管、人事总监、人事经理等主管或分管的特定职位人员，不应支持二倍工资。用人单位对此负有举证责任，举证的焦点在于能够证明该类人员的岗位职责范围包括代表企业与劳动者订立劳动合同。

（3）劳动者是“四类”人员之一的，即企业停薪留职人员、未达到法定退休年龄的内退人员、下岗待岗人员、企业经营性停产放长假人员，按照《最高人民法院关于审理劳动争议案件适用法律问题的解释（一）》（法释〔2020〕26号）第三十二条第二款的规定，其可与用人单位建立劳动关系。即此“四类”人员可建立双重劳动关系，用人单位要鉴别劳动者的身份，不能盲目地与此类人员签订劳动合同。

（4）劳动者是“两类”人员之一的，即已经依法享受养老保险待遇的人员或者是已经领取退休金的人员，按照《最高人民法院关于审理劳动争议案件适用法律问题的解释（一）》（法释〔2020〕26号）第三十二条第一款的规定，双方建立的是劳务关系。

（5）在校大学生勤工助学的，按照劳动部《关于印发〈关于贯彻执行《中华人民共和国劳动法》若干问题的意见〉的通知》第十二条的规定：“在校生利用业余时间勤工助学，不视为就业，未建立劳动关系，可以不签订劳动合同。”大学生以完成学业为目的进行实习的，用人单位按实习关系严格控制的，一般不能被认定为建立劳动关系。大学生兼职和实习被认定成为劳动关系的案例不在少数，在事实劳动关系的前提下，未签订劳动合同的，会有支付二倍工资的法律风险。

（6）非全日制劳动关系的劳动者，用人单位可以不与其订立书面劳动合同。《劳动合同法》第六十九条第一款规定：“非全日制用工双方当事人可以订立口头协议。”非全日制劳动者虽然可以建立一个或一个以上的劳动合同，但无主张二倍工资的权利。

（7）劳动者符合劳动合同期满法定续延情形的，劳动者不能主张劳动合同期满续延期间未订立书面劳动合同的二倍工资。劳动者的身份特征符合《劳动合同法》第四十二条规定的6种情形之一或《劳动合同法实施条例》第十七条规定的劳动者服务期未满的情形或《工会法》第十九条规定的主席、委员的劳动合同期限自动延长至任职期满的情形。

（五）从能证明未签订劳动合同系劳动者存在过错的角度入手

《劳动合同法》对订立书面劳动合同的过错问题未作明文规定，用人单位和劳动者双方便均有此法定义务。深入理解《劳动合同法》第八十二条的要旨，应理解为由于用人单位的原因未与劳动者签订书面劳动合同的，应承担支付二倍工资的法律责任，对由于劳动者自身原因造成的未订立书面劳动合同并请求支付二倍工资的，主流观点认为一般不宜支持。用人单位应能证明已尽主动通知签订的诚信义务（多种方式如电话、短信、微信、邮件、视频录像等），并固定劳动者拒签、故意拖延等证据。由于劳动者自身原因导致未订立书面劳动合同而请求支持二倍工资，在浙江、安徽、江苏、上海、吉林等地一般不会得到支持。需要注意的是，《最高人民法院关于审理劳动争议案件适用法律问题的解释（二）（征求意见稿）》第十四条第（二）项规定了因劳动者自身原因未订立书面劳动合同的，劳动者请求用人单位支付未订立书面劳动合同第二倍工资的，人民法院不予支持。

（六）从劳动合同期满续签的角度入手

无论是劳动合同期满续签固定期限劳动合同，还是应当签订无固定期限劳动合同，都要注意劳动合同期限的无缝衔接。尽管司法实践中对续签时是否还应有1个月的宽限期有不同观点，但双方均同意续签的，劳动合同的起始时间应与前一劳动合同的终止时间相衔接。值得注意的是，视为订立无固定期限劳动合同时，可以认定用人单位与劳动者已经存在无固定期限劳动合同了，不应支付二倍工资。

（七）从避免混同用工的角度入手

管理实践中，几家甚至多家公司混同用工的问题频发，如“一套人马，多块牌子”；上下级公司（集团公司与子公司、分公司）之间、关联公司之间或以项目合作的名义混同用工。因劳动关系的主体应当与劳动合同的主体相对应，现实中不免会出现A公司的员工干了B公司的工作，B公司却没有和劳动者签订劳动合同，劳动纠纷发生后，劳动者举证与B公司存在劳动关系，从而发生支付二倍工资的法律风险。

（八）从寻找是否有可能被视为订立书面劳动合同的书面资料角度入手

《劳动合同法》第十七条规定了劳动合同应当具备的9种基础条款，用人单位与劳动者签订纸质或电子形式往来的各种书面材料，如《录用通知书》《入职登记表》《入职声明书》《录用审批表》《聘书》《委任状》等，如果具备了劳动合同的要件（如载明了具体岗位、薪资数额、合同期限等），在双方达成一致的前提下，既明确了双方的劳动关系又固定了双方的权利义务，实现了书面劳动合同的功能的，可以被视为签订了书面劳动合同。

（九）从分析用人单位主体资格的角度入手

其一，尚未注册登记领取营业执照的筹备组织、营业执照期满、被吊销、被撤销、有劳务派遣合作的用工单位等都不是法律意义上的适格的用人单位，自然没有和劳动者签订劳动合同的义务，更不会出现支付二倍工资的法律风险。其二，用人单位如出现变更名称、法定代表人、主要负责人、投资人或合并、分立等情形，则适用《劳动合同法》第三十三条、第三十四条的规定，并不影响劳动合同的履行，原劳动合同继续有效。用人单位与劳动者并非一定要重新签订劳动合同。劳动者如主张新单位未与其签订书面劳动合同的二倍工资，将不会被支持。其三，公司之间出现资产业务收购时，如收购方案中包含人员转移即劳动合同权利义务转让内容，收购方应重新和被接收的劳动者签订劳动合同。

（十）从补签和倒签劳动合同的角度入手

可参考上文“典型风险4：补签与倒签劳动合同”的相关内容。

第三节 合规工具应用

合规工具15：《签订书面劳动合同通知书》

签订书面劳动合同通知书

________女士/男士：

您已于____年____月____日被我公司录用，截至发函之日，您尚未与公司订立书面劳动合同，请您在接到本通知后____日内（____年____月____日之前）到公司___________部门，协商订立书面劳动合同，劳动待遇按照录用通知书/原劳动合同约定的条件执行。逾期无论何种原因不签订，本公司将按照《劳动合同法实施条例》的有关规定与您终止劳动关系。

拟签订的劳动合同的相关内容补充如下：

1. 劳动合同期限：自____年____月____日至____年____月____日；
2. 工作地点：____；
3. 工作岗位：____；
4. 工作内容：____；
5. 工资待遇：____。

（本通知书一式两份，用人单位与劳动者各留存一份）

单位公章：　　　　　　　　　　　　　　　　日期：　　年　　月　　日

合规工具 16：《劳动合同签收确认单》

劳动合同签收确认单

________公司（全称）：

本人____________（姓名），身份证号码：__________________，所属部门：____________，所在岗位：__________。现已收到你公司交付给本人的已完整填写并盖章的《劳动合同》壹份，合同期限为____年，自____年____月____日起至____年____月____日止。本人已充分阅读，并理解和认可《劳动合同》的内容。

员工签字：　　　　　　　　　　　　　　　　日期：　　年　　月　　日

合规工具 17：《劳动合同签收台账》

劳动合同签收台账

用人单位名称（公章）：

用人单位填写部分					劳动者填写部分	
序号	所属部门	姓名	劳动合同起止时间		签收人签名	签收时间
			起	止		
1						
2						
3						
4						
5						
6						
7						
8						

合规工具18：《劳动合同到期提醒表》

劳动合同到期提醒表

工号	姓名	部门	职位	签订合同时间	合同期限/年	合同到期时间	合同到期提醒

备注：本表为Excel格式，需对合同的到期时间和合同提醒设置公式

合规工具19：《续签劳动合同征询意见函》

续签劳动合同征询意见函

（一式两份 员工两份均签字 留存其中一份）

________女士/男士：

本公司与您于____年____月____日签订的____期限劳动合同，将于____年____月____日到期，根据相关法律规定，公司现提前通知您，并向您征询是否续签劳动合同的意向。请您务必接到意见函后于____年____月____日之前将是否与公司续签劳动合同的意向反馈给公司，在上述期限内未回复的，包括您不表态、回避、拖延、不按时送达的，视为您不同意续订合同，公司将依法与您终止劳动合同。

您按照下列选项确定续订意向：

A：不同意与公司续订劳动合同。

员工签字：

B：同意与公司续订固定期限劳动合同，并不可撤销地与公司续订____期限劳动合同，新合同的起止时间：自____年____月____日起至____年____月____日止。

员工签字：

C：其他意见：____。

意向反馈方式：

填写您的意见后，您可以将本函以下列方式反馈给公司：

A：电子邮件。（需要将本函填写后扫描或拍照，通过实名账号发送）

B：原件邮寄。（收件人需要精确到具体部门的具体人，要求通过 EMS 实名邮寄）

C：直接送达。（当面要求劳动者再次在本函上签字确认）

特此通知！

员工签字：　　　　　　　　　　　　　　　　公司名称（公章）：

日期：　　年　　月　　日　　　　　　　　　日期：　　年　　月　　日

合规工具 20：《终止劳动合同通知书》（劳动者拒绝签订）

《终止劳动合同通知书》（劳动者拒绝签订）

________女士/男士：

因您在公司书面通知后不与公司订立劳动合同，公司现依据《中华人民共和国劳动合同法实施条例》之规定，决定与您终止劳动关系，请您收到本通知书之日到__________部门办理终止劳动关系手续。

特此通知！

公司（公章）：　　　　　　　　　　　　　　日期：　　年　　月　　日

本通知书一式两份，通知方与被通知方各执一份，具有同等效力。

------------------------ 裁剪线 ------------------------

签收回执

本人__________（姓名）已于____年____月____日收到___________________（公司全称）发出的《终止劳动合同通知书》。

员工签字：　　　　　　　　　　　　　　　　日期：　　年　　月　　日

合规工具21：《自愿放弃签订无固定期限劳动合同确认书》

自愿放弃签订无固定期限劳动合同确认书

本人___________（姓名），身份证号码：__________________。公司向本人告知，本人符合签订无固定期限劳动合同的法定条件，由于本人个人原因，自愿放弃与公司签订无固定期限劳动合同的权利，并确认要求与公司改签固定期限劳动合同。

确认人签字： 日期： 年 月 日

>>> 第四章 <<<

劳动合同变更的合规管理

劳动合同变更本质上属于劳资双方权利义务的再调整，是劳动纠纷的重灾区。劳动合同变更，在内容表现上为对原劳动合同条款的修改、补充和删除；在形式表现上为对劳动者的调岗、调薪和调整工作地点。因此，“在变化中惹争议，在动态中闹纠纷”成为劳动合同变更的典型特点。劳动合同变更纠纷，其核心本质是用人单位用工自主权与天然倾向于保护劳动者的劳动立法之间的兼容、调和及对抗。劳动合同变更操作，其核心手段是用人单位如何运用管理智慧成就法律意义上的“协商一致”和“兼顾合理性”。本章将重点探讨用人单位如何适用法定变更方式获得用工自主权等。

第一节　劳动合同变更的合规管理

典型风险 1：协商一致变更劳动合同，未采用书面形式

劳动合同履行的非常态管理可以适用变更制度，适时的合同变更才是劳动关系的真实运行状态。劳动合同变更聚焦在合同主体、合同期限、工作内容（岗位）、劳动报酬、工作地点、奖金福利等与劳动者切身利益相关的事项上。虽然劳动立法没有用明确的方式指出劳动合同变更的具体范畴和条件，但是确立了劳动合同变更的基本原则：协商一致原则。《劳动法》第十七条第一款规定：“订立和变更劳动合同，应当遵循平等自愿、协商一致的原则，不得违反法律、行政法规的规定。”《劳动合同法》第三十五条规定：“用人单位与劳动者协商一致，可以变更劳动合同约定的内容。变更劳动合同应采用书面形式。变更后的劳动合同文本由用人单位和劳动者各执一份。”解读上述法律规定可知，《劳动合同法》第三十五条承继了《劳动法》第十七条的立法思路，理论上会被很多用人单位误解为协商一致和采用书面

形式是效力性规范，是劳动合同变更的必备生效要件，未协商一致和未采用书面形式的，变更无效。其实，该法条中的“应当”应理解为管理性规范而非效力性规范，违反该规定并不必然导致变更的劳动合同无效，但可能会受到行政处罚。司法实践中，部分法定调岗情形并不需要征得劳动者同意，默示变更也不需要一定采用书面形式。协商一致变更，是劳动合同变更的类型之一，可分为明示变更和默示变更两种。[《最高人民法院关于审理劳动争议案件适用法律问题的解释（一）》（法释〔2020〕26号）第四十三条是默示变更的核心依据，其前提条件也是协商一致]协商一致变更（明示变更）有三个程序要件：一是协商一致；二是采用书面形式；三是变更后的文本双方各执一份。

（1）协商一致即双方合意，尤其是需要劳动者同意（专指降低劳动条件），其立法目的在于防范用人单位通过滥用“单方变更”损害劳动者的权益。需要强调的是，劳动者在劳动纠纷中常以合同变更未经其本人同意即未协商一致进行抗辩从而主张违法变更，但司法实践中不是所有涉及劳动合同的变更类型都必须获得劳动者的同意（用人单位单方法定变更和单方合理变更的除外）。假设劳动合同变更均需以劳动者同意为前提条件，签订了无固定期限劳动合同的劳动者只要坚守“不同意”，就可以在合同约定的岗位上工作直到退休，这无疑严重干扰和限制了用人单位的用工自主权。用人单位的用工自主权和劳动者的生存保护权之间应保持动态之平衡。

（2）书面形式即双方合意的明示，是对签订书面劳动合同规定的立法性延伸。虽然书面形式并不是变更劳动合同的必备形式和唯一生效条件（口头变更或事实变更同样具有法律效力），但书面形式是以“明示”的方式证明双方已然达成合意——协商一致，解决了举证难的问题。书面形式可采用法律许可的多种形式，包括但不限于纸质、内部办公系统、微信、邮件、录音、视频等，其中纸质形式也不局限于《协商变更劳动合同协议书》一种，工资确认单、调岗调薪协议、岗位变动通知书等能够通过文字说明而起到证明作用的材料均可被采用。司法实践中，变更劳动合同未采用书面形式的，虽不能简单认为该变更行为因违反了法律明文规定而无效，但劳动者一旦反悔，用人单位又不能证明劳动者以实际履行行为（默示变更）达成合意的，裁判机关可能会认为双方并未协商一致，依然有被要求按照原劳动合同履行的风险。另外，即使默示变更已经成立，因劳动者对“变更劳动合同以书面形式”的不充分解读，也经常以此为依据主张确认劳动合同变更无效。

（3）变更后文本，劳动者和用人单位各执一份。

典型风险 2：用人单位单方适用法定变更不合规，导致违法调岗

劳动立法没有明确固定法定变更，也没有完全否定法定变更，其含义散落在相

关的法律规定之中。单方法定变更是用人单位和劳动者在合同履行过程中遇到法律、法规、规章明文规定的具体情形时，劳动合同的一方提出变更要求的，相对方对其变更要求不得拒绝。应注意的是，相关规定只赋予了用人单位单方调岗权，除停工停产延期支付工资的规定外，并未明确赋予用人单位薪酬调整权，对工作地点的调整也只能依据《劳动合同法》第四十条第（三）项“客观情况发生重大变化”时双方协商变更劳动合同内容的规定，推定包括工作地点的变更。但在管理实践中，调岗一般伴随调薪甚至调整工作地点。以岗定薪，岗变薪变的原则，一方面从学理上可认为是《宪法》规定的按劳分配原则和《劳动法》规定的同工同酬原则的具体体现；另一方面从法律法规层面上也没有禁止调薪的规定，加之《劳动法》第四十七条“用人单位根据本单位的生产经营特点和经济效益，依法自主确定本单位的工资分配方式和工资水平”的规定，我们有理由认为合法的调岗伴随合理的调薪，一般会得到裁判机关的认可。所以，单方法定变更的大部分情形指的是单方调岗，其主要体现在“法定解除程序”和“特殊群体管理”的用工实践中。具体有以下 8 种类型。

（1）医疗期满后调岗。《劳动合同法》第四十条第（一）项规定，劳动者患病或非因工负伤，在规定的医疗期满后不能从事原工作，也不能从事由用人单位另行安排的工作的，用人单位可以解除劳动合同。该项在赋予用人单位单方解除权的同时隐含着单方法定调岗的权利，或者说调岗是满足劳动合同解除的程序和条件。“另行安排工作”等同于调岗，且不要求与劳动者协商一致，但调整后的岗位和薪资需具备关联性和合理性。用人单位适用此条款行使调岗权，首先需审核病假的真假，其次要在法定计算周期中核准医疗期是否已满，最后在医疗期已满的前提下，要通过绩效考核的方式证明劳动者不能从事原工作，方可启动送达调岗通知的程序。虚假病假、医疗期未满、不能证明劳动者不能从事原工作、调岗通知书的调岗理由不明确或错填、未固定调岗通知书被送达的过程性证据都是构成违法调岗的因素。

（2）不能胜任工作调岗。《劳动合同法》第四十条第（二）项规定，劳动者不能胜任工作，经过培训或者调整工作岗位，仍不能胜任工作的，用人单位可以解除劳动合同。该项在赋予用人单位单方解除权的同时也隐含了单方法定调岗的权利。“或者调整工作岗位”等同于可以选择调岗，也不硬性要求与劳动者协商一致，但调整后的岗位和薪资须具备关联性和合理性。用人单位适用此条款行使调岗权，需要固定劳动者不能胜任工作的证据链，即用人单位对“不能胜任”负有举证责任。举证过程既要有双方确认的岗位职责说明，又要有公平、客观、合理的绩效考核标准和评价结果，还要有相关规章制度已经履行过民主公示程序的证据。在管理实践中，要得出“不能胜任”的结论有相当的难度。用人单位在不能完全证明的前提下对劳动者进行调岗，有违法变更劳动合同的风险。

（3）客观情况发生重大变化变更合同。《劳动合同法》第四十条第（三）项规定，劳动合同订立时所依据的客观情况发生重大变化，致使劳动合同无法履行，经用人单位与劳动者协商，未能就变更劳动合同内容达成协议的，用人单位可以解除劳动合同。“经用人单位与劳动者协商，未能就变更劳动合同内容达成协议的”可理解为协商不成功，用人单位可以解除劳动合同；协商成功，劳动者则要接受变更劳动合同的事实，自然包括调岗。管理实践中，用人单位准确理解和适用“劳动合同订立时所依据的客观情况发生重大变化”是难点所在。用人单位不能证明属于“劳动合同订立时所依据的客观情况发生重大变化”和以此为理由未经过协商程序而直接进行调岗，有违法变更的风险。另外，《劳动合同法》第四十一条第一款第（三）项“企业转产、重大技术革新或者经营方式调整，经变更劳动合同后，仍需裁减人员的”规定属于“客观经济情况发生重大变化”的范畴，是经济原因导致企业裁员时的单方调岗权，但用人单位仍然要遵循制定调岗方案和实施调岗行为时的合理性原则。

（4）工伤评残调岗。《工伤保险条例》第三十六条第一款第（二）项规定，职工因工致残被鉴定为五级、六级伤残的，保留与用人单位的劳动关系，由用人单位安排适当工作。由此可知，工伤五级、六级的劳动者，用人单位有义务根据劳动者身体和心理的具体情况适当安排新工作或减少原岗位的工作量。未征询伤残劳动者的意见，单方强行变更岗位或安排难以从事的工作会被认定借机变相逼迫劳动者辞职，有违法变更的风险。

（5）女职工孕期岗位变更。《女职工劳动保护特别规定》第六条第一款规定，女职工在孕期不能适应原劳动的，用人单位应当根据医疗机构的证明，予以减轻劳动量或者安排其他能够适应的劳动。“不能适应”并不等同于“不能胜任”，可理解为因生理反应短期不适应工作。“安排其他能够适应的劳动”即调岗之意，其前提是女职工向用人单位提供了医疗证明。孕期女职工未提供相关医疗证明或未申请调岗的，用人单位不宜单方强行变更其工作岗位。另外，《女职工禁忌从事的劳动范围》第三条、第四条对女职工在孕期、哺乳期禁忌从事的劳动范围作了界定，即相关女职工所在岗位属于列举情形的，用人单位应当调岗。需要注意的是，用人单位适用上述条款进行调岗或降低工作量，是应尽义务，并无降薪之权利。以岗定薪，岗变薪变原则因《女职工劳动保护特别规定》第五条“用人单位不得因女职工怀孕、生育、哺乳而降低其工资、予以辞退、与其解除劳动合同或者聘用合同”的规定而受阻碍。管理实践中，用人单位对处于孕期、产期、哺乳期“三期”的女职工进行强行调岗降薪存在较大法律风险。另外，用人单位与女职工如无特别约定，仅以“返岗女职工休产假期间岗位被替代”为由调整其工作岗位，该调岗理由缺乏合法性。

（6）女职工处于更年期不适应工作调岗。《贵州省女职工劳动保护特别规定》（贵州省人民政府令第206号）第十五条规定：“女职工经医疗机构确诊为重度更年期综合症者，且不能适应原劳动的，经本人申请，用人单位可以适当减轻劳动量，或者经双方协商安排其他合适的劳动。”需要注意的是，在贵州等地区，即使女职工患有重度的更年期综合症，若其本人不提出相关申请，或双方协商并未达成一致意见，用人单位不能随意调整其工作岗位。

（7）待岗调薪。劳动立法中并无“待岗”的概念，其可理解为用人单位与劳动者通过保留劳动关系，以停工调薪的方式变更劳动合同。待岗的实质是劳动合同的变更，是一种安置措施并非处分手段。在无事先约定和规定的前提下，待岗调薪需遵循协商一致原则。《工资支付暂行规定》（劳部发〔1994〕489号）第十二条规定，非因劳动者原因造成单位停工、停产在一个工资支付周期内的，用人单位应按劳动合同规定的标准支付劳动者工资。超过一个工资支付周期的，若劳动者提供了正常劳动，则支付劳动者的劳动报酬不得低于当地的最低工资标准；若劳动者没有提供正常劳动，则按国家有关规定办理。上述规定是待岗调薪的主要法律依据。上述规定中的待岗调薪的前提条件是用人单位不是由于劳动者原因出现了停工、停产、歇业。用人单位为实现部分裁员或针对性逼迫劳动者辞职的目的，以部门调整、撤销或谎称经营困难等理由套用停工停产概念而强行要求待岗的，裁判机关会严格审查停工待岗的必要性和合理性。劳动者可以主张恢复工作、工资补差；劳动者也可适用《劳动合同法》第三十八条的规定，以用人单位未提供劳动合同约定的劳动条件或未及时足额支付劳动报酬为由被迫辞职，主张经济补偿。

（8）职业禁忌与职业病病人调岗。《职业病防治法》第三十五条第二款规定，对在职业健康检查中发现有与所从事的职业相关的健康损害的劳动者，应当调离原工作岗位，并妥善安置。《职业病防治法》第五十六条第三款规定，用人单位对不适宜继续从事原工作的职业病病人，应当调离原岗位，并妥善安置。《尘肺病防治条例》第二十一条规定，各企业、事业单位对已经确诊为尘肺病的职工，必须调离粉尘作业岗位，并给予治疗或疗养。用人单位对此类劳动者有调岗的法定义务。

典型风险3：用人单位推定劳动合同默示变更未固定相关证据

默示是民法中的概念，默示视为同意的规则在劳动法相关的司法解释中得到了运用，实质上是对劳动立法的补充。《最高人民法院关于审理劳动争议案件适用法律问题的解释（一）》（法释〔2020〕26号）第四十三条规定，用人单位与劳动者协商一致变更劳动合同，虽未采用书面形式，但已经实际履行了口头变更的劳动合同超过1个月，变更后的劳动合同内容不违反法律、行政法规且不违背公序良俗，当事人以未采用书面形式为由主张劳动合同变更无效的，人民法院不予支持。据此可知，默示变更成立的，一方反悔，相对方可拒绝；默示变更成立则需具备两个基本条件：一是协商一致，二是实际履行超过一个月。上述规定增加了“协商一致”的表述，确认了变更需合意的基本前提，填补了劳动者“未提出异议”则推定“存在合意”的法律漏洞，即沉默不等于默示。简言之，劳动者未提出异议，不代表调岗已经生效；但劳动者提出异议，则调岗一定未生效。司法实践中，裁判机关会根据劳动者的实际履行情形推定双方是否协商一致，用人单位证明调岗等事项“实际履行超过一个月”是核心要点。管理实践中，用人单位应固定劳动者实际履行行为的开始时间和人力资源管理过程中的各类证据。用人单位不能固定相关证据或者劳动者不能提出异议的，默示变更效力得不到认可。

典型风险4：用人单位单方不合理变更劳动合同

基于用工自主权和劳资双方的约定，用人单位可以对劳动者行使一定程度的单方调岗权，但此调岗权应当在合理范围内。调岗既涉及用人单位的用工自主权，又涉及劳动者的生存权，司法实践中，各地的规定和判例一般会在两者之间寻找平衡，审查用人单位调岗决定的合理性是维持平衡的关键点。调岗不合法则不用继续审查其合理性；调岗合法但不合理时，被判定违法调岗的概率极大。用人单位的“合理调岗权”一般受下列情形限制。

（1）确属生产经营所必需。用人单位要对生产经营情况是否发生实质性变化进行必要性和正当性的解释或证明，即用人单位承担举证责任。

（2）劳动合同或规章制度是否约定或规定了用人单位可根据生产经营情况单方调整劳动者工作岗位的概括性或具体性条款。

（3）调岗后的工资待遇与原岗位应基本相当。但《劳动合同法》第四十条第（一）项、第（二）项规定的调岗情形除外，即医疗期满后调岗和不能胜任工作调岗后的职级和工资待遇可以低于原水平，但仍要在相对合理的范围内。

（4）调整的工作岗位和工作地点不具有歧视性和侮辱性。

（5）调整后的岗位胜任力要求应能基本匹配劳动者的身体状况、工作经历、专业技术。

（6）调整后的工作地点不应明显增加劳动者的工作成本，或即使显著增加了劳动者的工作成本但未提供相应补偿（如交通补贴）或者替代条件（如班车）予以弥补。

长江三角洲（“三省一市”，即江苏省、安徽省、浙江省、上海市）采用会议纪要的形式明确了用人单位合理调岗权的有效性。《长三角区域“三省一市”劳动人事争议疑难问题审理意见研讨会纪要》第六条规定：“除《中华人民共和国劳动合同法》四十条第一项和第二项规定的用人单位可以单方调整劳动者工作岗位的法定情形外，用人单位可以按劳动合同约定或者规章制度规定对劳动者工作岗位进行调整。如劳动合同无约定或者规章制度未规定，但确属用人单位生产经营所必需，且对劳动者的劳动报酬以及其他劳动条件未作不利变更，劳动者有服从安排的义务，可以认定用人单位调整劳动者工作岗位有效。”这个规定对协商一致原则突破极大，但具有进步意义。

江苏省高级人民法院《劳动争议案件审理指南（2010 年）》第三章第三节第五条第二款规定，调整工作岗位违反合理性的法律责任。如果用人单位的岗位调整行为违背了法律所要求的合理性原则，造成劳动者辞职，则应当视为“推定解雇”，也就是劳动者被迫辞职，用人单位应当支付经济补偿金；如果用人单位借此解除劳动合同，应当属于违法解除劳动合同，应按照《劳动合同法》第八十七条规定，承担违法解除的法律责任。

用人单位需谨记，违反了合理性原则的一切调岗行为均不会得到裁判机关的支持。

典型风险 5：用人单位调岗无相关约定或规章制度支撑

用人单位在行使法定调岗权时，并不必然要求劳动合同或规章制度中存有如何调岗的条款。但用人单位在无相关约定或规定的情况下单方进行调岗会有很大风险。

《天津市贯彻落实劳动合同法若干问题实施细则》（津人社规字〔2023〕7 号）第十三条第二款规定：“用人单位与劳动者签订的劳动合同未约定调整工作岗位有关内容，用人单位规章制度也未作相关规定的，除依据劳动合同法第四十条第一项、第二项有关规定调整工作岗位情形外，用人单位与劳动者协商一致，可以调整工作岗位。”

从上述规定来看，除法定调岗外，用人单位在无劳动合同的约定或规章制度规定的前提下单方进行调岗有违约或违法的风险。用人单位须进一步理解的是，即使有相关约定和规定并不代表调岗一定有效（如有调岗是否具备合理性或是否协商一致的考量），但无相关约定和规定的调岗必然面临被动局面。

另外，关于脱密期调岗。《劳动部关于企业职工流动若干问题的通知》第二条规定，用人单位与掌握商业秘密的职工在劳动合同中约定保守商业秘密有关事项时，可以约定在劳动合同终止前或该职工提出解除劳动合同后的一定时间内（不超过6个月），调整其工作岗位，变更劳动合同中的相关内容。虽然脱密期调岗有明确的部门规章条文做支撑（司法实践中对其有效性有争议），但脱密期调岗以劳动合同及相关协议中有“约定”为前提条件，用人单位不应将脱密期调岗视为单方法定调岗的权利，而是要基于双方的约定，未约定脱密措施而适用本条款的调岗无效。

典型风险6：用人单位未及时适用劳动合同中止制度

《劳动法》《劳动合同法》缺少关于劳动合同中止的相关条款，但劳动合同的中止制度对劳动用工合规管理具有积极作用。劳动合同中止既不是“解除”，也不是“终止”，是劳动合同暂停履行之意，是劳资双方对中止期满后重续彼此权利义务的承诺，其实质是劳动合同的变更。实务中，劳动合同中止可分为法定中止、约定中止和协商中止。

最早对劳动合同中止制度的规定是《关于贯彻执行〈中华人民共和国劳动法〉若干问题的意见》（劳部发〔1995〕309号），此意见第二十八条第一款规定：“劳动者涉嫌违法犯罪被有关机关收容审查、拘留或者逮捕的，用人单位在劳动者被限制人身自由期间，可与其暂时停止劳动合同的履行。”上文中“可与其暂时停止”并不是应当停止的意思，用人单位据此拥有选择权。此外，山东、天津、北京、浙江、宁夏、吉林、江苏、江西、山西、安徽、上海等地的地方性法规和相关文件中都有劳动合同中止的规定，常见的有以下几种。

（1）劳动者因涉嫌违法犯罪被公安、国家安全或司法机关限制人身自由的。

（2）劳动者应征入伍或履行国家规定的其他法定义务。

（3）劳动者被强制戒毒期间。

（4）劳动者失踪但尚未被法院宣告失踪或死亡。

（5）因不可抗力致使劳动合同暂时不能履行的。

（6）劳动者暂时无法履行劳动合同的义务，但仍有继续履行条件和可能的。

需要注意的是，出现劳动合同的法定中止情形，不代表劳动合同必须中止，除不可抗力、入伍等不可归责于双方当事人的情形外，其他法定情形中，一方当事人可以放弃抗辩权，选择不中止劳动合同。另外，法定中止也并非所有地方性法规和文件都会涉及，即便当地的法规缺少劳动合同中止的相关规定，用人单位仍可采用与劳动者约定中止（协商一致）的办法规避相关用工风险。管理实践中，下列情形中未事先约定劳动合同中止条款的，用人单位可能会遇到诸如补发工资、补缴社保、计算工龄（经济补偿）等相关用工纠纷：

（1）用人单位由于经营不善等原因停产息工、放长假的。

（2）女职工怀孕由于身体原因不能上班需要长时间保胎休息的。

（3）女职工产假结束由于身体原因仍不能上班需要长时间调养的。

（4）劳动者请长事假，用人单位选择留用的。

（5）劳动者长时间进修学习，用人单位选择留用的。

（6）劳动者被协议借用的。

（7）劳动者其他原因停薪留职的。

另外，劳动者在试用期发生患病或非因工负伤进入医疗期、工伤进入停工留薪期等情形时，医疗期或停工留薪期的时间可能超过了劳动合同约定试用期的上限，双方未约定试用期中止时，除当地有试用期中止的规定外，用人单位可能会丧失《劳动合同法》第三十九条第（一）项规定的以试用期不符合录用条件为由解除劳动合同的权利。试用期中止，实质是顺延试用期，不是严格意义上的劳动合同中止，用人单位仍有支付病假工资、停工留薪期工资、缴纳社保，累计计算工龄的义务。

第二节　法务 HR 合规管理

一、对标劳动合同变更的类型

从用人单位便于合规管理的角度出发，劳动合同变更的类型可分为 6 类：第一类：协商一致变更；第二类：单方法定变更；第三类：默示变更；第四类：单方合理变更；第五类：依约依章变更；第六类：劳动合同中止。用人单位在用工过程中涉及调岗、调薪、调整工作地点等高频劳动合同变更事项时，不应凭借优势地位盲目地认为可以随时、随地、随意变更，应在第一时间对标上述变更类型，找准合规操作路径。

二、厘清违法变更的法律后果

（1）劳动者提出被迫辞职主张经济补偿。根据《劳动合同法》第三十八条第一款第（一）项、第（二）项和第四十六条的规定，用人单位未按照劳动合同的约定提供劳动条件或未及时足额支付劳动报酬的，劳动者可以解除劳动合同主张经济补偿。《最高人民法院关于审理劳动争议案件适用法律问题的解释（二）（征求意见稿)》第二十条第三款规定："用人单位违法调整工作岗位、工作地点，劳动者以用人单位不提供劳动条件为由，要求解除劳动合同并支付经济补偿的，人民法院应予支持。"

（2）劳动者向劳动行政部门投诉后申请仲裁，用人单位可能会承担行政责任并加付赔偿金。违法降薪可能会被认定为克扣或无故拖欠劳动报酬，根据《劳动保障监察条例》第二十六条第（一）项的规定，克扣或者无故拖欠劳动者工资报酬的，由劳动保障行政部门分别责令限期支付劳动者的工资报酬、劳动者工资低于当地最低工资标准的差额或者解除劳动合同的经济补偿；逾期不支付的，责令用人单位按照应付金额50%以上1倍以下的标准计算，向劳动者加付赔偿金。

（3）劳动者要求确认原劳动合同继续有效，恢复原工作岗位并补齐工资差额。

（4）用人单位违法变更劳动合同的，在劳动者拒绝的情况下，用人单位仍旧解除劳动合同的，有支付赔偿金和被判继续履行原劳动合同并支付工资损失的法律风险。

需要格外注意的是，《最高人民法院关于审理劳动争议案件适用法律问题的解释（二）（征求意见稿)》第二十条第二款已明确了用人单位违法调整工作岗位、工作地点的认定情形，即"劳动者主张调整工作岗位、工作地点违法，有下列情形之一的，人民法院应予认定：（一）不符合劳动合同的约定或者用人单位规章制度规定的；（二）非出于用人单位生产经营客观需要的；（三）劳动者的工资及其他劳动条件存在不利变更且未提供必要协助或者补偿措施的；（四）劳动者客观上不能胜任调整后的工作岗位的；（五）存在歧视性、侮辱性等情形的；（六）违反法律、行政法规等规定的"。

三、劳动合同主体变更

劳动合同的变更，变更的是什么？一般来讲，劳动合同变更的难点在于调岗、调薪、调整工作地点三个方面。但严格来讲，劳动合同变更的内容还应包括《劳动合同法》第十七条规定的劳动合同应当具备的条款：（1）用人单位的名称、住所和法定代表人或者主要负责人；（2）劳动者的姓名、住址和居民身份证或者其他有效身份证件号码；（3）劳动合同期限；（4）工作内容和工作地点；（5）工作时间和休息休假；（6）劳动报酬；（7）社会保险；（8）劳动保护、劳动条件和职业危害防护；（9）法律、法规规定应当纳入劳动合同的其他事项。除上述必备条款外，还可包括试用期、培训、保守秘密、补充保险和福利待遇等其他事项。

管理实践中，公司往往会发生合并和分立。那么，用人单位主体变更属于劳动合同的变更吗？

根据《公司法》的相关规定，公司合并，是指两个或两个以上的公司通过订立协议，将资产合为一体，组成一个新公司的行为过程。公司合并可以采取吸收合并或者新设合并两种方式。吸收合并，是指一个公司接收了其他公司的资产（包括债务）后继续存在而相对方解散的合并方式。新设合并，是指在所有公司解散的基础上，设立一个新公司的合并方式。公司分立，是指股东会作出决议将公司分成两个以上的公司的行为过程。公司分立可采取新设分立和派生分立两种方式。新设分立，是指原公司解散并分别归入两个或两个以上的新公司。派生分立，是指一个公司分离出一个以上的新公司而原公司继续存在。公司合并的，合并各方的债权、债务由合并后的公司继承；公司分立的，公司分立前的债务由分立后的公司承担连带责任。根据《劳动合同法》第三十四条的规定，用人单位发生合并或者分立等情况，原劳动合同继续有效，劳动合同由承继其权利和义务的用人单位继续履行。简言之，因合并或分立导致的劳动合同主体变更并不产生劳动合同解除或终止的法律后果，劳动关系双方仍可按照原劳动合同确定的权利义务继续履行，劳动合同主体变更自然属于劳动合同变更的内容之一。

管理实践中，用人单位出现合并、分立的，大概率会伴随组织架构重组、业务调整、部门合并、岗位撤销、薪酬变动等情况。虽然法律规定“原劳动合同继续有效”，但并不是所有劳动合同都能够继续履行，不能继续履行的可进入协商解除程序，能够继续履行的也并非必须重签。劳动者要求重签的，用人单位可以与之重签；劳动者未要求重签的，用人单位可以搁置不议，待劳动者原劳动合同期满需要续签时再变更劳动合同主体名称。需明确的是，劳动者以劳动合同主体名称发生变更而未签订书面劳动合同为由索要二倍工资的，不会得到支持。值得注意的是，劳动合同不必重签并不代表独立于原劳动合同之外的其他相关文书不需要重新确认，如岗位职责说明书、收入组成确认表、法律文书送达地址确认函、新用人单位的规章制度等。“新主体履行旧合同”的情况容易把劳动者与原用人单位之间的争议转嫁给新用人单位，所以，劳资双方要通过协商再次确认未约定除劳动合同以外的其他相关权利义务。用人单位还要做好劳动者的社会保险和公积金的转移工作，避免断档，防范未依法缴纳社会保险费的法律风险。

除了公司合并或者分立的情形外，集团公司成员之间调动员工的情况较为普遍。因集团公司成员单位均具有法人资格，也是劳动法意义上的用人单位，故员工被调往另一用人单位可能会涉及劳动合同主体发生变化，其本质是一个原劳动合同协商解除并建立新劳动关系的过程。例如，劳动者原本与集团母公司签订劳动合同，但被集团调往某子公司长期工作，受子公司管理，由子公司缴纳社保和发放劳动报酬，劳动者实质上与子公司建立了事实劳动关系，此时就涉及劳动合同主体变更的可能，劳动者同意变更的，签订书面变更协议。

另外，用人单位常用劳动合同的主体变更（如设置关联企业、注销原单位设立新单位、非法劳务派遣等）逃避依法支付经济补偿和签订无固定期限劳动合同的法律责任。此类情形因明显违反《最高人民法院关于审理劳动争议案件适用法律问题的解释（一）》（法释〔2020〕26 号）第四十条相关规定和《最高人民法院关于审理劳动争议案件适用法律问题的解释（二）（征求意见稿）》第十七条的相关规定也会被认定无效。

四、协商一致变更的合规管理

协商一致变更的前提是双方已有生效的书面劳动合同文本，同时也包括被视为劳动合同的其他书面文本。协商一致变更有三个程序性要件：一是协商一致；二是采用书面形式；三是双方各执一份。协商一致变更的方式是签订《协商变更劳动合同协议书》或通过文字记载等能起到证明作用的其他书面文件。协商一致变更成立的关键是获得劳动者的同意，其核心要素是劳动报酬的协商一致，即使对工作岗位、工作职责、工作地点等事项达成一致，劳动报酬未达成一致的，也会被认定原劳动合同未变更。协商一致成立的，一方反悔无效。

在劳动纠纷案件中，用人单位仅出具单方制作的调岗调薪通知书或决定书的，并不能证明双方就调岗调薪达成了合意。管理实践中，用人单位发出的调岗通知书、调令回执、工资发放确认单等文书应要求劳动者签字，并在用词上格外注意。文书上未使用“协议”二字的，则要重点强调劳动者是否“同意”或“确认”。因为协议性质的文书经双方签字或盖章即行生效，但其他类型的文书虽有签字但有可能仅表明当事人签收了该文书，不能直接证明当事人同意了调岗或降薪。为了预防当事人事后反悔或造成不利抗辩，相关文书上的“本人签字”应优化为“本人同意或确认”。

协商变更劳动合同的基本操作步骤：

第一步：一方将劳动合同变更内容（草案）以书面形式提交给相对方；

第二步：相对方对变更内容进行审查，双方就具体细节进行“议价”；

第三步：双方对合同变更的最终内容口头协商一致，正式起草《协商变更劳动合同协议书》；

第四步：文书一式两份，注明变更日期，一方签章后提交相对方签章，双方各执一份。

但是，司法实践中也有双方当事人刚签订完劳动合同变更协议，劳动者就立即提起了仲裁或诉讼，之后被认定双方未实质协商一致的案例。另外，协商进程中也会出现“热脸碰到冷屁股”的情况，即一方积极提出书面协商的请求，而相对方长时间不给予回复，进入沉默（不作为）范畴。需要补充的是，民法中意思表示的类型可细分为三种：一是明示；二是默示；三是有条件的沉默。沉默是一种完全的不作为，即行为人未直接明确表达其内心意思，也不能通过其他事实推知其内心意思。沉默和不作为的态度原则上不具有意思表示的意义，其既不表示同意，也不表示拒绝，是一个法律上的纯然无价值或零价值的状态，即沉默不等于默示。在劳动合同的订立或变更过程中，如无其他约定或法律规定的情况下，沉默或不作为并不能构成承诺。

《江苏省劳动合同条例》第二十九条第二款规定：“当事人一方要求变更劳动合同的，应当将变更要求书面送交另一方，另一方在收到之日起十五日内未作出书面答复的，视为不同意变更劳动合同。”既然单纯的沉默并不构成对要约的承诺，那么该规定还有效吗？《民法典》第一百四十条第二款规定，沉默只有在法律规定、当事人约定或者符合当事人之间的交易习惯时，才可以视为意思表示。从这个规定上讲，沉默的生效条件被严格限制。用人单位与劳动者明确约定了对沉默可视作何种意思表示的前提下，才可适用上述地方规章的规定，既不能简单套用也不能主观臆断劳动者已经同意或不同意。用人单位与劳动者可在劳动合同中提前约定：“甲方基于生产管理的需要调整乙方的工作岗位、劳动报酬、工作地点等条件，向乙方发出书面协商变更劳动合同通知书的，乙方在规定的时间未提出异议，视为同意（或不同意）劳动合同变更的内容。”

另外，用人单位常与劳动者协商变更固定期限劳动合同的终止时间，用以避免构成签订无固定期限劳动合同的条件。司法实践中一般认为：

（1）协商变更后的终止时间晚于原合同的终止时间，视为连读订立了两次劳动合同；

（2）协商变更的是首次订立的固定期限劳动合同的终止时间，认定连续订立了两次固定期限劳动合同；

（3）协商变更的是两次或多次订立的固定期限劳动合同的终止时间，适用订立无固定期限劳动合同的相关规定；

（4）协商变更后的终止时间比原合同终止时间提前，使原合同的履行期实际减少的，视为对劳动合同终止时间的变更。

需要指出的是，《最高人民法院关于审理劳动争议案件适用法律问题的解释（二）（征求意见稿）》第十七条规定的“用人单位与劳动者协商延长劳动合同期限累计达到一年以上，延长期限届满的”，可认定为用人单位与劳动者连续订立了二次固定期限劳动合同。据此，是否可以反方向推导出用人单位与劳动者协商延长劳动合同期限累计“未”达到一年以上，即使延长期限届满，也不被认定为连续订立了二次固定期限劳动合同。如该推论成立，则用人单位与劳动者在第一份劳动合同到期后“协商延长劳动合同期限”只要未累计达到一年，在未累计达到一年的时间区间内就可暂时避免签订无固定期限劳动合同了。由此也会产生两个问题，其一，协商变更劳动合同的终止期限，是否与《最高人民法院关于审理劳动争议案件适用法律问题的解释（二）（征求意见稿）》中“协商延长劳动合同期限”同义；其二，如同义，则全国各地的司法实践口径是否要发生变化。因此，在实践中，用人单位在协商一致变更劳动合同的常规操作中可能会增加“协商延长劳动合同期限”的具体操作，也可能会派生出《协商延长劳动合同期限协议书》之类的管理工具。

五、用人单位单方法定变更的合规管理

（一）医疗期满后调岗

《劳动合同法》第四十条第（一）项规定，劳动者患病或者非因工负伤，在规定的医疗期满后不能从事原工作，也不能从事由用人单位另行安排工作的，用人单位可以解除劳动合同。解读其隐藏的操作程序可知，“另行安排工作”的前提条件是不能从事原工作，不能从事原工作的前提是医疗期满，医疗期满的前提是劳动者请了真实病假。医疗期满后用人单位调岗要注意4个合规要点：

第一，劳动者请了病假，且该病假为真实病假。即劳动者需出示由正规医院盖章且专业对口的执业医师开具的具有医疗性质（非患病或受伤所致的美容整形等除外）的病假证明。虚假的病假并不能计算医疗期，《企业职工患病或非因工负伤医疗期规定》（劳部发〔1994〕479号）第二条规定，医疗期是指企业职工因患病或非因工负伤停止工作治病休息不得解除劳动合同的时限。因此，虚假病假并不符合“患病或负伤、治病休息”的法定前提。

第二，用人单位不能在医疗期满前作出调岗行为。医疗期分别有法定上限和累计计算周期的限制。《企业职工患病或非因工负伤医疗期规定》（劳部发〔1994〕479号）第三条依据劳动者参加工作年限和在本单位工作年限两个前提条件规定了3～24个月不等的医疗期；第四条规定了不同时间长短的医疗期分别应在6～30个月的累计病休时间内累计计算即确定了“计算周期”。管理实践中，核定劳动者有多久的法定医疗期、医疗期的具体起算时间点、一个月医疗期具体是多少天、劳动者请病假是连续的还是间接的、医疗期跨两个计算周期和计算周期中的准确记录等都是影响“医疗期满”的关键因素。此外，用人单位还应适用所在地区的相关规定。

第三，医疗期满后不能直接调岗，应能够证明劳动者不能从事原工作。因现行劳动立法未对“不能从事原工作”作相关解释，用人单位经常混淆“不能从事原工作”“不能胜任工作”“完全丧失劳动能力”三者的概念和联系。不能从事原工作应理解为劳动者因身体健康遭受损伤不能在原岗位正常提供劳动，且只能适用调岗的法律规定；不能胜任工作应理解为劳动者主观不作为或因客观上智力体力、知识技能、工作经验等方面导致无法完成本岗位的工作任务或劳动定额，其可适用培训或调岗两项法律规定；完全丧失劳动能力应理解为劳动者由于身体健康原因经劳动能力鉴定为1～4级伤残的情形，其适用保留劳动关系，退出工作岗位，享受相关待遇的法律规定。因此，劳动者不能从事原工作不能直接等同于其不能胜任工作；劳动者不能胜任工作并不能完全证明其不能从事原工作；劳动者完全丧失工作能力必然构成其不能从事原工作，但劳动者不能从事原工作并不等于其完全丧失劳动能力。

司法实践中，用人单位能够证明劳动者不能从事原工作是调岗前的焦点所在。一般被认定“不能从事原工作”的情形包括以下几项。

（1）医疗期满后，劳动者继续请病假且医院出具的诊断证明建议其继续休息治疗的；

（2）因患病或负伤后，劳动者由于身体健康原因主动向用人单位提出调岗请求的；

（3）因患病或负伤后，劳动者留有后遗症导致无法从事原工作的；

（4）劳动者身体健康明显受损导致丧失原岗位较为重要的从业条件的（如身患传染性疾病不能从事食品卫生工作）；

（5）劳动者完全丧失劳动能力的。

实务操作中，用人单位应在劳动者的医疗期届满前履行告知义务，提前发送《医疗期满返岗通知书》，准确告知劳动者返岗时间以及不能返岗的法律后果，不能返岗的法律后果应确定在视为不能从事原工作上。因医疗期满后未请病假（可能已经康复）依然没有返岗的情况并不少见，此情形并不必然推定出劳动者不能从事原工作的结论。因此，用人单位应在劳动合同中与劳动者提前约定：“乙方医疗期满继续请病假不能返岗的，视为不能从事原岗位工作；乙方医疗期满未返岗未继续请病假的，视为旷工。”值得重视的是，劳动者在医疗期满后继续请病假虽然可以推定不能从事原工作，但不能直接推出其不能从事用人单位另行安排的工作的结论。用人单位向劳动者第一次发送《医疗期满返岗通知书》后，劳动者继续提交病假证明请病假的，用人单位应当根据劳动者的身体状况继续为其另行安排工作，而不能主观上认为多此一举（主观上错误地认为既然劳动者不能正常出勤，就肯定不能从事另行安排的工作），用人单位不履行“另行安排工作”这一程序性的要求就径行解除劳动关系的，系违法解除。用人单位可向劳动者发送《医疗期满不能从事原工作调岗通知书》，准确告知劳动者新岗位的工作内容、工作地点和合理性待遇以及不能到达新岗位的法律后果，不能到达新岗位的法律后果应确定在视为不能从事由用人单位另行安排的工作上。

第四，另行安排的工作应具备合理性。该类型的调岗虽不以劳动者同意为前提，但并不意味着用人单位可以任意变动，合理性仍是调岗生效的决定性因素。为了避免调岗无效，一方面，用人单位不应将劳动者调往工作要求更高，工作量更大的岗位；另一方面，新岗位的级别和薪酬可在合理范围内降低，但与原岗位出入较大的，应与劳动者协商一致。另外，当用人单位面临无岗可调的境况时，可与劳动者协商解除劳动合同，也可与劳动者协商待岗，签订待岗协议，必要时还可以创造岗位进行调岗。

（二）不能胜任工作调岗

《劳动合同法》第四十条第（二）项规定，劳动者不能胜任工作，经过培训或者调整工作岗位，仍不能胜任工作的，用人单位可以解除劳动合同。“调整工作岗位”是该情形下用人单位的法定权限，无须征得劳动者同意。用人单位有客观、公正的证据证明劳动者不能胜任工作是焦点所在，即用人单位有举证责任。劳动者确实不能胜任工作的，用人单位可以合理地调岗降薪，劳动者应服从工作安排。管理实践中，用人单位或因考核机制不健全常以主观评价（工作能力差、态度消极、不符合公司的要求与理念等）作出不能胜任工作的认定进行调岗和解雇，从而引发了大量违法调岗、违法解除的纠纷。因此，如何定义不能胜任是关键问题所在。《劳动部关于〈中华人民共和国劳动法〉若干条文的说明》（劳办发〔1994〕289 号）第二十六条对“不能胜任工作”作了解释：“不能胜任工作”是指不能按要求完成劳动合同中约定的任务或者同工种、同岗位人员的工作量。用人单位不得故意提高劳动定额标准，使劳动者无法完成。分析可知，该定义很难适用非计件或销售类的工作，如行政类、管理类、后勤保障类。用人单位对于不好确定劳动定额的岗位应制定明确的岗位职责说明和绩效考核方案。

用人单位在行使不能胜任调岗的法定权限时，应注意 8 个合规要点。

第一，确定劳动者的岗位职责。不能胜任工作的前提条件之一是劳动者已知晓和确认过原工作岗位职责内容，且确认的时间应在入职之时。用人单位应与劳动者签订诸如《岗位职责说明书》《目标责任书》《销售激励方案》等类型的文件。

第二，确定用人单位的绩效考核方案。绩效考核的准确性和客观性是考核结果生效的核心。《绩效考核方案》所列条款要明确、细致、容易操作，方案要涵盖考核目标、考核标准、考核流程、公示告知路径、申诉办法等诸多方面。管理实践中，用人单位通过绩效考核往往得出劳动者评分低于某个分值、考评结果在某个档次、连续几次考评为不及格或居于末位、销售额不达标、竞聘失败等，就直接等同于不能胜任。在诸多裁判者眼中，绩效考核的结果并不能直接与不能胜任相关联。绩效考核是管理概念，不能胜任是法律概念，两者不天然等价。用人单位应在管理概念与法律概念之间做一次“搭桥手术”使两者相关联，即在绩效考核方案中明确界定哪些分值、哪些档次、哪些区间、哪些情形属于不能胜任工作，并要求劳动者签字确认。理论上讲，如无上述关联性操作，劳动者哪怕是得分为零、最后一名、最低档次、不及格、销售额为零，都不能直接认定为不能胜任工作。结合司法实践，即使绩效考核方案中明示了不能胜任工作的诸多情形，也并不一定被认可，裁判者有时也会审查考核过程的合理性，即为什么这么打分？为什么打这个分值？这样做的依据在哪里？该依据是否走过民主程序？是否具有合理性和客观性？另外，绩效考核方案是涉及劳动者切身利益的事项应积极履行民主程序并保留相关证据。

第三，固定绩效考核的程序性证据和结果性证据。用人单位必须证明劳动者哪些考核结果和具体行为符合绩效考核方案所明示的不能胜任工作的条件。该证明过程中要固定绩效考核的程序性证据和结果性证据，并能证明考核过程与考核结果之间有合理性和客观性。另外，用人单位必须确保考核过程的公平公正。

第四，告知劳动者考核结果。绩效面谈时纸质化的考核结果应让员工签字确认，员工拒绝签收的，可采用微信、电子邮件、内部办公系统多种渠道送达员工。用人单位有必要在规章制度中规定，如劳动者拒绝签收考核结果，用人单位可以采用电子送达或公示送达的方式公布考核结果，劳动者有权在一定期限内进行书面申诉，逾期未申诉的视为放弃申诉权，并视为认可考核结果。

第五，制作《调岗通知书》时，调岗理由填写不能胜任工作。直接送达《调岗通知书》的应让劳动者在送达回执上签字确认；采用电子送达方式的应使劳动者回复“收到”“已阅”等字样。《调岗通知书》中还应明确逾期拒绝到岗的处理后果。

第六，调岗、降薪、调整工作地点以及调岗的具体时间点应具备合理性。新岗位的确定要结合劳动者的自身工作经验、知识技能等因素，使岗位职责、绩效要求与原岗位有一定的相关性，不应将劳动者调往下一个明显又不能胜任的岗位，即职级不宜有太大差别，专业技能要有关联性；降薪幅度可根据劳动合同的约定予以确定，没有相关约定的，降薪幅度一般不宜超过50%，且要符合用人单位现行的薪酬管理制度，更不能违背同工同酬原则。工作地点变更明显增加了劳动者通勤成本的，应采用弥补措施，如增加交通补贴。劳动者不能胜任工作调岗合理的时间点是绩效考核结果确认后的1个月内，用人单位使用上年度某个月或某个季度的绩效考核结果作为依据进行调岗的，不具备正当性和合理性。

第七，与劳动者确认新岗位的胜任力标准。用人单位要与劳动者重新签署《岗位职责说明》《绩效考核方案》等相关文件，明确新岗位的工作内容、岗位职责、考核标准等具体事项，为再次证明劳动者“仍不能胜任工作”从而启动解除程序做好技术性铺垫。

第八，应对拒绝调岗。针对劳动者收到调岗通知书并未到新岗位报到的情形，一方面，用人单位应在调岗存有合法性、合理性的前提下，履行继续催告义务，对经多次劝导仍不服从工作安排的施以警告或违纪处分，达到严重违纪的程度后予以解除劳动合同，但要固定过程性证据；另一方面，用人单位也可在规章制度中规定适用旷工的管理规定，构成严重违反规章制度的予以解除劳动合同。

用人单位需注意，除上述不能胜任工作调岗和医疗期满调岗两种情形外，《劳动合同法》并未明确赋予用人单位其他可单方调岗的权利。

（三）客观情况发生重大变化变更合同

“客观情况发生重大变化”变更也可称作“情事变更”。《劳动合同法》第四十条第（三）项规定，劳动合同订立时所依据的客观情况发生重大变化，致使劳动合同无法履行，经用人单位与劳动者协商，未能就变更劳动合同内容达成协议的，用人单位可以解除劳动合同。适用该类型调岗调薪需具备3个前提条件：（1）客观情况发生重大变化；（2）该变化导致原劳动合同无法继续履行；（3）双方就协商变更劳动合同内容达成一致。结合上述3个前提条件分析，用人单位自证客观情况发生重大变化从而导致劳动合同无法履行是进行协商变更的前置条件，严格意义上，情事变更属于协商一致变更劳动合同的类型。管理实践中，用人单位对何为“客观情况发生重大变化”认识不精准，且擅自解释，随意套用，认为只要客观情况发生了变化就可以直接调岗，甚至单方面解除劳动合同，由此产生了大量的劳动纠纷。“客观情况发生重大变化”一般包括企业迁移，被兼并，企业资产转移和用人单位经营管理中出现的收购、并购、重组、合并、分立，分子公司被撤销，业务外包，企业搬迁，企业资产转移或转让，经营战略调整，组织架构调整，产品线调整等一系列不同情形。具体到相关劳动争议案件中，裁判者会对案情是否符合“客观情况发生了重大变化”进行严格的审查和评估，即使认定为客观情况发生重大变化，还要审查其与劳动合同无法继续履行之间是否存在因果关系。另外，用人单位适用该条款进行调岗或解除的，协商环节是程序性要件，要固定相关过程性证据，形成书面记录和书面协议，双方签字确认。用人单位常以“主观意愿”代替“客观情况”，这是劳动纠纷的高发点。

（四）工伤评残调岗

根据《工伤保险条例》第三十六条第一款第（二）项的规定，职工因工致残被鉴定为五级、六级伤残的，保留与用人单位的劳动关系，由用人单位安排适当的工作。难以安排工作的，由用人单位按月发给伤残津贴。五级伤残为本人工资的70%，六级伤残为本人工资的60%。由此可知，安排适当工作或支付伤残津贴是用人单位的法定权利，也是法定义务。管理实践中，七级至十级伤残的劳动者也有可能提出调岗的请求，用人单位可通过协商程序作出合理安排。五级、六级伤残劳动者被安排新工作岗位的，其劳动报酬应与原岗位基本相当：因为在未给伤残劳动者安排新工作的情况下，伤残津贴发放比例仍为劳动者工资的60%～70%，那么在伤残劳动者向用人单位提供劳动的情况下不应明显降低。

（五）待岗调薪

待岗严格意义上是一个人力资源管理术语，可将其分为协商待岗和法定待岗两种。从管理角度出发，用人单位与劳动者可以协商签订待岗协议，此时待岗调薪是一种管理手段，能使劳资双方保持一定距离，预留部分空间，起到优化人力资源配置的作用。从法律角度出发，用人单位在符合非劳动者原因导致的停工停产条件时，待岗调薪则成为其一项法定权利，能使用人单位在保留劳动力使用权的基础上降低人工成本用以渡过难关。

1. 构成法定待岗的要件有哪些？法定待岗的前提是停工停产，而停工停产的前提是非劳动者原因所致。我国劳动立法中并没有“停工停产”的规定，“停工停产”源自《工资支付暂行规定》（劳部发〔1994〕489号）第十二条的规定：“非因劳动者原因造成单位停工、停产在一个工资支付周期的，用人单位应按劳动合同规定的标准支付劳动者工资。超过一个工资支付周期的，若劳动者提供了正常劳动，则支付给劳动者的劳动报酬不低于当地的最低工资标准；若劳动者没有提供正常劳动，应按国家有关规定办理。”实务中，全国大部分地区都有停工停产情形下工资支付的规定。停工停产的目的是恢复生产经营活动，不以恢复生产经营活动为目的停工停产无任何法律意义，用人单位可适用《劳动合同法》第四十六条的规定终止劳动合同。用人单位适用停工停产规定进行待岗降薪的，应对停工停产的正当性和非针对性作出实证，裁判者一般不会对停工停产的原因作过高的要求和审查，但用人单位存有主观恶意滥用停工停产针对特定或部分劳动者的除外。“劳动者原因”可理解为劳动者旷工、罢工、不作为等导致停工停产，而“非因劳动者原因”具体到何种原因适用停工停产，法律未作明文界定。结合司法实践，可以视为用人单位能够停工停产的客观情况分类如下。

第一类：用人单位根据生产经营的合理需要进行停工停产。如因订单锐减、淡季来临、金融风险、经济危机等。

第二类：符合《劳动合同法》第四十一条部分情形的停工停产。（1）依照《企业破产法》规定进行重整的；（2）生产经营发生严重困难的；（3）企业转产、重大技术革新或者经营方式调整，经变更劳动合同后，仍需裁减人员的；（4）其他因劳动合同订立时所依据的客观经济情况发生重大变化，致使劳动合同无法履行的。

第三类：不可抗力导致的停工停产。如地震、洪水、海啸、战争、疫情等。

第四类：违反法律法规，被按照《行政处罚法》第九条第（四）项的规定处以限制开展生产经营活动、责令停产停业、责令关闭、限制从业的处罚。如用人单位因环保问题、安全问题被处罚。

第五类：政府行为导致的停工停产。如预防恶劣天气的临时政策、基建工程等。

第六类：第三方原因导致的停工停产。如长期停水、停电、原材料短缺等。

2. 用人单位停工停产一定要整体停工停产吗？对于部分停工停产是否适用《工资支付暂行规定》第十二条的规定，法律法规没有专门说明。以广州市为例，《广州市劳动人事争议仲裁委员会、广州市中级人民法院民事审判庭关于劳动争议案件座谈会的意见综述》（2015）第二十一条认为，《广东省工资支付条例》第三十五条中的停工停产包括对个别部门进行停工、停产，因为对于业务范围宽泛的用人单位而言，市场因素导致其部分业务停运或者整体停产、停业的现象并不罕见，若将停工、停产的范围限于用人单位整体则要求过严，用人单位基于某种客观原因，在法律允许的范围内对劳动力进行调配，这既是用人单位的自主权，也是积极履行劳动合同的行为，但不允许用人单位针对个别劳动者进行停工、停产。笔者赞同上述观点。用人单位决定停工停产，无论整体还是部分，均属于用工自主权的合理范畴，如须彻底停止全部生产经营活动才能被认定符合停工停产的条件，无异于限制了用人单位经营自救的可能，不仅无助于化解市场变化带来的风险，而且还会将用人单位推向解散或破产的边缘。因此，停工停产可分为“整体停工停产”与“部分停工停产”两种。

3. 用人单位出现符合停工停产的客观情况是否可以直接安排劳动者待岗？这种做法显然有程序性瑕疵。虽然法律法规并未明确规定用人单位停工停产的相关程序，但《劳动合同法》第四条第二款、第三款、第四款规定：“用人单位在制定、修改或者决定有关劳动报酬、工作时间、休息休假、劳动安全卫生、保险福利、职工培训、劳动纪律以及劳动定额管理等直接涉及劳动者切身利益的规章制度或者重大事项时，应当经职工代表大会或者全体职工讨论，提出方案和意见，与工会或者职工代表平等协商确定。在规章制度和重大事项决定实施过程中，工会或者职工认为不适当的，有权向用人单位提出，通过协商予以修改完善。用人单位应当将直接涉及劳动者切身利益的规章制度和重大事项决定公示，或者告知劳动者。”停工停产应被认定法律规定的“重大事项”，用人单位应采用会议的形式向劳动者说明停工停产的原因、范围、期限、工资支付标准和与解除或终止劳动合同相关的安置方案等情况，听取劳动者意见，形成停工停产会议纪要，并要求与会人员签字确认，完成民主公示程序。在完成固定民主公示程序的过程性和结果性证据后，用人单位应将《待岗通知》送达给全体或部分需要执行停工停产决议的劳动者，未完成送达的，用人单位停工停产决定对劳动者没有约束力。同时，建议用人单位与劳动者签订《待岗协议》，并派专人将协议和停工停产的其他说明性文件送往当地劳动行政部门进行备案并作相关汇报说明。

4. 停工停产期间怎样确定待岗劳动者工资发放标准？根据《工资支付暂行规定》可分为两个时间段：第一个工资支付周期，按劳动合同规定的标准支付；超过一个工资支付周期，劳动者提供了劳动的，工资不低于当地最低工资标准；没有提供劳动的，应按国家有关规定办理。由此可知，工资发放标准由工资支付周期和工资数额确定。如何确定一个工资支付周期是合规操作的关键。实务中，主流观点是从用人单位停工停产第1天往后计算1个月确定为第一个工资支付周期。

举例说明：假设用人单位计薪周期为每月1日至最后一日，支付日为次月10日，用人单位6月24日停工停产，期限为40日。计算停工停产期间工资的具体步骤如下：

第一步：确认第一个工资支付周期，即6月25日至7月24日。

第二步：计算6月工资。即6月24日至30日在第一个工资支付周期内，7月10日正常发放6月全月工资。

第三步：计算7月工资。即7月1日至24日属于第一个工资支付周期，期间工资正常计算；7月25日至31日属于超出第一个工资支付周期，8月10日支付7月工资时应分段计算。超出一个工资支付周期的工资标准按照是否提供劳动区分为不低于当地最低工资标准和生活费两项进行计算。

上述算法较为符合《工资支付暂行规定》第十二条语境下的“一个工资支付周期”的概念，从实际效果上看，劳动者在待岗后可以获得一个月的全薪，并起到了类似于《劳动合同法》第四十条所规定的提前一个月通知期的作用，该模式多为裁判者采用。实务中，我们看到北京市第二中级人民法院（2019）京02民终12533

号判例和广州市中级人民法院（2019）粤01民终23083号判例均采用了上述观点。

司法实践中也有按自然月确定第一个工资支付周期的案例。即从每月1日至该月最后一日的自然月为第一个工资支付周期。即无论哪一天开始停工停产，该自然月整月即是第一个工资支付周期，下一个月1日开始属于停工停产“超过一个工资支付周期”。例如，2023年6月15日开始待岗，6月1日至30日为停工停产的第一个工资支付周期，7月1日开始属于停工停产“超过一个工资支付周期”。郑州市中级人民法院（2019）豫01民终24360号判例就适用了按照自然月确定工资支付周期的模式。这种模式下，用人单位选择停工停产的时间点是节约用工成本的关键。假设停工停产开始于计薪周期的末期，则劳动者拿全薪的时间较短；停工停产开始于计薪周期的前期，则劳动者拿全薪的时间较长。

值得注意的是：一个工资支付周期最长不超过30日，也不应剔除休息日、法定休假日等各类假期。用人单位停工停产后复工，复工后再次停工停产的，每中断一次要重新计算和确定第一个支付周期，不得将两次停工停产时间累计计算。停工停产期间也不应停缴劳动者的社会保险费。

5. 在第一个工资支付周期内，如何确定工资支付的数额？司法实践中有3种模式。

第一种模式：按照劳动合同规定（约定）的工资标准确定支付数额，如浙江省、湖南省、辽宁省、天津市、上海市等地的规定。

《天津市工资支付规定》（津劳局〔2003〕440号）第二十七条规定：“非因劳动者本人原因造成用人单位停工停产，未超过一个工资支付周期的，用人单位应当按劳动合同约定的工资标准支付劳动者工资；超过一个工资支付周期用人单位安排劳动者工作，经与劳动者协商一致，可以变更劳动合同，调整其工资标准，但不得低于本市最低工资标准。”

第二种模式：按视同劳动者提供正常劳动确定支付数额，如山东省、江苏省、安徽省等地的规定。

《山东省企业工资支付规定》第三十一条规定：“非因劳动者原因造成企业停工、停产、歇业且企业未与劳动者解除劳动合同，停工、停产、歇业在一个工资支付周期内的，企业应当视同劳动者提供正常劳动并支付该工资支付周期的工资；超过一个工资支付周期的，企业另行安排劳动者从事其他工作的，按照双方新约定的标准支付工资，但不得低于当地最低工资标准；企业没有安排劳动者工作的，应当按照不低于当地最低工资标准的70%支付劳动者基本生活费。国家和省另有规定的，依照其规定执行。”

第三种模式：按照劳动者正常工作时间确定支付数额，如深圳市等地的规定。

《深圳市员工工资支付条例》第二十八条规定："非因员工原因造成用人单位停工、停产，自用人单位停工、停产之日起计算，未超过一个工资支付周期（最长三十日）的，用人单位应当按照正常工作时间支付工资。超过一个工资支付周期（最长三十日）的，可以根据员工提供的劳动，按照双方新约定的标准支付工资；用人单位没有安排员工工作的，应当按照不低于本市最低工资标准的百分之八十支付劳动者生活费，生活费发放至企业复工、复产或者解除劳动关系为止。"

另外，停工停产超过一个工资支付周期且劳动者没有提供任何劳动的待遇问题，在国家层面没有明文规定，地方规定中一般要求按最低工资标准的百分比支付生活费。生活费占当地最低工资标准的百分比各地有差异，常见的比例有60%、70%、75%、80%、70%～80%。

6. 违法违规停工停产的法律责任。违法违规停工停产一定伴随违法待岗降薪的问题。首先，裁判机关认定用人单位不属于停工停产的规定情形，单方安排待岗降薪不符合规定。其次，裁判机关会支持劳动者依据《劳动合同法》第三十八条第一款第（一）项，未按照劳动合同约定提供劳动保护或劳动条件；第（二）项，未及时足额支付劳动报酬为由被迫辞职主张的经济补偿。最后，裁判机关会支持劳动者从停工停产开始日至复工日或解除劳动关系之日期间的工资差额。

六、默示变更的合规管理

《劳动合同法》第三十六条虽然明文规定了"变更劳动合同应当采用书面形式"，但法律并不排除用默示变更的方式。默示变更是用实际履行的方式达成的口头变更，其保护了管理实践中普遍采用实际履行达成调岗合意的用工情形。《最高人民法院关于审理劳动争议案件适用法律问题的解释（一）》（法释〔2020〕26号）第四十三条规定："用人单位与劳动者协商一致变更劳动合同，虽未采用书面形式，但已经实际履行了口头变更的劳动合同超过一个月，变更后的劳动合同内容不违反法律、行政法规且不违背公序良俗，当事人以未采用书面形式为由主张劳动合同变更无效的，人民法院不予支持。"分析此规定可以得出默示变更的操作步骤和注意事项。

第一，用人单位已向劳动者口头送达调岗通知，劳动者已获知新岗位的工作职责和工资标准等变更内容，双方口头达成一致。因上述规定较以往增加了协商一致的前提条件，用人单位要保留协商时的微信记录、电话录音、现场录像、往来邮件等证据证实双方已经达成合意，排除劳动者存有沉默的可能性。

第二，用人单位要确保涉及的调岗调薪等事项不违反法律、行政法规、公序良俗，不具有侮辱性和惩罚性。

第三，劳动者以实际履行的方式到达了新岗位、履行了新职责、接受了新的工资数额。用人单位对实际履行过程承担举证责任，应固定实际履行中的相关证据，包括有劳动者签字的考勤记录、工资发放确认记录、工作任务完成中的各类签收、确认单据等。需要注意的是，对明显损害劳动者合法权益的变更事项，如显著减少了劳动报酬，上述司法解释虽未明文限制，但有可能涉及显失公平，劳动者依然有权申请撤销。用人单位实际操作中不宜降低工资数额，即使降低了工资数额，也应第一时间要求劳动者在工资发放记录上签字确认。因为在用人单位没有能证明双方已协商一致的证据时，劳动者的履行行为并不能视为对降薪作出默示的承诺，劳动者也极有可能迫于用人单位的强势地位先同意了岗位和地点的变动，即从口头“协商一致”的前提可以推导出“实际履行”的事实；但不能仅凭“实际履行”的表象倒推出双方业已“协商一致”的结论。

第四，实际履行时间满 1 个月。在 1 个月内劳动者若无任何异议，就可以肯定默示变更行为的效力。但劳动者一直提出协商申请、反对意见甚至作出投诉、提起仲裁，用人单位就不能机械地认为拖过 1 个月的时间就会被推定调岗生效了，此时应视为默示变更不成立，可重启协商程序。用人单位要准确记录实际履行的开始时间，即从劳动者到达新岗位之日起算。尚未超过 1 个月的，劳动合同未变更。

第五，合理解释劳动者提出的异议。用人单位要做好沟通劝导工作，并固定经劝导后劳动者再次同意的相关证据。

另外，默示变更是狭义的变更，不包括劳动合同主体的变更。

七、用人单位单方合理变更的合规管理

管理实践中，用人单位根据自身生产经营的需要进行调岗调薪的情况众多，劳动法和规章制度不可能对劳动合同非常态履行的相关问题都作出比较明确的约定或规定。用人单位单方合理的调岗既会涉及自身的用工自主权，又会涉及劳动者的生存权。在两者相冲突之时，如何认定用人单位单方调岗的合理性就显得至关重要。一个重要的问题是，用人单位在不符合法定调岗情形，劳动法和规章制度中也没有制定相关调岗条款的情况下，仅凭合理性能否行使调岗权呢？这个问题涉及用工自主权和劳动立法硬性规定的天然矛盾上。《就业促进法》第八条第一款规定：“用人单位依法享有自主用人的权利。”该问题似乎可以转换为用人单位在上述情形下的调岗行为是否属于合法行使用工自主权。我们理论上认为，劳动立法虽有刚性的规定但并不能完全否定市场变化的重要性，加之其调整的并非平等民事主体之间的法律关系，我们应当承认用人单位有一定的单方合理调岗权。一方面，用人单位作为市场经济主体，根据宏观经济形式、自身经营需要、产业结构调整对劳动者的工作

岗位、工作地点进行适当调整，是行使用工自主权的重要内容。但同时，《就业促进法》第八条第二款紧接着规定："用人单位应当依照本法以及其他法律、法规的规定、保障劳动者的合法权益。"所以用人单位的用工自主权的行使也必须在劳动法精神的框架内，应对调岗的合法性、合理性进行实证和说明，这也是防范其恣意的必需。另一方面，虽然劳动法固定了用人单位与劳动者变更劳动合同的法定形式，但并非意味着用人单位对劳动者的工作岗位、工作地点的任何变动均属于非法调岗，用人单位在生产经营状况发生较大变化、经济效益大幅下滑、外部市场发生不可控因素的情况下行使经营管理自主权，在合法、合理的前提下对劳动者岗位和薪资进行适当调整，劳动者应当予以配合，这也是劳动关系人身属性的具体体现。

司法实践中，用人单位往往从"生产经营需要"维度和"合理性"维度证明调岗有效，而是否属于"生产经营需要"，是否拥有"合理性"一般由用人单位进行主观性的解释，如生产经营出现困难、内部机构需要整合等，但裁判机关作为非市场经营主体并不具有作出判断的优势，裁判者的主观判断有时也不能接近事实真相。此外，劳动关系的人身依附性和经济从属性决定了用人单位拥有滥用用工自主权的天然动机，加之用人单位举证过程中往往缺失相关董事会或股东会等部门的决议、市场环境变化分析报告和财务数据变化分析报告等直接证据，所以被认定违法调岗的概率极高，用人单位切不可任性使用单方调岗权。

用人单位调岗的合理性认定问题，我们以山东、上海为例进行补充理解。

《山东省高级人民法院审监三庭关于审理劳动争议案件若干问题的解答》第二十五条规定："用人单位单方调整劳动者工作岗位，同时符合以下情形的，视为用人单位合法合理行使劳动用工自主权，劳动者以用人单位单方变更其工作岗位为由要求解除劳动合同并请求用人单位支付经济补偿的，不予支持：（一）符合劳动合同的约定或者用人单位规章制度的规定；（二）用人单位生产经营的需要；（三）调整工作岗位后劳动者工资水平与原岗位基本相当；（四）调整工作岗位不具有侮辱性、惩罚性；（五）无其他违反法律、行政法规禁止性规定的情形。

用人单位变更劳动者的工作岗位，且不具有上述情形的，劳动者超过一年未明确提出异议，后又以劳动合同法第三十八条第一款第一项规定要求解除劳动合同并请求用人单位支付经济补偿的，不予支持。"

《上海市高级人民法院民一庭关于审理劳动争议案件若干问题的解答》（沪高法民一〔2002〕6号）第十五条回答："用人单位和劳动者因劳动合同约定，用人单位有权根据生产经营需要随时调整劳动者工作内容或岗位，双方为此发生争议的，应由用人单位举证证明其调职具有充分的合理性。用人单位不能举证证明其调职具有充分合理性的，双方仍应按原劳动合同履行。”

结合上述分析和司法实践可知，绝大多数裁判机关会要求用人单位就调岗调薪的合理性承担举证责任，所以建议用人单位从以下三个维度增强调岗调薪的合理性：

第一维度：证明调岗起因的合理性。用人单位可从内部经营情况、外部经济环境、劳动者自身状态三个角度固定相关证据。

第二维度：证明调岗过程的合理性。用人单位可从事先的约定与说明，事中沟通与履行，事后的协助与弥补三个角度固定相关证据。

第三维度：证明调岗结果的合理性。用人单位可从工作内容前后对比，工作环境前后对比，工作强度前后对比，岗位级别前后对比，工资待遇前后对比5个角度固定相关证据。对比结果应为变动后的劳动报酬和工作条件未明显不利于劳动者。

八、依约依章变更的合规管理

（一）调岗调薪条款法律效力的认定

因法律层面没有禁止调岗调薪的规定，用人单位可与劳动者通过劳动合同、规章制度以及专项协议约定调岗调薪的具体情形。但调岗调薪的具体条款要满足两个硬性要求，其一，条款不能使劳动合同部分无效；其二，条款内容不能违反法律、法规的规定，损害劳动者权益。根据《劳动合同法》第二十六条第一款的规定，以下三种情形的劳动合同无效或者部分无效：（1）以欺诈、胁迫的手段或者乘人之危，使对方在违背真实意思的情况下订立或者变更劳动合同的；（2）用人单位免除自己的法定责任、排除劳动者权利的；（3）违反法律、行政法规强制性规定的。《劳动合同法》第三十八条第一款第（四）项规定，用人单位的规章制度违反法律、法规的规定，损害劳动者权益的，劳动者可以解除劳动合同。

那么，是不是满足上述两项硬性要求的调岗调薪条款一定具有法律效力？司法实践中要根据具体情况具体分析。一般情况下，如果调岗调薪的条款是模糊的、不清楚的、不明确的、强势的、强硬的，裁判机关往往会要求用人单位证明调岗调薪的合理性，但也可能直接认定条款无效；如果调岗调薪的情形约定清楚、准确、易被判断，可以被视为用人单位在行使劳动请求权，相应情形出现时，将劳动者调整到相应的岗位，适用相应的薪酬标准，可以视为劳动合同的履行，条款有效。例如，劳动合同中这样的约定并无实质法律意义：

（1）公司有权根据生产经营情况，随时变更劳动合同，乙方不得拒绝。

（2）公司根据生产经营需要，可以随时变更工作岗位或工作种类，劳动者如无正当理由，必须服从。

（3）公司基于管理需要，可以调整乙方的工作岗位、工作内容、工作地点，乙方拒绝的，甲方有权解除劳动合同。

除去调岗合理性的问题不谈，单纯就上述三种表述而言，格式化明显，过于原则，变相排除了劳动者协商之权，不能产生所述之法律效力。管理实践中，调岗调薪的概括性约定虽然并不是决定调岗生效的“万能钥匙”，但有此约定相比无此约定，仍对用人单位有利。参考条款如下。

（1）甲方因生产经营或业务管理需要可调整乙方的工作岗位和工作内容；乙方了解和认可甲方的经营状况和管理特点，自愿配合甲方的经营管理需要，服从调整工作岗位和工作内容。

（2）乙方同意在劳动合同有效期内，甲方可根据生产经营情况、管理需要、机构调整、资产变动、轮岗需要和乙方的身体状况、工作能力、过错行为、绩效考核结果、亲属利益关系、长期断续或间接事假及相关法律规定允许的情况，对乙方的工作岗位、工作职责、工作内容、岗位级别、薪资福利、工作地点进行合理调整。乙方同意甲方按照新岗位确定乙方的工资水平和福利标准，乙方自愿遵循一岗一薪，以岗定薪，岗变薪变的原则。

（二）调岗调薪的核心思路：化变更为履行

化变更为履行，是指将人力资源管理中能够客观可预期和被理解的变更情形提前约定到劳动合同或规章制度中，事先明确好调岗调薪的条件、程序和内容，劳动者按约定履行，按规定执行，从而达到劳动合同变更的效果。由于劳动合同的变更一般受“协商一致”原则的制约，劳动者只需坚守“不同意”三个字，人力资源管理者就会陷入被动和无助的境地。用人单位通过劳动合同和规章制度，相当于把协商一致程序前置，从而获得了调岗调薪的主动权。用人单位在设计相关条款时可借鉴以下五个维度：

第一个维度：在哪些情形下进行调岗调薪；

第二个维度：在哪个时间点或时间区间进行调岗调薪；

第三个维度：列明新岗位的具体名称和岗位职责；

第四个维度：列明与新岗位对应的岗位级别和薪酬水平；

第五个维度：明确劳动者拒绝调岗的处理办法和路径。

另外，并不是按照上述五个维度制定的“化变更为履行条款”就一定能得到认可。如用人单位在了解这一技巧后，将一些有损劳动者尊严、家庭或社会利益的条款事前约定在合同里，如副经理绩效考核 3 个月不合格自动调岗至行政前台，工资适用行政岗位标准等，即使劳动者迫于获得职位而签字，但这样貌似双方已经达成合意的设计仍不能成立。其实，化变更为履行不仅要符合“客观可预期”原则，还要符合“合理性判断”原则。假设在履行所约定的调岗调薪过程中，缺乏正当性和合理性，虽然有客观可预期的前置设计，其本质还是劳动合同的变更，而不是履行，仍然要进行协商一致程序。化变更为履行思路的要件组成中，客观可预期是形式要件，合理性判断是实质要件。简言之，劳动合同订立之时，其约定的调岗调薪情形能否被事先预见以及调岗调薪幅度是否具有合理性，是化变更为履行思路成功的关键。要注意的是，人民法院在审理相关案件时，会根据客观可预期性原则和合理性判断原则区分调岗调薪到底是“变更劳动合同”，还是“履行劳动合同”，用人单位不应心存侥幸。

（三）化变更为履行的操作路径

从劳动合同约定的角度设计相关条款：（1）调岗调薪的概括性约定；（2）工作内容（岗位）的约定；（3）工作地点的约定；（4）医疗期满未返岗调岗调薪的约定；（5）不能胜任工作调岗调薪的约定；（6）脱密期调岗调薪的约定；（7）劳动合同中止的约定。

从规章制度规定的角度设计相关条款：（1）轮岗的制度规定；（2）竞聘上岗的制度规定；（3）绩效考核与调岗调薪的关联规定；（4）利益冲突情况下调岗调薪的规定；（5）违纪违章或失职时调岗调薪的关联规定。

（四）劳动合同中对工作内容（岗位）的约定

《劳动合同法》第十七条第一款第（四）项规定的劳动合同必备条款是“工作内容”，并非“工作岗位”。法律上要求的是工作内容，而实务中常以工作岗位代替“工作内容”，不约定工作岗位的劳动合同并不违法。工作岗位体现的是工作的性质问题，而工作内容是工作性质的具体表现形式。岗位性质相同，不代表工作内容相同。如岗位为管理类岗位，但工作内容有可能是财务管理，也有可能是人事管理，还有可能是后勤管理；工作内容有重叠，不代表岗位性质相同。财务主管与专职会计，两者在工作内容上可能都有记账报税的部分，但一个是管理性质，一个是操作性质。用人单位准确理解“工作内容”在何种情况下会被认定为变更，是设计工作内容（岗位）约定条款的前提。一般情况下。

（1）岗位性质未变，但在工作内容上作出平行调整，这种调整在不改变绩效考核方法和胜任力标准的情况下，不能被认定为工作岗位或工作内容发生了变更。例如，劳动合同约定的岗位是货车驾驶，用人单位将劳动者从大货车驾驶岗位调为小货车驾驶岗位，出车路线、汇报关系、考勤关系可能会有所调整，但其岗位货车驾驶的工作内容没有发生变化。

（2）岗位性质未变，但工作内容作了增加性或替换性调整，增加或替换的工作内容有可能改变了绩效考核方法和胜任力的标准。例如，劳动合同约定的岗位为行政经理，其原有的工作内容包括考勤记录、考勤审核、工资计算、福利发放等内部事项。用人单位在原有工作内容的基础上增加或替换为业务培训、对外关系、后勤管理、绩效考核、合同审查、商务接待等工作内容。前后对比无论从专业技能要求还是从绩效考核方法上可能发生了很大变化，虽然行政工作的性质未发生变化，但工作内容实质发生了变更。

（3）岗位性质发生变化，工作内容也发生变化，即使变化前后的工作内容有重叠部分，仍然会被认定为工作岗位或工作内容发生变化。如上述财务主管被调整为专职会计，即使用人单位保留财务主管的称呼，其工作性质和工作内容也实质发生了变更。

综上所述，用人单位在约定具体的工作岗位时，过于狭窄的岗位名称是自设的调岗障碍，应采用相对宽泛化的约定策略，具体可借鉴以下两种类型的表述方式。

第一种类型：不应出现具体的岗位名称，工作内容也不应过于详细。

例如，乙方的工作内容为：____________________。甲方因生产经营或业务管理需要，依据乙方的身体状况、知识技能、专业特长、工作表现可合理调整乙方的工作内容和劳动报酬，乙方同意并服从甲方的安排。乙方同意，工资福利待遇参照调整后的标准相应调整。

第二种类型：以工种或类型取代详细的岗位名称，并以岗位职责辅助说明，以化解岗位约定不明的风险。

例如，乙方同意从事____________________（工种或类型）的工作。甲方因生产经营或业务管理需要，依据乙方的身体状况、知识技能、专业特长、工作表现可合理调整乙方的工作内容和劳动报酬，乙方同意并服从甲方的安排。乙方同意，工资福利待遇参照调整后的标准相应调整。具体工作内容见《岗位职责说明书》，乙方亦要服从甲方在岗位说明范围内安排的工作。

另外，在管理实践中，关于约定工作内容（岗位）常出现三种情形。

第一种情形：劳动合同没有约定工作内容（岗位）；

第二种情形：劳动合同约定了工作内容（岗位）但不清晰，涉嫌约定不明；

第三种情形：劳动合同约定的工作内容（岗位）清晰但与实际履行不一致。

针对上述情形，劳动合同对工作内容（岗位）没有约定、约定不明确或者劳动合同约定与实际履行不一致的，应当以实际履行的工作内容（岗位）为主要依据，自然也包括劳动报酬和工作地点。

（五）劳动合同中对工作地点的约定

工作地点，是《劳动合同法》第八条规定的用人单位招用劳动者时履行如实告知义务中的一项法定义务，也是《劳动合同法》第十七条规定的劳动合同必备条款之一。严格来讲，劳动合同中不写明工作地点属于违法。那么，怎样约定工作地点视为对用人单位有利呢？管理实践中，用人单位在劳动合同中约定了狭隘的工作地点，属于典型的自设调岗障碍。例如，工作地点约定为A市B区C大厦D座1101房间，假如从1101房间搬迁至1102房间，就涉及劳动合同的变更，严格意义上讲，在未协商一致的情况下，属于合同违约。反之，也有约定全球、海外、全国、某省等，这类约定特定情况下会被认定工作地点约定不明。从合规操作的角度分析，用人单位在约定工作地点时应遵循就大不就小，合理适当的原则。"就大不就小"是指用人单位不应将工作地点约定精确到具体某个点，应在劳动者同意的前提下和可预期的范围内明确约定为某个行政区域（区或县），或某几个行政区域的某几个工作地址；"合理适当的原则"是指用人单位不应仅为了挣脱关于调整工作地点的相关规定的束缚，无正当理由地把工作地点直接约定为全国或某省市，应根据实际经营情况和劳动者的工作职责范围两个维度合理适当地确定工作地点。

全国各地关于劳动合同约定工作地点的问题均有相关规定，如北京、天津、广东、四川、重庆、山东等地。我们以山东、江苏、安徽、浙江、上海为例说明。

《山东省高级人民法院、山东省人力资源和社会保障厅关于审理劳动人事争议案件若干问题会议纪要》第十一条规定，关于劳动合同宽泛约定工作地点的相关问题。用人单位与劳动者在劳动合同中宽泛约定工作地点为"全国""山东"等，如无对用人单位经营模式、劳动者工作岗位特性等的特别提示，属于对工作地点约定不明。劳动者在签订劳动合同后，已经在实际履行地点工作的，视为双方确定具体的工作地点。用人单位不得仅以工作地点约定为"全国""山东"为由，随意单方变更劳动者的工作地点。用人单位与劳动者在劳动合同中明确约定用人单位可以单方变更工作地点的，仍应对工作地点的变更进行合理性审查。具体审查时，除考虑对劳动者的生活影响外，还应考虑用人单位是否采取了合理性的弥补措施（如提供交通补助、班车等）。

《长三角区域"三省一市"劳动人事争议疑难问题审理意见研讨会纪要》第八条第一款规定，用人单位与劳动者在劳动合同中宽泛约定工作地点，但未对用人单位工作地点、经营模式、劳动者工作岗位特性等特别提示的，属于对工作地点约定不明。

上述两个规定并未禁止用人单位使用宽泛的约定方式，但宽泛到何种程度是一个技术性要件。用人单位应掌握上述规定中指明的生效条件，即用人单位在约定工作地点时可附加经营模式说明和劳动者工作岗位特定说明。管理实践中，用人单位分支机构、销售网络、售后范围遍布全国的，劳动者岗位是全国门店督导、市场督导、管理督导，培训讲师、长途运输司机的，可适用宽泛的方式约定工作地点，并要辅以相关说明。人民法院案例库入库编号为 2023－07－2－186－011 案例的裁判要旨指出："1. 用人单位为了用工便利，在劳动合同中约定的工作地点为全国或服从公司安排等。对此类情形，应结合实际用工岗位和工作内容等要素进行综合判断，如劳动者为总经理等公司高级管理人员，因其负责的公司业务范围广，可以将工作地点约定的范围适当扩大。如劳动者仅为普通工作人员，则应当对工作地点的范围作适当限制……"

遵循就大不就小，合理适当的原则，总结以下两种约定工作地点示范性条款，仅供参考：

（1）乙方的工作地点：____________。甲方基于生产经营需要，可以在合理的前提下调整乙方的工作地点，乙方如有异议，可在接到调整通知后 5 日内提出书面意见，但仍需到达新的工作地点。乙方逾期未提出书面意见的，视为同意调整。乙方不服从工作安排，未到达新工作地点或仍然滞留原工作地点的，视为旷工。此外，甲方安排的临时性工作、短期培训、短期出差不属于工作地点的变更。

（2）乙方的工作地点范围：______________。甲方基于生产经营需要，甲方有权将乙方派往上述工作地点中的不同分支机构（包括但不限于子公司、分公司、投资公司、投资项目所在地等），乙方理解公司的经营特点，同意并服从甲方的工作安排。乙方不服从工作安排，未到岗就职的，视为旷工。甲方经营模式说明：______________。乙方岗位特点说明：______________。乙方对上述说明内容无异议。

另外，结合相关案例分析，下列约定工作地点的条款涉嫌约定不明或无效，用人单位要注意辨别。

（1）根据生产经营的具体情况确定工作地点。

（2）乙方的工作岗位为全国、某省、某地级市（无任何特定说明）。

（3）乙方同意接受的工作地点包括甲方的注册地和经营地、甲方投资的企业所在地、甲方投资的项目所在地及甲方业务可能涉及的地点和范围。

（4）乙方的工作地点为 A 地、B 地、C 地。（虽然约定了多个地点，但劳动者长时间长期就职于 A 地，从未在 B 地、C 地工作，则认定劳动者的实际工作地点为 A 地，用人单位要求劳动者从 A 地到 B 地履职实质上是劳动合同的变更，需双方协商一致）。

司法实践中，即使用人单位与劳动者在劳动合同中约定了用人单位可以单方调整工作地点的条款或者基于生产经营需要可以调整工作地点的条款，但大部分的裁判机关还是会对调整工作地点进行合理性审查。合理性审查有一个核心目的，一个评估标准，两个审查维度。一个核心目的，是限制用人单位用工自主权的滥用。一个评估标准，是评估劳动者的应得权益是否有实质性的减损。两个审查维度，其一，审查工作地点的变更是否对劳动者有较大的不利影响，包括是否明显增加了时间成本和交通费用、是否给劳动者的生活造成明显影响、是否属于变相辞退劳动者等；其二，审查用人单位是否采取弥补措施减轻相应负担和补偿相应损失，包括增加交通补贴，开通班车、提供安置费、提供住宿等措施。另外，企业搬迁也会伴随工作地点的变化。一般情况下，工作地点在同一县级行政区域内发生变更，通勤时间没有明显变长，劳动者的工作岗位性质和工资待遇水平没有发生变化的，属于用人单位的合理调整之权。但是并非同一县级行政区域内就可随意变更工作地点，如果距离超出合理范围也会被认为调整无效。跨县级行政区域调整工作地点的，如两区距离尚在合理范围内，用人单位又采取了相应弥补措施，如班车、增加交通补助等，一般也会认定调整有效。但是跨县级行政区域调整工作地点并非一定要采取弥补措施，如两个工作地点确属不同行政区，但实质上就隔着几条街，并未对员工生活造成明显不利影响。跨地级市或省调整工作地点的，应当经过劳动者同意或事先有相应的约定，否则会认定违法变更。跨地级市或省调整工作地点的，如无特别约定，一般也会涉及《劳动合同法》第四十条第（三）项规定的客观情况发生重大变化，用人单位与劳动者协商就变更劳动合同内容达不成一致意见的，可以依法解除劳动合同。劳动者不到新工作地点上班，用人单位不应一律按照旷工或严重违纪为由解除劳动合同，应先审查变更工作地点的行为是否合理，是否有效。变更有效的，依法依规处理；变更无效而解除劳动关系的，须承担违法解除支付赔偿金的法律后果。

（六）劳动合同中对医疗期满未返岗的约定

员工医疗期满不能从事原工作，用人单位可以另行安排合理的新工作，这可以被视为用人单位拥有在此情形下的法定调岗之权，但医疗期满未返岗不能直接推定为不能从事原工作。用人单位在劳动合同中应与劳动者明确约定：“乙方（劳动者）出现医疗期满继续请病假不能返岗、身体健康明显受损导致丧失原岗位较为重要的从业条件、身体留有后遗症导致不符合原岗位胜任条件、完全丧失劳动能力等情形的，视为不能从事工作；甲方因乙方不能从事原工作而进行调岗调薪的，若乙方不能在调岗通知书要求的时间内到达新岗位工作，视为不能从事甲方另行安排的工作，用人单位可依法解除劳动合同；乙方医疗期满无正当理由不返岗工作的，视为旷工。”

（七）劳动合同中对不能胜任工作的情形列举

员工不能胜任工作，用人单位依法可以对其调岗或培训。用人单位不选择培训而要求对员工进行调岗的，可以被视为用人单位拥有在此情形下的法定调岗之权。《劳动部关于〈中华人民共和国劳动法〉若干条文的说明》（劳办发〔1994〕289号）第二十六条第三款规定，本条第（二）项中的“不能胜任工作”，是指不能按要求完成劳动合同中约定的任务或者同工种，同岗位人员的工作量。用人单位不得故意提高定额标准，使劳动者无法完成。因此，用人单位可在劳动合同中与劳动者约定构成不能胜任工作的对应情形，用以满足行使调岗权的前提条件。示范约定如下。

乙方同意，下列情形构成不能胜任工作：

（1）乙方不能完成在合理范围内的工作任务和业绩指标的；

（2）乙方绩效考核连续两个月被评为“不及格”的；

（3）乙方在工作中有过错或过失，给甲方造成损失在××元人民币以上或不良影响的；

（4）乙方在当月工作中被客户投诉×次以上的；

（5）法律法规或甲方对乙方工作岗位有资质要求，而乙方丧失该资质的；

（6）乙方长期连续、断续请事假或其他假期，每月出勤不足××日的；

（7）约定可认定为不能胜任工作的其他情形。

乙方不能胜任工作的，甲方有权调整乙方到同级或相邻级别的岗位上工作，乙方同意月工资标准按新岗位薪酬标准执行，并服从甲方的工作安排。乙方滞留原工作岗位，拒不到新岗位工作，视为违纪。乙方拒不到新岗位工作也不出勤的，视为旷工。

（八）劳动合同中对脱密期的约定

脱密期，是指掌握了用人单位商业秘密的劳动者通知用人单位解除或终止劳动合同后，用人单位采取相应的脱密措施，把劳动者调整至不涉密岗位的一定期限。劳动立法未对脱密期作出相关规定，各地对脱密期的效力也存在一定的争议。司法实践中主要分为两种观点，一种观点认为存在效力；另一种观点认为无效，两种观点均有理由和论述。用人单位不应基于争论双方的论证选择站队，而应在查阅相关规定和裁判案例对标所在地的司法实践后，再决定是否应在劳动合同或专项保密协议中约定脱密期。

脱密期的国家规定源于原劳动部的一个通知，根据《劳动部关于企业职工流动若干问题的通知》（劳部发〔1996〕355号）第二条的规定，用人单位与掌握商业秘密的职工在劳动合同中约定保守商业秘密有关事项时，可以约定在劳动合同终止或该职工提出解除劳动合同后的一定时间内（不得超过6个月），调整其工作岗位，变更劳动合同中相关内容。

脱密期的地方性规定，如北京、上海、山东、浙江、江苏、辽宁的相关规定都有肯定脱密期具有法律效力的表述。以山东青岛为例，《青岛市人力资源和社会保障局关于规范劳动关系有关问题的意见》（青人社规〔2020〕4号）第二十条规定，用人单位与负有保密义务的劳动者在劳动合同中约定保守商业秘密和与知识产权相关的保密事项时，可以约定在劳动合同终止前6个月内，调整其工作岗位，变更劳动合同中的相关内容，但用人单位不得降低劳动者的劳动报酬。

用人单位在和劳动者约定脱密期时应注意以下6个要点。

第一，用人单位应查询所在地相关规定和裁判案例，确认约定脱密期的地方性效力。

第二，确定适用脱密期条款的劳动者范围，严禁全员约定。

第三，劳动合同中约定关于脱密期的概括性条款后，再签订专项保密协议，用以详细固定商业秘密的种类、形式、范围和具体内容。

第四，专项保密协议约定的脱密期长度不要超过6个月。

第五，专项保密协议中应对劳动者所处脱密期的岗位职级、工作内容、工资待遇进行合理性约定，并使劳动者签字确认，以防范因此带来的调岗调薪纠纷。

第六，专项保密协议中应对劳动者违约的后果进行约定。因《劳动合同法》只允许用人单位在约定培训服务期和约定竞业限制两种情形下，对劳动者可约定违约金。因此，上述专项保密协议中不可约定违约金条款，即使约定了违约金条款亦属无效。用人单位应在专项保密协议中约定侵权赔偿责任条款，赔偿的金额应进行具体量化或约定较为明确的计算标准。

（九）劳动合同中止的约定

劳动合同中止制度有其积极的管理性价值，且劳资双方约定劳动中止并不被法律法规禁止。劳动合同中止可分为法定中止、约定中止和协商中止三种情形，有些地方性规定中没有劳动合同中止条款的，用人单位和劳动者可以采用协商中止的方式停止权利义务的履行。管理实践中，无论地方性规定中是否有中止条款，用人单位都应在劳动合同中约定中止的概括性条款，在出现相关情形时，还应及时与劳动者协商签订《劳动合同中止协议》。

劳动合同中约定中止的概括性条款示范：

甲乙双方一致同意，在劳动合同暂时无法正常履行，但仍有继续履行的条件和可能时，双方的劳动合同中止。适用劳动合同中止包括但不限于以下情形：

（1）国家和地方（甲方所在地）法律、法规规定的适用劳动合同中止的相关情形；

（2）乙方涉嫌违法犯罪，被公安机关、司法机关或国家安全机关刑事拘留、司法拘留、取保候审、专门矫治教育、拘传逮捕、强制戒毒或采取其他限制人身自由等措施的；

（3）乙方为女职工，由于怀孕原因不能上班需要长时间保胎休息的；

（4）乙方为女职工，产假结束由于身体原因仍不能上班需要长时间调养的；

（5）乙方请长事假、脱产进修培训、被协议借用或其他原因停薪留职的；

（6）乙方患病或非因工负伤，医疗期满后由于各种原因未返岗工作，甲方同意其停薪留职的；

（7）甲方由于不可抗力或生产经营原因，停产息工、放长假的。

基于上述或另行协商其他情形，甲乙双方同意劳动合同处于中止状态。甲方无须向乙方支付劳动合同中止期间的工资报酬；甲方停止缴纳社会保险和住房公积金，办理相应封存手续；乙方的工作年限在中止期间停止连续累计计算。另外，乙方在试用期出现上述情形，乙方的试用期中止并按照缺勤时间长短予以延长。

用人单位与劳动者签订《劳动合同中止协议》的，应注意以下几点：

第一，明确劳动合同中止的开始时间和中止结束的时间或情形；

第二，明确劳动合同中止期间的劳动纪律；

第三，明确劳动合同中止期间的相关待遇；

第四，明确劳动合同中止期间结束后，乙方不按期返岗的处理规则。

（十）规章制度中关于轮岗的规定

劳动立法并未涉及轮岗，轮岗实质上是劳动合同变更的一种特殊制度。用人单位认为有必要实施轮岗制度的，首先应与劳动者在劳动合同中约定轮岗的概括性条款，其次还需要在规章制度中作出明确且详细的规定。用人单位在没有任何约定和规定的前提下单方面实行轮岗，实质上属于劳动合同的变更，劳动者不同意而用人单位强制实施的，属于违法变更；用人单位因劳动者未履行轮岗而解除劳动合同的，属于违法解除。即使用人单位在劳动合同和规章制度中约定或规定了相关轮岗条款，一旦发生劳动争议，裁判机关也会审查轮岗制度和具体轮岗行为的合法性、必要性和合理性。

（十一）规章制度中关于竞聘上岗的规定

劳动法等法律法规未禁止用人单位实施竞聘上岗制度，竞聘上岗在严格意义上讲是一种人力资源管理工具。但竞聘上岗涉及劳动者的工作岗位、工资待遇、工作地点等事项的变更，是涉及劳动者切身利益的重大事项，相关的规章制度内容合法且须履行民主公示程序，才可生效。用人单位是否拥有合法有效的竞聘上岗制度和方案是调岗调薪成功的关键所在。

用人单位实行竞聘上岗制度的合规操作如下。

（1）用人单位与劳动者在签订劳动合同时，使劳动合同期限与岗位聘用期限相分离，并约定在岗位聘期结束后实施竞聘上岗的相关条款。

（2）在规章制度中对实施竞聘上岗制度的必要性、合法性、非针对性、非歧视性作具体的说明，并细化具体操作流程。

（3）保证竞聘过程的公开、公平、公正。竞聘前要有自愿报名程序、竞聘岗位数量及考评标准公示程序；竞聘过程中要有监督程序和补正程序；竞聘结束后要有结果公示程序、异议处理程序和败选安置程序等。

管理实践中，在劳动合同中没有关于竞聘上岗的特别约定也没有合法有效的规章制度规定的前提下，用人单位在劳动合同履行期间要求劳动者竞聘上岗的，劳动者有权拒绝参加竞聘上岗，即使劳动者参加了竞聘也不代表其与用人单位就落选后安排新岗位达成了一致意见。用人单位以劳动者拒绝或败选为由解除劳动合同的，系违法解除，劳动者可以请求继续履行原劳动合同或要求用人单位支付赔偿金。

司法实践中，劳动合同中没有约定竞聘上岗相关条款时，竞聘上岗就不属于劳动合同的履行；用人单位虽有规章制度作为依据，也不能违背协商一致的基本原则，即不能违背劳动者自愿原则。这种情形下，劳动者不愿意参加竞聘并不属于违约，劳动者参加了竞聘但有证据证明并非自愿，则竞聘结果也应属无效。

（十二）规章制度中绩效考核与调岗调薪的规定

绩效考核是人力资源管理领域的一项系统工程，行业不同所选择的绩效考核方法不同。若想利用绩效考核实现调岗调薪的目的，绩效考核方案要具有合法性，即绩效考核方案须走完民主公示程序。用人单位采用绩效考核进行调岗调薪应注意以下几点。

第一，绩效考核方案或绩效考核责任书是否有民主程序的过程性和结果性证据。

第二，绩效考核方案或绩效考核责任书是否有劳动者签字确认过，即履行过公示程序。

第三，绩效考核方案中是否有对“不能胜任工作”的明确定义和详细列举。

第四，用人单位有证明劳动者确实属于不能胜任工作的详细证据。

第五，绩效考核结果要送达劳动者，即劳动者签字或采用其他形式完成了送达。

第六，不宜调岗同时降薪。

（十三）规章制度中利益冲突情况下调岗调薪的规定

“利益冲突”是指履职人员代表的公共利益与其自身具有个人利益之间可能发生的冲突。利益冲突调岗的核心目的是防止腐败，其具有在职期间竞业限制的特征，但其并非法定调岗的情形。国家公务员体系中有着明确的利益冲突回避规定，但民营企业欲通过利益冲突规则达到调岗目的，必须有劳动合同的约定、规章制度的规定或专项协议的约定。示范性条款如下。

（1）员工对影响其公正履职的行为应主动回避，防止出现利益冲突；劳动者本人及其特定关系人，不与公司或公司的关联公司从事发包、采购、买卖、服务等交易行为；员工不在本人管辖、服务的业务范围内从事营利性活动，不为本人或特定关系人从事营利性活动提供便利和优惠条件。

（2）员工对须回避的关系应当主动向公司报告，防止出现可能的利益冲突。对隐瞒不报或不如实报告的，公司有权予以处分或以严重违纪、严重违反规章制度为由解除劳动合同。

（3）本规定所称特定关系人是指员工的近亲属、拟制血亲、近姻亲以及其他共同利害关系人。近亲属，包括配偶、父母、子女、兄弟姐妹、祖父母、外祖父母、孙子女、外孙子女。拟制血亲，包括养父母、养子女、继父母、继子女。近姻亲，包括配偶的父母、配偶的兄弟姐妹及其配偶，子女的配偶及子女配偶的父母。

（十四）规章制度中违纪、违章或失职时调岗调薪的规定

劳动者违反劳动纪律或违反规章制度时，用人单位除给予行政处分外，还可能给予调岗降薪，待岗反省的处分。但法律规定劳动者构成严重违反劳动纪律、严重违反规章制度或严重失职造成用人单位重大损害时，用人单位可以行使法定解除权，但法律没有规定劳动者违纪、违章、失职时用人单位是否可以调岗。用人单位应在规章制度中提前约定相应调岗情形，以增加调岗调薪的合法性。

九、劳动合同有效变更的七步判断法

（1）判断劳动合同变更是否属于临时性变更。

（2）判断是否有证据证明变更劳动合同符合法定变更情形。

（3）判断劳动合同、规章制度或专项协议中是否有对应情形的调岗约定或规定。

（4）判断变更劳动合同是否有程序上的瑕疵，是否缺乏必要的协商、告知和提醒程序。

（5）判断变更劳动合同是否符合当地的司法实践标准，是否能通过合理性审查。

（6）判断默示变更劳动合同后是否有实际履行超过30日的充分证据。

（7）判断是否有应对劳动者拒绝调岗降薪的有效措施。

综上所述，变更劳动合同是一项技术含量相对较高的工作。用人单位要实现“岗位能上能下，人员能进能出，收入能增能减”的管理梦想，除了要具备高超的心理动员能力，还要在合规管理层面做到以下三点：首先，要吃透劳动法及其他地方性法规对劳动合同变更的允许性规定和禁止性规定；其次，要对劳动合同“化变更为履行”的核心思路有较为精准的理解与把握，对履行过程有系统的管理与控制；最后，要对劳动合同、规章制度、专项协议等涉及劳动合同变更的内容进行系统约定和条款设计。

第三节 合规工具应用

合规工具22：《协商变更劳动合同协议书》

协商变更劳动合同协议书

甲方：　　　　　　　　　　　　（公司）

乙方：　　　　　　　　　　　　（员工）

甲乙双方经平等协商，一致同意就双方签订的期限自____年____月____日至____年____月____日的劳动合同（合同号为：____________）作以下变更：

一、变更后的内容：

1. 工作内容：____。

2. 薪酬福利：____。

3. 其他事项：____。

二、本协议签署之日以前的劳动关系存续期间，甲方已经按照劳动合同和国家法律规定履行了自己的义务（包括但不限于劳动合同的签订、五险一金、年休假、劳动报酬、加班工资、病假工资、休息休假等各方面），乙方对此予以确认。

三、凡未作变更或者有其他协议的，依照原劳动合同继续履行。

四、本协议书经甲、乙双方签字（盖章）后生效。

五、本协议书一式二份，甲、乙双方各执一份。

甲方（公章）：　　　　　　　　　　　　　　　　乙方（签字）：

法定代表人或委托代理人签名：

日期：　　年　　月　　日　　　　　　　　　　　日期：　　年　　月　　日

合规工具23：《医疗期满返岗通知书》

医疗期满返岗通知书

________女士/男士：

您（身份证号码：______________________）目前的岗位为______________。根据《企业职工患病或非因工负伤医疗期规定》（劳部发〔1994〕479号）和您在公司的工作年限，您的医疗期应为____个月。您自____年____月____日申请病假进入医疗期，至____年____月____日将达到法律规定的医疗期限，现特通知您于____年____月____日前到__________（部门）办理销假签字手续并继续在____________岗位上班。若在规定的时间内您没有返岗上班，将视为您不能从事原工作，考虑到您的身体状况，公司将对您另行安排其他工作岗位。如您不能上班且伴有劳动功能障碍，请于____年____月____日到____________（部门）办理劳动能力鉴定申请手续。如您未于____年____月____日到岗，也未于____年____月____日到公司办理劳动能力鉴定申请手续，公司将于____年____月____日起按旷工处理，根据公司规章制度连续旷工______天予以解除劳动合同。

如有异议，请于5日内以书面形式提出，否则视为无异议。

特此通知！

公司（公章）：　　　　　　　　　　　　　　　　日期：　　年　　月　　日

合规工具24：《医疗期满不能从事原工作调岗通知书》

医疗期满不能从事原工作调岗通知书

________女士/男士：

您（身份证号码：________________________）目前的岗位为____________。根据《企业职工患病或非因工负伤医疗期规定》（劳部发〔1994〕479号）和您在公司的工作年限，您的医疗期应为____个月。您自____年____月____日申请病假进入医疗期，至____年____月____日将达到法律规定的医疗期限。公司已经通知您于____年____月____日前到______（部门）办理销假签字手续并继续在____________岗位上班。若在规定的时间内您没有返岗上班，公司视为您不能从事原工作。在与您多次沟通的前提下，公司本着关爱员工以及合理调整工作岗位的原则，将您的工作岗位调整为____________（新岗位），请您于____年____月____日前到____________（部门）办理到岗手续并到新岗位上班。若您未在此时间内到任新岗位（以到岗签字为准），公司将视为您不能从事由用人单位另行安排的工作，公司将按照《劳动合同法》第四十条第一款的规定与您解除劳动关系。

特此通知！

公司（公章）　　　　　　　　　　　　　　　日期：　　年　　月　　日

合规工具25：《不能胜任工作调岗通知书》

不能胜任工作调岗通知书

________女士/男士：

您（身份证号码：________________________）目前的岗位为____________。经公司对您自____年____月____日至____年____月____日期间的工作表现进行综合考核，被证明不能胜任工作。不能胜任工作的依据为：____________________。

经公司研究并与您协商决定，现将您从____________岗位调整到____________岗位，调岗从____年____月____日起开始执行，调岗后工资及其他待遇按照新岗位的标准执行。

请您自收到本通知之日起____天内将工作交接完毕后到新岗位报到。如超期未报到者，视为旷工，旷工达____日以上者（含____日），将视为旷工，旷工属于严重违纪行为，公司将按照规章制度的规定，依法与您解除劳动合同。

本通知书一式两份，通知方与被通知方各执一份，具有同等效力。

公司（公章）　　　　　　　　　　　　　　　　员工签字：

日期：　　年　　月　　日　　　　　　　　　　日期：　　年　　月　　日

合规工具26：《劳动合同中止协议》

劳动合同中止协议

甲方：　　　　　　　　　　　　（公司）

乙方：　　　　　　　　　　　　（员工）

甲乙双方经平等协商，一致同意就双方签订的期限自____年____月____日至____年____月____日的劳动合同，在履行过程中实行劳动合同中止制度：甲乙双方一致同意，在劳动合同暂时无法正常履行，但仍有继续履行条件和可能时，双方之间的劳动合同中止。

1. 适用劳动合同中止包括但不限于以下情形

（1）国家和地方（甲方所在地）法律、法规规定的适用劳动合同中止的相关情形；

（2）乙方涉嫌违法犯罪，被公安机关、司法机关或国家安全机关刑事拘留、司法拘留、取保候审、专门矫治教育、拘传逮捕、强制戒毒或采取其他限制人身自由等措施的；

（3）乙方为女职工，由于怀孕原因不能上班需要长时间保胎休息的；

（4）乙方为女职工，产假结束由于身体原因仍不能上班需要长时间调养的；

（5）乙方请长事假、脱产进修培训、被协议借用或其他原因停薪留职的；

（6）乙方患病或非因工负伤，医疗期满后由于各种原因未返岗，甲方同意其停薪留职的；

（7）甲方由于不可抗力或生产经营原因，停产息工、放长假的；

（8）其他情形：____。

2. 劳动合同中止的起止时间

（1）自____年____月____日起至____年____月____日止；

（2）自____年____月____日起至__________________________________（具体情形）止。

3. 劳动合同中止期间及中止期限结束后的劳动纪律

（1）____。

（2）____。

4. 劳动合同中止期间的工资待遇

____。

公司（公章）：　　　　　　　　　　　　员工签字：

日期：　　年　　月　　日　　　　　　　日期：　　年　　月　　日

>>> 第五章 <<<

劳动合同解除的合规管理（协商解除）

用人单位要清楚地认识到，绝大多数的劳动纠纷发生在解除劳动合同的环节（劳动者离职阶段），而协商解除劳动合同是除劳动者单方解除劳动合同之外风险最小、成本最低、适用范围最广的解约方式。管理实践中，协商解除劳动合同的操作难度大、细节多，但劳动法并未对它作出过多的限制，因此协商解除劳动合同的操作"空间大"。本章将重点探讨协商解除劳动合同等环节的典型法律风险及实务合规管理。

第一节　劳动合同解除的典型法律风险（协商解除）

典型风险 1：协商解除劳动合同未签订书面协议

协商解除劳动合同是合法的劳动关系终结方式之一。协商解除劳动合同，不用履行提前通知程序，不受解雇保护限制，可协商确定解除时间，具有沟通空间最大、法律风险最小、社会效果最好等特点，较之其他解除方式是用人单位首选的解除方式。《劳动合同法》第三十六条规定，用人单位与劳动者协商一致，可以解除劳动合同。劳动法对协商一致变更劳动合同要求以书面形式呈现，但未对协商解除劳动合同设置任何条件或限制。虽然法律未明确要求协商一致解除劳动合同必须采用书面形式，但并不意味着用人单位可以忽略。劳资双方协商解除的过程中，均有平等解除劳动合同的请求权，但确定谁是动议方，是决定是否支付经济补偿的核心焦点。《劳动合同法》第四十六条第一款第（二）项规定，用人单位依照本法第三十六条规定向劳动者提出解除劳动合同并与劳动者协商一致解除劳动合同的，应当向劳动者支付经济补偿。因此，用人单位动议提出协商解除的，应向劳动者支付法定经济补偿；劳动者动议提出协商解除的，因无相关法律依据，不能得到经济补偿。司法实践中，劳资双方无法证明劳动者离职原因的，一般会视为用人单位提出且经双方协商一致解除劳动合同。所以，用人单位采用书面形式确认提出解除的动议方十分重要。反之，若无相关书面协议，劳动者反悔提起仲裁，用人单位无法就劳动合同的解除与否、解除是否属于协商解除、协商解除的动议方是谁、解除的准确时间、是否已经向劳动者支付了全部的劳动报酬和法定福利、支付的款项是何种报酬/何种福利等事项作出证明，将面临较大的法律风险。须知，用人单位在法定解除理由不充分的情况下，应选择协商解除劳动合同。选择协商解除劳动合同的核心目的是采用书面形式一次性解决金钱给付问题。采用书面形式的目的是解决发生劳动纠纷后的举证问题。用人单位在协商解除劳动合同的过程中应对标协商变更劳动合同的程序要件，以书面形式固定双方的合意。书面形式首选纸质协议，可签订协商解除劳动合同协议，而非发送解除通知。次选电子形式，可采用电子邮箱、内部办公平台、第三方签约平台；以电子形式签订协商解除协议的，为了降低劳动争议庭审中的举证难度，用人单位可以选择适当的机会与劳动者补签纸质协议。另外，用人单位除要审查劳动者是否具有完全民事行为能力外，还要重视协商程序的规范性，协议内容的合法性，进而固定协商的过程性和结果性证据，用以消灭该协议被撤销或被认定无效的可能性。

典型风险 2：签订协商解除劳动合同协议的主体不适格，内容不合法

协商解除劳动合同，实质上是因终结劳动关系而订立合同的一个过程，因此劳资双方均需具有民事权利能力和民事行为能力。《民法典》第十八条规定："成年人为完全民事行为能力人，可以独立实施民事法律行为。十六周岁以上的未成年人，以自己的劳动收入为主要生活来源的，视为完全民事行为能力人。"劳动者在签订《协商解除劳动关系协议》时，如果精神不正常，经鉴定患有精神病，属于限制民事行为能力人或无民事行为能力人的，则其所签订的《协商解除劳动关系协议》效力待定或无效。若劳动者的法定代理人或监护人提起诉讼，要求确认用人单位与劳动者解除劳动合同的行为无效，一般也会得到支持。用人单位应主动固定协商解除劳动合同全过程的证据资料，包括协商面谈时的视频、音频等资料，用以证实劳动者在签订解除协议时的正常精神状态和行为状态。如果劳动者确实患有精神类疾病，用人单位应让其法定代理人或监护人在协议上签字确认。

另外，协商解除劳动合同协议内容要具有合法性。管理实践中，常见的无效条款举例如下。

（1）乙方不得再以任何理由向公司追究法律责任和要求经济赔偿，双方无任何劳动争议。

（2）乙方放弃劳动争议的诉讼权，不以任何理由向仲裁机构或法院提起仲裁或诉讼。

（3）乙方不得再要求甲方补缴社会保险费和公积金。

（4）甲方提出协商解除劳动合同，乙方同意甲方不需要支付经济补偿。

用人单位为了规避相关风险的心情可以理解，但不能通过协议限制劳动者合法提出因用人单位的其他行为对劳动者造成损失的赔偿请求权。另外，诉权属于公法上的程序权利，不以双方合意而放弃，因此要求放弃诉权之条款无效。

典型风险 3：协商解除劳动合同的经济补偿金额低于法定标准

用人单位协商解除劳动合同的核心目的是通过书面形式，用一次性对价补偿金解决金钱给付问题。《协商解除劳动合同协议》中约定的经济补偿金额低于法定标准的，原则上违反了相关法律规定，在无其他约定的情况下，劳动者有主张补足经济补偿和加付赔偿金的权利。其实，劳动法对用人单位支付经济补偿的具体情形、计算方法和违反规定的法律责任均作出了明确的规定。

《劳动合同法》第四十六条列举了用人单位支付经济补偿的 7 种法定情形，内容为："有下列情形之一的，用人单位应当向劳动者支付经济补偿：（一）劳动者依照本法第三十八条规定解除劳动合同的；（二）用人单位依照本法第三十六条规定向劳动者提出解除劳动合同并与劳动者协商一致解除劳动合同的；（三）用人单位依照本法第四十条规定解除劳动合同的；（四）用人单位依照本法第四十一条第一款规定解除劳动合同的；（五）除用人单位维持或者提高劳动合同约定条件续订劳动合同，劳动者不同意续订的情形外，依照本法第四十四条第一项规定终止固定期限劳动合同的；（六）依照本法第四十四条第四项、第五项规定终止劳动合同的；（七）法律、行政法规规定的其他情形。"

《劳动合同法》第四十七条介绍了经济补偿的计算方法，内容为："经济补偿按劳动者在本单位工作的年限，每满一年支付一个月工资的标准向劳动者支付。六个月以上不满一年的，按一年计算；不满六个月的，向劳动者支付半个月工资的经济补偿。劳动者月工资高于用人单位所在直辖市、设区的市级人民政府公布的本地区上年度职工月平均工资三倍的，向其支付经济补偿的标准按职工月平均工资三倍的数额支付，向其支付经济补偿的年限最高不超过十二年。本条所称月工资是指劳动者在劳动合同解除或者终止前十二个月的平均工资。"

《劳动合同法》第八十五条第（四）项强调了法律责任，内容为：解除或者终止劳动合同，未依照本法规定向劳动者支付经济补偿的，由劳动行政部门责令限期支付经济补偿；逾期不支付的，责令用人单位按应付金额50%以上100%以下的标准向劳动者加付赔偿金。

根据上述法律规定，虽然用人单位在《协商解除劳动合同协议》中约定的经济补偿金额低于法定标准是违反劳动法的一种表现，但这种表现并不一般性地、抽象性地、直接地违反相应的立法判断和立法规划。加之经济补偿的支付与否，也可以通过劳资双方意思自治的方式予以实现。《民法典》第一百三十条规定：“民事主体按照自己的意愿依法行使民事权利，不受干涉。”《民事诉讼法》第十三条第二款规定：“当事人有权在法律规定的范围内处分自己的民事权利和诉讼权利。”依据上述规定，用人单位完全可以以高于法定标准支付经济补偿，劳动者也可以放弃部分或全部经济补偿。经济补偿金额的高低一定程度上取决于劳资双方的议价能力。

以浙江省为例。《浙江省高级人民法院民一庭关于审理劳动争议纠纷案件若干疑难问题的解答》第十四条指出，用人单位与劳动者就工伤待遇、加班工资、经济补偿金等达成和解或经调解组织调解后，劳动者能否再以数额过低要求用人单位补足差额？用人单位与劳动者协商或经调解组织调解，就工伤待遇、加班工资、经济补偿金等达成和解或调解协议后，劳动者以数额过低要求用人单位补足差额的，不予支持。但劳动者有证据证明协议签订存在受胁迫、欺诈而违背自己真实意思表示，或协议内容显失公平等情形的除外。

结合具体的司法实践，用人单位欲使经济补偿金额低于法定标准且有效，一般需要以履行告知义务为前提。用人单位应在协议中明确告知劳动者计算经济补偿的法定标准和双方约定的具体经济补偿金额，并且使劳动者在协议上签字确认，放弃相关权利并不就低于法定标准部分再作任何要求，则该经济补偿金额一般会受到法律保护。反之，用人单位未履行上述告知义务，劳动者不知道法定经济补偿的计算标准，也并未明示放弃相关权利，用人单位单方强行降低经济补偿标准的行为会引发要求补差的法律风险。

另外，劳动者如果没有在1年的仲裁时效内主张权利，则经济补偿低于法定标准的条款也会在仲裁时效届满时生效。

典型风险4：签订协商解除劳动合同协议后，劳动者请求撤销或认定无效

劳动者请求确认协商解除劳动合同协议无效或者可撤销，要求用人单位继续履行劳动合同或支付超出协议约定款项的义务，系司法实践中多发的劳动争议类型。在相关法律规定中，协商解除劳动关系协议确实存在被撤销或被认定无效的情形。

《民法典》第一百四十八条规定："一方以欺诈手段，使对方在违背真实意思的情况下实施的民事法律行为，受欺诈方有权请求人民法院或者仲裁机构予以撤销。"

《民法典》第一百五十条规定："一方或者第三人以胁迫手段，使对方在违背真实意思的情况下实施的民事法律行为，受胁迫方有权请求人民法院或者仲裁机构予以撤销。"

《民法典》第一百五十一条规定："一方利用对方危困状态、缺乏判断力等情形，致使民事法律行为成立时显失公平的，受损害方有权请求人民法院或者仲裁机构予以撤销。"

《最高人民法院关于审理劳动争议案件适用法律问题的解释（一）》（法释〔2020〕26号）第三十五条规定："劳动者与用人单位就解除或者终止劳动合同办理相关手续、支付工资报酬、加班费、经济补偿或者赔偿金等达成的协议，不违反法律、行政法规的强制性规定，且不存在欺诈、胁迫或者乘人之危情形的，应当认定有效。前款协议存在重大误解或者显失公平情形，当事人请求撤销的，人民法院应予支持。"

分析上述规定，协商解除劳动合同协议被撤销的情形可分为3种。

（1）用人单位欺诈或胁迫劳动者签订协议。

（2）劳动者处于危困状态或缺乏判断力，致使协议显失公平的。

（3）协议存在重大误解或显失公平的。

协商解除劳动合同协议被认定无效的情形可分为2种。

（1）协议违反法律、行政法规的强制性规定。

（2）用人单位存在欺诈、胁迫或者乘人之危的情形。

司法实践中，裁判机关首先会审查解除劳动合同协议是否违反法律、行政法规的强制性规定这一情形；其次会审查是否存在欺诈、胁迫或者乘人之危的情形。如果审查全部通过，表明协议有效。协议有效是可被撤销的前提，因此劳动者经常会以自身法律意识淡薄缺乏判断力、生病、怀孕等理由主张存在"重大误解"要求撤销协议。实务中，对"重大误解"的理解一般涉及行为的性质、标的物、对方身份等重要因素，具体到解除本身仅限于针对协商解除行为的内容，即劳动者与用人单位订立协议的内容。至于劳动者对在订立协议时的主观动机、客观环境、自身状态、企业发展趋势、社会环境等因素存在认识偏差，并不能构成法律意义上的重大误解。所以，劳动者指出的法律意识淡薄、生病、怀孕等对自身状况没有完全掌握的情形不能构成法律意义上的重大误解，在劳动者具备民事行为能力且在协议内容上签字确认后，协议即可生效。

相关案件中，还会见到劳动者以经济补偿低于法定标准违反强制性规定为由主张协商解除劳动合同协议无效或存在显失公平。那么，经济补偿低于法定标准是否一定违反法律、行政法规等强制性规定从而导致协议无效呢？经济补偿金额低于法定标准到何种程度属于显失公平呢？

《最高人民法院新劳动争议司法解释（一）理解与适用》一书在第三十五条“三、解除或终止劳动合同经济补偿规范对协议效力的影响”中认为：“在法定的情形下，劳动合同解除或终止后，用人单位应当向劳动者支付经济补偿。从这些规定‘应当’表述来看，似乎也属于一种强制性规定。但是，从经济补偿制度基本价值来看，其属于用人单位弥补劳动者边际递减效益损失，同时也是国家要求用人单位承担社会责任，以缓解失业者焦虑情绪和生活实际困难。经济补偿的主要功能在于补偿，在价值的优先次序上，与合同自由应当处于同一位阶，协议约定的经济补偿不影响协议的效力。”① 结合上述观点，我们有理由认为，经济补偿并不强制性地符合法定标准，其低于法定标准并不必然导致协商解除协议无效。但是经济补偿金额不能无底线地低于法定标准，到达一定程度时，极有可能构成显失公平。那么，经济补偿金额低于法定标准到何种程度会被认定为显失公平？劳动法没有明确指明，我们可以参考两个重要规定。

其一，最高人民法院关于印发《全国法院贯彻实施民法典工作会议纪要》的通知（法〔2021〕94 号）第九条规定：“对于民法典第五百三十九条规定的明显不合理的低价或者高价，人民法院应当以交易当地一般经营者的判断，并参考交易当时交易地的物价部门指导价或者市场交易价，结合其他相关因素综合考虑予以认定。转让价格达不到交易时交易地的指导价或者市场交易价百分之七十的，一般视为明显不合理的低价；对转让价格高于当地指导价或者市场交易价百分之三十的，一般可以视为明显不合理的高价。当事人对于其主张的交易时交易地的指导价或者市场交易价承担举证责任。”

其二，《最高人民法院新劳动争议司法解释（一）理解与适用》一书第三十五条“五、工伤保险待遇规范对协议效力的影响”中认为：“有些地方为了统一法律适用，对于常见的工伤保险待遇赔偿协议参照《最高人民法院关于适用〈中华人民共和国合同法〉若干问题的解释（二）》（已废止）第十九条第二款关于‘转让价格达不到交易时交易地的指导价或者市场交易价百分之七十的，一般可以视为明显不合理的低价’的规定，确定低于法定赔偿标准的 70% 作为认定解除或终止劳动合同工伤赔偿协议是否显失公平的标准。上述司法实务对于工伤保险待遇赔偿实现单

---

① 最高人民法院民事审判第一庭编著：《最高人民法院新劳动争议司法解释（一）理解与适用》，人民法院出版社 2021 年版。

一的客观判断标准具有参考性。不过，除工伤保险待遇赔偿以外的其他性质款项应当根据法律规定的主观要件和客观要件进行严格审查认定，以用诚实信用协商化解纠纷。”①

据此，上述规定统一指向了一个百分比：70%。司法实务操作中，裁判机关一般也会将70%作为参考比例，即协商解除劳动合同协议中的经济补偿金额理论上低于法定标准的70%可被认定是显失公平。北京市高级人民法院、北京市劳动争议仲裁委员会《关于劳动争议案件法律适用问题研讨会会议纪要》第三十条第一款认为：“用人单位与劳动者解除或终止劳动合同时，自愿签订的和解协议，不违反法律和行政法规的强制性规定，在履行完毕后，一方当事人反悔，主张双方约定无效的，一般不予支持。但协议中双方的权利义务明显失衡，仲裁委或人民法院可以适当调整。”具体到相关案情，且每位裁判者都有一定的自由裁量权，70%的比例仅可作为参考。

典型风险5：用人单位履行协商程序与劳动者签订解除劳动合同协议后，劳动者索要协议遗漏款项

如上所述，用人单位协商解除劳动合同的核心目的是通过书面形式，用一次性对价补偿金解决金钱给付问题。司法实践中，协商解除劳动合同协议由于“遗漏款项”，往往引发劳动者“事后算账”。如果协商解除劳动合同协议中有遗漏款项，且没有设置劳动者不再向用人单位主张基于劳动法前提下的任何权利或追究任何责任的弃权条款，或者弃权条款约定不当时，劳动者的相关请求往往会得到支持。用人单位若要规避“遗漏款项”的法律风险，应注意以下4点。

第一，要确保协议不存在欺诈、胁迫、乘人之危，或者重大误解、显失公平的情形。

第二，要在协议中全面列举相关款项。例如，本协议所列之费用包括但不限于未结算的工资、绩效提成、应休未休的年休假工资、加班费、经济补偿、赔偿金、罚金、津贴、补贴、年终奖、其他类型的奖金、五险一金差额等法定或约定的待遇。

第三，要设置弃权条款。例如，本协议所述之费用皆为甲乙双方自愿协商之数额，甲方已就《劳动合同法》等国家法律法规所规定的标准向乙方告知，乙方自愿对其与法定标准有出入的合法权利进行适当的处分和放弃，乙方不以重大误解或显

---

① 最高人民法院民事审判第一庭编著：《最高人民法院新劳动争议司法解释（一）理解与适用》，人民法院出版社2021年版。

失公平等为由主张撤销本协议或确认本协议无效。

第四，要设置兜底条款。例如，甲乙双方确认，双方在劳动关系存续期间的一切权利义务均已结清，乙方不再因原劳动合同的履行、变更、解除，向甲方要求支付任何费用、补偿或赔偿。甲乙双方之间再无任何债权、债务关系，再无任何争议和纠纷。

典型风险6：协商解除劳动合同前，用人单位未履行职业健康检查等法定义务

虽然协商一致解除只要双方合意即可以适用所有类型的劳动者，但也有例外情形。

《劳动合同法》第四十二条第（一）项规定，从事接触职业病危害作业的劳动者未进行离岗前职业健康检查，或者疑似职业病病人在诊断或者医学观察期间，用人单位不得依照《劳动合同法》第四十条、第四十一条的规定解除劳动合同。根据上述规定，劳动法并未排除用人单位适用《劳动合同法》第三十六条与劳动者协商一致解除劳动合同的情形。但《职业病防治法》第三十五条第二款规定"……对未进行离岗前职业健康检查的劳动者不得解除或者终止与其订立的劳动合同。"第五十五条第二款规定："用人单位应当及时安排对疑似职业病病人进行诊断；在疑似职业病病人诊断或者医学观察期间，不得解除或者终止与其订立的劳动合同。"由此可知，即使劳动法没有明确规定，用人单位也应依照其他法律，安排从事职业疾病危害作业的劳动者进行离岗职业健康检查，这项法定义务不因用人单位与劳动者协商一致解除劳动合同而自动免除。用人单位违反这一规定且劳动者在协商解除协议中并未明确放弃离岗前职业健康检查权利的，该协商解除劳动关系协议因违反法律、行政法规的强制性规定应属无效。用人单位强行解除系违法解除，将面临支付赔偿金或恢复劳动关系和赔偿其他待遇损失的法律风险。另外，劳动者进入职业病鉴定程序和劳动能力认定程序的，双方的劳动关系也不因签订协商解除劳动合同协议而解除。具体的解除时间应当根据劳动者的相关鉴定结论而定，鉴定结论显示劳动者因工或因职业病致残等级符合法定的条件，用人单位才可解除或者终止劳动合同。上述观点也被《最高人民法院关于审理劳动争议案件适用法律问题的解释（二）（征求意见稿）》第二十二条认可，其规定："用人单位未按照国务院安全生产监督管理部门、卫生行政部门的规定组织从事接触职业病危害作业的劳动者进行离岗前的职业健康检查，双方协商一致解除劳动合同后，劳动者请求继续履行劳动合同的，人民法院应予支持，但有下列情形之一的除外：（一）一审法庭辩论终结前用人单位已经组织劳动者进行职业健康检查且经检查劳动者未患职业病

的；（二）用人单位组织劳动者进行职业健康检查，劳动者无正当理由拒绝检查的。”另外，人民法院案例库入库编号为 2023－07－2－186－006 案例的裁判要旨指出：“1. 用人单位安排从事接触职业病危害的作业的劳动者进行离岗职业健康检查是其法定义务，劳动者未明确已经知晓并放弃离岗前职业健康检查的权利的，该项义务并不因劳动者与用人单位协商一致解除劳动合同而免除。用人单位与劳动者协商一致解除劳动合同的，解除协议应认定无效。2. 在劳动者职业病鉴定结论未作出之前，双方的劳动关系并不因协议解除或者劳动合同到期终止。在经过职业病认定及劳动能力鉴定后，如妨碍双方劳动合同解除或者终止的情形均已消失，而用人单位亦无继续履行或者续订的意思表示，在符合终止劳动合同条件的情况下，双方的劳动关系可于劳动者职业病致残程度鉴定结果出具之日依法终止。”

典型风险 7：协商解除劳动合同后，用人单位未履行附随义务

用人单位未履行附随义务具体是指未履行后合同义务。用人单位不履行相关附随义务，将面临诸多法律风险。司法实践中，所有类型的劳动合同解除都伴有附随义务。根据相关法律法规，附随义务可分为用人单位的附随义务和劳动者的附随义务。

1. 用人单位的附随义务

（1）一次性付清劳动者工资的义务。

（2）按照双方约定，在办结工作交接时支付经济补偿的义务。

（3）职工因工致残被鉴定为五级至十级伤残的，经职工提出解除劳动关系，用人单位有依法支付伤残补助金的义务。

（4）签订了竞业限制协议并要求劳动者离职之后履行的，用人单位有支付补偿的义务。

（5）出具合规的解除或终止劳动合同证明的义务。该证明文件应起码具备劳动合同期限、解除或终止劳动合同的日期、工作岗位、在本单位的工作年限 4 个基本要素。

（6）15 日内办理档案和社会保险关系转移手续的义务。

（7）劳动者符合退休条件的，用人单位有为其办理退休手续的义务。

（8）退还扣押劳动者的证件及财物的义务。

（9）用人单位对已经解除或者终止的劳动合同的文本，有至少保存 2 年备查的义务。

（10）劳动合同解除后，用人单位有书面记录支付劳动者工资的数额、时间、领取者的姓名以及签字，并保存 2 年以上备查的义务。

2. 劳动者的附随义务

（1）按照双方约定，办理工作交接手续，归还相关物品的义务；

（2）签订了竞业限制协议并被要求离职之后履行的，劳动者有履行该协议的义务；

（3）签订了保密协议或约定了保密条款的，劳动者有保守商业秘密的义务。

司法实践中，用人单位拒不履行附随义务，如拒绝向劳动者出具终止或解除劳动关系证明或者未在15日内为劳动者办理档案和社会保险转移手续等，用人单位将面临赔偿劳动者相关损失的法律风险。

第二节　法务HR合规管理

一、对标劳动合同解除的类型

从用人单位便于合规管理的角度出发，劳动合同的解除类型可分为6类。第一类：双方协商一致解除（《劳动合同法》第三十六条）；第二类：劳动者预告（主动辞职）解除（《劳动合同法》第三十七条）；第三类：劳动者即时（被迫辞职）解除（《劳动合同法》第三十八条）；第四类：用人单位即时解除（《劳动合同法》第三十九条）；第五类：用人单位预告解除（《劳动合同法》第四十条）；第六类：用人单位经济性裁员（《劳动合同法》第四十一条）。其中，协商一致解除是用人单位在管理实践中首选的劳动合同解除类型。协商一致解除可分为两种具体情况：

1. 用人单位提出解除劳动合同的动议，并与劳动者协商一致；

2. 劳动者提出解除劳动合同的动议，并与用人单位协商一致。

需要注意，用人单位动议提出解除劳动合同，双方协商一致的，由用人单位支付经济补偿；劳动者动议的，则用人单位无须支付经济补偿。另外，在管理实践中，用人单位设置“军令状”等管理规则，令劳动者在完不成相关业绩的情况下“自动离职”，若劳动者未提请离职，则不属于协商一致解除。人民法院案例库入库编号为2023－07－2－186－009案例的裁判理由指出：“法院生效裁判认为，《中华人民共和国劳动合同法》对劳动合同的解除及终止的情形已作出明确规定。某通信公司主张曹某未达到销售人员‘军令状’的销售业绩自动离职，但曹某从未向某通信公司作出过解除劳动合同的意思表示。某通信公司表示双方系协商一致解除劳动合同，但提供的证据并不能证明其主张。此外，曹某虽在销售人员‘军令状’上签字，但在曹某的销售业绩达不到预期目标时，某通信公司应对其进行培训或者调整工作岗位，仍不能胜任工作的，某通信公司方可依法解除劳动合同。现某通信公司直接以曹某销售业绩未达到目标30%为由解除双方的劳动合同确属违法，应当依法向曹某支付违法解除劳动合同赔偿金。”

二、协商一致解除劳动合同的四大优势

（一）协商一致解除无解除对象的限制

（1）无劳动合同类型的限制。劳动合同的类型分为固定期限劳动合同、无固定期限劳动合同和以完成一定工作任务为期限的劳动合同。协商一致解除不区分劳动合同类型，各种类型的劳动合同均可协商解除。

（2）无劳动者具体类型的限制。无论是一般劳动者，还是三期女职工、医疗期职工、工伤职工，几乎所有类型的劳动者均可适用协商解除。

（二）协商一致解除无须说明解除事由

在劳动法的解除事由中，无论依据哪一种解除情形，用人单位都必须提供准确可供证明的解除事由。例如，试用期不符合录用条件、严重违反用人单位规章制度、医疗期满不能从事原工作也不能从事用人单位另行安排的工作、劳动者不能胜任工作等。协商一致解除劳动合同，只要双方自愿合法地签订相关协议，法律即赋予当事人合意的约束力，用人单位无须提供解除事由。

（三）协商一致解除无解除程序的要求

（1）无提前通知的程序要求。《劳动合同法》第三十七条规定，劳动者在试用期需提前3日通知用人单位解除劳动合同，非试用期需提前30日书面通知用人单位解除劳动合同；第四十条规定，用人单位在适用“非过错解雇”条款时，须提前30日以书面形式通知劳动者本人或者额外支付劳动者一个月工资后才可解除劳动合同。协商一致解除劳动合同不需要履行提前通知的程序性义务，原则上当下协商一致，当下即可解除。

（2）无事先将理由通知工会的义务。《劳动合同法》第四十三条规定：“用人单位单方解除劳动合同，应当事先将理由通知工会。……”《最高人民法院关于审理劳动争议案件适用法律问题的解释（一）》（法释〔2020〕26号）第四十七条规定：“建立了工会组织的用人单位解除劳动合同符合劳动合同法第三十九条、第四十条规定，但未按照劳动合同法第四十三条规定事先通知工会，劳动者以用人单位违法解除劳动合同为由请求用人单位支付赔偿金的，人民法院应予支持，但起诉前用人单位已经补正有关程序的除外。”协商一致解除劳动合同并无“事先通知工会”的要求。

（四）协商一致解除无复杂的送达要求

（1）用人单位单方解除劳动合同的，应当依法向劳动者送达解除通知。司法实践中送达方式可分为直接送达、留置送达、委托送达、邮寄送达、转交送达、电子送达、公告送达7种。根据相关规定，用人单位履行送达程序，必须按照先直接送达，再邮寄送达的顺序进行，只有在前述两种方式均无法送达，或者受送达劳动者下落不明的情况下，才可适用登报公告送达的方式。用人单位能用直接送达或邮寄送达而未用，直接采用公告送达，视为无效。

（2）协商一致解除劳动合同的，劳动者在相关协议上签字确认后，视为用人单位已履行了送达义务。

三、协商解除劳动合同谈判过程的合规管理

离职谈判并非法律问题，而谈判的表象是议价，其核心目的是成交。用人单位提出协商解除劳动合同时，劳动者为了追求利益最大化往往不会即刻在协商解除劳动合同协议上签字，用人单位应事先做好谈判准备并制定谈判策略。

1. 做好谈判准备

（1）要事先构建谈判思路。最好的谈判思路是站在劳动者角度，充分发挥共情能力为其谋求利益；次等的谈判思路是站在用人单位角度，适当制造压力使劳动者作出让步。当劳动者坚决不同意协商解除劳动合同或不接受谈判条件时，辅助的谈判思路可以选用变更劳动合同或用人单位单方法定解除劳动合同。

（2）要收集资料，对劳动者作背景分析。法务和HR要了解劳动者的性格特点、职业经历、经济情况、家庭情况、专业能力、人际关系、入职时间、劳动合同签订次数等，并对其是否能接受谈判条件作评估并进行劳动者不接受谈判条件后的价格准备。另外，还要收集劳动者是否构成用人单位可以单方解除劳动合同的法定情形，即使协商未果，用人单位还可行使单方解除权。

（3）要做好谈判前的细节准备工作。谈话地点应选择在宽敞、明亮、舒适的会议室，营造一个平等沟通，坦诚交流的轻松环境；谈话的时间不宜过短，20分钟至30分钟为宜；提前制作好面谈的书面资料，如辞职报告、离职申请书、工作交接表、协商解除劳动合同协议书等。法务和HR制作的《协商解除劳动合同协议》中要使用“协议”字样，禁止使用“通知”字样；要使用“解除”字样，禁止使用“终止”字样。协议内容要准确表达“双方经协商一致，解除劳动合同”的意思，不能使用“准备解除”“希望解除”等不准确的词语。测算解除成本，制定可替代性的价格方案，并获得内部审批等。

（4）要掌握协商的语言技巧。法务和HR在谈判的过程中，第一，要适当放低

身段，禁止威胁，避免地位不平等；第二，要争取劳动者同情，不要利用信息差误导员工，避免引发情绪对立；第三，要在关键节点据理力争，不说没有证据的话，增加适当压力；第四，要积极寻求一致，多真诚少套路，避免扩大分歧；第五，要描述事实，兑现承诺，避免失信于人。

（5）要凸显协商解除方案的优势。法务和 HR 在充分了解劳动者需求的前提下，可从经济补偿基数、经济补偿年限、除经济补偿外的其他待遇、解除形式、职业发展规划等角度，站在劳动者的角度，体察劳动者的心理，为其分析现实收益和描绘未来，使劳动者感受到公司的诚意。

（6）要告知劳动者协商解除的截止期限。用人单位并不能无限期协商，要为协商设定截止时间，这是一种理性的施压方式，能有效促进协商进程。

2. 制定谈判策略

（1）慢节奏策略。协商解除谈判进程宜慢不宜快，用人单位不能急于求成。

（2）多角度策略。代表用人单位的谈判主体要多元化，不局限于人力资源管理部门。

（3）快准狠策略。制定协商失败后的绩效考核、调岗调薪、中止劳动关系、停薪留职等后备处理方案，同时还要收集劳动者是否有违反劳动纪律、违反规章制度、不能胜任工作、严重失职的相关证据，为法定解除作准备性工作或以此为由给谈判施加压力。

四、协商解除劳动合同协议的合规管理

（一）协议应确定提出解除的动议方

因动议方决定了用人单位是否需要支付经济补偿、经济补偿的金额的多少以及劳动者能否领取失业金，因此确定提出协商解除劳动合同的动议方至关重要。当劳动者提出协商解除劳动合同时，用人单位务必在协议中予以明确，此举可避免支付经济补偿。如协议中只写明“经双方友好协商”，并未明确动议方，在劳动者认为是用人单位动议时，而用人单位不能证明是劳动者动议的，就有可能被视为用人单位提出且经双方协商一致解除劳动合同。协商解除劳动合同协议的开始要写明：“由乙方（或甲方）提出，并经甲方（或乙方）同意，双方协商一致，就解除劳动合同达成如下协议。”因为裁判机关判断用人单位与劳动者是否就协商解除达成一致，主要是审查双方就解除形式和解除日期是否达成合意。所以用人单位应保留协商过程中的文件、音频、视频、相关沟通记录等“全过程性”的证据，使协商“留痕”，用以避免因不能确定动议方或难以判断是否属于协商解除而引发的争议。

（二）协议应明确7个关键时间点

1. 劳动者的入职时间。劳动者的入职时间基本等同于劳动关系的建立时间。用人单位自用工之日起与劳动者建立劳动关系，并开始承担法定的用工责任。《社会保险法》第五十八条第一款规定："用人单位应当自用工之日起三十日内为其职工向社会保险经办机构申请办理社会保险登记。未办理社会保险登记的，由社会保险经办机构核定其应当缴纳的社会保险费。"《住房公积金管理条例》第十五条第一款规定："单位录用职工的，应当自录用之日起30日内到住房公积金管理中心办理缴存登记，并办理职工住房公积金账户的设立或者转移手续。"根据上述规定，如果用人单位被认定劳动者入职时间早于缴纳五险一金的时间，即便是双方在协商解除劳动合同协议中约定了无争议条款，但因缴纳五险一金是法定义务，用人单位仍可能因为"漏缴"而承担法律责任。协商解除劳动合同协议中应明确劳动者的入职时间，该入职时间也应尽可能与用人单位缴纳五险一金的月份相对应。

2. 劳动合同解除时间。劳动合同解除时间与工资支付日期、五险一金缴纳截止月份、未休年休假工资计算、确定经济补偿年限等事项有直接关系。管理实践中，协商解除劳动合同确定具体的解除时间一般存在两种情形：一种是当日签订协商解除劳动合同协议当日解除劳动合同；另一种是约定在签订协商解除劳动合同协议之日后的某个具体时间解除劳动合同。用人单位在确定解除劳动合同的具体时间时应精确到秒，例如，双方经协商一致，确定劳动合同于某年某月某日某时某秒解除。那么，精确到"秒"是否有小题大做之嫌？

劳动部《关于实行劳动合同制度若干问题的通知》（劳部发〔1996〕354号）第五条第二款规定："劳动合同的终止时间，应当以劳动合同期限最后一日的二十四时为准。"《民法典》第二百零三条第二款的规定："期间的最后一日的截止时间为二十四时；有业务时间的，停止业务活动的时间为截止时间。"第二百零四条规定："期间的计算方法依照本法的规定，但是法律另有规定或者当事人另有约定的除外。"根据上述规定，确定劳动合同解除的具体时间有3种模式。第一种模式：参照劳动部的规定，以终止时间确定解除时间，即解除时间确定为当日的24时；第二种模式：参照业务停止时间确定解除时间，即用人单位下班时间为解除劳动合同的时间；第三种模式：以双方约定的解除时间为准。因为在相关案件中出现过类似情形：劳资双方协商解除劳动合同的时间为签订协议的当日，劳动者签订协议后离开用人单位，并于当日24时之前发生交通事故，后被认定为工伤，加之用人单位未为劳动者购买工伤保险，用人单位被判令向劳动者支付工伤保险待遇。所以，用人单位应本着理性态度，选用上述第三种模式与劳动者约定具体到"秒"的劳动合同解除时间，虽"小题大做"，却成功防范了相关法律风险。

3. 债务清偿日期。劳动者向用人单位借款用于个人事务，或由于其他原因对用人单位负有赔偿责任的，用人单位应在劳动合同解除日之前令劳动者履行偿还义务，劳动者无法偿还欠款的，应在解除协议中明确偿还的具体金额、日期和方式，或约定从相应经济补偿中作抵扣处理。

4. 考勤记录的截止日期。考勤记录的截止日期以劳动者最后的实际出勤日确定。用人单位应按照《工资支付暂行规定》（劳部发〔1994〕489 号）第九条“劳动关系双方依法解除或终止劳动合同时，用人单位应在解除或终止劳动合同时一次付清劳动者工资”的规定，结合劳动者的实际出勤情况计算工资数额，在劳动合同解除当日一次付清劳动者工资。当然，用人单位因工资支付周期的缘故，可以与劳动者在解除协议中另外约定支付工资的其他时间。

5. 五险一金缴纳截止月份。五险一金缴纳的截止日期并不是劳动合同解除日期，也不是工资支付的日期。离职劳动者的五险一金是否缴纳到离职当月要看地区政策，有些地区是当月缴纳当月的费用，有些地方是下月缴纳上月的费用。一般情况下，如果劳动者的离职时间确定在解除月的 15 日之前，用人单位在办理了社保减员手续后，当月就不用给劳动者缴纳社会保险；如果劳动者的离职时间确定在解除月的 15 日之后，因用人单位无法办理社保减员手续，此时仍需要为该职工缴纳社会保险费。用人单位要根据当地当时的政策确定为离职员工缴纳五险一金的截止月份。

6. 办理工作交接的截止日期。《劳动合同法》第五十条第二款规定：“劳动者应当按照双方约定，办理工作交接。用人单位依照本法有关规定应当向劳动者支付经济补偿的，在办结工作交接时支付。”根据上述规定，用人单位可以在相关合同协议中约定办理工作交接的条款，将办结工作交接设定成用人单位支付经济补偿的前置生效条件。用人单位未提前在劳动合同中或规章制度中设定办理工作交接的具体条款时，亦可在《协商解除劳动合同协议》中进行补充约定。用人单位设定办理工作交接的截止日期的，应将工作交接截止日设定在劳动合同解除日之前，并辅助以相关流程和表单工具。因为司法实践中出现过劳动者在协商解除劳动合同的次日前往用人单位办理工作交接的过程中，出现交通事故被认定为工伤的个别案例，所以用人单位不宜将工作交接的截止日扩展至劳动合同解除日之后。

7. 经济补偿的支付日期。是否办结工作交接是确定用人单位支付经济补偿日期的法定依据，并非劳动合同解除之日，用人单位应将办结工作交接作为支付经济补偿的前置条件之一。经济补偿的支付日期可以是固定的也可以不固定，将工作交接完成之日作为经济补偿的支付之日能够避免劳动者恶意或不配合工作交接给用人单位带来的法律风险。

（三）协议应健全6个必备条款

结合管理实践和司法实践中的经验，协商解除劳动合同协议的主体条款模型可以设计成“无欺诈条款＋列举条款＋弃权条款＋结算条款＋违约责任条款＋主体适格条款”的组合。示范如下。

1. 无欺诈条款。示范：乙方（劳动者）确认：在签订本协议前，甲方（用人单位）已经向乙方就《劳动法》《劳动合同法》等法律法规及乙方自身的权益进行了充分的告知和讲解；在签订本协议时，甲方给予了乙方充分阅读协议条款的时间和解答相关疑问的时间，乙方充分理解相关法律法规、协议内容及自身的相关权益。本协议是甲方与乙方在进行了充分沟通和协商一致的基础上签订，是双方真实意思的表达，甲方不存在欺诈、胁迫、乘人之危的情形，乙方对协议内容无重大误解。

2. 列举条款。示范：本协议所列之费用包括但不限于未结算的工资、绩效提成、应休未休的年休假工资、加班费、值班费、防暑降温费、冬季取暖补贴费、经济补偿、赔偿金、罚金、津贴、补贴、代通知金、年终奖、其他类型的奖金、五险一金差额、因工作产生的借款、预支款及各类法定或约定的福利待遇。

3. 弃权条款。弃权条款往往紧随列举条款之后。设置弃权条款要以不损害国家利益和第三人利益为前提条件。劳动者可以部分或完全放弃自身的劳动利益，如经济补偿，属于双方意思自治的范畴；劳动者放弃用人单位补缴五险一金，因违反强制性规定，属于无效条款。示范：乙方确认并承诺，本协议所述之费用皆为甲乙双方自愿协商之数额，该费用是甲方向乙方支付的最终的、所有的款项，即使部分款项与法定标准有出入，仍为乙方自愿对其合法权利进行的适当处分和主动放弃，乙方不得以重大误解或显失公平等为由主张撤销本协议或确认本协议无效。

4. 结算条款。结算条款即兜底条款。示范：甲方支付乙方本协议所列费用后，双方所有的权利义务即行终结，甲方不再负有任何支付义务。乙方不再因为原劳动合同的履行、变更、解除向甲方要求支付其他费用、补偿或赔偿，双方之间再无基于劳动关系前提下的任何债权、债务关系，双方确认无任何劳动争议。

在制定结算条款时，用人单位还需注意两点。第一，劳动者是否与用人单位还有其他诸如民间借贷的争议，如有相关争议应调整条款内容。第二，用人单位是否未按规定时间、规定险种、规定基数为劳动者缴纳社会保险费和住房公积金，劳动者是否有投诉要求补缴或诉讼索要社保损失赔偿的可能。如有可能，用人单位可就未依法为劳动者缴纳社会保险费和住房公积金产生的相关差额与劳动者进行协商，可约定协议解除的总费用中包含相关差额，或将五险一金差额费用采用单列的方式支付给劳动者，虽然劳动者日后仍有投诉或诉讼的可能，但此时用人单位有理由要求劳动者返还早已支付的五险一金差额部分。

5. 违约责任条款。《劳动合同法》第二十五条规定只能在培训服务期协议和竞业限制协议中向劳动者约定违约金。该条的立法本意是限制用人单位滥用违约金制度。但在《协商解除劳动关系协议》中是否能够约定劳动者的违约责任呢？实际上，该违约责任本质上属于一种惩罚性的违约赔偿，并不与劳动法相冲突。用人单位与劳动者就离职后的权利义务约定违约责任，并不违反法律规定，应视为有效约定。示范：乙方充分理解并不可撤销地承诺，乙方不得以任何方式对甲方进行诋毁、诽谤、恶意中伤或进行任何有损甲方形象和利益的行为，亦不得再提起任何异议程序主张劳动权利，包括但不限于民事诉讼、劳动仲裁、劳动监察及各种形式的投诉举报等，否则属于乙方根本违约。乙方承诺向甲方返还已经收到的所有款项，并以得到甲方支付的款项总额为基数，按中国人民银行授权全国银行间同业拆借中心每月20日发布的一年期贷款市场报价利率（LPR）的4倍标准向甲方支付资金占用损失，同时向甲方支付违约赔偿金____元。

6. 主体适格条款。示范：乙方确认，签订该协议时，本人身体健康、精神正常、无重大疾病、无工伤，女职工未处于孕期、产期和哺乳期。

（四）其他8个补充性条款

用人单位可根据本单位的实际需要，设计诸如税前条款、培训与服务期条款（提前结束）、竞业限制条款（放弃或继续履行）、保守商业秘密条款、保守协议秘密条款、知识产权条款、工作交接流程条款、经济补偿支付附加条件条款等，就上述补充性条款的设计，本书不再细化讲解。

第三节　合规工具应用

合规工具27：《协商解除劳动合同协议》

协商解除劳动合同协议

甲方（用人单位）：________________________（企业全称）

乙方（劳动者）：__________________________（身份证姓名）

身份证号码：______________________________

甲、乙双方签订了书面劳动合同。甲乙双方经过友好协商，根据中华人民共和国法律法规，就劳动合同解除事宜，达成一致，签订如下协议。

一、经____提出，双方协商一致，双方劳动合同于____年____月____日____时____分____秒解除，双方劳动关系终止。乙方的入职时间为____年____月____日。考勤记录截止日期为____年____月____日（如解除前有休假，以具体考勤记录为准）。甲方为乙方缴纳社会保险费至____年____月止，缴纳公积金费用至____年____月止。

二、甲方于____年____月____日向乙方一次性支付______元（大写：____________________），该费用为甲乙双方解除劳动合同的一次性对价补偿，包括但不限于未结算的工资、绩效提成、应休未休的年休假工资、加班费、值班费、防暑降温费、冬季取暖补贴费、经济补偿、赔偿金、罚金、津贴、补贴、代通知金、年终奖、其他类型的奖金、五险一金差额、因工作产生的借款、预支款及各类法定或约定的福利待遇。乙方确认并承诺，本协议所述之费用皆为甲乙双方自愿协商之数额，该费用是甲方向乙方支付的最终的、所有的款项，即使部分款项与法定标准有出入，仍为乙方自愿对其合法权利进行的适当处分和主动放弃，乙方不以存在重大误解或显失公平等为由主张撤销本协议或确认本协议无效。与上述所有款项相关的个人所得税由乙方个人依法承担，由甲方在此款项中依法代扣代缴。

三、甲乙双方一致确认：甲方支付乙方本协议所列费用后，双方所有的权利义务即行终结，甲方不再负有任何支付义务，乙方不再享有甲方的任何权益（包括期权、股权、债权或其他权益）。乙方不再因为原劳动合同的履行、变更、解除，向甲方要求支付其他任何费用、补偿或赔偿，双方之间再无基于劳动关系前提下的任何债权、债务关系，双方确认无任何劳动争议。

四、乙方充分理解并不可撤销地承诺，乙方不得以任何方式对甲方进行诋毁、诽谤、恶意中伤或进行任何有损甲方形象或利益的行为，也不得再提起任何异议程序，包括但不限于民事诉讼、劳动仲裁、劳动监察及各类投诉举报等，否则，属于乙方根本违约。乙方承诺向甲方返还已经收到的所有款项，并以得到甲方支付的款项总额为基数，按中国人民银行授权全国银行间同业拆借中心每月 20 日发布的一年期贷款市场报价利率（LPR）的 4 倍标准____% 支付资金占用损失，同时支付甲方违约赔偿金____元。

五、乙方办理工作交接的截止日期为____年____月____日____时____分。乙方确认，办理完结工作交接是甲方支付经济补偿的前提条件之一，甲方有权在乙方完成交接工作或乙方完成约定的其他条件后向乙方支付上述所有费用。如乙方交接不清，恶意或不配合交接工作，导致甲方损失，其应承担赔偿责任。完成交接工作以《离职交接单》为准。同时，甲方按照当地人力资源和社会保障局的规定为乙方办理退工退档及社会保险减员手续，乙方应当予以配合。由于乙方原因导致无法正常办理上述手续的，甲方不承担责任，导致甲方损失的，甲方有权向乙方追偿。支付经济补偿的条件约定：____。

六、乙方承诺保守在与甲方劳动关系存续期间所获得或知悉的甲方或其关联公司的各种信息及商业秘密，包括不限于客户资料、技术参数、商业情报等，不披露、不谈论或透露给任何个人、实体或组织，包括不用于乙方个人用途。乙方不直接或间接地、有偿或无偿地，试图引诱、引诱或协助他人引诱甲方内部管理人员或掌握商业秘密的人员离开甲方单位。

七、双方确认：本协议第二条约定的一次性对价补偿包括对乙方在甲方的关联公司，包括但不限于集团公司、母公司、子公司、分公司、投资项目等期间基于借调关系、劳动关系等可能获得的全部补偿，乙方与甲方的关联企业再无任何争议。乙方不会以甲方及甲方的关联公司、董事、股东、管理人员、在职或离职员工为对象进行投诉举报、申请劳动仲裁、申请劳动监察、提起诉讼以及其他追究法律责任的司法和行政请求。

八、知识产权特别约定：____。

九、服务期协议特别约定：____。

十、竞业限制特别约定：____。

十一、债权清偿特别约定：____。

十二、乙方保证本协议内容不被泄露，否则向甲方支付违约金____元。

十三、乙方确认：在签订本协议前，甲方已经向乙方就《劳动法》《劳动合同法》等法律法规及乙方自身的权益进行了充分的告知和讲解；在签订本协议时，甲方给予了乙方充分阅读协议条款的时间和解答相关疑问的时间，乙方充分理解相关法律法规、协议内容及自身的相关权益。本协议是甲方与乙方在进行了充分沟通和协商一致的基础上签订，是双方真实意思的表达，甲方不存在欺诈、胁迫、乘人之危的情形，乙方对协议内容无重大误解。乙方确认，签订该协议时本人身体健康、精神正常，无重大疾病、三期或工伤等情况，在协议签订后，乙方无权请求撤销。

十四、本协议自双方签字盖章后生效，壹式叁份，甲方持两份，乙方已领取其中一份。

甲方（公章）： 乙方（签字）： 手印：

日期： 年 月 日 日期： 年 月 日

合规工具28：《协商解除劳动合同通知书》

协商解除劳动合同通知书

________女士/男士：

你（身份证号码：________________________）于______年____月____日与我公司签订了《劳动合同》（合同编号：____________________）。现经双方协商一致，双方均同意____年____月____日____时____分终止履行上述编号的劳动合同，即解除双方的劳动关系，且你已收到公司按照协议约定一次性支付的经济补偿人民币______________元（大写：______________元）。

特此通知及确认！（本通知一式两份，通知方与被通知方各执一份，具有同等效力。）

公司（公章）：

日期：　　年　　月　　日

员工确认：

本人已收到《协商解除劳动合同通知书》，并确认该通知书的内容真实无误！

员工（签字）：

日期：　　年　　月　　日

>>> 第六章 <<<

劳动合同解除的合规管理（劳动者辞职）

在劳动法的框架下，劳动者拥有自由辞职权，当劳动者即刻辞职或不辞而别时，用人单位往往被动至极。此外，当用人单位存有过错时，劳动者还可能被迫辞职，导致用人单位的用工成本增加。本章将重点探讨劳动者主动辞职、被迫辞职等环节的典型法律风险及实务合规管理。

第一节　劳动合同解除的典型法律风险（劳动者辞职）

典型风险1：劳动者主动辞职不满足法定条件和程序

劳动者辞职可分为主动辞职和被迫辞职两种。劳动者主动辞职（解除），是劳动法基于倾斜保护原则赋予劳动者单方消灭劳动关系的特殊权利，是一种用人单位不能限制的单方自由解除权。司法实务领域一般称这种单方自由解除权为无因解除权、无条件解除权、自由解除权、特别解除权、预告解除权等。单方自由解除权的行使，不以任何法定事由和约定事由为要件，且无须以用人单位同意或存有过错为前提条件，自辞职通知送达用人单位即行生效。该解除权体现的“自由”程度极高，它的生效并不受劳动合同属于何种类型、劳动合同期限是否到期、用人单位是否批准、劳动者是否办结工作交接手续、劳动者是否拥有用人单位某种期权、股票及预付的某种财物、是否给用人单位的生产经营造成较大经济损失等条件的限制，甚至劳动者在签订了培训服务期协议的前提下也愿意以支付违约金为代价以便行使该权利。单方自由解除权系形成权，自劳动者的意思表示到达用人单位时生效，且劳动者在劳动合同履行期内单方解除并不构成劳动合同违约。该解除权的行使也因劳动者动议在先，除符合《劳动合同法》第三十八条规定或双方另有约定外，劳动者并不能获得经济补偿或赔偿金。

虽然劳动法并未对劳动者主动辞职的实体理由进行限制，但并不代表法律完全不会在相关条件和程序上予以规制。《劳动合同法》第三十七条明确规定：“劳动者提前三十日以书面形式通知用人单位，可以解除劳动合同。劳动者在试用期内提前三日通知用人单位，可以解除劳动合同。”上述规定是对劳动者主动辞职的全部要求，即劳动者行使单方自由解除权需要履行“提前通知”义务，即试用期提前3日通知用人单位，通知形式不限；非试用期提前30日通知用人单位，必须采用书面形式。“提前通知”大多被认为是劳动者的一种程序性义务而非一种解雇保护性的权利，设置提前通知期的立法本意也是为了给用人单位提供充足的宽限期，用以办结工作交接手续和寻找合格的替代者，以实现劳动关系双方的利益平衡。值得注意的是，《劳动合同法》第三十七条的规定明显与《劳动法》第三十二条对劳动者在试用期内可以随时通知用人单位解除劳动合同的规定不一致，此时应以“新法优于旧法”的法律适用规则为准。另外，《劳动合同法》第九十条规定：“劳动者违反本法规定解除劳动合同，或者违反劳动合同中约定的保密义务或者竞业限制，给用人单位造成损失的，应当承担赔偿责任。”根据这一规定，劳动者未依法完成“提前通知”的程序和不具备“采用书面形式”的条件，可视为劳动者违法解除劳动合同，并根据是否给用人单位造成了经济损失而认定是否需要承担赔偿责任，除此之外，法律并未规定劳动者其他应当承担的法律责任。需要强调的是，即使劳动者违法解除劳动合同，也不会影响解除劳动合同的最终效果。用人单位在自证因劳动者违法解除导致经济损失的前提下可以要求赔偿，但双方的劳动关系业已终结。

司法实践中，劳动者主动辞职未满足法定条件和程序的，用人单位面临以下诸多法律风险。

（1）劳动者未采用书面形式辞职，用人单位即通知劳动者离职。在非试用期期间，劳动者主动辞职未采用书面形式，其辞职意思不能被证明的，用人单位否认时，裁判机关一般会认定劳动者单方解除劳动合同的行为无效，双方的劳动关系并未解除。反之，劳动者采用口头、打电话（用人单位未录音）甚至不辞而别等形式表示辞职，用人单位在没有落实“书面形式”的情况下，即出现批准劳动者离职、出具解除劳动合同证明书或退工证明、要求劳动者办理工作交接等手续、办理退档、社保减员手续等行为，若劳动者反悔申请仲裁，主张系用人单位违法解除或无过错辞退时，用人单位被判支付经济补偿或赔偿金的概率较大。用人单位不能证明劳动者辞职系其个人原因，是该类法律风险的焦点所在。一方面，用人单位应完善规章制度中的辞职流程，并制作如《辞职通知》《辞职申请书》《解除劳动关系通知书（劳动者）》等工具表单，使辞职“面对面”。另一方面，用人单位也可与劳动者通过其他形式再次确认其辞职的意思表示已经送达用人单位，包括但不限于劳动者的实名微信、实名邮箱或单位内部办公平台等形式。

（2）劳动者即辞即别或虽提前通知却未满30日。在非试用期期间，劳动者主动辞职虽然递交了辞职通知，但当时或次日就不再上班了，可称这种情形为“即辞即别”。与之类似，劳动者也递交了辞职通知，却在极短时间（3日、5日不等）内不再上班，可称这种情形为“急辞”。以上两种情况的共同点在于履行提前通知义务均未满30日，区别在于留给用人单位反应时间的长短程度不同。管理实践中，用人单位往往采用劳动合同约定或规章制度规定的方式“限制”劳动者的辞职权以期化被动为主动，如制定未经批准不许离职条款、未办结工作交接不许离职条款、未完成工作任务或项目不许离职条款、服务期未满不许离职条款、未完成离职审计不许离职条款、未返还公司欠款不许离职条款等，上述种种限制条款因排除了劳动者的自由解除之权而自始至终无效。另外，用人单位还经常采用扣发最后一个月的工资用以抵扣损失、拒绝办理档案和社会保险转移手续的方式予以对抗，但此举增加了支付经济补偿和相关赔偿的法律风险。劳动者拥有绝对的辞职权，无论是即辞即别还是急辞，用人单位都不能阻止，而现行劳动法仅赋予了用人单位损失赔偿请求权。所以，用人单位为了弥补相应损失还应从举证经济损失的角度入手。《违反〈劳动法〉有关劳动合同规定的赔偿办法》（劳部发〔1995〕223号）第四条规定：“劳动者违反规定或劳动合同的约定解除劳动合同，对用人单位造成损失的，劳动者应赔偿用人单位下列损失：（一）用人单位招收录用其所支付的费用；（二）用人单位为其支付的培训费用，双方另有约定的按约定办理；（三）对生产、经营和工作造成的直接经济损失；（四）劳动合同约定的其他赔偿费用。”用人单位在依据上述规定收集相关损失的证据的基础上，还应准确把握劳动者构成赔偿责任的3个要件：第一，劳动者有违法解除劳动合同的行为；第二，有给用人单位造成实质损害并有经济损失的事实；第三，违法行为和损害事实之间具有因果关系。司法实践中，在用人单位因劳动者违法解除劳动合同主张赔偿的案件中，用人单位经济损失费的认定问题往往成为争议的焦点。在用人单位提供证据不充分的情况下，裁判机关有时也会根据劳动者离职前的工资标准、工作岗位的性质、工作年限等情况酌情认定经济损失的数额。另外，上述劳部发〔1995〕223号文件第四条第（四）项中的“劳动合同约定的其他赔偿费用”，并不能理解为用人单位可以就劳动者违法解除劳动合同约定一个具体的赔偿金额，因赔偿损失的适用条件是违约行为造成了财产损失，赔偿金额因违约程度高低而不同，而提前约定一个具体的赔偿金额并不符合赔偿损失的法理特点，所以提前约定的赔偿金其实质为违约金。然而，劳动法又有除培训服务期和竞业限制可以约定违约金外，用人单位不得与劳动者约定由劳动者承担违约金的强制性规定。所以，“其他赔偿费用”应理解为具备上述构成劳动者赔偿责任三要件的其他未经列举的经济损失为宜。

（3）劳动者不辞而别，用人单位视为其自动离职。劳动者不辞而别是严重违反劳动纪律的行为，但并不能直接认定为劳动者违法解除劳动合同。劳动法并不认可劳动者长期未提供劳动的行为可以自动推定属于劳动者是在用行动作出辞职意思表示的劳动关系终结方式。简言之，劳动者不辞而别没有以书面形式作出解除劳动合同的意思表示，用人单位也未依法行使解除权，双方的劳动关系并不当然终止。管理实践中，用人单位有时对不辞而别的劳动者听之任之，认为其是“自动离职”并可“相安无事”，加之用人单位并无过错，便更加确认双方的劳动关系已“自生自灭”。但值得注意的是，虽然劳动法中曾经出现过自动离职的概念，但随着相关文件的废止，以自动离职为由解除劳动合同已无任何法律依据。因此，用人单位应积极调整因劳动者不辞而别视为其“自动离职”的传统观念，并要依法调整规章制度中的相关条款，还要积极履行催告义务，为行使法定解除权创造条件。劳动者有时会认为，劳动关系既然依法建立，也应当依法解除，劳动法并没有劳动关系可以“自生自灭”的规定，用人单位在没有充分证据证明劳动关系已经解除的情况下就应该承担相关的用工责任。基于这样的想法，劳动者一旦申请仲裁，要求补发不辞而别期间的工资、生活费和补缴社会保险费和住房公积金，要求支付社会保险待遇损失，要求继续履行原劳动合同，甚至以用人单位未及时足额支付劳动报酬、未依法缴纳社会保险费为由被迫离职主张经济补偿，用人单位或将增加诉累和面临一定的法律风险。司法实践中，把劳动者长期未向用人单位提供劳动，用人单位也长期未向劳动者支付薪资待遇，且用人单位又未依法行使劳动合同解除权的劳动关系真空状态，俗称为“长期两不找”。“长期两不找”引发的劳动争议焦点问题一般有两个：其一，“长期两不找”期间是否存在劳动关系；其二，用人单位是否应该支付和承担“长期两不找”期间的工资、生活费及相应的法定或约定的福利待遇。针对上述问题，我们分别来看吉林省、上海市、四川省、广州市的4种不同观点。

《吉林省高级人民法院关于审理劳动争议案件法律适用问题的解答（二）》第一条“劳动关系认定”规定：“1. 劳动者与用人单位‘长期两不找’，双方就确认劳动关系、薪资福利、解除劳动关系、社会保险等发生争议的，如何处理？除用人单位提供证据证明劳动合同已经解除或终止外，劳动者要求确认劳动关系的，应予以支持；由于未付出劳动，除劳动者提供证据证明存在法定或约定事由外，劳动者请求支付工资、福利、生活费、社会保险待遇损失、解除劳动关系经济补偿、赔偿金等诉讼请求的，不予支持。”

《上海市高级人民法院民一庭关于审理劳动争议案件若干问题的解答》第十二条规定：“劳动合同履行过程中，劳动者长期未提供正常劳动，用人单位又未依法解除劳动关系的，双方之间的关系如何认定？劳动者长期不提供正常劳动，用人单位又未解除劳动关系的，可以认定双方劳动关系处于中止履行状态，中止履行期间用人单位和劳动者不存在劳动法上的权利义务关系。”

《四川省高级人民法院、四川省劳动人事争议仲裁委员会关于审理劳动争议案件有关问题的会议纪要》（川高法〔2020〕39 号）第四条规定：“劳动者长期未向用人单位提供劳动，用人单位长期不向劳动者支付劳动报酬等相关待遇，可以认定劳动关系处于事实解除状态，在此期间双方不享有和承担劳动法上的权利义务。”

《广州市中级人民法院劳动人事争议纠纷案件审判参考》第一百八十一条规定：“劳动者与用人单位均无法证明劳动者的离职原因，可视为用人单位提出且经双方协商一致解除劳动合同，用人单位应向劳动者支付经济补偿金。”

分析上述意见并结合相关案例分析，司法实践中主要存在 4 种观点。

第一种观点，劳动关系存续说。这种观点认为劳动立法规定了劳动关系严格的适用条件和解除程序，其并不能“自生自灭”。劳动争议案件实行的是举证责任倒置原则，用人单位应当对劳动合同解除或终止负有举证责任，当举证不能时，即使劳动者长期未提供劳动，双方的劳动关系也不能当然解除，劳动者要求确认劳动关系的应当支持。

第二种观点，劳动合同（关系）中止说。这种观点未否定用人单位和劳动者之间存在劳动关系，但劳动合同可被认定处于中止履行状态，中止履行期间用人单位和劳动者互不存在劳动法上的权利义务关系。

第三种观点，劳动关系解除或终止说。这种观点认为劳动者未提供劳动，未参与用人单位的具体生产管理活动和生产经营活动，未让渡自己的劳动力使用权，既不能体现劳动关系的从属性、人身依附性和财产属性，也不能完全符合劳动和社会保障部[①]《关于确立劳动关系有关事项的通知》（劳部发〔2005〕12 号）“劳动关系三要素”的规定，双方的劳动关系基础不复存在，应当从劳动者不提供劳动之日起，认定双方劳动关系解除。

第四种观点，协商一致解除说。这种观点视为用人单位提出且经双方协商一致解除劳动合同，并判令向劳动者支付经济补偿。

关于“长期两不找”如何认定劳动关系的问题，因为形成案件的具体原因和双方当事人的具体诉求各有不同，加之全国各地的裁判方式并不一致，不能仅以上述观点一概而论。虽然根据最高人民法院的相关判例可以推断“劳动合同（关系）中止说”或许会成为未来的主流观点，但用人单位不应依据具体的说理而选择观点站

① 现为人力资源和社会保障部，后文不再赘述。

队，需要结合当时当地的具体司法实践进行综合确认。

对于用人单位是否应支付“长期两不找”期间的工资、生活费及相应福利待遇的问题，全国各地的处理方式基本统一认定为“长期两不找”期间劳动者与用人单位不享有和承担劳动法上的权利和义务。但是，基本观点之外有时也有例外。《辽宁省高级人民法院民一庭劳动人事争议及劳务纠纷案件审判问题解答》问题35中有参考意见：“如果劳动者没有法定事由长期不在单位从事劳动，用人单位也未按照法律规定解除其劳动关系的，用人单位应当按照最低工资标准承担该劳动者的生活费和相应的社会保险费用。”所以，用人单位不能想当然地认为其不需要承担劳动法上的义务而放纵劳动者不辞而别的行为，也不能视“长期两不找”情形而不见。除了上述劳动者不辞而别的情形外，造成“长期两不找”的情形有很多种，但无论何种情形，其核心问题在于用人单位未对长期不提供劳动的劳动者办理离职手续或未保留解除劳动关系的关键性证据。据此，用人单位应积极作为，规避不必要的法律风险。

典型风险2：辞职预告期内，用人单位要求劳动者提前离职或辞退劳动者

劳动者依照法定的条件和程序提出辞职，从辞职意思被送达到最终离职，有30日的辞职预告期。在辞职预告期内，劳动者提前离职的，用人单位除行使赔偿请求权外并无更好的应对之法。但如果用人单位要求劳动者当时或提前离职，甚至基于某些原因要在辞职预告期内对劳动者进行过失性辞退，是否存在法律风险呢？

1. 辞职预告期内，用人单位要求劳动者提前离职

《劳动合同法》第三十七条规定，劳动者提前30日以书面形式通知用人单位，可以解除劳动合同。该条是关于劳动者单方自由解除劳动合同条件性和程序性的规定。司法实践中对于在30日的辞职预告期内用人单位是否能够要求劳动者提前离职存在两种观点。

第一种观点认为，劳动者享有30日辞职预告的权利，用人单位无权要求劳动者提前离职。一方面，依据法律规定，劳动者的单方自由解除权必须经过预告，并经预告期满之后，才发生解除劳动合同的后果；另一方面，辞职预告期内，劳动合同依然有效，劳动关系仍可存在，劳资双方仍要继续履行劳动合同，且辞职预告期还让劳动者对未来30日能够获得劳动报酬产生合理预期，用人单位必须等到劳动者辞职意思被送达满30日后才可要求其离职，故要求劳动者提前离职的行为，剥夺和侵犯了劳动者的劳动权和获取劳动报酬的权利。在这种观点下，用人单位欲使劳动者提前离职，非协商一致所不能。

第二种观点认为，辞职提前预告是劳动者行使单方解除权的附随义务，用人单位有要求劳动者提前离职的权利。一方面，辞职预告期的立法本意是限制劳动者的任意辞职权，预留充足的时间来弥补用人单位的岗位空缺，“提前三十日通知”是赋予用人单位的一种权利而并非义务，用人单位因此获得确认解除劳动合同具体时间的权利，基于权利可以放弃的原则，用人单位可以放弃“预告期利益”。另一方面，现有法律法规并未规定用人单位必须等到劳动者通知辞职30日以后才能同意劳动者离职。所以，劳动者与用人单位的劳动合同是否必须履行至30日的辞职预告期满则完全取决于用人单位。

通常情况下，劳动者会有先入为主的思维模式，认为送达辞职通知后仍会有30日履行劳动合同的法定权利，在用人单位通知其提前离职后，劳动者往往“措手不及”并认为用人单位属于违法解除，进而可能会提起仲裁主张赔偿金。需要注意的是，劳动法并未对上述情况作出明确的规定，以至于劳动者“望文生义”，而用人单位又找不到法律依据，导致产生诸多纠纷。结合相关判决，第二种观点被认为是目前的主流观点。但审慎起见，用人单位不应主动要求劳动者提前离职，确有必要的，可与劳动者协商，必要时可以以劳动者的日工资为基数，结合提前离职的具体天数，给予劳动者一定的补偿。如果从合规的角度出发，用人单位还应在劳动合同和规章制度中设置相应条款，以明确用人单位拥有使劳动者提前离职的依据。

2. 辞职预告期内，用人单位对劳动者进行过失性辞退

正常情况下，劳动者依法主动辞职，辞职预告期满的次日发生解除劳动合同的法律后果。但如果用人单位在辞职预告期内，根据《劳动合同法》第三十九条的相关规定对劳动者进行过失性解除，如以劳动者严重违反用人单位规章制度为由解除劳动合同，就会出现劳动者单方自由解除权和用人单位即时解除权相竞合的问题。我们认为，劳动者与用人单位的“双向解除”，核心焦点在于解除通知被送达的时间先后问题。从法律效果的角度分析，双方均可行使法定解除权致使劳动关系归于消灭，双方均可向对方发送解除通知；但从劳动合同的解除权系形成权的角度分析，劳动者辞职通知一经送达即为有效，劳动合同即行解除，用人单位此后再次作出解除的行为缺少劳动关系这一前提条件，并不能发生过失性辞退的法律效力。所以，辞职预告期内，用人单位对劳动者进行过失性辞退系多此一举。用人单位如固执己见进行解除，则会引发劳动者激烈的对抗情绪，进而促使劳动者申请仲裁要求用人单位支付经济补偿或违法解除的赔偿金，是非理性行为。另外，在相关判例中，有的观点认为，辞职预告期内，因劳动合同依法存续，用人单位仍有法定解除权，但应承担举证责任。如证据不足，用人单位有承担支付违法解除劳动合同赔偿金的法律责任。

典型风险3：辞职预告期内，劳动者撤销辞职通知

劳动者主动辞职后也会出现反悔的情况，该情况可称为“辞而不别”。如前文所述，劳动者享有单方自由解除劳动合同的权利，且该权利属于形成权。劳动者提前30日或3日单方预告解除，自辞职通知（解除劳动合同的通知）被送达用人单位之时即发生法律效力，双方的劳动关系便即行终结，无须用人单位作出是否同意的意思表示。根据相关规定，撤回是针对未生效的法律行为，撤销是针对业已生效的法律行为。劳动者在辞职通知尚未到达用人单位之时，因解除行为尚未生效，可以撤回该意思表示；但辞职通知一旦被送达即行生效，便不能撤销。也就是说，形成权撤销的意思表示可以在到达用人单位之前或之时撤回，但不得撤销，劳动者撤销辞职通知的，并不能产生撤销解除劳动合同意思表示的法律效力。

以浙江省的司法实践为例，《浙江省高级人民法院民事审判第一庭、浙江省劳动人事争议仲裁院关于审理劳动争议案件若干问题的解答（五）》（浙高法民一〔2019〕1号）第十条规定：“劳动合同一方依法提前三十日书面通知另一方解除劳动合同，三十日期间届满前，其可否单方撤销解除通知？答：劳动合同一方依法提前三十日书面通知另一方解除劳动合同，三十日期间届满前，提出解除的一方无权单方撤销解除通知。”

再结合具体的管理实践，劳动者送达辞职通知到用人单位后，在30日的辞职预告期内，纵使出现患病或非因工负伤、工伤、怀孕等情况均不影响解除行为的效力，劳动者对主动辞职要三思。劳动者以微信、短信、邮件、内部办公平台等电子形式发送辞职通知的，用人单位要审查相关账号是不是劳动者实名所有，因为劳动者也有“否认”的可能，在未完全固定相关证据的前提下，用人单位不应出现立即批准劳动者离职、出具解除劳动合同证明书或退工证明、要求劳动者办理工作交接等手续、办理退档、社保减员手续等行为。所以，用人单位在实务细节上还需谨言慎行。

典型风险4：劳动者提出辞职且继续工作，用人单位超过30日后批准辞职

劳动者作出辞职的意思表示后，既没有撤回也没有在辞职预告期满后的次日离职，劳动者继续提供劳动，用人单位继续支付劳动报酬，此时用人单位失去了就劳动者解除劳动合同的要约作出承诺的权利，应视为双方对是否解除劳动关系重新协商一致，即继续履行劳动合同。用人单位在辞职预告期满后以同意劳动者辞职、要求劳动者办理离职手续为由解除劳动合同，系违法解除劳动合同，有支付赔

偿金的法律风险。所以，用人单位对劳动者主动辞职意见的反馈时间应在 30 日以内。以浙江省的司法实践为例，《浙江省高级人民法院民事审判第一庭、浙江省劳动人事争议仲裁院关于审理劳动争议案件若干问题的解答（四）》（浙高法民一〔2016〕3 号）明确规定“五、劳动者提前三十日书面提出解除劳动合同，但三十日到期后，劳动者继续在用人单位工作，用人单位未表示异议的，双方劳动关系状况如何认定？答：劳动者提前三十日提出解除劳动合同，但三十日到期后，劳动者继续在用人单位工作，且用人单位未表示异议的，一般可视为双方按原劳动合同继续履行。”

典型风险 5：用人单位限制劳动者的辞职权

劳动法限制用人单位解除劳动合同的权利（主要体现在《劳动合同法》第四十二条），但不限制劳动者。劳动者天然拥有辞职权，而用人单位面对劳动者辞职未按照法定的条件和程序时仅能行使赔偿请求权，行使这项权利并不能满足用人单位的切实需要。《深圳市中级人民法院关于审理劳动争议案件的裁判指引》第七十四条规定：“劳动者提前三十日以书面形式通知用人单位，可以解除劳动合同，用人单位不得以特别约定排除或限制劳动者的解除权。但由于劳动者未提前三十日通知解除劳动合同而给用人单位造成损失的，劳动者应当承担赔偿责任。”但在管理实践中，用人单位往往通过事先约定或实施一些对抗行为限制劳动者的辞职权，常见的违法情形如下。

（1）劳动者辞职未按要求写辞职申请，用人单位不予批准。用人单位一般有一个典型误区，认为劳动者必须写辞职申请，经过批准后才可离职，否则不能离职。用人单位以劳动者未按要求写辞职申请、领导未批准辞职、不符合辞职流程等理由不同意劳动者解除劳动合同的行为违法。辞职申请，一般写有“申请辞职”“特此申请”“请公司领导批准”等字样，此类申请书、辞职信、辞职报告属于申请性质，系劳动者行使请求权，是与用人单位进行协商解除劳动合同行为的体现，在用人单位未作出同意的意思表示之前，不发生解除劳动合同的效果；辞职通知，一般表达劳动者解除劳动合同的决定，属于通知性质，系劳动者行使形成权，是告知用人单位解除劳动合同结果的意思，该意思一经到达用人单位即行生效。劳动者提出解除劳动合同并递交辞职申请的，用人单位同意其辞职，则视为双方就解除劳动合同协商一致；用人单位不同意其辞职的，则视为双方就解除劳动合同未达成一致意见，用人单位“不同意”的行为合法有效。劳动者提出解除劳动合同并递交辞职通知的，用人单位“同意与否”的行为无法阻却解除劳动合同的效果。用人单位应区分辞职文件的性质，不应盲目地认为自身拥有批准的权利。需要注意的是，无论是辞职通知还是辞职申请，究其本质是辞去原有职位的意思表示，与解除劳动关系的意思并非完全吻合，劳动者辞职有时是解除劳动关系，有时却是辞去原有职务。劳动者提出解除劳动合同的，用人单位应先审查其辞职文件中是否包含解除劳动关系的意思，必要情况下还应使劳动者签署一份《解除劳动关系通知书》，用以防止劳动者主张其系辞去现有职位而非解除劳动合同，从而要求用人单位支付违法解除劳动合同赔偿金的法律风险。

（2）事先约定劳动者辞职预告期超过30日。《劳动合同法》规定在非试用期期间，劳动者辞职有提前30日通知用人单位的法定义务，劳动者违法解除的，用人单位可依法行使赔偿请求权，但除此之外并无其他有效制约之法。虽然劳动法并未禁止劳资双方约定超过规定的辞职预告期，这种约定也并未违反法律、行政法规的强制性规定，但也只能是用人单位与劳动者之间的“君子约定”而已，劳动者遵守约定则能实现管理目的，劳动者违反约定则不能施加惩罚。《深圳市中级人民法院关于审理劳动争议案件的裁判指引》第七十四条规定：“劳动者提前三十日以书面形式通知用人单位，可以解除劳动合同，用人单位不得以特别约定排除或限制劳动者的解除权。但由于劳动者未提前三十日通知解除劳动合同而给用人单位造成损失的，劳动者应当承担赔偿责任。”根据这一规定，深圳地区的用人单位无权通过事先约定的方式要求劳动者履行超过30日辞职预告期的义务，否则有强迫劳动和排除劳动者权益之嫌。管理实践中，用人单位可遵循本书前文“脱密期调岗”的相关建议，在关注用人单位当地司法实践的前提下（确认当地是否有支持约定脱密期的规定），可以采取“事先约定”的方式与劳动者在劳动合同中事先约定超过30日的辞职预告期（脱密期），以期实现管理目的。在不支持脱密期的地区，用人单位可采用“事先约定＋事中协商”的方式处理，但约定的期限应在合理区间内。用人单位切记勿在无任何依据的情况下，因劳动者不遵守相关“约定”，就不为劳动者办理档案和社会保险转移手续或不开具解除或终止劳动合同证明，甚至作出一些其他的违法行为，此类行为容易引发劳动纠纷。

（3）事先约定劳动者未提前通知的“代通知金”、赔偿金。管理实践中，有一种疑问：用人单位使用非过失性解除权，即适用《劳动合同法》第四十条的相关规定解除劳动合同的，在没有提前30日通知劳动者的情况下应支付一个月工资作为“代通知金”。反之，劳动者未提前30日通知用人单位而解除劳动合同是否需要或能否约定支付一个月工资作为赔偿损失的“代通知金”呢？答案是否定的。将一个月的工资作为“代通知金”和约定一个具体的赔偿金数额的本质均属于约定违约金，《劳动合同法》有明确规定，只有在培训服务期协议和竞业限制协议中可约定违约金条款，除此之外的约定视为违反法律、行政法规的强制性规定，约定条款无效。以浙江省的司法实践为例，《浙江省高级人民法院民一庭关于审理劳动争议案件若干问题的意见（试行）》（浙法民一〔2009〕3号）第三十八条规定："劳动者提前三十日以书面形式通知用人单位，可以依法解除劳动合同。用人单位在劳动合同中设定违约金条款以限制劳动者上述解除权的，该违约金条款无效。但由于劳动者行使上述解除权而违反劳动合同有关规定，并给用人单位造成直接经济损失的，劳动者应予赔偿。"

（4）扣押证件和财物、拒绝办理退工退档和社会保险手续、拒开解除劳动合同证明。用人单位具有这些行为之一的，明显违法，且有较大法律风险。《劳动合同法》第八十四条规定："用人单位违反本法规定，扣押劳动者居民身份证等证件的，由劳动行政部门责令限期退还劳动者本人，并依照有关法律规定给予处罚。用人单位违反本法规定，以担保或者其他名义向劳动者收取财物的，由劳动行政部门责令限期退还劳动者本人，并以每人五百元以上二千元以下的标准处以罚款；给劳动者造成损害的，应当承担赔偿责任。劳动者依法解除或者终止劳动合同，用人单位扣押劳动者档案或者其他物品的，依照前款规定处罚。"《劳动合同法》第五十条第一款规定："用人单位应当在解除或者终止劳动合同时出具解除或者终止劳动合同的证明，并在十五日内为劳动者办理档案和社会保险关系转移手续。"《劳动合同法》第八十九条规定："用人单位违反本法规定未向劳动者出具解除或者终止劳动合同的书面证明，由劳动行政部门责令改正；给劳动者造成损害的，应当承担赔偿责任。"

除上述情形外，用人单位在管理实践中限制劳动者辞职权的方式还有很多，如辞职需待审计结束、辞职需待项目完成或项目回款，辞职需清偿所欠用人单位债务和预付性财物等。从法律角度解析，用人单位种种限制劳动者辞职权的行为都不能达到法律目的，还可能出现严重的"反噬"效应。

典型风险6：劳动者被迫辞职

劳动者被迫辞职即被迫解除劳动合同。《劳动合同法》第三十八条是劳动者的"黄金条款"，劳动者可依据该条款提出"被迫辞职"，并可按照《劳动合同法》第四十六条、第四十七条的规定获得经济补偿。"被迫辞职"也称为即时解除，其并非一个法律概念，而是在司法实践中总结出来的一种特定情形下的代名词。被迫辞职，是劳动法赋予劳动者基于用人单位存在法定过错前提下解除劳动合同的权利，是司法实践中推定用人单位解雇的表现形式，其实质上是因用人单位过错导致的劳动合同解除。司法实践中，劳动者主动寻找用人单位的违法事实从而主动辞职用以获得经济补偿并不是"被迫辞职"的核心要义。用人单位过错在先且主观上存有明显恶意，其违法行为已明显违反国家强制性规定，已严重威胁到劳动者的生存权，或严重阻却劳动者与用人单位订立劳动合同目的的实现，已经达到了劳动者难以容忍的程度，在其他救济途径无效的情况下，劳动者以非自愿被迫辞职的合法方式对抗用人单位的根本违约行为，才是“被迫辞职”的正当含义。

在相关劳动立法中，《劳动法》第三十二条初次明确了劳动者可以随时通知用人单位解除劳动合同的3种情形；《劳动合同法》第三十八条在此基础上删减了与试用期相关的规定，并增加了多条其他规定。结合《劳动合同法》第四十六条第（一）项的规定，劳动者依照本法第三十八条规定解除劳动合同的，用人单位应当向劳动者支付经济补偿。从细分的角度，劳动者被迫辞职主张经济补偿可以分为10种情形。

（1）用人单位未按照劳动合同约定提供劳动保护或者劳动条件的；

（2）用人单位未及时足额支付劳动报酬的；

（3）用人单位未依法为劳动者缴纳社会保险费的；

（4）用人单位的规章制度违反法律、法规的规定，损害劳动者权益的；

（5）用人单位以欺诈、胁迫的手段或者乘人之危，使劳动者在违背真实意思的情况下订立或者变更劳动合同的；

（6）用人单位在劳动合同中免除自己的法定责任、排除劳动者权利的；

（7）用人单位违反法律、行政法规强制性规定的；

（8）用人单位以暴力、威胁或者非法限制人身自由的手段强迫劳动者劳动的；

（9）用人单位违章指挥、强令冒险作业危及劳动者人身安全的；

（10）法律、行政法规规定劳动者可以解除劳动合同的其他情形。

用人单位应当注意的是，并非其所有违法行为都能成为劳动者“被迫离职”的理由，以上10种已是全部法定情形，且各有适用条件，用人单位应重点研究上述情形并进行合规管理。另外，在劳动者被迫辞职的法律风险中还存在以下3种特殊情况。

（1）劳动者未以《劳动合同法》第三十八条规定的情形为由提出解除劳动合同，在仲裁或诉讼阶段又变更解除理由，主张被迫辞职，请求经济补偿或赔偿。在这种情况下，劳动者的核心目的在于“事后找补”经济补偿，但一般不会得到支持，除非劳动者能够证明在解除劳动合同时，存在欺诈、胁迫、重大误解等违背其真实意思表示的情形。以天津市和广东省为例，《天津法院劳动争议案件审理指南》（津高法〔2017〕246号）第二十五条规定：“【《劳动合同法》第三十八条的适用：明示被迫解除的理由方可获得经济补偿金】用人单位存在《中华人民共和国劳动合同法》第三十八条第一款规定的情形，劳动者以此为由主动解除劳动合同并主张经济补偿金的，应予支持，但劳动者并未以此为理由提出解除劳动合同的除外。”《广东省高级人民法院关于审理劳动争议案件疑难问题的解答》第八条规定：“劳动者以用人单位存在《中华人民共和国劳动合同法》第三十八条第一款情形为由主张被迫解除劳动合同，应当在离职时明确提出，劳动者在离职时未以用人单位存在《中华人民共和国劳动合同法》第三十八条第一款情形为由主张被迫解除劳动合同，其之后以用人单位存在《中华人民共和国劳动合同法》第三十八条第一款情形主张被迫解除劳动合同经济补偿金的，一般不予支持。”这种情况下，用人单位第一时间固定劳动者辞职理由的证据是合规管理的要点。司法实践中，劳资双方均无法证明劳动者离职原因的，用人单位也有支付经济补偿的风险。

（2）劳动者主动辞职但理由不规范，有被认定被迫辞职的可能。一般情况下，认定劳动者主动辞职还是被动辞职，取决于劳动者提出解除劳动合同时的具体原因。劳动者主动辞职，但其辞职通知、申请或离职申请表上写明的辞职原因包含或暗含了用人单位一些违规的行为，如无加班工资、工作时间超长、经常不按时发放工资等，这会引起劳动者主动辞职还是被动辞职的歧义，劳动者一旦反悔，即构成被迫辞职需以明示的方式通知用人单位的要件，用人单位有支付经济补偿的法律风险。

（3）用人单位变相迫使劳动者“自愿”辞职。管理实践中，用人单位变相迫使劳动者辞职的手段很多，可粗略分为两大类型。第一类：如故意制造内部矛盾，激化关系，迫使劳动者主动辞职；如编造业务整改谎言，引导劳动者主观认为未来已不符合自己的职业发展规划，引诱劳动者主动辞职；如对劳动者进行边缘化处理，使劳动者自认升职加薪无望，不得已主动辞职；如制定一些特殊规则和制度，搞规则针对，使劳动者不能达到某些行为规范、业绩目标或考核成绩，以“莫须有”的理由迫使劳动者主动辞职；如排挤、侮辱、威胁，制造较大精神压力，逼迫劳动者主动辞职等。第二类：如不给劳动者安排工作或强制加班、移出相关工作群、强制放长假、停发工资、不记录考勤、停缴社保、取消劳动者进出办公场所、使用某类生产或交通工具或访问相关系统的权限、取消岗位或不合理调岗等。用人单位迫使劳动者主动辞职的核心目的在于避免承担支付经济补偿的法律责任，有些行为虽有一定的隐蔽性和模糊性，但劳动者一旦掌握充足证据并形成证据链条，仍有被认定符合被迫辞职的可能性，即使在相关案件中认定起来有难度，基于劳动法倾向于保护弱者的特点，也有获得裁判者自由裁量权支持的极大可能。

第二节 法务HR合规管理

一、劳动者主动辞职的合规管理

（一）精准把握劳动者主动辞职的法律特点

（1）劳动者主动辞职，单方解除劳动合同时，无须任何实体理由，用人单位无法限制；

（2）劳动者主动辞职，单方解除劳动合同的，用人单位无须支付经济补偿；

（3）劳动者主动辞职，单方解除劳动合同的权利系形成权，辞职意思表示一旦到达便不能被撤销，且在预告期满的次日发生解除劳动合同的法律效力；

（4）劳动者未按照《劳动合同法》第三十七条规定履行提前通知义务的，并不影响解除劳动合同的最终效果；

（5）劳动者未按照《劳动合同法》第三十七条规定履行提前通知义务的，系劳动者违法解除，用人单位享有且仅有按照《劳动合同法》第九十条等相关规定行使赔偿请求权；

（6）劳动者在非试用期内主动辞职，单方解除劳动合同的，应当采用书面形式通知，在试用期内没有形式的要求。

（二）建立劳动者主动辞职的审查和管理流程

1. 准确掌握辞职采用书面形式的合规要点。

（1）用人单位应从思想层面巩固劳动者辞职须采用书面形式的观念，并从实操层面配合以格式化的书面工具和表单作为补充，绝不能感情用事，疏于管理。司法实践中用人单位无法证明劳动者系主动辞职的，或将面临劳动关系继续存续和被视为用人单位提出解除劳动合同并支付经济补偿的法律风险。

①劳动者不按规定仍采用口头形式提出辞职的，法务和HR要进行离职面谈，并形成面谈记录并让劳动者签字确认系主动离职；无法进行离职面谈的，应在劳动者实名所有的微信、电子邮件、工作群或单位内部办公系统上对劳动者主动提出辞职的意思进行再次确认，并要求劳动者在办理离职手续时当面补写辞职报告，劳动者不愿意补写辞职报告的，法务和HR要将载有劳动者辞职意思表示的电子文件打印，并在办理离职手续时要求劳动者签字确认。

②劳动者通过邮寄或转交的方式送达用人单位的辞职报告，因无法确认文件是

不是其本人签署，并不能直接视为劳动者已经作出真实的辞职意思表示，法务和HR还需要通过其他方式再次和劳动者本人进行确认，并在办理离职手续时要求劳动者本人补充签字。

③劳动者当面提交无本人签字的辞职报告或有签字的辞职报告时，法务和HR有必要在接收时让劳动者签字或再次签字确认。再次签字的目的是保证笔迹的真实性，司法实践中，有的劳动者找人代为签名进行虚假辞职，在用人单位为其办理离职手续后，劳动者否认自己的辞职行为，并索要违法解除劳动合同的赔偿金。

④劳动者有时会采用电子邮件、微信、微博、单位内部办公系统或其他具有沟通功能的工作群、朋友圈、评论区等电子形式作出辞职的意思表示。因《电子签名法》第四条规定："能够有形地表现所载内容，并可以随时调取查用的数据电文，视为符合法律、法规要求的书面形式。"所以此类电子形式也是《劳动合同法》所规定的书面形式的一种。但电子证据存在诸多缺点，如易篡改、易丢失、不能直接确认真实行为人等，易增加实务中的举证难度，用人单位还应从以下两个方面进行合规管理：第一，提前确认劳动者的送达地址。使用《法律文书送达地址确认函》，提前确认劳动者实名所有的微信、手机号码、电子邮箱、邮寄地址等信息；使用《物品及电子账号领用清单》，提前确认劳动者从用人单位领取的一系列电子账号信息，确认辞职意思表示是相关账号持有者作出。第二，电子形式转化纸质形式。劳动者虽然采用电子形式，但"白纸黑字"的力量在司法实践中不容忽视。用人单位可坚持要求劳动者补写辞职报告，或在办理离职手续时在相关文书上再次签字，确认辞职理由和辞职时间，包括但不限于用人单位提前拟好的格式化辞职报告、自愿解除劳动合同通知书（劳动者版本）、离职交接表、劳动者使用电子形式送达辞职意思表示的打印件等。

需要注意的是，劳动者未采用书面形式辞职，用人单位在没有做好相应的合规处理措施时，法务和HR或相关部门管理人员不要急于通知劳动者离职，要求劳动者办理离职手续、办理档案和社保转移手续、开具解除劳动合同证明书，否则一旦劳动者反悔否认辞职行为，用人单位将面临被动局面，甚至可能会被认定是违法解除。

（2）区分辞职申请和辞职通知，对辞职内容进行审查。

①用人单位应落实劳动者提出辞职的形式。如前文所述，辞职申请，属于申请性质，系劳动者行使请求权，是与用人单位进行协商解除劳动合同的行为体现，在用人单位未作出同意的意思表示之前，不发生解除劳动合同的效果；辞职通知，一般表达劳动者解除劳动合同的决定，属于通知性质，系劳动者行使形成权，是告知用人单位解除劳动合同结果的意思，该意思一经到达用人单位即行生效。

②用人单位不应被辞职材料的标题字样所干扰，写有“辞职申请”字样的可能是辞职通知；写有“辞职通知”字样也可能是“辞职申请”；另外，像标题如辞职信、辞职报告等中性表述的文件，用人单位并不能直接通过标题字样判断出劳动者的真实意图。用人单位应主动审查辞职材料的文字内容，仔细甄别劳动者行使权利之类型，确定劳动者的行为是辞职决定还是辞职协商。

③用人单位应着重鉴别辞职材料内容中是否含有“被迫解除”之意。管理实践中，劳动者的辞职理由基于个人原因，如职业生涯发展、身体健康需要、照顾家庭需要等方面，并无其他风险。但辞职理由暗含用人单位存有诸多过失，如不安排工作、拖欠工资等；有的辞职原因仅写“辞职”二字；有的辞职原因填写如“我想来一场说走就走的旅行”“世界那么大，我想去看看”等，法务和 HR 要在自查、自省、整改的基础上，想办法与其沟通更改和删减相关文字表述。辞职材料或相关格式化材料中明确“本人（劳动者姓名）自愿与（用人单位全称）解除劳动合同”的表述，并签字确认；劳动者不愿意变更辞职材料内容或签字确认的，大概率已经在为随后的投诉或仲裁作准备，用人单位还需做好协商化解和应诉的心理准备。

④用人单位应谨慎保管劳动者辞职材料的原件。管理实践中，劳动者主动辞职后反悔，一般采用盗窃、撕毁等手段销毁辞职材料原件。劳动者以各种理由查看辞职材料原件的，用人单位可在保管好原件的基础上向其出示复印件。劳动者主动辞职，用人单位认为不需要挽留的应简化离职手续，缩短劳动者的反悔时间；劳动者主动辞职后反悔并表达撤销辞职意思的，用人单位“同意撤销”的决定并不能生效，可在解除之后另行建立新的劳动关系；用人单位也可提前在劳动合同或格式化辞职材料中设置劳动者辞职不可撤销的相关条款。

⑤用人单位要注意附带条件的主动辞职。用人单位在与劳动者约定了其他条件的前提下，劳动者才由于“个人原因”辞职，当用人单位“引诱”劳动者辞职并不兑现承诺时，裁判机关会严格审查劳动者辞职的附带条件是否成就，用人单位有“聪明反被聪明误”的风险。

需要注意的是，用人单位在没有完全沟通和固定好劳动者系“个人原因”辞职证据的前提下，法务和 HR 或相关部门管理人员也不要急于通知劳动者离职，要求劳动者办理离职手续、办理档案和社会保险转移手续、开具解除劳动合同证明书，应放宽协商处理时间，待确认并无法律风险后再履行相关的附随义务。

2. 确定劳动者准确的离职日期。劳动者在辞职材料中未明确离职时间或明确要求提前离职的，用人单位可与劳动者协商一致，另行书面约定具体的离职时间点，防止劳动者反悔状告用人单位提前解除劳动合同；劳动者在辞职材料中明确要求在辞职预告期满后离职的，建议用人单位尊重劳动者的主观意愿并在辞职预告期内作出回复或协商一致提前离职，一般不应单方要求劳动者即时或提前离职。司法实践中，有的判例认为用人单位可以要求劳动者提前离职，也有的判例认为要求劳动者提前离职是用人单位单方解除劳动合同的行为，并有违法解除的法律风险。用人单位如需掌握确定离职日期的主动权，可事先在劳动合同或相关表单中约定类似条款："乙方主动辞职的，甲方有适当放弃辞职预告期权益的权利，甲方可要求乙方在30日辞职预告期内提前离职并办理相关手续，乙方认可并遵守，离职日期以甲方书面通知为准。"如未事先约定上述条款，建议用人单位增发劳动者离职之日到30日届满之间的工资。劳动者提出辞职后超过辞职预告期后离职的，用人单位也应与劳动者另行书面约定具体的离职时间，防止劳动者主张原辞职行为失效，状告用人单位违法解除劳动合同。另外，对于从事职业病危害作业的劳动者，用人单位应依法对其进行离岗前职业健康检查，在检查报告合格的情况下，双方协商确定离职日期。

管理实践中，劳动者的离职日期和最后工作日期是两个不同的日期。用人单位要从解除劳动关系的角度确定劳动者最后的离职日期，要从工资支付的角度审查劳动者最后的工作日期。劳动者离职之前如存在未休的年休假、休息日加班的补休及其他合法假期，用人单位应允许和适当安排劳动者在辞职预告期内合理进行休假或折算成相应的费用给付劳动者，此时离职日期和最后工作日期并不一定重合。劳动者如无其他可休的假期，用人单位又要求其继续提供劳动至辞职预告期届满的，劳动者有义务继续履行劳动合同，其离职日期和最后工作日期重合。

3. 确认劳动者是否签订了《竞业限制协议》。管理实践中，用人单位有两个错误操作，一是在不区分劳动者类型的情况下与所有劳动者都签订《竞业限制协议》；二是未对在离职时已不再需要继续履行竞业限制协议义务的劳动者进行审查和解除。用人单位在了解了劳动者主动辞职意愿时，第一，要审查其是否签订了《竞业限制协议》；第二，要审查协议内容和评估劳动者是否有继续履行之必要；第三，用人单位要求劳动者继续履行竞业限制义务的，应确定支付竞业限制补偿金的数额、支付方式、支付时间；第四，用人单位不再要求劳动者继续履行竞业限制义务的，应提前向劳动者发送《不履行竞业限制告知书》，通知解除协议，并不支付竞业限制补偿金。通知解除的时间应在劳动合同解除日期或竞业限制协议生效日期之前。另外，《竞业限制协议》生效后，用人单位也可以请求解除竞业限制协议，但劳动者有权要求用人单位额外支付3个月的竞业限制补偿金。值得注意的是，用人单位未对签订了竞业限制协议的劳动者进行审查，也未在劳动合同解除之前或之时通知劳动者解除竞业限制协议，劳动者履行了相关竞业限制义务而未获得相应补偿的，有权向用人单位主张竞业限制补偿金，最多不超过24个月。

4. 确认劳动者是否签订了《培训服务期协议》。劳动法规定，用人单位为劳动者提供专项培训费用，对其进行专业技术培训，可与劳动者签订协议，约定服务期。劳动者提出辞职后，用人单位要审查与劳动者是否签订了《培训服务期协议》，如有，应在确定违约金数额后，进入协商或诉讼程序，以便追究其违约责任。除提供专业技术培训外，用人单位为了留住核心人才，通常会预付劳动者一些价值较高的特定待遇，如房子、车子、户口、股票、住房补贴等，该行为究其本质是以高级福利待遇为对价延长劳动者工作期限的民事合同行为。因劳动法在此领域未作明确规定，往往引发较大的争议。用人单位应积极进行协商处理，劳动者不予配合的，可进入诉讼程序。

5. 进行工作交接。用人单位应制作相关表单，要求劳动者在离职日期之前办结工作交接。劳动者工作交接的内容一般分五大类：岗位任务交接、基础资料交接、客户资料交接、固定资产交接和财务交接。具体地说，岗位任务交接包括劳动者所在岗位的工作流程、工作进度、工作衔接、工作关键节点以及未完成的当前工作和待办事项的交接；基础资料交接包括劳动者掌握的各类操作手册、培训材料、图书教材、内部制度、协议文本等工作文件，也包括相关工作记录等资料；客户资料交接包括关联单位、销售客户、供应商等单位的客户档案信息，包括名称、姓名、职务、联系方式、电子邮箱及其他与用人单位有密切往来的数据信息；固定资产交接包括用人单位配发仅限使用的台式电脑、笔记本电脑、平板电脑、手机、打印机、硬盘、优盘、专用车辆、与车辆相关证件和钥匙以及相关电子账号；财务交接包括劳动者经手的各类涉及资金的项目、业务、借款等。

6. 签订解除确认文件或离职结算声明。劳动者主动辞职，用人单位也有必要签订相关解除劳动合同协议书、离职声明或结算声明。劳动法规定劳动者提出解除劳动合同的，用人单位并不需要支付经济补偿，但并未规定双方之间的权利义务完全终结。劳动者主动离职后，可能会以过往的加班费、未休年休假工资、五险一金、年终奖等事由继续主张相关权利，用人单位应一次性解决可能产生的劳动纠纷问题。用人单位采用《解除劳动合同协议》形式的，可参考本书《协商解除劳动合同协议》的相关文字表述；用人单位采用《离职结算声明》形式的，关键条款可参考："本人（劳动者姓名）由于个人原因向（用人单位全称）主动辞职，现确认本人在职期间所有薪资待遇均已结清，包括但不限于未结算的工资、绩效提成、应休未休的年休假工资、加班费、值班费、防暑降温费、冬季取暖补贴费、经济补偿、赔偿金、罚金、津贴、补贴、代通知金、年终奖、其他类型的奖金等，双方之间再无基于劳动关系前提下的任何债权、债务关系，双方确认无任何劳动争议。"

7. 办理退工退档、社会保险转移手续。用人单位应向劳动者主动开具《解除或终止劳动合同证明书》。一份合格的《解除或终止劳动合同证明书》应有4项基本信息，即劳动合同的起止时间、解除或终止劳动合同的具体日期、劳动者的工作岗位、在本单位的工作年限。用人单位除上述4项基本信息外不应添加其他主观评价类信息。用人单位还应在劳动者离职后的15日内为其办理档案和社会保险关系转移手续。

8. 禁止用人单位在劳动者主动辞职后再作出解除或终止劳动合同的通知。

（三）固定劳动者违法解除劳动合同的证据

法律法规明确规定，劳动者违法解除劳动合同给用人单位造成经济损失应承担赔偿责任。在《劳动部办公厅关于劳动者解除劳动合同有关问题的复函》（劳办发〔1995〕324号）中规定："《关于贯彻执行〈中华人民共和国劳动法〉若干问题的意见》（劳动部〔1995〕309号）第32条的规定，是对《劳动法》第三十一条的具体解释。按照《劳动法》第三十一条的规定：'劳动者解除劳动合同，应当提前三十日以书面形式通知用人单位。'劳动者提前三十日以书面形式通知用人单位，既是解除劳动合同的程序，也是解除劳动合同的条件。劳动者提前三十日以书面形式通知用人单位，解除劳动合同，无需征得用人单位的同意。超过三十日，劳动者向用人单位提出办理解除劳动合同的手续，用人单位应予以办理。但由于劳动者违反劳动合同有关约定而给用人单位造成经济损失的，应依据有关法律、法规、规章的规定和劳动合同的约定，由劳动者承担赔偿责任。劳动者违反提前三十日以书面形式通知用人单位的规定，而要求解除劳动合同，用人单位可以不予办理。劳动者违法解除劳动合同而给原用人单位造成经济损失，应当依据有关法律、法规、规章的规定和劳动合同的约定承担赔偿责任……"

司法实践中，用人单位对劳动者违法解除劳动合同造成的经济损失负有举证责任。以北京市为例，《北京市劳动合同规定》第四十九条规定："劳动者违反本规定或者劳动合同约定解除劳动合同，对用人单位造成损失的，应当赔偿下列损失：（一）用人单位为录用劳动者直接支付的费用；（二）用人单位为劳动者支付的培训费用；（三）对生产、经营和工作造成的直接经济损失。"

结合具体的裁判案件分析，用人单位还应收集和固定的证据包括但不限于以下几项。

（1）劳动者工资发放记录、附日期的辞职通知书或其他书面的辞职决定；

（2）计算劳动者解除劳动合同之日与辞职预告期届满当日（包含当日）相差天数；

（3）用人单位的经济损失与劳动者未提前通知之间存有必然联系的关联性证据；

（4）能够证实造成用人单位经济损失的客观可量化的证据，如订单取消记录及损失金额、聘用其他劳动者招聘费用、猎头费用、支付临时招聘劳动者工资的银行转账记录、相关定金、押金、机票、火车票等。

在固定和收集相关证据的同时，用人单位可与劳动者就赔偿方案进行协商，协商一致的，采用书面形式予以固定；未协商一致时，用人单位可通过仲裁或诉讼途径主张权利，切记不可作出扣发工资、扣押财物、拒绝办理档案和社保转移手续等违法行为。

在极为特殊的情况下，劳动者违法解除劳动合同的目的是急于“走人”，是因其在职时已经造成了相当的经济损失和严重影响，只是该损失和影响并没有在解除劳动合同之时显现。《深圳市中级人民法院关于审理劳动争议案件的裁判指引》第九十九条规定：“劳动者在履行劳动合同过程中造成用人单位损失，用人单位在解除劳动合同时要求劳动者一次性赔偿的，应予支持，但赔偿数额由人民法院根据劳动者的过错程度、造成损失的大小等具体情况酌情进行确定。”用人单位应事先对重要部门、重要岗位、重点人员作针对性的合规管理，平时注意收集和固定相关证据，在风险出现时第一时间向劳动者主张赔偿。

（四）制定应对劳动者不辞而别的管理措施

用人单位制定应对劳动者不辞而别的管理措施，分以下 7 个步骤。

第一步：梳理和变更劳动合同和规章制度中关于“自动离职”的条款。用人单位在删除自动离职的相关条款后，应补充以下类似条款。

（1）“乙方不辞而别的行为，视为旷工，旷工累计 5 日以上，视为乙方严重违反劳动纪律和严重违反甲方规章制度，甲方有权按照《劳动合同法》第三十九条的相关规定解除劳动合同。因不辞而别给甲方造成损失的，乙方应赔偿甲方损失，标准为乙方不辞而别前 12 个月的平均工资的 2 倍和甲方支付的律师费，如经济损失高于上述 2 个月工资标准的，则按实际损失计算。不辞而别是指乙方未按劳动合同约定或法律规定履行提前通知义务，而擅自离开工作岗位的行为。”

（2）“乙方不辞而别的行为视为乙方自愿放弃所滞留于甲方的剩余报酬、物资、福利等相关权利，甲方可以自由处置。如乙方由于借款等原因对甲方存有债务，以上处置不能抵销乙方的债务。”

第二步：提前确认劳动者法律文书送达地址。用人单位可采用两种方式确认劳动者的法律文书送达地址。

第一种方式，采用劳动合同确认法。在劳动合同中设置法律文书送达地址确认条款，如：“乙方确认下列地址为甲方联系乙方，送达法律文书的有效通信地址。甲方向乙方下列地址送达法律文书，出现地址不详、地址错误、查无此人、查无此地址、乙方拒收、他人代收等其他无法送达的情形，均视为已经送达乙方。若乙方的通信地址发生变化，应在发生变化后的5日内书面告知甲方，未告知的，甲方继续视原地址为有效地址。

法律文书送达地址：____。”

第二种方式，采用《法律文书送达地址确认函》确认法。

第三步：及时履行催告义务，要求劳动者返岗出勤。用人单位如在催告之前已经联系上劳动者，应先进行劝退，邀请劳动者撰写辞职报告，并按照用人单位的离职流程办理相关手续；如不能联系上劳动者，用人单位仍需要固定联系过程的相关证据，固定的证据类型包括但不限于电话记录、短信记录、微信记录、电子邮件记录、紧急联系人证言等，证据的类型在3种以上，联系的时长在3日以上为宜。用人单位应在固定好上述证据的前提下，向劳动者邮寄《限期返岗通知书》，如果劳动者逾期未返岗，则第二次邮寄《限期返岗通知书》，邮寄次数以两次或两次以上为宜，邮寄应采用EMS方式。

第四步：作出解除劳动合同决定，履行相关解除程序。用人单位在采用多种方式联系未果，劳动者逾期并未返岗的情况下，应再次使用EMS向其邮寄《解除劳动合同通知书》。

用人单位在邮寄过程中应重视以下6个操作细节。

（1）制作合格的《限期返岗通知书》《解除劳动合同通知书》，对原件进行复印，并对复印件妥善保存。《限期返岗通知书》中要写明旷工事实和返岗时间；《解除劳动合同通知书》的解除理由是旷工构成严重违反劳动纪律和严重违反规章制度。

（2）寄件人信息要填写全面，尤其要写清用人单位的全称；收件人信息要填写全面，收件人姓名、联系电话（不限于1个号码）、详细地址；内件品名要规范填写：关于（劳动者身份证姓名）的《限期返岗通知书》和关于（劳动者身份证姓名）的《解除劳动合同通知书》。邮寄日期要填写清晰。

（3）邮寄者应对快递封存的全过程进行录像，以证明信函内部确实装有《限期返岗通知书》和《解除劳动合同通知书》原件；邮寄后，要妥善保存底单，及时登录EMS官网查阅邮寄进度，对信函流转的全过程进行网页打印，并再次前往邮政柜台盖章确认投递信息。

（4）在信函被退回的情形下，用人单位不能擅自拆开，应保存该信件的原始状态，以便在仲裁或诉讼阶段能够现场拆封，用以证实履行催告过程的真实性。

（5）劳动者有多个邮寄地址的，用人单位不应拘泥于一处，应向多个地址同时邮寄。

（6）用人单位也应向不辞而别的劳动者邮寄《解除劳动合同证明书》，以防止劳动者“找后账”赔偿损失的风险。

第五步：确认劳动者是否签订了《竞业限制协议》和《培训服务期协议》。如与劳动者签订了《竞业限制协议》，用人单位不再要求其继续履行相关义务的，应提前发送《不履行竞业限制告知书》，通知解除协议，并不支付竞业限制补偿金。如签订了《培训服务期协议》，劳动者不辞而别违反约定的，用人单位应根据自身需要决定是否追究其违约责任。

第六步：固定全过程证据，并至少保存2年。

第七步：检查是否有违法应对的行为。用人单位在发现劳动者有不辞而别的行为时，应在第一时间启动应对措施，缩短“两不找”时间，及时结清劳动报酬，及时办理关系转移，不应出现扣发最后一个月工资、停缴社保等违法行为。

（五）改刚性限制策略为柔性管理策略

用人单位如何通过合法的方式有效管理劳动者的自由辞职权？可从以下方向进行探索：

（1）对劳动者进行专业技术性培训，签订服务期协议，合法提高培训费用，提高违约金的金额。

（2）变更年终奖的性质为履约福利，使劳动者违法解除劳动合同与履约福利发放规则挂钩。

（3）深化工作交接和离职结算的细节和程序，增加劳动者违法解除劳动合同的时间成本。

（4）约定《解除或终止劳动合同证明书》的增加性条款，事先声明劳动者违法解除劳动合同的，用人单位有权在《解除或终止劳动合同证明书》中如实写明劳动者未履行《劳动合同法》第三十七条提前通知的法定义务。

（5）签订特殊待遇的专项协议，明确约定未完全履行劳动合同须赔偿相关损失等内容。

（6）其他方向如用工模式、股权激励、薪酬设计、文化建设等。

二、劳动者被迫辞职的合规管理

（一）精准把握劳动者被迫辞职的8个法律特点

（1）劳动者被迫辞职实质上是用人单位导致的劳动合同解除，劳动者的行为合法有效；

（2）劳动者被迫辞职符合《劳动合同法》第四十六条的规定的，由用人单位支付经济补偿；

（3）劳动者被迫辞职是以用人单位主观有恶意、行为有过错、补救措施无效为基本前提；

（4）劳动者被迫辞职须明确告知单位并以《劳动合同法》第三十八条为解除劳动合同理由；

（5）劳动者被迫辞职无须履行提前30日通知用人单位的程序，条件成就时即可通知解除；

（6）劳动者被迫辞职是否成立，各地对《劳动合同法》第三十八条的应用尺度并不相同；

（7）劳动者被迫辞职的，除双方另行约定外，并不当然产生解除《竞业限制协议》的法律效力；

（8）劳动者被迫辞职的正确理解：用人单位过错在先且主观上存有明显恶意，其违法行为已明显违反国家强制性规定，已严重威胁到劳动者的生存权，已严重阻却劳动者与用人单位订立劳动合同目的的实现，已经充分达到了劳动者难以容忍的程度，在其他救济途径无效的情况下，劳动者以非自愿被迫辞职的合法方式对抗用人单位的根本违约行为；被迫辞职是法律赋予劳动者用以保护自身人身财产权益的特别解除权。

（二）总体掌握劳动者被迫辞职的10个实体事由

劳动者被迫辞职的法定事由应以《劳动合同法》第三十八条的规定为准，《最高人民法院关于审理劳动争议案件适用法律问题的解释（一）》（法释〔2020〕26号）第四十五条又补充列举了劳动者被迫解除劳动合同的具体情形，实际上后者是对前者的补充性说明。

1. 细化《劳动合同法》第三十八条的内容，劳动者被迫辞职主张经济补偿可以分为10种情形。

（1）用人单位未按照劳动合同约定提供劳动保护或者劳动条件的；

（2）用人单位未及时足额支付劳动报酬的；

（3）用人单位未依法为劳动者缴纳社会保险费的；

（4）用人单位的规章制度违反法律、法规的规定，损害劳动者权益的；

（5）用人单位以欺诈、胁迫的手段或者乘人之危，使劳动者在违背真实意思的情况下订立或者变更劳动合同的；

（6）用人单位在劳动合同中免除自己的法定责任、排除劳动者权利的；

（7）用人单位违反法律、行政法规强制性规定的；

（8）用人单位以暴力、威胁或者非法限制人身自由的手段强迫劳动者劳动的；

（9）用人单位违章指挥、强令冒险作业危及劳动者人身安全的；

（10）法律、行政法规规定劳动者可以解除劳动合同的其他情形。

2.《最高人民法院关于审理劳动争议案件适用法律问题的解释（一）》（法释〔2020〕26号）第四十五条规定："用人单位有下列情形之一，迫使劳动者提出解除劳动合同的，用人单位应当支付劳动者的劳动报酬和经济补偿，并可支付赔偿金：

（一）以暴力、威胁或者非法限制人身自由的手段强迫劳动的；

（二）未按照劳动合同约定支付劳动报酬或者提供劳动条件的；

（三）克扣或者无故拖欠劳动者工资的；

（四）拒不支付劳动者延长工作时间工资报酬的；

（五）低于当地最低工资标准支付劳动者工资的。"

（1）上述规定第（一）项"以暴力、威胁或者非法限制人身自由的手段强迫劳动的"与《劳动合同法》第三十八条第二款的规定相统一，劳动者在这种情况下可以立即解除劳动合同不用事先告知用人单位，如主张经济补偿，可事后补发《解除劳动合同通知书》。

（2）上述规定第（二）项"未按照劳动合同约定支付劳动报酬或者提供劳动条件的"与《劳动合同法》第三十八条第一款第（一）项、第（二）项相统一。

（3）上述规定第（三）项"克扣或者无故拖欠劳动者工资的"中的"克扣"是侵犯劳动者"足额"获得劳动报酬的权利，"无故拖欠"是侵犯劳动者"及时"获得劳动报酬的权利；第（四）项规定的"拒不支付劳动者延长工作时间工资报酬的"实质上认定加班工资为劳动报酬；第（五）项规定表明低于最低工资标准支付劳动者工资的是侵犯劳动者"足额"获得劳动报酬的权利。所以，上述规定第（三）项、第（四）项、第（五）项与《劳动合同法》第三十八条第一款第（二）项"用人单位未及时足额支付劳动报酬的"规定相统一。

3. 注意立即解除的两种情形。《劳动合同法》第三十八条第二款内容包含两条劳动者可以立即解除劳动合同并不需要提前通知用人单位的情形，即用人单位以暴力、威胁或者非法限制人身自由的手段强迫劳动者劳动的和用人单位违章指挥、强令冒险作业危及劳动者人身安全的。

（三）重点理解劳动者被迫辞职的3个实体事由

1. 用人单位未按照劳动合同约定提供劳动保护或者劳动条件

向劳动者提供劳动保护和劳动条件是用人单位的基本义务，《劳动合同法》第十七条规定的劳动合同必备条款中也包括劳动保护和劳动条件，因此，用人单位未向劳动者提供劳动合同约定的劳动保护或劳动条件系违法行为，劳动者有权提出辞职并主张经济补偿。此外，单纯就文义理解，适用本条的前提应是用人单位与劳动者在劳动合同中约定了劳动保护和劳动条件的相关条款。劳动保护，是指用人单位为保障劳动者生命健康安全所提供的必要的防护和配套条件；劳动条件，是指用人单位用以协助劳动者完成工作任务的生产资料条件和工作环境条件。司法实践中，并不是用人单位所有的违法行为都会被视为未提供劳动保护和劳动条件。用人单位轻微的违法行为，如工作时偶尔忘记提供手套、安全帽等情形，并不能适用该条规定。用人单位出现较为严重的违法情形，如违法调整工作岗位、违法调整工作地点、不合理变更工作时间、限制劳动者与完成工作任务相关的权限、不给劳动者安排工作任务等，会被认定未按劳动合同约定提供劳动条件。另外，劳动者患有职业禁忌证，如活动性肺结核病、视网膜病变、感音神经性听力损失等，根据《职业病防治法》第三十五条的规定，“不得安排有职业禁忌的劳动者从事其所禁忌的作业”，用人单位不对患有职业禁忌证的劳动者作调岗处理，明显违反《职业病防治法》，同时也是未为劳动者提供劳动保护和劳动条件。劳动者被职场性骚扰的，用人单位负有采取合理措施提前预防并及时制止的责任，《民法典》第一千零一十条规定：“违背他人意愿，以言语、文字、图像、肢体行为等方式对他人实施性骚扰的，受害人有权依法请求行为人承担民事责任。机关、企业、学校等单位应当采取合理的预防、受理投诉、调查处置等措施，防止和制止利用职权、从属关系等实施性骚扰。”用人单位对劳动者被性骚扰不作为，甚至采取放任、放纵态度，极有可能被认定为未为劳动者提供必要的劳动保护和劳动条件。

需要注意的是，《最高人民法院关于审理劳动争议案件适用法律问题的解释（二）（征求意见稿）》第二十条第三款规定：“用人单位违法调整工作岗位、工作地点，劳动者以用人单位不提供劳动条件为由，要求解除劳动合同并支付经济补偿的，人民法院应予支持。”这是司法解释明确将用人单位违法调整工作岗位和工作地点纳入不提供劳动条件的范畴，使劳动者被迫辞职主张经济补偿有了依据。该规定一方面对劳动者有利，另一方面也对用人单位有利。即当用人单位适用法定解除的证据不充分，存在违法解除的可能性时，可对劳动者的工作岗位进行调整，或者调整工作地点，抑或既调整工作岗位又调整工作地点，劳动者如不能接受劳动条件的变化，辞职后仅能主张经济补偿，则用人单位用支付经济补偿的方式规避了违法解除劳动合同支持赔偿金或被要求继续履行劳动合同支付工资损失的法律风险。

2. 用人单位未及时足额支付劳动报酬

用人单位未及时足额支付劳动报酬，劳动者常以此为由被迫辞职，此类纠纷通常在劳动争议案件中占比较大。《劳动法》第三十二条第（三）项规定，用人单位未按照劳动合同约定支付劳动报酬或者提供劳动条件的，劳动者可以随时通知用人单位解除劳动合同。《劳动合同法》第三十八条第一款第（二）项规定使用的措辞是用人单位“未及时足额支付劳动报酬”，劳动者可以解除劳动合同。从劳动法前后的表述对比可知，《劳动合同法》对未支付劳动报酬的情形作了细化处理，增加了未“及时”和未“足额”的情形设定，并将《劳动法》中“劳动合同约定”的字样去掉，明确了即使用人单位不与劳动者签订书面劳动合同，也必须履行及时足额支付劳动报酬的法定责任。因此，劳动法的本意在于防止用人单位恶意拖欠劳动者的劳动报酬。司法实践中，并不是用人单位所有的未及时、未足额支付劳动者劳动报酬的行为，都会成为劳动者被迫辞职的有效理由。及时支付，是用人单位应按照劳动合同约定或实际履行的时间支付劳动报酬，禁止拖欠；足额支付，是用人单位应按照劳动合同约定或法定支付周期支付劳动报酬，禁止克扣；用人单位有主观的恶意或重大过失，故意克扣、无故拖欠劳动报酬的行为明显违背诚实信用原则时，劳动者才能据此被迫辞职主张经济补偿。裁判机关一般会主动审查和区分用人单位是属于恶意履行劳动合同，还是履行劳动合同过程中存在瑕疵，并要求劳动者承担相应的举证责任。倘若用人单位由于财务人员计算失误、双方对绩效考核规则有理解误差等原因迟发了工资 1 天，或少发了工资 1 元，劳动者即可被迫辞职主张经济补偿，明显有违立法本意。用人单位应从以下方面掌握“未及时足额支付劳动报酬”的内容。

（1）准确理解用人单位存在主观恶意或重大过失导致不及时足额支付劳动报酬

我们以上海市和天津市为例。我们认为，上海市对“未及时、未足额”的立法本意理解较为准确到位。《上海市高级人民法院关于适用〈劳动合同法〉若干问题的意见》（沪高法〔2009〕73 号）第九条第一款规定：劳动者以用人单位未“及时、足额”支付劳动报酬及“未缴纳”社保金为由解除劳动合同的，“及时、足额”支付及“未缴纳”情形的把握　用人单位依法向劳动者支付劳动报酬和缴纳社保金，是用人单位的基本义务。但是，劳动报酬和社保金的计算标准，在实际操作中往往比较复杂。而法律规定的目的就是要促使劳动合同当事人双方都诚信履行，无论用人单位还是劳动者，其行使权利、履行义务都不能违背诚实信用的原则。如果用人单位存在有悖诚信的情况，从而拖延支付和拒绝支付的，才属于立法所要规制的对象。因此，用人单位因主观恶意而未“及时、足额”支付劳动报酬或“未缴纳”社保金的，可以作为劳动者解除合同的理由。但对确因客观原因导致计算标准不清楚、有争议，导致用人单位未能“及时、足额”支付劳动报酬或未缴纳社保金的，不能作为劳动者解除劳动合同的依据。

天津市对非因用人单位故意或重大过失导致的“未及时、未足额”支付劳动报酬不予支持经济补偿的情形进行了列举。《天津法院劳动争议案件审理指南》（津高法〔2017〕246号）第二十六条规定：“……存在下列情形之一，劳动者根据《中华人民共和国劳动合同法》第三十八条第一款第（二）项的规定主张解除劳动合同的经济补偿金的，不予支持：（1）用人单位因自然灾害、经营困难、停产歇业等原因无法及时足额支付劳动报酬并经所在用人单位工会同意，用人单位未建立工会的，已经用人单位职工代表同意；（2）劳资双方对计算劳动报酬的基数、方法等因客观原因理解不一致而最终导致未足额支付劳动报酬的；（3）劳动者主张的未足额支付劳动报酬的差额系未签订书面劳动合同二倍工资、未休年假工资的；（4）其他非因用人单位故意或者重大过失导致的未及时足额支付劳动报酬的。”

据此，用人单位主观上有悖诚信，存在故意或者重大过失导致“未及时、未足额”支付劳动报酬的才是法律所规制的情形，由于客观原因要求解除劳动合同的，一般不会得到支持。所以，劳动者应对用人单位的主观动机和行为背景进行审慎观察和分析，而不应对用人单位些许的违规行为锱铢必较，或对法条死板地望文生义。劳动者在不掌握用人单位的具体情况下，盲目地听信非专业人士的建议作出辞职决定，不给用人单位改正弥补的机会，或钻了法律的牛角尖，坚持零容忍的态度，固执地认为类似于迟发1天工资、少发1元工资的行为就一定属于法律所要规制的情形，极有可能搬起石头砸了自己的脚，最后要承担“被迫未成功，解除已达成，经济补偿未获得”的三重不利后果。

（2）对未及时支付劳动报酬的界定

《工资支付暂行规定》（劳部发〔1994〕489号）第七条规定：“工资必须在用人单位与劳动者约定的日期支付。如遇节假日或休息日，则应提前在最近的工作日支付。工资至少每月支付一次，实行周、日、小时工资制的可按周、日、小时支付工资。”劳动部关于印发《对〈工资支付暂行规定〉有关问题的补充规定》的通知（劳部发〔1995〕226号）第四条规定：“《规定》第十八条所称‘无故拖欠’系指用人单位无正当理由超过规定付薪时间未支付劳动者劳动工资。不包括……（2）用人单位确因生产经营困难、资金周转受到影响，在征得本单位工会同意后，可暂时延期支付劳动者工资……”因此，“未及时”只能在用人单位正常运转时，超过1个月的正常付薪周期并未支付劳动报酬的情况下才能可成立。管理实践中，绝大多数的用人单位都是实行“先工作，后发薪”的薪酬制度，下个月发上个月的薪酬是基本常态。一种情况是，用人单位与劳动者在劳动合同中明确约定了发薪日期或以实际行动确定了发薪日期，并在履行过程中又严格遵守了约定，用人单位在支付上个月工资时一旦超过了既定的发薪日期即会构成严格意义上的“未及时”。另一种情况是，用人单位与劳动者在劳动合同中约定了发薪日期，在实际履行过程中并未按照约定执行，但支付工资时并未超出“至少每月支付一次”的规定，即在下个月结束之前支付了上个月的工资，在劳动者并未提出有异议的情形下应该视为双方就工资发放时间达成了新的合意，不应被认定为“未及时”。退一步讲，在具体的争议案件中，即使不能被认定为双方以实际行为达成了新协议，也因用人单位违法轻微，不存在明显的主观恶意，不足以被认定为“未及时”。另外，用人单位与劳动者约定如第三个月发第一个月的工资的，因明显违法，应被认定为“未及时”。

司法实践中，各地对“未及时”的认定并不统一，区别在于所许可的“宽限期”长短不同，用人单位应及时关注当时当地的司法实践，合法调整管理思路。下面我们以深圳市、重庆市和江苏省为例进行分析。

《深圳市员工工资支付条例》第十二条规定：“用人单位因故不能在约定的工资支付日支付工资的，可以延期五日；因生产经营困难，需延期超过五日的，应当征得本单位工会或者员工本人书面同意，但最长不得超过十五日。”

《重庆市高院等六部门关于劳动争议案件法律适用问题专题座谈会议纪要（一）》规定：《劳动合同法》第三十八条规定的用人单位“未及时足额支付劳动报酬”的把握：“按周期支付的劳动报酬应当在每支付周期届满时支付，用人单位因客观原因难以在该支付周期支付的，可在该支付周期届满后的合理时间内支付，最晚不得晚于下一个支付周期。”

《江苏省工资支付条例》第三十九条规定：“由于不可抗力原因，导致延期支付劳动者工资的，应当在不可抗力原因消除后三十日内支付劳动者工资。用人单位确因生产经营困难，资金周转受到严重影响无法在约定的工资支付周期内支付劳动者工资的，应当以书面形式向劳动者说明情况，在征得工会或者职工代表大会（职工大会）的同意后，可以延期支付工资，但最长不得超过三十日。”

结合上述规定，具体到管理实践中，一般不能被认为未及时支付劳动报酬的情形可总结为4类：

第一类：用人单位不是由于主观原因恶意导致延期支付的；

第二类：用人单位在当地司法实践允许的宽限期内支付了劳动报酬的；

第三类：用人单位履行了民主程序，征得了劳动者同意后延期支付的；

第四类：用人单位由于不可抗力的原因延期支付的。

（3）对未足额支付劳动报酬的界定

确定劳动报酬具体包含哪些项目，是界定“未足额”的关键所在。管理实践中，工资是劳动报酬直接的表现形式，而劳动法并未对工资的范围作出明确规定，在其他部门规章中对工资和福利的区分也并不完全清晰，导致精准认定工资组成的范围难度较大。司法实务操作中可借鉴以下两个规定：《国家统计局关于工资总额组成的规定》第四条规定：“工资总额由下列六个部分组成：（一）计时工资；

（二）计件工资；（三）奖金；（四）津贴和补贴；（五）加班加点工资；（六）特殊情况下支付的工资。”《最高人民法院关于审理拒不支付劳动报酬刑事案件适用法律若干问题的解释》（法释〔2013〕3号）第一条规定：“劳动者依照《中华人民共和国劳动法》和《中华人民共和国劳动合同法》等法律的规定应得的劳动报酬，包括工资、奖金、津贴、补贴、延长工作时间的工资报酬等特殊情况下支付的工资等，应当认定为刑法第二百七十六条之一第一款规定的‘劳动者的劳动报酬’。”

结合上述规定，具体到劳动争议纠纷案件当中，我们归纳出以下内容。

属于工资的项目有：计时工资、计件工资、岗位工资、职务工资、技能工资、绩效工资、提成工资、奖金、加班加点工资、高温津贴、中夜班津贴及其他津贴等。

不属于工资的项目有：防暑降温费、冬季采暖补贴、法定休假日工资、社会保险费用、生育津贴、独生子女补贴、丧葬费、抚恤金、未签订书面劳动合同的二倍工资差额、未签订无固定期限劳动合同的二倍工资差额、经济补偿、赔偿金、加付赔偿金、劳动保护费用、未列入工资总额的各种劳动报酬及其他劳动收入等。

至于停工留薪期工资、病假工资、待岗工资、未休年休假工资等虽冠以“工资”之名，但是否属于工资，是否属于劳动报酬，司法实践中有较大的争论。我们以停工留薪期工资为例。一种观点认为，停工留薪期工资并不属于劳动者提供劳动的对价，其性质应为工伤保险待遇，不属于劳动报酬。《浙江省高级人民法院民事审判第一庭、浙江省劳动人事争议仲裁院关于审理劳动争议案件若干问题的解答（五）》（浙高法民一〔2019〕1号）规定：九、劳动者发生工伤后，用人单位未发放或未足额发放停工留薪期工资，劳动者能否以用人单位未及时足额支付劳动报酬为由要求解除劳动合同并支付经济补偿金？答：停工留薪期工资性质为工伤保险待遇，劳动者以用人单位未及时足额支付停工留薪期工资为由要求解除劳动合同并支付经济补偿金，不予支持。另一种观点认为，停工留薪期工资属于国家统计局关于工资总额组成规定中的“特殊情况下支付的工资”，应属于《劳动合同法》第三十八条第一款第（二）项规定的劳动报酬。《江苏省工资支付条例》第二十九条规定，劳动者在工伤职工停工留薪期，用人单位应当视同其提供正常劳动并支付工资。《江苏省劳动人事争议疑难问题研讨会议纪要》（苏劳人仲〔2017〕1号）第（五）条认为：“……工伤职工以用人单位未依法支付停工留薪期工资为由，要求解除劳动合同并支付经济补偿金，符合《劳动合同法》第三十八条第一款第二项的规定精神。”

因此，特殊情况下用人单位支付的相关工资、费用是否属于劳动法框架下的“劳动报酬”，因不同地域、不同法院或同一法院的不同法官的认识和实践并不相同，导致有很多同案不同判的情形出现。用人单位在面对劳动者以“未及时足额支付劳动报酬”为由被迫辞职时，应主动审查劳动者提出辞职的理由是否属于劳动报酬，并结合当时当地的司法实践调整应对思路。如认定是劳动报酬，用人单位应在劳动者提起申请仲裁前及时足额支付，出现差额也应及时补足，此举能有效避免支付经济补偿金的法律风险；如认定不属于劳动报酬，在庭审中，用人单位应从司法实务角度组织相关抗辩内容。

（4）用人单位未及时足额支付劳动报酬，劳动者有权要求其加付赔偿金

在《劳动合同法》第三十八条和第四十六条的规定中，并不包含赔偿金的适用条件。但《最高人民法院关于审理劳动争议案件适用法律问题的解释（一）》（法释〔2020〕26 号）第四十五条规定的劳动者可以主张赔偿金的 5 种情形与《劳动合同法》第三十八条高度重合。据此我们认为，在用人单位未及时足额支付劳动报酬的条件成立时，劳动者即可主张赔偿金。至于赔偿的具体标准，劳动立法给出了明确规定。《劳动合同法》第八十五条规定，用人单位有未及时足额支付劳动者劳动报酬等情形时，劳动行政部门可责令限期支付，逾期不支付的，可责令用人单位按应付金额 50% 以上 100% 以下的标准向劳动者加付赔偿金。《劳动保障监察条例》第二十六条规定，用人单位克扣或者无故拖欠劳动者工资报酬的，由劳动保障监察部门责令限期支付，逾期不支付的，责令用人单位按照应付金额 50% 以上 100% 以下的标准计算，向劳动者加付赔偿金。上述规定是“加付赔偿金”的法律基础，这使劳动者在用人单位未及时足额支付劳动报酬被迫辞职时，除了可以主张经济补偿，还可以主张加付赔偿金。司法实践中一般认为，“加付赔偿金”是一种用人单位因违反法律强制性规定，而应当承担的具有惩罚性质的民事赔偿责任。虽然《劳动合同法》第八十五条和《劳动保障监察条例》第二十六条规定了“加付赔偿金”可以通过劳动行政部门“责令应付”的方式得以实现，但其依然属于劳动争议性质，劳动者依然可以通过民事诉讼的方式达到目的。即劳动者既可以通过行政执法途径获得加付赔偿金，也可以通过仲裁或诉讼的方式获得加付赔偿金。结合近些年的裁判决案例，对于劳动者在仲裁和诉讼阶段行使“加付赔偿金请求权”的程序有很大争议。一些法院认为劳动者可以直接提出加付赔偿金的请求，劳动行政部门的处理程序并不是必经程序。但另一些法院认为劳动者要先向劳动行政部门寻求行政救济才能通过仲裁或诉讼的方式进行主张，即将“劳动行政部门处理程序”作为前置条件。在法律无明文规定的情形下，由于各地对法条理解的不同致使出现许多同案不同判的现象。我们倾向性地认为，劳动者在仲裁或诉讼程序中，在无相关劳动行政处理证据的前提下，直接要求按照《劳动合同法》第八十五条的规定要求用人单位支付加付赔偿金的，一般不能得到支持。但是，无论上述哪一种观点被裁判机关采纳，用人单位都不应掉以轻心。用人单位应清醒地认识，未及时足额支付劳动

报酬不仅要支付经济补偿，在符合相关条件下，还要支付应付金额50%～100%的加付赔偿金的法律风险。

目前，劳动者获得加付赔偿金主流的操作步骤有以下7步，用人单位要有所了解。

第一步：确定用人单位存在未及时足额支付劳动报酬等具体事实，并向当地劳动行政部门投诉、检举（人力资源和社会保障局劳动监察大队），提交相关资料；

第二步：劳动行政部门受理并执法，向用人单位发出限期整改通知；

第三步：用人单位逾期未整改，劳动行政部门作出加付赔偿金的处罚；

第四步：用人单位接受处罚，劳动者获得加付赔偿金；

第五步：用人单位拒不执行，劳动者提起仲裁，提交证据，并要求用人单位加付赔偿金；

第六步：用人单位不服裁决结果的可提起劳动争议诉讼，进入一审、二审或再审程序；

第七步：法律文书生效，用人单位拒不执行的，劳动者可申请强制执行。

（5）用人单位拒不支付劳动报酬，可能获罪

《刑法》第二百七十六条之一规定："以转移财产、逃匿等方法逃避支付劳动者的劳动报酬或者有能力支付而不支付劳动者的劳动报酬，数额较大，经政府有关部门责令支付仍不支付的，处三年以下有期徒刑或者拘役，并处或者单处罚金；造成严重后果的，处三年以上七年以下有期徒刑，并处罚金。"

《最高人民法院关于审理拒不支付劳动报酬刑事案件适用法律若干问题的解释》（法释〔2013〕3号）第三条对"数额较大"的认定标准作了解释："（一）拒不支付一名劳动者三个月以上的劳动报酬且数额在五千至二万元以上的；（二）拒不支付十名以上劳动者的劳动报酬且数额累计在三万元至十万元以上的。"第四条是对"经政府有关部门责令支付"的相关解释。

需要注意的是，用人单位未及时足额支付劳动报酬有时可能演变为拒不支付劳动报酬，构成"拒不支付劳动报酬罪"的，将承担刑事责任。用人单位因拒不支付劳动报酬致使劳动者被迫辞职应承担的法律风险已升级为"经济补偿+加付赔偿金"或"有期徒刑+拘役+罚金"的组合模式。

3. 用人单位未依法为劳动者缴纳社会保险费

《劳动合同法》第三十八条第一款第（三）项规定，用人单位未依法为劳动者缴纳社会保险费，劳动者可以辞职，同时可以依法获赔经济补偿，这是《劳动合同法》增加的一种劳动者可被迫辞职的情形。司法实践中，各地对"未依法缴纳"的理解有争论，以至于认定何种情形是"未依法缴纳"存在不同的标准。管理实践

中，用人单位为劳动者缴纳社会保险费时一般存在5种违法违规的情形：未办理社会保险缴纳开户手续、未缴费、缴费险种不全、缴费基数不对、缴费年限不足（包括断缴）。严格意义上，凡是与《社会保险法》规定相悖的一切情形均应属于“未依法缴纳”。但是由于用人单位原因未为劳动者办理社会保险开户手续或虽办理了社会保险开户手续但未缴费两种情形之一时，即被全国裁判机关基本统一认定为“未依法缴纳”。对于缴费险种不全、缴费基数不对、缴费年限不足等情形是否被认定为“未依法缴纳”，各地裁判标准有所不同。

（1）梳理部分地区对上述5种违法违规情形的裁判标准

北京市：对未办理社会保险缴纳开户手续、缴费险种不全两种情形支持经济补偿；对缴费年限不足、缴费基数不对等情形不支持经济补偿。

《北京市高级人民法院、北京市劳动人事争议仲裁委员会关于审理劳动争议案件解答（一）》（京高法发〔2024〕534号）第七十一个问题指出：“劳动者以用人单位未依法为其缴纳社会保险为由提出解除劳动合同，要求用人单位支付经济补偿的，如何处理？劳动者提出解除劳动合同前一年内，存在因用人单位过错未为劳动者建立社保账户或虽建立了社保账户但缴纳险种不全情形的，劳动者依据《劳动合同法》第三十八条的规定以用人单位未依法为其缴纳社会保险为由提出解除劳动合同并主张经济补偿的，一般应予支持。用人单位与劳动者在2008年1月1日之前建立劳动关系的，经济补偿支付年限应从2008年1月1日起开始计算。用人单位已为劳动者建立社保账户且险种齐全，但存在缴纳年限不足、缴费基数低等问题的，劳动者的社保权益可通过用人单位补缴或社保管理部门强制征缴的方式实现，在此情形下，劳动者以此为由主张解除劳动合同经济补偿的，一般不予支持。”

天津市：推定用人单位有过错的支持经济补偿，用人单位举证无过错的不支持经济补偿。

《天津法院劳动争议案件审理指南》（津高法〔2017〕246号）第二十七条第一款规定，劳动者以与用人单位未建立社会保险关系、无正当理由停缴社会保险费，或者社会保险费基数不符合法律规定为由解除劳动合同，并请求用人单位支付经济补偿金，用人单位对此有过错的，属于《劳动合同法》第三十八条第一款第（三）项规定的情形，应予支持。

江苏省：对未办理社会保险缴纳开户手续、未缴纳两种情形支持经济补偿；对缴费年限不足、缴费基数不对、缴费险种不全等情形不支持经济补偿。

《江苏省劳动仲裁疑难问题研讨会纪要》（苏劳人仲委〔2017〕1号）第（六）个问题：“劳动者以用人单位未依法缴纳社会保险费为由，依据《劳动合同法》第三十八条第一款第（三）项规定与用人单位解除劳动合同，要求支付经济补偿，仲裁机构应当如何处理？用人单位依法为劳动者缴纳社会保险费用，是用人单位的法定义务。但是社会保险费的申报、审核和征缴在实际操作中往往比较复杂。《劳动合同法》第三十八条规定的目的是要促使用人单位诚信履行其基本义务，对于用人单位存在有悖诚信，并由此导致劳动者被迫辞职的行为，才属于立法所要规制的对象。因此，用人单位因主观恶意未为劳动者建立社保账户，未履行缴纳社会保险费义务的，劳动者依据《劳动合同法》第三十八条第一款第（三）项的规定以用人单位未依法缴纳社会保险费为由提出解除劳动合同并主张经济补偿的，应予支持。其他非因用人单位单方原因导致社会保险费年限不足，或者未足额缴纳，或者未参加单项险种等，劳动者可以向社保经办机构或劳动行政部门投诉举报维护社保权益。在此情形下劳动者以此为由解除劳动合同并主张经济补偿的，一般不予支持。”

山东省：对未办理社会保险缴纳开户手续、缴费险种不全、缴纳年限不足三种情形支持经济补偿；对缴费基数不对等情形不支持经济补偿。

《山东省高级人民法院、山东省人力资源和社会保障厅关于审理劳动人事争议案件若干问题会议纪要》第十四个问题：“关于因‘未依法为劳动者缴纳社会保险费’导致的经济补偿争议处理问题。因用人单位过错未为劳动者建立社会保险账户或者虽然建立了社会保险账户但存在缴纳险种不全、缴纳年限不足等情形的，劳动者依据劳动合同法第三十八条第一款第（三）项规定，以用人单位未依法为其缴纳社会保险费为由提出解除劳动合同并主张经济补偿的，一般予以支持。用人单位已为劳动者建立社会保险账户且险种齐全，但存在缴费基数低情形的，劳动者的社会保险权益可通过用人单位补缴或者社会保险费征收机构强制征收的方式实现，在此情形下，劳动者以此为由主张解除劳动合同经济补偿的，一般不予支持。”

深圳市：给 1 个月的整改期，否则上述 5 种情形均可支持经济补偿。

《深圳经济特区和谐劳动关系促进条例》第十五条规定，用人单位和劳动者应当依法参加社会保险。用人单位未依法为劳动者缴纳社会保险费的，劳动者应当依法要求用人单位缴纳；用人单位未在 1 个月内按规定缴纳的，劳动者可以解除劳动合同，用人单位应当依法支付经济补偿。

《深圳市中级人民法院关于审理劳动争议案件的裁判指引》第九十四条规定，用人单位未依法为劳动者缴纳社会保险费的，劳动者应当依法要求用人单位缴纳，用人单位在劳动者要求之日起 1 个月内未按规定缴纳的，劳动者有权提出解除劳动合同，用人单位应支付经济补偿，但经济补偿的支付年限应从 2008 年 1 月 1 日起计算。

以上列举的仅仅是北京市、天津市、江苏省、山东省、深圳市 5 个地区的司法实践，目的是初步向读者呈现“未依法缴纳社会保险费”差异化的裁判标准，使用人单位和劳动者对本条之意有深入的理解。因此，用人单位很有必要了解当时当地的裁判口径，合法合规地调整社保缴费思路，避免产生劳动纠纷。劳动者也应关注当时当地的裁判口径，不应一时冲动，盲目辞职，导致无法获得经济补偿。需要劳动者另外注意的是，因《劳动合同法》于 2008 年 1 月 1 日起实施，在这之前劳动立法并无明文规定劳动者可以以“未依法为劳动者缴纳社会保险费”为由被迫辞职主张经济补偿，因此，劳动者以此为由在解除劳动合同之时主张 2008 年 1 月 1 日之前的经济补偿，不会得到支持。

（2）梳理劳动者主动放弃或双方协议约定不缴纳社会保险费主张经济补偿的裁判标准

广东省、安徽省：限期整改，否则支持经济补偿。

《广东省高级人民法院、广东省劳动人事争议仲裁委员会关于审理劳动人事争议案件若干问题座谈会纪要》第二十五条规定，用人单位与劳动者约定无须办理社会保险手续或社会保险费直接支付给劳动者，劳动者事后反悔并明确要求用人单位为其办理社会保险手续及缴纳社会保险费的，如用人单位在合理期限内拒不办理，劳动者以此为由解除劳动合同并请求用人单位支付经济补偿，应予支持。

《安徽省高级人民法院关于审理劳动争议案件若干问题的指导意见》（皖高法〔2015〕34 号）第二十六条第一款规定，用人单位与劳动者约定无须办理社会保险手续或将社会保险费以补贴形式直接支付给劳动者，劳动者事后反悔主张用人单位为其补办社会保险手续或缴纳社会保险费，如用人单位未在社保机构指定限期内办理，劳动者以此为由解除劳动合同并请求用人单位支付经济补偿金的，人民法院予以支持。

浙江省、江苏省：书面协议无效，不支持经济补偿。

《浙江省高级人民法院民一庭关于审理劳动争议纠纷案件若干疑难问题的解答》第十一个问题：“劳动者不愿意缴纳社会保险费，用书面承诺放弃参加社会保险的法律后果是什么？劳动者不愿意缴纳社会保险费，并书面承诺放弃参加社会保险的，该书面承诺无效。劳动者可以以此为由解除劳动合同，但要求用人单位支付经济补偿金的，不予支持。”

《江苏省高级人民法院、江苏省劳动争议仲裁委员会关于审理劳动争议案件的指导意见》（苏高法审委〔2009〕47 号）第十六条规定，因劳动者自身不愿缴纳等不可归责于用人单位的原因，导致用人单位未为其缴纳或足额缴纳社会保险费，或者未参加某项社会保险险种，劳动者请求解除劳动合同并主张用人单位支付经济补偿的，不予支持。

北京市、四川省：支持经济补偿。

《北京市高级人民法院、北京市劳动人事争议仲裁委员会关于审理劳动争议案件解答（一）》（京高法发〔2024〕534号）第七十二个问题指出："劳动者要求用人单位不缴纳社会保险，后又以用人单位未缴纳社会保险为由提出解除劳动合同并主张经济补偿的，应否支持？依法缴纳社会保险是《劳动法》规定的用人单位与劳动者的法定义务，即便是因劳动者要求用人单位不为其缴纳社会保险，劳动者按照《劳动合同法》第三十八条的规定主张经济补偿的，仍应予支持。"

《四川省高级人民法院、四川省劳动人事争议仲裁委员会关于审理劳动争议案件有关问题的会议纪要》（川高法〔2020〕39号）第十六条规定，用人单位以劳动者承诺放弃社会保险或者双方约定不缴纳社会保险为由，主张在解除或终止劳动合同时不支付经济补偿的，不予支持。但因劳动者在其他单位名下缴纳社会保险导致用人单位无法缴纳社会保险的除外。

对于劳动者主动放弃或双方协议约定不缴纳社会保险费，劳动者主张经济补偿是否能得到支持的问题，综上所列举广东省、安徽省、浙江省、江苏省、北京市、四川省五省一市的司法实践，分别代表了三种处理模式：限期整改模式；明确不支持模式；明确支持模式。值得用人单位重视的是，在《最高人民法院关于审理劳动争议案件适用法律问题的解释（二）（征求意见稿）》出台后，上述三种模式合并为一种模式，即明确支持经济补偿。该司法解释第二十三条规定："用人单位与劳动者有关不缴纳社会保险费的约定无效。劳动者与用人单位约定不缴纳社会保险费，劳动者以用人单位未依法缴纳社会保险费为由请求支付经济补偿的，人民法院应予支持。用人单位补缴社会保险费后，请求劳动者返还已给付的社会保险补偿的，人民法院应予支持。"该规定明确支持了"用人单位与劳动者即使合意约定不缴纳社会保险费（该行为无效），也不能因此免除用人单位为劳动者缴纳社会保险费的法定义务"这一观点。另外，管理实践中，有的用人单位将应缴纳的社会保险费"折现"给了劳动者，还以为劳动者主动写了《自愿放弃缴纳社会保险承诺书》就能万事大吉，殊不知一旦劳动者反悔，用人单位或将无可避免地承担补缴社保费用、缴纳滞纳金的法律责任。对于已经"折现"支付给劳动者的费用，用人单位在"补缴社会保险费后"才能向人民法院请求返还，这将增加追索的诉累，得不偿失。

（3）"社保代缴"的合法性判断

用人单位以其他单位的名义为劳动者缴纳社会保险是否构成"未依法为劳动者缴纳社会保险费"呢？

以其他单位名义进行社保代缴，既破坏了劳动合同的相对性，变更了劳动者的"专属"用人单位，也明显违反了《社会保险法》的相关规定，改变了缴费主体，属于违法。司法实践中，有些地方对这一情形已作出明确规定。《广州市劳动人事仲裁委员会、广州市中级人民法院民事审判庭关于劳动争议案件座谈会的意见综述》第十二条规定，用人单位与劳动者签订劳动合同并建立劳动关系，但委托其他单位以其他单位的名义代劳动者缴纳社会保险，是否合法？若劳动者以用人单位未依法缴纳社会保险费为由主张解除劳动合同。用人单位是否向劳动者支付经济补偿金？不合法。用人单位违反了《社会保险法》第四条“用人单位和个人依法缴纳社会保险费”和第十条“职工应当参加基本养老保险，由用人单位和职工共同缴纳基本养老保险费”的规定。若劳动者据此主张被迫解除劳动合同，用人单位应向劳动者支付经济补偿金。所以，“代缴社保”隐含着极大的法律风险，一着不慎，用人单位代缴社保的费用打了水漂不说，或将无可避免地承担补缴社保费用、缴纳滞纳金及支付经济补偿的法律责任。

（4）用人单位未依法缴纳住房公积金是否属于未依法缴纳社会保险费

用人单位未为劳动者缴纳公积金违反《住房公积金条例》，由住房公积金管理部门予以处罚，但不构成《劳动合同法》第三十八条第一款第（三）项规定的“未依法为劳动者缴纳社会保险费”。在管理实践中，用人单位将“不缴纳住房公积金”写入规章制度中的，劳动者可以以《劳动合同法》第三十八条第一款第（四）项“用人单位的规章制度违反法律、法规的规定，损害劳动者权益”为由，主张经济补偿。与之类似，用人单位更不能将不合法的工作时间、加班费支付、休假制度写进规章制度，一旦被认定与法有悖并损害了劳动者的权益，劳动者依然可以以此为由主张经济补偿。

（四）用人单位“防被迫”的合规管理

缺乏系统有效的用工合规管理是当前众多用人单位的普遍现状。俗话讲，铁打的营盘，流水的员工。劳动者通过离职更换用人单位谋求自身经济利益最大化，是职场中的常态。在劳动纠纷案件中，劳动者在离职之前，主动寻找用人单位的违法事实用以获得经济补偿的案件数不胜数。用人单位在合法的前提下，如何有效“防被迫”，是解决问题的关键所在。

1. 从固定劳动者辞职理由的证据入手。主流观点认为，劳动者被迫辞职需要履行告知义务，即劳动者需要通知用人单位解除劳动合同并明示解除劳动合同的理由（限定在《劳动合同法》第三十八条）。司法实践中，劳动者以其他理由或未履行告知程序，直接请求仲裁或法院裁判解除的，一般得不到支持。用人单位如没有收到劳动者的书面或口头辞职通知，劳动者的被迫辞职行为极有可能被认定无效；用人单位如收到劳动者的辞职通知，法务和 HR 应在第一时间审查其辞职理由，如是个人原因或非《劳动合同法》第三十八条的其他理由，应及时固定该证据。因解除权系形成权，一旦解除成立，劳动者就不得变更其解除理由，劳动者以此或变更解除理由主张经济补偿不会得到支持。

2. 从“抢先”合法解除角度入手。劳动者在辞职或之前都会有态度或行为上的不正常状态，用人单位要综合评估劳动者的“状态”，用以决定是否要开始收集相关证据。劳动者在被迫辞职之前如有不再继续上班的情况，用人单位可抢在劳动者解除之前合法解除，解除理由可以是旷工、严重违纪等。用人单位一定要有充足的证据证明其解除理由，否则一旦弄巧成拙，有被认定违法解除的法律风险。

3. 从保障劳动保护和劳动条件角度入手。用人单位不宜与劳动者在劳动合同中约定较为详细的劳动保护和劳动条件，以防止现实中提供的与约定的存在些许不同，构成“未按劳动合同约定提供劳动保护和劳动条件”。另外，针对频发的调岗调薪导致的变更劳动条件，用人单位应主动证明调岗调薪的合法性和合理性，或证明劳动条件未发生变更、临时变更或默示变更已经成立。用人单位不应出现以下行为：如不给劳动者安排工作或强制加班、移出相关工作群、强制放长假、停发工资、不记录考勤、停缴社保、取消劳动者进出办公场所、限制某类生产或交通工具或访问相关系统的使用权限、取消岗位或不合理调岗等。

4. 从合规支付劳动报酬角度入手。管理实践中，用人单位经常采用“一口价”的方式与劳动者约定工资数额。在用人单位的眼中，“一口价工资”等于劳动者全月应得的所有工资数额。但从法律角度讲，“一口价工资”只是劳动者在法定工作时间内提供劳动的对价，并不包含诸如加班加点工资、带薪年休假工资、未休带薪年休假工资、奖金、高温津贴、中夜班津贴及其他津贴等法定工资。管理实践中，用人单位应建立工资结构和发放确认制度，采用工资拆分的办法，通过收入组成确认单将工资总额总体拆分为约定工资和法定工资，让劳动者签字确认，并在每月发完工资后再次与劳动者书面确认“本月及之前月份所有劳动报酬均已结清”。对于加班已成常态的职场现状，用人单位还应在收入组成确认单中将加班费单列，设置固定加班费和浮动加班费的项目，每月核定加班加点的总小时数，计算加班加点工资并保证每月将该费用支付给劳动者。司法实践中，劳动者经常会以用人单位未及时足额支付加班工资、未支付带薪年休假工资、停岗留薪期工资、高温津贴等理由主张经济补偿，用人单位要确保各类确属“劳动报酬”的工资及时足额支付给劳动者，并保留劳动者签字确认的相关证据。对于确实由于用人单位原因不能及时支付工资的情况，建议用人单位与劳动者进行集体协商，履行民主程序，获得延迟发放的许可，并固定履行民主程序的相关证据。另外，对于计算有失误、计算标准有差异等客观情况，应积极和劳动者进行沟通和协商，固定沟通和协商的过程性证据，排除主观恶意的可能。对于确属用人单位失误造成少发或迟发的情形，应在劳动者解除劳动合同前及时补发。

5. 从合规缴纳社会保险费用角度入手。在当前的市场环境下，大多数中小微民营企业在社会保险费的缴纳方面做到完全合规难度很大。但从“防被迫”角度出发，用人单位须依法在规定的时间内为劳动者办理社会保险缴纳开户手续并缴费，除非能够证明未依法缴纳社会保险费的原因的确不可归责于用人单位。用人单位要及时了解当时当地对于缴费险种不全、缴费基数不对、缴费年限不足（包含断缴）、劳动者放弃社保是否可以主张经济补偿的裁判口径，作出及时补救的措施。用人单位也可以建立社保缴费确认制度，在每月为劳动者缴纳社会保险费之前向劳动者公示缴费险种、缴费基数等信息并要求其签字确认。另外，劳动者因社会保险费问题向劳动行政部门投诉，劳动行政部门向用人单位作出限期补缴通知书或限期整改通知书的，用人单位应在规定的时间内进行补缴或整改，未整改的，该类通知书会成为认定“未依法为劳动者缴纳社会保险费”的核心证据。另外，随着“社保入税”政策的逐步落实，员工的社会保险费由税收部门统一征收，这意味着社会保险费由从前对用人单位的“收费”转变成了“收税”，用人单位为员工合规缴纳社会保险费将成为主流操作。

6. 从合规制定规章制度角度入手。劳动者以“用人单位的规章制度违反法律、法规的规定，损害其权益”为由辞职，须满足三个基本条件。其一，用人单位的规章制度的相关条款确实违法；其二，违法的具体条款与劳动者权益受损之间有必然的因果关系；其三，劳动者受损权益受损程度较高，已达到无法容忍的程度。如用人单位规章制度中存在末位淘汰条款、放弃加班费条款、工伤不负责条款、收取押金保证金条款、迟到罚款条款、旷工扣工资条款、不交住房公积金条款等。首先，用人单位要对现有的规章制度进行合法性审查，修改和删减明显不合法、不合理的条款。其次，用人单位应保证规章制度的合法性和有效性，即涉及劳动者切身利益和重大事项要履行民主程序和公示程序，并保证过程性证据和结果性证据齐全。最后，用人单位应主动证明规章制度与劳动者权益受损之间无必然因果关系。

7. 从审查“排权免责”条款角度入手。劳动者以“用人单位免除自己的法定责任、排除劳动者权利，劳动合同无效或部分无效”为由辞职主张经济补偿。“排权免责”条款也称为禁止性约定条款，可细分为三类：第一类，排除劳动者权利条款；第二类，免除用人单位法定责任条款；第三类，既排除劳动者权利又免除用人单位法定责任的条款。如试用期不能请病假、未经批准不得辞职、试用期禁止谈恋爱、入职2年内禁止怀孕、社会保险费用全额由劳动者承担、不缴纳住房公积金、劳动者工作中发生伤亡事故单位概不负责、工资年终结算、每天工作时间超过8小时的时间不计算为加班时间、用人单位可以随时调整劳动者的工作岗位、劳动者未办结工作交接的不开具解除或终止劳动合同证明，劳动者必须无条件服从等。另外，刻意加重劳动者法定义务的行为，情节严重的，也有可能被认定劳动合同无效或部分无效。

8. 从设置被迫解除缓冲性条款角度入手。用人单位应在劳动合同或规章制度中设置被迫解除缓冲性条款，制定催告改正程序，使用人单位有时间进行弥补。如“甲方如出现未及时足额支付劳动报酬的情形，乙方应及时催告甲方，甲方未在5个工作日内支付或给出合理解释的，乙方可依法解除劳动合同”“甲方如出现未依法缴纳社会保险费的情形，乙方应及时催告甲方，或经社会保险经办机构责令限期缴纳或补足，甲方未在指定时间内缴纳或补足的，乙方可依法解除劳动合同”等。

第三节　合规工具应用

合规工具29：《离职申请表》

离职申请表

姓名		所属部门		职务	
申请日期			离职类型	□ 辞职	□ 辞退
离职原因	签字：（用正楷填写原因及姓名） 时间：　　年　　月　　日				
部门经理意见					

续表

总经理意见	
说明	1. 需提前30日填写此表，逐级审批；审批流程、级别层数应作简化处理。 2. 人力资源部门应辅导劳动者准确填写离职原因，例如“个人原因”。

合规工具30：《离职交接单》

离职交接单

各相关部门：

请按照以下顺序依次为该员工办理离职交接手续，并在相应位置填补事项签名确认交接完成。

姓名		部门		离职日期	
所属工作部门意见	工作交接情况： 1. ________ 2. ________ 3. ________ 部门负责人签字： 日期： 年 月 日				
人力资源行政部门	办公用品、资料、文件等交接： 1. ________ 2. ________ 3. ________ 人力资源负责人签字： 日期： 年 月 日				

续表

财务部门	1. ____________ 2. ____________ 3. ____________ 财务负责人签字：　　　　　　　　日期：　　年　　月　　日
离职声明	我已确认，并明确知悉相关法律或政策规定的各项权利，在单位工作期间的所有薪酬福利等已经处理结算完毕，包括但不限于工资、奖金、提成、社会保险、加班费等。双方对处理结算结果均无异议。离职后我将严格遵守《保密协议》且与单位及关联公司不存在任何劳动纠纷或民事纠纷，亦不再就劳动关系等各项内容向单位关联公司主张任何权利。 签字：　　　　　　　　日期：　　年　　月　　日

合规工具31：《自愿解除劳动合同通知书》（劳动者）

自愿解除劳动合同通知书（劳动者）

致________________（公司全称）

本人______________（身份证号码：________________________）基于个人原因，现决定于____年____月____日自愿解除与公司签订的劳动合同，特向公司递交本通知。

本人确认：在公司工作期间，双方已签订书面劳动合同，不存在拖欠工资及加班费等情形，公司已依法履行其法定和约定的义务（包括但不限于五险一金及差额、年休假等）。本人再无任何未结清款项。本人身体健康、精神正常、不存在“三期”、工伤等情形。以上表述是本人的真实意思表示。一经作出，不得撤回或撤销。

本人承诺：按照公司人力资源部门的指引做好离职交接工作，在办结离职交接手续前继续妥善履行义务，否则本人愿意承担相关责任。

本人已收到公司开具的离职证明书。

员工（签字）：　　　　　　　　　　日期：　　年　　月　　日

合规工具32：《员工离职向客户告知函》

员工离职向客户告知函

致____________________（客户单位全称）

本公司员工_____________（曾用名/英文名：________________________）已于____年____月____日离职，请贵单位知悉。本公司声明，自该员工离职之日起，其在外的一切业务活动、交流活动、交易活动等皆属于其个人行为，如造成或出现与贵单位有关的任何经济损失、不良影响或违法犯罪等情况，均与本公司无关。

特此函告！

公司（公章）： 日期： 年 月 日

合规工具33：《解除或终止劳动合同证明书》

解除或终止劳动合同证明书（存根）

第（ ）号

员工姓名：_____________公司全称：______________________________

本人已收到单位于____年____月____日发出的第（ ）号《解除或终止劳动合同证明书》（离职证明），并确认劳动关系存续期间，双方对与劳动合同关系有关的所有权利义务均已履行完毕，不存在任何劳动争议。本人不再以公司任何名义对外进行活动，不进行违反保密义务、损害公司形象的行为，否则公司可以追究相应责任。

员工（签字）： 日期： 年 月 日

本证明书共两联，公司与员工双方各执一联

------------------------------------ 裁剪线 ------------------------------------

解除或终止劳动合同证明书（员工留存）

第（ ）号

员工姓名：_____________公司全称：______________________________

兹证明___________先生/女士（身份证号码：__________________）自____

年____月____日至____年____月____日在我单位任职，部门及岗位名称：____________________________________。在本单位工作年限为____个月。双方于____年____月____日解除/终止劳动关系。该同志已办理离职手续，且劳动报酬、工资、年休假等一切法定或约定福利均已结清，并无任何纠纷。

离职后的竞业限制履行义务按以下______方式执行：

A：离职后无须对公司履行竞业限制义务。

B：离职后需要对公司履行竞业限制义务。

特此证明！

以下无正文

（备注：此证明只开具一份，遗失不补）

公司（公章）：　　　　　　　　　　　　日期：　　年　　月　　日

合规工具34：《离职结算声明》

离职结算声明

致________________（公司全称）

本人______________（身份证号码：________________________）由于个人原因向公司主动辞职（离职原因），现声明并确认本人在职期间所有薪资待遇均已结清，包括但不限于未结算的工资、绩效提成、应休未休的年休假工资、加班费、值班费、防暑降温费、冬季取暖补贴费、经济补偿、赔偿金、罚金、津贴、补贴、代通知金、年终奖、其他类型的奖金等，双方之间再无基于劳动关系前提下的任何债权、债务关系，双方确认无任何劳动争议。

（以下无正文）

员工（签字）：　　　　　　　　　　　　日期：　　年　　月　　日

合规工具35：《限期返岗通知书》（不辞而别）

限期返岗通知书

员工姓名：______________（身份证号码：________________________）

你自____年____月____日开始，未为公司提供劳动。公司已通知您返回工作岗位，但至今你未返岗，也未向公司提交任何书面证明材料。现公司致函给你：请你于____年____月____日前返回工作岗位执行工作职责。如届时未予报到，你的行为属于严重违反劳动纪律、违反诚实信用和严重违反公司规章制度的行为。根据公司的相关制度：连续或累计旷工满____日，视为严重违反劳动纪律、严重违反公司规章制度，公司有权与你解除劳动合同。

如你对上述内容有异议，请在3日内以书面形式提出，否则视为无异议。

特此告知！

公司（公章）：　　　　　　　　　　　　　　　日期：　　年　　月　　日

合规工具36：《解除劳动合同通知书》

解除劳动合同通知书（存根）

根据《劳动合同法》等法律规定，鉴于你在劳动合同履行期间出现了法定解除劳动合同的事由：

法定理由：严重违反劳动纪律和用人单位规章制度/试用期不符合录用条件/严重违反规章制度/严重失职或营私舞弊造成重大损失/双重劳动关系严重影响工作或被提出拒不改正/欺诈致使合同无效/被追究刑事责任/医疗期满后不能从事原工作并且不能从事另行安排的工作/不能胜任工作，经过培训或者调整工作岗位，仍不能胜任工作/情事变更/经济性裁员等。

公司决定于____年____月____日与__________（员工姓名）解除劳动关系。自解除之日起公司不再与__________（员工姓名）存在劳动关系。你应于____年____月____日前办理交接手续，由于个人原因未及时办理工作交接给公司造成的损失，公司有权保留追偿之权利。

特此通知！

员工（签字）：

公司（公章）：　　　　　　　　　　　　　　　日期：　　年　　月　　日

本通知书共两联，公司与员工双方各执一联

-- 裁剪线 --

解除劳动合同通知书（员工留存）

根据《劳动合同法》等法律规定，鉴于你在劳动合同履行期间出现了法定解除劳动合同的事由：

法定理由：严重违反劳动纪律和用人单位规章制度/试用期不符合录用条件/严重违反规章制度/严重失职或营私舞弊造成重大损失/双重劳动关系严重影响工作或被提出拒不改正/欺诈致使合同无效/被追究刑事责任/医疗期满后不能从事原工作并且不能从事另行安排的工作/不能胜任工作，经过培训或者调整工作岗位，仍不能胜任工作/情事变更/经济性裁员等。

公司决定于____年____月____日与__________（员工姓名）解除劳动关系。自解除之日起公司不再与__________（员工姓名）存在劳动关系。你应于____年____月____日前办理交接手续，由于个人原因未及时办理工作交接给公司造成的损失，公司保留追偿之权利。

特此通知！

员工（签字）：

公司（公章）：　　　　　　　　　　　　　　　　　日期：　　年　　月　　日

>>> 第七章 <<<

劳动合同解除的合规管理（用人单位辞退）

劳动合同的解除需要遵循法定原则。用人单位辞退劳动者时，选择法定事由容易但证明符合法律规定难。因此，用人单位以法定情形为由辞退劳动者时，必须有足够证据证明解除劳动合同的合法性。本章将重点探讨用人单位单方解除劳动合同的典型法律风险及实务合规管理。

第一节　劳动合同解除的典型法律风险（用人单位辞退）

典型风险1：用人单位辞退劳动者适用解除事由非法

用人单位辞退劳动者，即单方解除与劳动者的劳动合同，解除事由应当合法。劳动法中，用人单位与劳动者建立和解除劳动关系有“宽进严出”的特点，即建立劳动关系相对容易，自用工之日起即可建立，但对用人单位解除劳动关系则有着极为严格的条件和程序的限制。劳动法律体系中关于“解除”的条款甚多，且大多数的劳动纠纷也多因“解除”而产生。用人单位在辞退劳动者解除劳动合同时，如果解除理由或解除程序违法，将承担违法解除的法律责任。根据法律规定，用人单位辞退劳动者一般分为两种情形：一种是因劳动者存在过错，用人单位依法解除劳动合同，简称“过错性辞退（或解除）”；另一种是非因劳动者过错，用人单位依法解除劳动合同，简称“非过错性辞退（或解除）”。对比上述两种类型：在过错性辞退中，解除劳动合同的事由是法定的，用人单位适用《劳动合同法》第三十九条所列举的6项法定事由，无须履行提前30日通知的程序，可即时辞退存在过错的劳动者，并且不需要支付经济补偿；在非过错性辞退中，解除劳动合同的事由也是法定的，用人单位适用《劳动合同法》第四十条所列举的3项法定事由，须提前30

日以书面形式通知劳动者本人或者额外支付劳动者 1 个月工资后，可以解除除拥有解雇保护权的特殊群体之外的无过错的劳动者，并需要支付经济补偿。另外，用人单位进行经济性裁员，是一种特殊形式的非过错性辞退，适用《劳动合同法》第四十一条的规定。

用人单位并非对劳动者的任何过错都可以行使解除劳动合同的权利，只有符合《劳动合同法》第三十九条规定的情形才可以行使解除权，内容为：

“劳动者有下列情形之一的，用人单位可以解除劳动合同：

（一）在试用期间被证明不符合录用条件的；

（二）严重违反用人单位的规章制度的；

（三）严重失职，营私舞弊，给用人单位造成重大损害的；

（四）劳动者同时与其他用人单位建立劳动关系，对完成本单位的工作任务造成严重影响，或者经用人单位提出，拒不改正的；

（五）因本法第二十六条第一款第一项规定的情形致使劳动合同无效的；

（六）被依法追究刑事责任的。”

用人单位在劳动者无过错的情况下，也可以行使解除劳动合同的权利。《劳动合同法》第四十条规定：“有下列情形之一的，用人单位提前三十日以书面形式通知劳动者本人或者额外支付劳动者一个月工资后，可以解除劳动合同：

（一）劳动者患病或者非因工负伤，在规定的医疗期满后不能从事原工作，也不能从事由用人单位另行安排的工作的；

（二）劳动者不能胜任工作，经过培训或者调整工作岗位，仍不能胜任工作的；

（三）劳动合同订立时所依据的客观情况发生重大变化，致使劳动合同无法履行，经用人单位与劳动者协商，未能就变更劳动合同内容达成协议的。”

另外，用人单位辞退劳动者的条件只能“法定”不能“约定”，即用人单位不能依据法律未作列示的事由解除劳动合同，也不可与劳动者约定或协商除法定事由之外的其他解除条件，如用人单位规定劳动者在医疗期内可以解除劳动合同的，就属于非法解除。虽然劳动法禁止约定除法定终止情形之外的终止条件，也未明文禁止劳资双方可约定其他解除条件，但是，“法无禁止即自由”的概念在此处行不通。《劳动合同法》第八十七条明确规定：“用人单位违反本法规定解除或者终止劳动合同的，应当依照本法第四十七条规定的经济补偿标准的二倍向劳动者支付赔偿金。”从“违反本法规定解除”的后果（支付赔偿金）来看，法律要求用人单位按照既定的解除规定执行，并没有明确赋予劳资双方可约定解除劳动合同的法律空间。约定解除条件本身就可以反向理解为“违反本法规定解除”。

无论是过错性辞退还是非过错性辞退，用人单位单方辞退劳动者的法定事由是明确具体的，是被严格限制的，是具有强制性特点的，即非因法定事由，用人单位不得解除劳动合同。管理实践中，用人单位使用了正确的解除事由不必然导致解除合法。但解除事由适用错误，一定属于违法解除。当无限的管理问题遇上有限的法定事由时，用人单位的任何任性都可能引发较大的法律风险。用人单位辞退劳动者，应当“以事实为依据，以法律为准绳”，认真研究如何合法有效地行使解除权，切不可随意“创造”解除事由。

典型风险 2：用人单位辞退劳动者无法证明解除事由符合法律规定

用人单位辞退劳动者，选择法定事由容易而证明符合法律规定难。用人单位以法定情形为由辞退劳动者必须有足够的证据证明解除劳动合同的合法性。民事诉讼举证责任分配中，一般遵循“谁主张，谁举证”的基本原则。但在劳动争议纠纷中，因用人单位作为管理者天然拥有取证的优势地位，能够直接掌握大量的用工事实，司法实践中往往将部分举证责任分配给用人单位，适用“举证责任倒置”的原则，即“谁掌握，谁举证”的原则。

《劳动争议调解仲裁法》第六条规定：“发生劳动争议，当事人对自己提出的主张，有责任提供证据。与争议事项有关的证据属于用人单位掌握管理的，用人单位应当提供；用人单位不提供的，应当承担不利后果。”同时，该法第三十九条第二款规定：“劳动者无法提供用人单位掌握管理的与仲裁请求有关的证据，仲裁庭可以要求用人单位在指定期限内提供。用人单位在指定期限内不提供的，应当承担不利后果。”

《最高人民法院关于审理劳动争议案件适用法律问题的解释（一）》（法释〔2020〕26 号）第四十四条规定：“因用人单位作出的开除、除名、辞退、解除劳动合同、减少劳动报酬、计算劳动者工作年限等决定而引发的劳动争议，用人单位负举证责任。”

根据上述规定，用人单位应对解除劳动合同的合法性承担举证责任。例如，用人单位以劳动者严重失职，造成重大损失为由作出解除劳动合同通知或决定，用人单位需对劳动者岗位职责、失职的事实及失职程度是否构成严重失职、认定重大损失的具体标准、严重失职与重大损失之间存在因果关系承担举证责任；又如，用人单位以劳动者在试用期内不符合录用条件为由，作出解除劳动合同通知或决定，用人单位须对是否有明确的录用条件、录用条件是否向劳动者公示、劳动者不符合录用条件的事实、解除时间在试用期内承担举证责任。在众多劳动争议纠纷案件中，用人单位败诉的主要原因是无法有效证明解除的合法性，即理由合法、程序合法、证据合法，其核心点在于思想上缺乏证据思维，行为上缺乏固定证据的制度或流程。

典型风险 3：用人单位辞退劳动者违反法定程序

用人单位辞退劳动者，实体和程序均要符合法律规定，否则，有违法解除的法律风险。无论是过错性辞退还是非过错性辞退，用人单位都要履行将解除理由通知工会的程序。

将解除理由通知工会的法律规定最早见于《工会法》第二十二条第二款："用人单位单方面解除职工劳动合同时，应当事先将理由通知工会，工会认为用人单位违反法律、法规和有关合同，要求重新研究处理时，用人单位应当研究工会的意见，并将处理结果书面通知工会。"《劳动合同法》承继《工会法》的立法精神，于第四十三条规定："用人单位单方解除劳动合同，应当事先将理由通知工会。用人单位违反法律、行政法规规定或者劳动合同约定的，工会有权要求用人单位纠正。用人单位应当研究工会的意见，并将处理结果书面通知工会。"

用人单位未履行通知工会程序的，可以采取"补正措施"。《最高人民法院关于审理劳动争议案件适用法律问题的解释（一）》（法释〔2020〕26 号）第四十七条规定："建立了工会组织的用人单位解除劳动合同符合劳动合同法第三十九条、第四十条规定，但未按照劳动合同法第四十三条规定事先通知工会，劳动者以用人单位违法解除劳动合同为由请求用人单位支付赔偿金的，人民法院应予支持，但起诉前用人单位已经补正有关程序的除外。"

根据上述规定，用人单位通知工会，应为两次通知：第一次是将解除理由通知工会；第二次是将研究工会意见后的解除结果通知工会。我们有理由认为，履行通知工会程序是法律的强制性规定，是用人单位辞退劳动者的必经程序，也是工会享有和行使"知情权""纠正权"的重要保障。工会有"知情权"和"纠正权"，但没有解除劳动合同的"决定权"，即用人单位单方解除劳动合同不需要得到工会的同意。用人单位合法辞退劳动者时未事先将解除理由通知工会，不应被理解为"程序瑕疵"，而应理解为"程序缺失"，缺失程序的正义，就无法构成实体的正义。值得关注的是，上述司法解释还例外性地给了用人单位对该程序性问题予以补正的机会，即允许用人单位在仲裁前、仲裁过程中、仲裁后向人民法院起诉前补正有关程序。用人单位既不执行强制性规定，也不把握"事后通知"的补正机会，主流观点认为构成违法解除，劳动者可以要求用人单位撤销解除决定，继续履行劳动合同，或要求用人单位支付违法解除劳动合同的赔偿金。

因《最高人民法院关于审理劳动争议案件适用法律问题的解释（一）》（法释〔2020〕26 号）第四十七条明确规制的对象是"建立了工会组织的用人单位"，那么，未建立工会组织的用人单位，还要不要履行通知工会的程序呢？司法实践中，各地掌握的裁判尺度并不统一。有些地方认为，未建立工会组织的用人单位不受该条款限制，不需要通知；有些地方认为，未建立工会组织也不能违反《工会法》和《劳动合同法》的明文规定，应当采用通知用人单位所在地的行业工会、区域性工会、市级总工会或告知并听取职工代表意见等的变通方式履行相关法定程序。

我们以江苏省、浙江省、天津市的不同观点为例：

江苏省认为应当通知用人单位所在地工会。《江苏省劳动合同条例》第三十一条第二款规定："用人单位单方解除劳动合同的，应当事先将理由通知工会；用人单位尚未建立工会的，通知用人单位所在地工会。"

浙江省认为应当采用变通方式履行通知义务。《浙江省宁波市中级人民法院关于审理劳动争议案件若干疑难问题的解答（三）》第五条规定："……即使用人单位尚未建立工会组织，也可通过告知并听取职工代表意见或向当地工会组织（行业工会组织）征求意见等变通方式来履行告知义务，否则就会助涨用人单位抵制成立工会之风，对已经成立工会的用人单位也不公平。"

天津市认为未建立工会的用人单位未履行通知义务，不构成违法解除。《天津法院劳动争议案件审理指南》（津高法〔2017〕246 号）第二十一条第二款规定："未建立工会的用人单位根据《中华人民共和国劳动法》第三十九条、第四十条规定解除劳动合同，劳动者以用人单位未通知所在地工会或者行业工会为由主张违法解除劳动合同的，不予支持。"

无论司法实践领域和劳动法学界对这一问题有何种争论，分别有何种理由支撑彼此的观点，从用工合规角度出发，用人单位都应严肃对待涉嫌违法解除的行为。虽然履行通知工会程序会在一定程度上增加用人单位的管理成本，但这种管理成本只局限在"沟通成本"之中，用人单位还应积极履行通知工会的相关程序。

另外，除通知工会的法定程序外，用人单位辞退劳动者还存在其他情形下的法定程序：

（1）用人单位以劳动者不符合录用条件为由解除劳动合同的，必须在法定试用期内；

（2）用人单位以劳动者不符合录用条件为由解除劳动合同的，必须向劳动者说明理由；

（3）用人单位以其他法定情形为由解除劳动合同的，必须告知劳动者解除理由；

（4）用人单位以其他法定情形为由解除劳动合同的，必须在合理期限内行使解除权；

（5）用人单位适用非过错性辞退制度解除劳动合同的，有提前 30 日通知的程序要求。

典型风险 4：用人单位辞退特殊劳动者

劳动者符合《劳动合同法》第三十九条过错性辞退条件时，用人单位解除劳动合同不受任何限制；但劳动者符合《劳动合同法》第四十条、第四十一条非过错性辞退条件时，用人单位解除劳动合同时须受《劳动合同法》第四十二条规定的限制，这是法律的强制性规定。《劳动合同法》第四十二条规定："劳动者有下列情形之一的，用人单位不得依照本法第四十条、第四十一条的规定解除劳动合同：

（一）从事接触职业病危害作业的劳动者未进行离岗前职业健康检查，或者疑似职业病病人在诊断或者医学观察期间的；

（二）在本单位患职业病或者因工负伤并被确认丧失或者部分丧失劳动能力的；

（三）患病或者非因工负伤，在规定的医疗期内的；

（四）女职工在孕期、产期、哺乳期的；

（五）在本单位连续工作满十五年，且距法定退休年龄不足五年的；

（六）法律、行政法规规定的其他情形。"

用人单位在依照《劳动合同法》第四十条、第四十一条规定辞退劳动者时，必须依法排除 6 类特殊劳动者，否则系违法解除劳动合同，劳动者选择继续履行劳动合同的，可主张恢复劳动关系并要求支付工资等相关损失；劳动者选择解除劳动合同的，用人单位须支付赔偿金。虽然用人单位解除特殊群体的劳动者受到法律的明确限制，但也并不是所有的解除方式都不能得到运用，管理实践中，仍有三种方式可以选择：其一，特殊群体的劳动者可以选择主动辞职，不受限制；其二，劳资双方可以协商解除劳动合同，不受限制；其三，用人单位可适用《劳动合同法》第三十九条的规定进行过错性辞退，条件成就时不受限制。

典型风险 5：用人单位违法解除劳动合同被判继续履行

用人单位违法解除劳动合同并非只需承担支付赔偿金一个责任选项，劳动法中还有第二选项：继续履行劳动合同。司法实践中，两个选项，只能二选一。《劳动合同法》第四十八条规定："用人单位违反本法规定解除或者终止劳动合同，劳动者要求继续履行劳动合同的，用人单位应当继续履行；劳动者不要求继续履行劳动合同或者劳动合同已经不能继续履行的，用人单位应当依照本法第八十七条规定支付赔偿金。"

在相关判例中，用人单位违法解除劳动合同，劳动者要求继续履行劳动合同的，在劳动合同可以继续履行的条件下，裁判机关一般会支持劳动者的诉请；与此同时，劳动者主张用人单位支付违法解除劳动合同之日至裁判文书生效之日的工资损失，一般也会得到支持。劳动合同不具备继续履行条件的，劳动者同时诉请赔偿金和工资损失的，裁判机关一般只会支持赔偿金。劳动合同在仲裁或法院审理期间期满的，即使劳动合同具备继续履行的条件，裁判机关一般会支持从违法解除劳动合同之日至劳动合同期满之日的工资损失，不再支持赔偿金。

《浙江省高级人民法院民一庭关于审理劳动争议纠纷案件若干疑难问题的解答》第十二个问题："用人单位违法解除劳动合同，劳动者要求撤销解除劳动合同的决定，继续履行劳动合同的，应如何处理？如果在一审宣判前，原劳动合同期限已经届满的，则一般不支持继续履行劳动合同的请求。对劳动者主张停发工资日至劳动合同届满日期间的工资损失，应按劳动者被停发工资前十二个月的平均工资确定。如果在一审宣判时，原劳动合同期限尚未届满的，则对劳动者主张继续履行劳动合同的请求予以支持。对停发工资日以后的工资损失，应按劳动者被停发工资前十二月的平均工资确定。"

因此，判断是否"无法继续履行劳动合同"对于用人单位至关重要。

《山东省高级人民法院、山东省人力资源和社会保障厅关于审理劳动人事争议案件若干问题会议纪要》第十二个问题："用人单位违法解除或者终止劳动合同后，劳动者要求继续履行劳动合同的，一般予以支持。

在案件处理过程中发现确实无法继续履行劳动合同的，应向劳动者释明变更请求为要求用人单位支付违法解除劳动合同赔偿金等。劳动者仍坚持要求继续履行劳动合同的，应驳回劳动者的请求。

上述'确实无法继续履行劳动合同'的情形包括：

（一）用人单位被依法宣告破产、吊销营业执照、责令关闭、撤销，或者用人单位决定提前解散的；

（二）劳动者在仲裁或者诉讼过程中达到法定退休年龄的；

（三）劳动合同在仲裁或者诉讼过程中到期终止且不存在劳动合同法第十四条规定应当订立无固定期限劳动合同情形的；

（四）劳动者原岗位对用人单位的正常业务开展具有较强的不可替代性和唯一性（如总经理、财务负责人等），且劳动者原岗位已被他人替代，双方不能就新岗位达成一致意见的；

（五）劳动者已入职新用人单位的；

（六）仲裁或者诉讼过程中，用人单位有证据证明向劳动者提供合理的工作岗位，但劳动者拒绝的；

（七）其他明显不具备继续履行劳动合同条件的。

劳动者原岗位已经被他人替代的，用人单位仅以此为由进行抗辩，不宜认定为

‘确实无法继续履行劳动合同’的情形。”

需要指出的是，《最高人民法院关于审理劳动争议案件适用法律问题的解释（二）（征求意见稿）》第二十一条明确了“无法继续履行劳动合同的情形”。该司法解释第二十一条规定：“用人单位违法解除或者终止劳动合同后，有下列情形之一的，可以认定为劳动合同法第四十八条规定的‘劳动合同已经不能继续履行’：

（一）劳动合同在仲裁或者诉讼过程中期满且不存在应当依法续签、续延劳动合同情形的；

（二）劳动者达到法定退休年龄的；

（三）劳动者开始依法享受基本养老保险待遇的；

（四）用人单位被宣告破产的；

（五）用人单位解散的，但因合并或者分立需要解散的除外；

（六）劳动者已经与其他用人单位建立劳动关系，对完成用人单位的工作任务造成严重影响，或者经用人单位提出，拒不与其他用人单位解除劳动合同的；

（七）存在劳动合同客观不能履行的其他情形的。”

据此，用人单位一直认为的“即使不能合法解除，也只不过是花钱了事”的观念需要调整。劳动者一旦选择继续履行，用人单位又不能从客观上证明“无法继续履行劳动合同”，劳动者的诉求一旦被支持，则用人单位需按照《最高人民法院关于审理劳动争议案件适用法律问题的解释（二）（征求意见稿）》第二十五条的规定向劳动者支付劳动合同被违法解除或终止之日至仲裁或者诉讼期间的工资损失，而工资损失的计算基数应按“劳动者提供正常劳动时的工资标准”支付，这将增加用人单位的管理成本。所以，用人单位辞退劳动者的法律后果，并不仅以支付相关赔偿金为底线，该规定的出台是在重点规范和刻意提醒用人单位要合法地、谨慎地使用解除权。

典型风险6：用人单位经济性裁员不符合法定条件

经济性裁员是用人单位依法进行集体解除劳动合同的行为，是成批裁减职员的法律制度。用人单位进行经济性裁员，有着严格的条件和程序，劳动法不仅规定了裁员的法定情形，还规定了人数要求、步骤要求和优先留用人员的要求。用人单位违反经济性裁员的法定情形、人数要求、限制性范围、法定程序等规定均可能导致违法解除劳动合同。

《劳动合同法》第四十一条规定：“有下列情形之一，需要裁减人员二十人以上或者裁减不足二十人但占企业职工总数百分之十以上的，用人单位提前三十日向工会或者全体职工说明情况，听取工会或者职工的意见后，裁减人员方案经向劳动行政部门报告，可以裁减人员：

（一）依照企业破产法规定进行重整的；

（二）生产经营发生严重困难的；

（三）企业转产、重大技术革新或者经营方式调整，经变更劳动合同后，仍需裁减人员的；

（四）其他因劳动合同订立时所依据的客观经济情况发生重大变化，致使劳动合同无法履行的。

裁减人员时，应当优先留用下列人员：

（一）与本单位订立较长期限的固定期限劳动合同的；

（二）与本单位订立无固定期限劳动合同的；

（三）家庭无其他就业人员，有需要扶养的老人或者未成年人的。

用人单位依照本条第一款规定裁减人员，在六个月内重新招用人员的，应当通知被裁减的人员，并在同等条件下优先招用被裁减的人员。”

第二节　法务HR合规管理

一、过错性辞退的合规管理

用人单位适用《劳动法》第二十五条或《劳动合同法》第三十九条辞退劳动者，系过错性辞退，即用人单位基于劳动者存在过错的前提下，可即时通知解除劳动合同，无须支付经济补偿，且不受《劳动合同法》第四十二条解雇保护制度的限制，是风险最小、成本最低的解除方式。司法实践中，用人单位不能合法地解除劳动合同是劳动争议案件败诉的焦点。管理实践中，如何将法律的原则性规定细化成明确的、可操作的具体用工场景是合规管理的关键。

（一）在试用期间被证明不符合录用条件

用人单位在试用期内以劳动者不符合录用条件为由解除劳动合同，本书第二章试用期的合规管理已有介绍，此处不再详述。

（二）严重违反用人单位的规章制度

1. 严重违纪与严重违反用人单位规章制度的区别

管理实践中，以“严重违纪”或“严重违反用人单位规章制度”为由辞退劳动者是用人单位经常运用的情形。《劳动法》第三条第二款规定：“劳动者应当完成劳动任务，提高职业技能，执行劳动安全卫生规程，遵守劳动纪律和职业道德。”第二十五条规定：“劳动者有下列情形之一的，用人单位可以解除劳动合同：（一）在试用期间被证明不符合录用条件的；（二）严重违反劳动纪律或者用人单位规章制度的；（三）严重失职，营私舞弊，对用人单位利益造成重大损害的；（四）被依法追究刑事责任的。”依据上述规定，劳动者有“遵守劳动纪律和职业道德”的法定义务，当劳动者“严重违反劳动纪律或者用人单位规章制度”时，用人单位可以选择解除劳动合同。但是，在《劳动合同法》第三十九条第一款第（二）项中明显删除了“劳动纪律”，只保留了“严重违反用人单位规章制度”，对比前后两部法律，若适用“新法优于旧法”的原则，用人单位是否就不能援引“严重违反劳动纪律”来解除劳动合同呢？或者两者是否有冲突之处呢？《劳动合同法》第四条第二款规定：“用人单位在制定、修改或者决定有关劳动报酬、工作时间、休息休假、劳动安全卫生、保险福利、职工培训、劳动纪律以及劳动定额管理等直接涉及劳动者切身利益的规章制度或者重大事项时，应当经职工代表大会或者全体职工讨论，提出方案和意见，与工会或者职工代表平等协商确定。”因此，我们认为，法条用列举的方式已将“劳动纪律”并入“涉及劳动者切身利益的规章制度”的范畴，“劳动纪律”应属于用人单位规章制度的一部分，两者之间已相互融合，并不冲突。因此，用人单位在援引“严重违反用人单位规章制度”时，可以包含与解除相关的“劳动纪律”在内。但是，管理实践中有一个至为关键的问题就是，任何用人单位的规章制度都无法列举、表述、囊括所有的违纪行为，如果劳动者行为的性质比较恶劣，行为的内容与其工作职责严重不符，而用人单位的规章制度中并没有相对应的条款描述，此时用人单位能以“严重违反用人单位规章制度”为由解除劳动合同吗？我们来看北京市、广东省以及长江三角洲“三省一市”即江苏省、浙江省、安徽省、上海市的观点。

《北京市高级人民法院、北京市劳动人事争议仲裁委员会关于审理劳动争议案件解答（一）》（京高法发〔2024〕534 号）第八十个问题指出：“在规章制度未作出明确规定、劳动合同亦未明确约定的情况下，劳动者严重违反劳动纪律和职业道德的，用人单位是否可以解除劳动合同？《劳动法》第三条第二款中规定：‘劳动者应当遵守劳动纪律和职业道德’。上述规定是对劳动者的基本要求，即便在规章制度未作出明确规定、劳动合同亦未明确约定的情况下，如劳动者存在严重违反劳动纪律或职业道德的行为，用人单位可以依据《劳动法》第三条第二款的规定与劳动者解除劳动合同。”

《深圳市中级人民法院关于审理劳动争议案件的裁判指引》（深中法发〔2015〕13 号）第八十九条规定：“劳动者严重违反劳动纪律，用人单位可以依据《劳动法》第二十五条的规定解除劳动合同。”

《长三角区域“三省一市”劳动人事争议疑难问题审理意见研讨会纪要》第七条规定：“劳动者存在违反法律、行政法规规定或者必须遵守的劳动纪律等情形，严重影响到用人单位生产经营秩序或者管理秩序的，应当认可用人单位解除劳动合同的正当性。对劳动者仅以用人单位规章制度未明确规定或者制定存在瑕疵、劳动合同未明确约定为由，主张用人单位解除劳动合同违法的，不予支持。”

因此，《劳动法》规定的“严重违纪”是用人单位解除劳动合同的法定理由，与《劳动合同法》规定的“严重违反用人单位规章制度”相并列。虽然用人单位在选择解除劳动合同的法定事由时，既可以选择“严重违纪”，也可以选择“严重违反用人单位的规章制度”，但在选择时应注意一定的逻辑顺序：劳动者在出现较大过错时，应先对照规章制度中的具体条款；如无法适用具体条款，应再对照规章制度中的类似条款；如无法适用类似条款，应再对照规章制度中的兜底条款；如兜底条款也无法适用，最后可选择《劳动法》规定的劳动纪律和职业道德条款。值得注意的是，用人单位无规章制度，或虽有规章制度，但无相关条款时，用人单位在以劳动者严重违纪为由解除劳动合同时，解除通知中不应表述为“严重违反用人单位规章制度”，而应表述为“严重违反劳动纪律”。

2. 严重违纪在规章制度中的具体应用

（1）用人单位应在规章制度中细分劳动者违纪行为的具体种类和具体表现。《天津市贯彻落实劳动合同法若干问题实施细则》（津人社规字〔2023〕7号）第二十条规定：“用人单位应当依法建立和完善劳动规章制度，明确严重违反规章制度的情形，未明确的，用人单位不得依据劳动合同法第三十九条第二项规定与劳动者解除劳动合同。”用人单位可采用“行为表现＋行为后果”的模式，将违纪行为分门别类，分级管理，在履行完相应的民主公示程序后，即可成为用人单位的“红线规则”，用以约束劳动者的行为。一般情形下，违纪可以分为严重违纪和常规违纪两大类。

严重违纪类型：如应聘时向用人单位提供的个人信息全部或部分是虚假的；因涉嫌违法被刑事拘留、逮捕、行政拘留、司法拘留、被追究刑事责任；自营、经营、投资、间接指挥他人参与与本单位有竞争关系的企业或业务；利用职务便利泄密；性骚扰；伪造文件等。

常规违纪类型：如出勤违纪：迟到、早退、旷工、虚假打卡等；暴力违纪：打架、斗殴、威胁、恐吓等；财务违纪：虚假报销、违规报销等；管理类违纪：不从事本职工作（睡觉、玩手机）、不服从工作安排（调岗、出差）、不执行工作流程（不写工作汇报、不签订销售合同）等。

（2）运用累计违纪处理制度。管理实践中，针对劳动者“大错不犯，小错不断”的情形，用人单位应将常规违纪与严重违纪进行“搭桥”处理，运用累计的方法，使“小错”在达到一定次数、后果后，达到“严重违纪”的法律效果。劳动者的违纪行为是否达到“严重”程度，取决于两点：一是规章制度中是否有明确的列举说明和构成规则；二是裁判机关的自由裁量权。规章制度中有明确的列举说明和构成规则时，得到裁判机关支持的可能性大；反之，用人单位未就“严重”作出具体规定，则裁判机关只能结合诚实信用、违纪情形、职业道德、公序良俗等对具体案情进行评估后，适量裁定。用人单位可借鉴和参考《中国共产党纪律处分条例》第八条对党员的纪律处分规定的措辞，将常规违纪的处理方式分级设定为：警告、严重警告和严重违纪，并使彼此之间产生数学等式关系，如3次警告等于1次严重警告，3次严重警告等于严重违纪，严重违纪用人单位可及时解除劳动合同。用人单位要格外注意的是，用人单位在界定“严重违反规章制度”时，既要合法，还要合理，且严重违反的法律后果要具有“唯一性”（解除劳动合同），不能模棱两可，不可有多种选择。

3. 严重违反用人单位规章制度的适用条件

（1）适用严重违反用人单位规章制度有效解除劳动合同

第一，规章制度的制定主体合法，适用该规章制度解除劳动合同的主体合法；

第二，用人单位的规章制度内容合法，条款清楚，规则严谨，后果明确；

第三，用人单位的规章制度经过民主程序，并固定有过程性证据和结果性证据；

第四，用人单位的规章制度已经向劳动者公示或告知，并固定了结果性证据；

第五，用人单位能有效证明劳动者违反了规章制度，并且达到“严重”程度；

第六，用人单位解除劳动合同的程序合法，履行了通知工会程序和其他相关通知程序。

上述6个基本条件，也是用人单位在证明合法解除劳动合同时的6个举证维度。

（2）未经民主程序的规章制度“一般不能”作为解除劳动合同的依据

“程序合法”是规章制度生效的要件。《劳动合同法》第四条第二款规定：“用人单位在制定、修改或者决定有关劳动报酬、工作时间、休息休假、劳动安全卫生、保险福利、职工培训、劳动纪律以及劳动定额等直接涉及劳动者切身利益的规章制度或者重大事项时，应当经职工代表大会或者全体职工讨论，提出方案和意见，与工会或者职工代表平等协商确定。”依据上述条款的规定，劳动法已经对规章制度的制定程序作出了具体的要求。一般认为，除去法条中列举的8个基础项目外，如岗位职责管理制度、绩效考核管理制度、考勤管理制度、激励与惩罚制度等，凡是“涉及劳动者切身利益”的规章制度均要通过民主程序，其核心目的是保证劳动者的参与权。在具体操作中，用人单位的民主程序包含民主讨论和民主协商确定两个程序，即应有与职工代表大会或全体职工大会进行讨论的程序，就规章制度的草案提出方案和意见，然后再有与工会或者职工代表进行协商的程序，确定规章制度的最终文本。用人单位进行讨论程序，应固定过程性证据和结果性证据，如通过职工代表大会进行讨论的，应遵守《企业民主管理规定》（总工发〔2012〕12号）的相关规定，固定合法选举职工代表的过程性证据，并形成《规章制度讨论会议纪要》的结果性证据；如通过全体职工大会进行讨论的，应固定全体职工《规章制度讨论会议签到表》、视频等过程性证据，并形成《规章制度讨论会议纪要》的结果性证据。用人单位进行协商程序，也应固定过程性证据和结果性证据。通过本单位工会或职工代表进行协商的，应固定《规章制度协商确定会议签到表》、视频等过程性证据，并形成《规章制度协商确定会议纪要》的结果性证据。《天津法院劳动争议案件审理指南》（津高法〔2017〕246号）第二十三条规定：“【规章制度的制定程序】对于《中华人民共和国劳动合同法》第四条第二款规定的规章制度，用人单位制定时经过以下程序之一的，可以认定为已经经过民主议定程序：（1）经过职工代表大会或者全体职工讨论协商；（2）与用人单位工会平等协商；（3）与用人单位职工代表平等协商。”管理实践中，用人单位人数较少且没有工会的，较为方便的方式就是通过全体职工大会的形式，履行讨论和协商确定两个民主程序。

另外，规章制度在“协商确定”中会出现不能协商一致的情形，这就涉及规章制度是“共议共决”还是“共议单决”的问题。主流观点认为，履行民主程序的立法目的是保证劳动者的参与权，履行公示或告知程序的目的是保证劳动者的知情权，在这两项权利之外并未明确赋予其决定权，在劳资双方就规章制度的具体条款无法协商一致时，决定规章制度是否贯彻执行的权利归用人单位所有。《深圳市中级人民法院关于审理劳动争议案件的裁判指引》（深中法发〔2015〕13号）第七十三条规定：“《劳动合同法》第四条第二款规定的‘平等协商确定’主要是指程序上的要求，如果平等协商无法达成一致，最后决定权在用人单位。如该规章制度违反法律法规的规定，给劳动者造成损害的，劳动者可依据《劳动合同法》第八十条寻求救济。”

司法实践中，未经民主程序的规章制度“一般不能”作为解除劳动合同的依据，但是未经民主程序的规章制度“一定不能”作为解除劳动合同的依据吗？

一方面，《劳动合同法》实施的具体时间是决定民主程序是否影响规章制度生效的条件。原则上2008年1月1日之前的规章制度只要内容合法，并向劳动者履行了公示或告知程序，一般能作为解除劳动合同的依据。2008 年 1 月 1 日之后的规章制度，如缺少履行民主程序的过程性和结果性证据，一般不能作为解除劳动合同的依据。

另一方面，具体到不同地区的裁判口径，对规章制度未履行民主程序，但内容合法，并向劳动者履行了公示或告知程序，劳动者并未提出异议的，也可以作为裁判的依据。我们以北京市和深圳市为例。

《北京市高级人民法院、北京市劳动人事争议仲裁委员会关于审理劳动争议案件解答（一）》（京高法发〔2024〕534 号）第六十三个问题指出："用人单位在《劳动合同法》实施前制定的规章制度的效力如何认定？用人单位在《劳动合同法》实施前制定的规章制度，虽未经过《劳动合同法》第四条第二款规定的民主程序，但内容未违反法律、行政法规及政策规定，并已向劳动者公示或告知的，可以作为用人单位用工管理的依据。"

《深圳市中级人民法院关于审理劳动争议案件的裁判指引》（深中法发〔2015〕13 号）第七十二条第二款规定："《劳动合同法》实施后，用人单位制定、修改直接涉及劳动者切身利益的规章制度或重大事项时，未经过《劳动合同法》第四条第二款规定的民主程序的，原则上不能作为用人单位用工管理的依据。但规章制度或重大事项的内容未违反法律、行政法规及政策规定，不存在明显不合理的情形，并已向劳动者公示或告知的，劳动者没有异议的，可以作为用人单位用工管理的依据。"

根据上述司法实践，北京地区认为应以《劳动合同法》实施的时间为界限进行严格区分，《劳动合同法》实施之后制定的规章制度应严格履行民主程序。深圳市在"原则"之外留有"但是"的空间，即满足内容合法、履行公示程序、劳动者没有异议三个基本条件，即可作为裁判的依据。司法实践中，裁判机关是否会对用人单位的规章制度进行主动审查？审查到什么程度？审查哪些具体的证据材料？不同地方、不同仲裁委员会或人民法院、同一仲裁委员会或人民法院的不同仲裁员或法官对"民主程序"的审查方式和力度都会不尽相同。因此，即使有些地方在满足相应条件的情况下，可以"从宽处理"不主动审查民主程序的生效条件，用人单位也不能因此而掉以轻心。殊不知，从合规管理的角度出发，规章制度依法履行了民主程序，才是获得用工自主权的充分保障。

（3）未经公示或告知程序的规章制度"一定不能"作为解除劳动合同的依据

规章制度的生效一般要具备两个条件，即内容合法、程序合法。程序合法同样要具备两个条件，即履行民主程序、履行公示或告知程序。《劳动合同法》第四条第四款规定："用人单位应当将直接涉及劳动者切身利益的规章制度和重大事项决定公示，或告知劳动者。”《最高人民法院关于审理劳动争议案件适用法律问题的解释（一）》（法释〔2020〕26 号）第五十条规定：“用人单位根据劳动合同法第四条规定，通过民主程序制定的规章制度，不违反国家法律、行政法规及政策规定，并已向劳动者公示的，可以作为确定双方权利义务的依据。用人单位制定的内部规章制度与集体合同或者劳动合同约定的内容不一致，劳动者请求优先适用合同约定的，人民法院应予支持。”因此，用人单位的规章制度即使拥有完美的合法性和合理性，只要未向劳动者履行公示或告知程序，即为无效。

用人单位如何向劳动者履行公示告知程序？

《江苏省劳动合同条例》第四条第三款规定：“用人单位依法制定、修改或者决定的直接涉及劳动者切身利益的规章制度和重大事项，应当主动、如实告知劳动者，或者采取公告栏、书面文本、电子邮件、本单位网站等便于劳动者知晓的方式公示。”

《深圳经济特区和谐劳动关系促进条例》第十二条第二款规定：“用人单位应当将直接涉及劳动者切身利益的规章制度公示或者告知劳动者，并向劳动者提供书面文本。”

管理实践中，用人单位可通过下列 5 种方法履行公示告知程序。

第一种：签收确认法。用人单位将规章制度集结生成员工手册，制作《员工手册签收确认表》，让劳动者领取并签字确认。司法实践中，为防止劳动者虽然在《员工手册签收确认表》上签字却在事后不认可员工手册真实性的情形出现，用人单位应将《员工手册签收确认表》与员工手册印刷装订在一起，并注意签名日期、版本说明、手册名称等细节处理，必要时应在劳动者签字后，邀请其在员工手册侧面加盖骑缝手印。签收确认法是最原始也是最有效的公示告知方法。

第二种：培训考试法。用人单位将规章制度作为培训内容，组织专门的“规章制度培训会议”。培训考试法的基本流程：确定会议时间、会议地点、框定培训人员范围、发布培训考试办法、印刷规章制度考核试卷、制作参会人员签到表、组织培训考试现场视频录像、会后要求进行书面总结、发布培训考试成绩等。用人单位应固定培训考试的整个过程性证据，尤其是带有劳动者亲笔签字的签到表、试卷和书面总结。

第三种：电子送达法。用人单位通过实名制的相关电子账号，如微信、电子邮件、内部办公系统、钉钉办公等，将规章制度有效送达劳动者，使其确认收到并阅读。管理实践中，收到并不代表已经阅读，因此应使劳动者回复如“本人确认收到，并已阅读”的字样。电子送达法的关键在于确认相关账号是劳动者实名所有，或对相关联系方式已事先约定。用人单位采用电子送达法虽然操作便捷，但在劳动者否认证据的真实性时，用人单位还要对相关证据进行公证处理、证据保全或其他方式取证，取证难度增加。

第四种：公告公示法。用人单位通过公司内部的网站、内部办公系统、公告栏等载体，采用电子或纸质形式公示规章制度。这种方法只发生了公告的行为，并未达到送达的效果，证明力较弱。

第五种：劳动合同附件法。将规章制度作为劳动合同的附件，使规章制度的全文成为劳动合同的条款，并设置专项条款："《规章制度》作为劳动合同的附件，乙方在签署劳动合同时，视为已经签收。乙方保证已详细阅读，并自愿遵守。"从而产生完美的送达效果。但是，规章制度作为劳动合同的附件会产生两个基本问题：其一，规章制度如没有进行法定的民主程序，将规章制度变为劳动合同的附件是否等同于进行了民主协商，是否属于履行了民主程序？司法实践中对其效力有较大争议；其二，在规章制度成为劳动合同条款的前提下，按照变更劳动合同必须与劳动者协商一致的原则，修订规章制度也必须与每一位劳动者协商一致，使规章制度"共议单决"的模式人为地变成了"共议共决"的模式，增加了沟通成本，提高了操作难度，降低了管理效率。因此，此种方法虽然能有效解决送达问题，但其延伸出来的新问题会增加其他的法律风险，得不偿失，不建议采用。

（4）裁判机关认定劳动者严重违反用人单位规章制度的五大维度

第一维度：用人单位的规章制度是否经过合法的民主程序和公示程序；

第二维度：劳动者违反规章制度的行为是否在规章制度中有明确规定，并达到严重程度；

第三维度：规章制度对劳动者违纪行为的处罚是否具有合理性，是否过于严苛；

第四维度：劳动者主观上是否有故意或恶意违纪的动机或行为上拒不改正；

第五维度：劳动者违纪行为是否给用人单位造成重大损害或较大负面影响。

（5）适用严重违反用人单位规章制度解除劳动合同主体违法

管理实践中，子公司、分公司以劳动者严重违反集团母公司或总公司的规章制度为由解除劳动合同的例子较多。但劳动关系和劳动合同有相对性的特点，即劳动者的"专属"用人单位相对固定。如果劳动者的劳动合同是与子公司、分公司签订的，劳动关系也相应建立在子公司、分公司，集团母公司或总公司的规章制度并不当然适用于子公司或分公司。用人单位应将集团母公司或总公司的规章制度在本单位内部再次履行民主公示程序，即履行转化程序。或者，集团母公司或总公司在制定或修订规章制度时，将子公司或分公司作为履行民主公示程序的一个组成部分，邀请一定比例的人员参与履行民主程序，并向所有子公司或分公司的劳动者公示告知。

（6）以严重违反用人单位规章制度为由解除劳动合同应在合理时间范围内

劳动者严重违反用人单位的规章制度，用人单位应以锁定关键证据为第一要务。在用人单位掌握相关证据后，启动解除程序应在合理时间范围内，若超出了合理时间范围，即使证据再充分也有可能被认定为违法解除。因劳动法并未明确劳动者严重违反规章制度行为的发生时间与用人单位作出辞退决定的处罚时间之间间隔多久属于合理，所以各地的司法实践在这一问题上并不统一。我们来看浙江省、天津市、安徽省、宁波市不同的处理。

《浙江省高级人民法院民事审判第一庭、浙江省劳动人事争议仲裁院关于审理劳动争议案件若干问题的解答（二）》（浙高法民一〔2014〕7号）第八条规定："劳动者违反用人单位规章制度，符合用人单位与其解除劳动合同条件的，用人单位应在多长时间内行使劳动合同解除权？答：劳动者违反用人单位规章制度，符合用人单位与其解除劳动合同的条件，用人单位一般应自知道或者应当知道之日起5个月内行使劳动合同解除权。"

《天津市贯彻落实劳动合同法若干问题实施细则》（津人社规字〔2023〕7号）第十五条第二款规定："劳动者有劳动合同法第三十九条第二项、第三项、第四项、第五项、第六项情形之一，用人单位与劳动者解除劳动合同的，应自知道或应当知道劳动者存在上述情形之日起六个月内作出解除劳动合同的决定。"

《安徽省劳动人事争议仲裁案例研讨会纪要》第四条规定："用人单位依据《劳动合同法》第三十九条解除劳动合同的，应当在合理期限内行使解除权；用人单位知道或应当知道劳动者具有《劳动合同法》第三十九条相应情形超过一年（相应情形呈连续或持续状态的，从相应行为终了之日起计算）解除劳动合同，且解除劳动合同前劳动者仍在用人单位工作的，应当认定为违法解除。"

《宁波市中级人民法院关于审理劳动争议案件若干疑难问题的解答（二）》第十个问题："劳动者违反用人单位规章制度或违反法律规定，且符合用人单位解除劳动关系的条件，但用人单位系在较长时间后（如一年、两年）才以此为由提出解除劳动关系，该解除行为是否违法？《劳动合同法》第三十九条规定了用人单位的即时解除权。在知道或者应当知道法律规定的解除条件成就后，享有解除权的一方当事人可以在合理期限内向对方发出解除合同的通知，也可以要求对方继续履行，但只能择其一而行之，否则将使双方当事人的法律关系持续处于一种不确定状态。如果在合同解除权条件成就后，用人单位仍然要求或者接受对方继续履行合同，则意味着其以默示的方式放弃了解除权。如用人单位在解除条件成就后的相当期间内未行使该权利，且接受劳动者继续履行劳动合同，足以使劳动者对其不再行使解除权产生信赖，若用人单位再以此为由要求解除劳动合同，明显违背了诚实信用原则，应认定其解除行为违法。至于合理期限的确定，人民法院在审理时可依据案件具体情况酌定。”

据此可知，以严重违反用人单位规章制度为由解除劳动合同的合理时间范围，浙江省为 5 个月，天津市为 6 个月，安徽省为 1 年，宁波市由人民法院酌情确定。司法实践中，大部分地方针对这一问题并未有如上明确的规定，很多情况取决于法官的自由裁量权。因此，从合规管理的角度出发，用人单位应在知道或应当知道的第一时间及时处理，“第一时间”范围应以调查取证的时间长度来衡量，一般建议不要超过 3 个月。这里需要补充的是，用人单位以劳动者“严重违反用人单位规章制度”为由解除劳动合同的，该解除事由要及时出现在有效的解除通知中，切不能事后“找补”，如用人单位第一次发送的解除通知上载明的是“其他事由”，后发现并不确切，在解除通知送达劳动者后又增加“严重违反用人单位规章制度”的事由。人民法院案例库入库编号为 2022 – 18 – 2 – 186 – 002 案例的裁判要旨指出：“人民法院在判断用人单位单方解除劳动合同行为的合法性时，应当以用人单位向劳动者发出的解除通知的内容为认定依据。在案件审理过程中，用人单位超出解除劳动合同通知中载明的依据及事由，另行提出劳动者在履行劳动合同期间存在其他严重违反用人单位规章制度的情形，并据此主张符合解除劳动合同条件的，人民法院不予支持。”

（三）严重失职，营私舞弊，给用人单位造成重大损害

根据《劳动合同法》第三十九条第一款第（三）项的规定，劳动者严重失职，营私舞弊，给用人单位造成重大损害的，用人单位可以解除劳动合同。简言之，该规定主要指劳动者在履行劳动合同过程中有未尽职责的严重过失或者利用职务之便谋取私利的故意行为，使用人单位的财产或人员遭受重大损害。从合规管理角度出发，用人单位应重点理解和掌握以下要点。

1. 基本适用条件

司法实践中，针对“严重失职，营私舞弊，给用人单位造成重大损害”的具体适用，尚未形成统一的裁判标准。一般认为，用人单位采用该条规定解除劳动合同，须满足以下三个基本条件：

其一，劳动者有严重失职或者营私舞弊的具体行为和事实；

其二，用人单位的规章制度经过民主公示程序，且载有明确的岗位职责和重大损害标准；

其三，劳动者严重失职或营私舞弊行为与用人单位的重大损害后果之间有因果关系。

2. 准确理解“严重失职”和“营私舞弊”

（1）严重失职。失职是劳动者对本职工作未尽到全部的注意义务，是履职不彻底的过失行为，但并非完全的主观故意。严重失职是对失职行为产生的影响程度的再认定。与严重违纪相比，严重失职是疏忽大意的“结果犯”，达到重大损害标准，用人单位才可解除劳动合同；严重违纪是主观故意的“行为犯”，即使未给用人单位造成损害，用人单位仍可解除劳动合同。重要的是，认定失职或判断严重失职时要有明确的客观的岗位职责，不能根据人为的主观判断。司法实践中，裁判者审查岗位职责一般可分为三种情形：其一，劳动者自愿确认某项或多项工作是其岗位职责的一部分；其二，规章制度、劳动合同或独立的岗位职责说明书对岗位职责的规定；其三，有普遍社会共识的专门岗位人员的岗位职责。如保安员不仅要维护场所进出口的秩序，还要确保场所内正常的生产、生活秩序；黄金销售员不仅要完成正常的销售任务，还要保证在下班时柜台内的货品品种、数量正确无误，离柜前要落锁等。

（2）营私舞弊。营私舞弊在劳动法上一般是指劳动者利用职务上的便利或权力，违背职责规定和职业操守，采取欺骗、隐瞒、投机等手段图谋私利或为他人谋取利益，是劳动者主观故意的行为。

严重失职和营私舞弊是两种违规行为的法律描述，系并列关系，其任一行为造成用人单位重大损害即构成解除劳动合同的成就条件。

3. 制定合法有效的规章制度或具体的岗位职责说明书

用人单位以劳动者“严重失职”导致重大损害为由解除劳动合同的，裁判机关一般会进行三个维度的审查：其一，审查用人单位是否有规章制度及规章制度是否合法有效；其二，审查规章制度的条款是否具有合理性或是否明显失当；其三，规章制度是否向劳动者公示或告知。主流观点认为，如无以上三个维度的审查通过为前提条件，一般不宜直接认定劳动者的相关行为为严重失职。因此，用人单位须合法制定含有岗位职责在内的规章制度，作为适用本条解除劳动合同的依据。如无法或不便制定系统的规章制度，应首选在劳动合同中约定劳动者的岗位职责，或者可以与劳动者约定单独的《岗位职责说明书》。

岗位职责不明确、不具体、不清晰，是用人单位适用本条解除劳动合同的障碍。管理实践中，大多数的用人单位没有对各岗位的胜任标准、职级划分、工作内容、工作流程进行细分和书面确认，更没有对劳动者不充分履职的管理后果和法律后果进行明确界定，导致出现较多劳动者的行为在管理层面上确属严重失职，但在法律层面上因证据不足而被认定违法解除的案件。

从合规管理角度出发，建议用人单位通过制定《岗位职责说明书》的方式细化相关条款，制作《岗位职责说明书》可从以下 6 个方面入手：

第一，岗位名称与应岗人员信息；

第二，岗位任职资格与管理关系；

第三，岗位职责内容与岗位权限；

第四，绩效考核标准与调岗条件；

第五，严重失职与不能胜任工作的认定与处理；

第六，履职声明与签字确认。

值得注意的是，单独的《岗位职责说明书》是规章制度中的一部分，也应积极履行民主公示程序，以防止仲裁员和法官不认可其合法性。

4. 制定重大损害标准，固定重大损害事实证据

严重失职或营私舞弊只有在给用人单位造成重大损害的情形下，解除劳动合同的条件才能成立，否则，即使劳动者确有相关行为，用人单位也不能适用本条解除劳动合同。

目前，劳动法并未对“重大损害”作出明确规定。《劳动部关于〈中华人民共和国劳动法〉若干条文的说明》（劳办发〔1994〕289 号）第二十五条说明，本条中的“重大损害”由企业内部规章来规定。因为企业类型各有不同，对重大损害的界定也千差万别，故不便于对重大损害作统一的解释。若由此发生劳动争议，可以通过劳动争议仲裁委员会对其规章规定的重大损害进行认定。据此，对重大损害的界定可以总结以下三点：其一，界定重大损害的权利被明确赋予用人单位，其可通过规章制度、劳动合同或单独的岗位职责说明书进行明确；其二，如无明确的规定，应由裁判机关行使自由裁量之权；其三，如用人单位对重大损害的界定标准明显失当，裁判机关可不予认可。因此，用人单位在遵循合法和合理原则的基础上，应主动制定重大损害的标准，否则只能由裁判机关来认定。裁判机关的自由裁量标准通常比用人单位自认的标准宽泛，如此，用人单位既会丧失用工自主权，又增加了败诉的可能性。管理实践中，重大损害的内容既可以包括经济利益损害，也可以包括非经济利益损害（非金钱可直接衡量）。经济利益损害以金钱可衡量为标准，但所设置的金额应结合用人单位的行业利润率、企业规模、利润情况、工资水平等要素综合确定，不宜设定过低金额，如损失 200 元即为重大损害，明显失当；非经济利益损害可包括单位品牌受损、名誉受损、客户关系损害、严重损害单位的生产经营秩序、较大社会不良影响、被行政处罚或责令整改、被媒体负面报道等。

用人单位“重大损害”标准条款示范如下：

劳动者因严重失职、营私舞弊等情形给单位造成重大损害的，单位有权解除劳动合同，无须支付经济补偿。重大损害包括但不限于下列情形：

（1）造成单位直接或间接经济损失达人民币______元以上的；

（2）使单位受到人民币______元以上行政罚款处罚的；

（3）造成单位停产、停业______天以上或延迟工作进度______小时以上的；

（4）使单位丧失人民币______元以上的订单或商业机会的；

（5）使单位受到责令停产停业、暂扣或吊销许可证、营业执照等行政处罚的；

（6）使本单位工作人员受到行政拘留、司法拘留或刑事处罚的；

（7）使单位负面信息被媒体传播或品牌、名誉受损的；

（8）造成单位生产秩序、经营秩序、管理秩序严重混乱的；

（9）……

另外，用人单位还应注意固定劳动者失职的相关证据，包括直接证据、调查证据和管理证据。直接证据包括现场视频、录音、错误的签字、错误的指令、错误的转账、损坏的设备等；调查的证据包括报案记录、过失单、检讨书、申诉记录、谈话记录、调查报告、审计报告、同事证言等；管理类证据包括警告通知、整改的通知、单位被处罚的通知、停工停产或延期交付的通知、公安等政府部门的处理记录或结论等。

5. 严重失职转严重违纪的解除思路

用人单位以劳动者“严重失职、营私舞弊，造成重大损害”为由解除劳动合同，须承担较重的举证责任。既要证明规章制度中岗位职责和重大损害标准的合法性和合理性，又要证明劳动者有严重失职或营私舞弊的违规事实，还要证明劳动者的具体行为与重大损害之间存有明显的因果关系，若三者缺一，则解除条件不能成就。此时，用人单位如能将严重失职解除转换成严重违纪解除，将大大降低举证的难度。严重违纪解除的核心要件是违纪行为的认定，而严重失职解除的核心要件是失职行为和严重损害的认定，在取证的难易程度上，前者明显比后者容易。用人单位可在规章制度中作类似的规定：“员工出现失职行为，公司给予改正的机会，拒不改正、屡教不改的，公司给予书面警告处理，公司可根据失职程度决定书面警告的程度。根据规章制度的规定，3 次警告等于 1 次严重警告，3 次严重警告等于严重违纪，严重违纪公司可即时解除劳动合同。员工出现规章制度所列举的严重失职的情形，等同于严重违纪，公司亦可即时解除劳动合同。”

（四）双重劳动关系

根据《劳动合同法》第三十九条第（四）项的规定，劳动者同时与其他用人单位建立劳动关系，对完成本单位的工作任务造成严重影响，或者经用人单位提出，拒不改正的，用人单位可以解除劳动合同。据此，劳动法赋予用人单位针对双重劳动关系情形下的劳动合同解除权。从合规管理角度出发，用人单位应重点理解和掌握以下要点。

1. 双重或多重劳动关系是否违法

双重或多重劳动关系，是劳动者同时与两家以上的用人单位建立的全日制劳动关系。对于劳动者建立双重或多重劳动关系是否违法的问题，需要先梳理相关法律规定。除上述《劳动合同法》第三十九条第（四）项外，与此相关的法律法规及司法解释有：

《劳动合同法》第七条规定："用人单位自用工之日起即与劳动者建立劳动关系。……"

《劳动合同法》第六十九条第二款规定："从事非全日制用工的劳动者可以与一个或者一个以上用人单位订立劳动合同；但是，后订立的劳动合同不得影响先订立的劳动合同的履行。"

《劳动合同法》第九十一条规定："用人单位招用与其他用人单位尚未解除或者终止劳动合同的劳动者，给其他用人单位造成损失的，应当承担连带赔偿责任。"

《最高人民法院关于审理劳动争议案件适用法律问题的解释（一）》（法释〔2020〕26号）第三十二条第二款规定："企业停薪留职人员、未达到法定退休年龄的内退人员、下岗待岗人员以及企业经营性停产放长假人员，因与新的用人单位发生用工争议而提起诉讼的，人民法院应当按劳动关系处理。"

仔细解读上述法律规定可知：

第一，劳动法未明文禁止和反对劳动者与不同用人单位分别建立劳动关系；

第二，劳动法未明确肯定和倡导劳动者与不同用人单位分别建立劳动关系；

第三，劳动法未禁止用人单位雇佣已经建立双重和多重劳动关系的劳动者；

第四，劳动法赋予了用人单位救济的权利，即劳动合同解除权和赔偿请求权；

第五，劳动法对于两类特殊群体，即非全日制劳动者和"四类人员"作了可以认定劳动关系的例外规定；

第六，新劳动关系的建立并不必然导致旧劳动关系的解除或终止。

因此，司法实践中出现两种观点：第一种观点认为，法律、法规对劳动者建立双重或多重劳动关系并没有作出禁止性规定，即法无禁止即可为；第二种观点认为，劳动法以不认可双重劳动关系为原则，承认双重劳动关系为例外，即法无明确规定不可为。结合相关判例分析，我们认为，第一种观点是目前的主流观点。

2. 双重或多重劳动关系举证难度大

法律赋予了用人单位在面对双重或多重劳动关系时救济的权利，即劳动合同解除权。用人单位发现劳动者存在双重或多重劳动关系后直接行使劳动合同解除权，有违法解除的巨大风险。《劳动合同法》第三十九条第（四）项明确给出了处理的法定程序：第一步，取证确认劳动者与其他用人单位存在劳动关系；第二步，证明对完成本单位的工作任务造成严重影响；第三步，经用人单位提出，劳动者拒不改正；第四步，履行相关解除通知程序。

实务操作中，仅上述第一步取证确认劳动者与其他用人单位存在劳动关系就极为困难。首先，不当兼职其行为本身就具有很强的隐蔽性，用人单位不可能全天候掌握劳动者的行为动态，劳动者也绝不会主动向用人单位透露其存在兼职行为，用人单位为了获取相关证据，有时还会采用聘请私家侦探跟踪或向其他用人单位派驻卧底等方式，支出成本较高，取证难度较大。其次，劳动者同时为两家以上的用人单位提供劳动，并不一定能建立劳动关系。司法实践中，建立劳动关系的认定标准并不是完全以订立劳动合同、缴纳社会保险和支付工资为判断标准，应依据“劳动关系认定三原则”进行综合认定。即《劳动和社会保障部关于确立劳动关系有关事项的通知》（劳社部发〔2005〕12号）第一条规定：“用人单位招用劳动者未订立书面劳动合同，但同时具备下列情形的，劳动关系成立。（一）用人单位和劳动者符合法律、法规规定的主体资格；（二）用人单位依法制定的各项劳动规章制度适用于劳动者，劳动者受用人单位的劳动管理，从事用人单位安排的有报酬的劳动；（三）劳动者提供的劳动是用人单位业务的组成部分。”另外，即使用人单位知悉劳动者存在兼职开网店、视频主播、跑腿、网约车司机、代驾等行为，该类行为是否属于与其他用人单位建立劳动关系，目前还存在争议。

用人单位难以举证的第二个方面，是无法证明不当兼职“对完成本单位的工作任务造成严重影响”。如同“严重违纪”“严重失职”一样，法律并未对此处的“严重影响”作出明确规定。如用人单位的规章制度中未作相关规定，仅凭主观评价就认为产生了严重影响，在仲裁机构和法院的裁量意见与用人单位相左时，极有可能被认定为违法解除。

3. 双重劳动关系解除思路

（1）用人单位在完成“存在劳动关系”的取证工作后，应绕开“对完成本单位的工作任务造成严重影响”的证明步骤，直接进行管理面谈，面向劳动者发出《兼职限期改正通知书》，并要求劳动者签字确认。劳动者逾期仍未改正的，用人单位可启动相应的解除程序。

（2）严重违反规章制度解除。用人单位在规章制度或劳动合同中明确规定，禁止劳动者从事任何形式的兼职活动，一经发现，即视为严重违反用人单位规章制度，立即解除劳动合同。此时，用人单位应区分劳动者类型，将非全日制劳动者、劳务人员、企业停薪留职人员、未达法定退休年龄的内退人员、下岗待岗人员、企业经营性停产放长假人员以及法律规定的其他类型的人员排除在外。示范性条款如下："乙方在职违反职业操守、未尽在职忠诚义务，自己或在其他单位从事买卖营利或兼职行为，包括但不限于注册公司或个体工商户成为法人、股东，或与其他单位建立劳务关系、非全日制劳动关系、其他任何兼职行为（电商、微商、直销、其他类型兼职），一经发现，视为严重违反甲方规章制度，甲方有权立即解除劳动合同。"另外，用人单位也可在规章制度中设立兼职申请和报备程序，劳动者未按照规定申请和报备的，用人单位可启动书面警告程序，构成严重违纪的，可解除劳动合同。

（五）劳动者欺诈导致劳动合同无效

《劳动合同法》第二十六条第一款第（一）项规定，"以欺诈、胁迫的手段或者乘人之危，使对方在违背真实意思的情况下订立或者变更劳动合同的"，劳动合同无效或者部分无效。

《劳动合同法》第三十九条第（五）项规定，"因本法第二十六条第一款第一项规定的情形致使劳动合同无效的"，用人单位可以解除劳动合同。

司法实践中，很少出现劳动者对用人单位采取"胁迫"或"乘人之危"手段的情形，因此，因劳动者"欺诈"导致劳动合同无效而被解除是研究的重点。一般情况下，劳动者欺诈的行为是：学历欺诈、履历欺诈和身份欺诈。在劳动法体系中，有三种方式可以阻却劳动者的欺诈行为：第一种方式：在入职审查阶段，将劳动者提供的与订立劳动合同密切相关的信息的真实性设定为录用条件，以试用期内不符合录用条件解除劳动合同为阻却手段；第二种方式：在非试用期阶段，以劳动者欺诈视为严重违纪或严重违反规章制度解除劳动合同为阻却手段；第三种方式：在非试用期阶段，以劳动者欺诈导致劳动合同无效解除劳动合同为阻却手段。

在第三种阻却方式中，构成启动劳动合同解除程序的要件有三个：第一，劳动者未履行如实告知义务，即在入职或在职阶段故意告知虚假或隐瞒与订立劳动合同密切相关的信息；第二，劳动者以"欺诈行为"，诱使用人单位"违背了自己真实意思"与之订立或变更书面劳动合同；第三，有证据证明用人单位"违背了自己真实意思"，且致使劳动合同无效。管理实践中，劳动者一般的欺诈行为如虚假的年龄、虚假的家庭住址、虚假的婚育情况等并不能成为致使用人单位"违背了自己真实意思"的证据，而与订立劳动合同密切相关的如学历、履历、职业资格、职业技能、经历、失信被执行人等信息才是构成实质性欺诈的核心证据。用人单位应在劳动合同中对该类能够影响用人单位是否作出订立或变更劳动合同决定的信息，予以明确化，即将订立或变更劳动合同的因果关系明确化。具体到相关判例中，劳动者确实有欺诈行为，而用人单位使用欺诈条款解除劳动合同时往往被认定违法解除，究其主要原因是，用人单位未将劳动者提供的信息与决意签订劳动合同的行为之间进行关联。用人单位可在入职声明书或劳动合同中作如下约定："乙方向甲方出示的、陈述的任何有关乙方自身情况的说明和材料都是真实的。乙方自身情况包括但不限于在招聘、选拔、录用、订立或变更劳动合同、履职阶段所提供的一切与本人相关的信息：身份证件、学历（位）证件、职（执）业资格、技能等级、工作经历、信用报告、无犯罪记录证明等。乙方清楚上述信息的真实性是甲方决定与乙方建立劳动关系（包括劳动合同的首签、续签、变更）的根本前提，如关键信息被刻意隐瞒或确实存在虚假信息，即视为乙方不符合录用条件、严重违反劳动纪律、严重违反规章制度和欺诈，乙方应承担不利后果，甲方可依法与乙方解除劳动合同。"

值得关注的是，《劳动合同法》第二十六条第二款规定："对劳动合同的无效或者部分无效有争议的，由劳动争议仲裁机构或者人民法院确认。"据此是否可以理解为，用人单位并无单方确认劳动合同无效的权利，其适用欺诈条款解除劳动合同时，应先进行仲裁或诉讼程序，待确认劳动合同无效的裁判文书生效后，再行解除劳动合同。如此为正解，则该条款的执行难度相对较大。因此，从合规管理的角度出发，建议用人单位将劳动者欺诈适用劳动合同无效解除的思路转换为试用期内不符合录用条件解除和严重违纪或违规解除；不建议用人单位适用本条款解除入职时间较长、订立劳动合同次数较多的劳动者的劳动合同。

（六）被依法追究刑事责任

劳动立法并未赋予用人单位以劳动者一般性"违法"为由解除劳动合同的权利，但劳动者"犯罪"被追究刑事责任的，用人单位可依据《劳动法》第二十五条第（四）项和《劳动合同法》第三十九条第（六）项的规定解除劳动合同。何为"被依法追究刑事责任"?

《劳动部关于〈中华人民共和国劳动法〉若干条文的说明》（劳办发〔1994〕289号）中说明，本条中"被依法追究刑事责任"，具体指：（1）被人民检察院免予起诉的；（2）被人民法院判处刑罚（刑罚包括：主刑：管制、拘役、有期徒刑、无期徒刑、死刑；附加刑：罚金、剥夺政治权利、没收财产）的；（3）被人民法院依据《刑法》第三十二条免予刑事处分的。

需要注意的是，"免予起诉"和"免予刑事处分"是1979年《刑事诉讼法》中的法律概念。但是，1997年的《刑事诉讼法》第一百七十七条第一款规定："犯罪嫌疑人没有犯罪事实，或者有本法第十六条规定的情形之一的，人民检察院应当作出不予起诉决定。"第三十七条规定："对犯罪情节轻微不需要判处刑罚的，可以免予刑事处罚……"据此，"免予起诉"被"不予起诉决定"代替，"免予刑事处分"被"免予刑事处罚"替代。"免予起诉"的实质是一种有罪处分，"不予起诉决定”的实质是对不构成犯罪或法定不应追究刑事责任情形的认定，“免予刑事处罚”的实质是定罪免罚，是被追究刑事责任的类型之一。因此，上述规定中的第（1）项已不符合现行的法律规定，第（3）项在内容上须作调整。综上所述，被依法追究刑事责任只能有两种情形：其一，经人民法院审判被判处刑罚（包括缓刑），且判决书已生效的（不包括经再审被改判无罪的情形）；其二，经人民法院审判有罪，但免予刑事处罚的。

管理实践中，用人单位经常认为劳动者出现被行政拘留、刑事拘留、司法拘留、逮捕、专门矫治教育、强制戒毒、取保候审、监视居住等情形时，即可以解除劳动合同。事实上，上述情形都不符合《劳动合同法》第三十九条第（六）项“被依法追究刑事责任”的认定标准。用人单位以上述情形为由解除劳动合同的，系违法解除，有被要求继续履行劳动合同或支付赔偿金的法律风险。

“被依法追究刑事责任”，劳动者一定涉嫌刑事犯罪。按照法定程序，刑事案件要经过公安机关侦查、检察机关审查起诉和法院审判三个阶段，即使经过法院审判程序，劳动者仍有被认定无罪的可能。所以，除人民法院生效的裁判文书确认劳动者有罪外，其他所有情形应当视为无罪。用人单位不应被“劳动者被限制人身自由”的表象所蒙蔽，而必须以人民法院生效的且确认劳动者有罪的裁判文书作为判断其是否符合“被依法追究刑事责任”条件的依据，再决定是否启动解除劳动合同的相关程序。

从合规管理的角度出发，用人单位在面临劳动者涉嫌违法犯罪问题时，应从以下几个方面规避法律风险。

（1）适用劳动合同中止制度。这是合规管理的首选策略，劳动者涉嫌刑事犯罪的，被公安机关、检察机关、人民法院羁押和审理期限较长，用人单位等到有罪判决生效后再解除劳动合同，时间成本过高。此时，用人单位应主动采取中止劳动合同的措施。一是在劳动合同中提前约定相关中止条款（可参考本书第四章劳动合同变更的相关内容）；二是应采取相关协商措施使劳动者同意劳动合同暂停履行。劳动合同中止的内容包括：中止支付劳动报酬和相关福利；中止缴纳五险一金；中止计算工作年限。

（2）适用“严重违纪或严重违反用人单位规章制度”条款。用人单位可以在规章制度中列举劳动者可能出现的一些性质较为恶劣的违反《治安管理处罚法》的行为（如打架、赌博、嫖娼、醉驾等），将其定义为严重违纪或严重违反规章制度。示范条款如：“员工因违反《治安管理处罚法》被公安机关警告或罚款的，视为违纪，被行政拘留的视为严重违纪和严重违反规章制度，公司可解除劳动合同。”

（3）慎用旷工解除。劳动者被依法限制人身自由无法到岗上班，是否能认定为旷工，在司法实务领域存在一定的争议。因此，用人单位在制定规章制度或选择解除理由时，应放弃使用“因旷工构成严重违反劳动纪律”的相关表述。用人单位可在规章制度中作类似规定：“员工因涉嫌违法犯罪，被公安、司法等部门采取行政拘留、刑事拘留、司法拘留、逮捕、收容教育、强制戒毒、取保候审、监视居住等强制措施的，导致未能正常出勤累计达到7日以上的，视为严重违反公司规章制度，公司有权解除劳动合同。双方合意中止劳动合同的，按约定执行。”这样，将劳动者被限制人身自由涉嫌旷工导致严重违反劳动纪律，转换成为“严重违反用人单位规章制度”。

二、非过错性辞退的合规管理

用人单位适用《劳动合同法》第四十条的规定辞退劳动者，系非过错性辞退，即劳动者虽无过错，但因特殊情形，用人单位可提前30日通知劳动者或额外支付1个月工资后解除劳动合同。非过错性辞退的法定情形包括：（1）劳动者患病或者非因工负伤，在规定的医疗期满后不能从事原工作，也不能从事由用人单位另行安排的工作的；（2）劳动者不能胜任工作，经过培训或者调整工作岗位，仍不能胜任工作的；（3）劳动合同订立时所依据的客观情况发生重大变化，致使劳动合同无法履行，经用人单位与劳动者协商，未能就变更劳动合同内容达成协议的。与过错性辞退一样，法律对非过错性辞退设置了十分严格的适用条件和解除程序，用人单位在合规管理中应作准确理解和重点掌握。

（一）非过错性辞退的法律特点

1. 用人单位动议解除劳动合同

劳动者不存在主观过错，用人单位基于劳动者自身客观原因或特定环境因素提出解除劳动合同，用人单位是解除劳动合同的动议方。

2. 用人单位须支付经济补偿

用人单位适用《劳动合同法》第四十条的规定解除劳动合同的，应按照《劳动合同法》第四十六条的规定向劳动者支付经济补偿；未履行提前通知程序的，还须支付一个月工资，即“N+1”。需注意，此处的经济补偿是建立在用人单位合法解除劳动合同的基础之上，当被认定违法解除劳动合同而劳动者不要求继续履行原劳动合同时，经济补偿变经济赔偿，即“N”变“2N”。“一个月工资”俗称“代通知金”，其实质是代替提前30日通知期的对价补偿。代通知金一般应为劳动者正常工作时间内上一个月的应得工资。《劳动合同法实施条例》第二十条规定：“用人单位依照劳动合同法第四十条的规定，选择额外支付劳动者一个月工资解除劳动合同的，其额外支付的工资应当按照该劳动者上一个月的工资标准确定。”但是也有例外情况：《上海市高级人民法院关于适用〈劳动合同法〉若干问题的意见》（沪高法〔2009〕73号）第五条规定："用人单位解除劳动合同时如需要向劳动者支付一个月的替代通知期工资（以下简称'代通金'），其支付标准如何确定？用人单位是否需要支付'代通金'，应当根据法律的规定来判断，法律没有规定的，不能要求用人单位支付。《实施条例》规定的'代通金'的支付标准，应当以上个月的工资标准确定，但只以单月的工资为准，可能过高或过低，既有可能对用人单位不利，也有可能对劳动者不利，从整体上看不利于促进和形成和谐稳定的劳动关系。所以，结合劳动法和劳动合同法的立法精神，上个月的'工资标准'应当是指劳动者的正常工资标准。如其上月工资不能反映正常工资水平的，可按解除劳动合同之前劳动者十二月的平均工资确认。"《江苏省劳动合同条例》第三十二条规定："用人单位依法选择额外支付劳动者一个月工资解除劳动合同的，其额外支付的工资应当按照该劳动者上一个月的工资标准确定。上一个月工资不能反映正常工资水平的，按照劳动者在劳动合同解除前十二个月的月平均工资确定，不满十二个月的，按照实际月平均工资确定。月平均工资低于当地最低工资标准的，按照最低工资标准确定。"所以，"代通知金"的支付标准，在一般情形下，是劳动者上个月正常工作时间内的应得工资（应不包含加班费、非常规性奖金及其他福利待遇）；在特殊情况下，可能是劳动合同解除前十二个月的平均工资或当地最低工资标准。需要注意的是，此处的"N+1"，即经济补偿和"代通知金"，两者的计算方法不一定相同。另外，"代通知金"在用人单位违法解除劳动合同的情形下，并没有适用条件。

3. 用人单位承担举证责任

《最高人民法院关于审理劳动争议案件适用法律问题的解释（一）》（法释〔2020〕26号）第四十四条规定："因用人单位作出的开除、除名、辞退、解除劳动合同、减少劳动报酬、计算劳动者工作年限等决定而发生的劳动争议，用人单位负举证责任。"用人单位适用非过错性辞退进行举证较之过错性辞退，难度更大，范围更广，操作更具体。承担的举证责任如：举证证明履行了提前30日通知或支付"代通知金"的义务；举证证明医疗期已满、劳动者不能从事原工作、劳动者不能从事用人单位另行安排的工作、劳动者经过或拒绝劳动能力鉴定；举证证明不能胜任工作的标准、劳动者不能胜任工作、培训或调岗、劳动者再次不能胜任工作；举证证明客观情况发生重大变化、劳动合同无继续履行条件、与劳动者就劳动合同内容进行协商的过程和无法达成协议的结果等。

4. 用人单位受群体限制和程序限制

（1）《劳动合同法》第四十二条规定的六类劳动者，简称为"老、弱、病、残、孕、其他法定群体”，适用解雇保护制度，即使完全符合非过错性辞退的法定条件，用人单位也不得单方面启动解除程序。除上述特殊解雇保护群体外，非过错性辞退适用其他所有劳动者。

（2）提前30日通知劳动者或支付“代通知金”，用人单位有自主选择权。从避免产生劳动纠纷的角度出发，用人单位选择“代通知金”的方式有利于缩短劳动者反应的时间，能有效避免在30日内出现的恶意工伤、恶意病假、主动怀孕等一系列的问题，当然用人单位要留出足够时间保证工作的顺利交接。用人单位选择提前30日通知劳动者的，应采用书面的形式通知，避免口头通知。用人单位应根据劳动者的具体情况，综合权衡利弊，再选择采用哪一种履行法定程序的方式。另外，用人单位未履行或未完全履行提前30日通知程序（如只提前25日），也未额外支付劳动者1个月工资的，一般不会影响解除劳动合同的法律效力，也一般不会构成违法解除。《浙江省高级人民法院民事审判第一庭、浙江省劳动人事争议仲裁院关于审理劳动争议案件若干问题的解答（三）》（浙高法民一〔2015〕9号）第九条规定：“用人单位解除劳动合同符合《劳动合同法》第四十条规定情形，但未提前三十日通知劳动者，也未额外支付劳动者一个月工资，劳动者要求用人单位支付违法解除劳动合同的赔偿金，能否支持？答：用人单位解除劳动合同符合《劳动合同法》第四十条规定情形，但未提前三十日通知劳动者，也未额外支付劳动者一个月工资的，属于程序瑕疵，不构成违法解除。劳动者要求用人单位支付违法解除劳动合同赔偿金的，不予支持。但劳动者要求用人单位额外支付一个月工资的，可以支持。”

另外，劳动者要求用人单位支付“代通知金”的，裁判机关不一定支持全额支付“一个月工资”，其具体数额一般会按照少提前通知的天数进行计算。

（3）用人单位适用非过错性辞退，也需要将辞退理由依法通知工会，否则有违法解除劳动合同的法律风险。

5. 非过错性辞退并不是首选项

采用非过错性辞退，不一定是用人单位解除劳动合同的最佳方式。一方面，在具体操作时，需固定一系列证据材料，完成一系列证明步骤；另一方面，在核算解除成本时，合法解除时须支付“N”或“N+1”，违法解除时则须支付“2N”，解除成本并未降低，反而有翻倍增加的可能。当劳动者自身或具体的经营环境出现变化需要解雇某一或某几个劳动者时，用人单位的第一选择是适用《劳动合同法》第三十六条，协商解除劳动合同；第二选择是适用《劳动合同法》第三十九条，以劳动者有过错为由单方解除劳动合同。

（二）劳动者患病或者非因工负伤，在规定的医疗期满后不能从事原工作，也不能从事由用人单位另行安排的工作

1. 准确区分病假和医疗期的法律概念

用人单位混淆病假和医疗期的概念，是不能准确计算医疗期的重要原因。病假，是一个医学概念，是劳动者患病或非因工负伤停止工作进行诊断和治疗的时间，它以劳动者身体健康的客观状况为衡量尺度，时间长度仅取决于医学诊断意见且不受法律限制，劳动者可凭借医疗机构出具的病假证明在劳动合同履行期内请病假，获得病假工资，用人单位对该病假有知情权和审查权，一般无批准权；医疗期是一个法律概念，是劳动者患病或非因工负伤停止工作进行诊断和治疗（患病需要和工作无关），且用人单位不得解除劳动合同的时限（医疗期内不得依据《劳动合同法》第四十条、第四十一条的规定解除，但可以适用第三十九条的规定解除），时间长度受法律限制，且不受劳资双方主观意愿的影响，用人单位在医疗期满后，有解除劳动合同的权利，但须符合相关法律规定。

另外，医疗期的本质是解雇保护，仅在法定条件成就时［用人单位适用《劳动合同法》第四十条第（一）项规定解除劳动合同时］才会产生法律意义，即不出现解除情形的医疗期，只有管理意义；如用人单位与劳动者约定试用期的性质一样，仅劳动者在试用期内出现不符合录用条件的情形时，才会产生解除劳动合同的法律意义，即约定无明确录用条件的试用期，只有管理意义。

2. 医疗期长度及计算周期

确定医疗期的长度和计算周期是决定“医疗期满”的前提条件，对医疗期的长短判断错误，就不能准确核定“医疗期满”，更不能适用《劳动合同法》第四十条第（一）项的规定解除劳动合同。用人单位以为“医疗期满”，实际是在“医疗期内”，若依据本条作出了解除劳动合同的决定，系违法解除。

（1）医疗期长短的判断依据。医疗期的长短由实际参加工作年限（累计工作年限）和本单位工作年限（连续司龄）两个因素共同决定。《企业职工患病或非因工负伤医疗期规定》（劳部发〔1994〕479 号）第三条规定：“企业职工因患病或非因工负伤，需要停止工作医疗时，根据本人实际参加工作年限和在本单位工作年限，给予三个月到二十四个月的医疗期：（一）实际工作年限十年以下的，在本单位工作年限五年以下的为三个月；五年以上的为六个月；（二）实际工作年限十年以上的，在本单位工作年限五年以下的为六个月；五年以上十年以下的为九个月；十年以上十五年以下的为十二个月；十五年以上二十年以下的为十八个月；二十年以上的为二十四个月。”

（2）特殊疾病的医疗期长短。《劳动部〈关于贯彻企业职工患病或非因工负伤

医疗期规定〉的通知》（劳部发〔1995〕236号）第二条规定：“根据目前的实际情况，对某些患特殊疾病（如癌症、精神病、瘫痪等）的职工，在24个月内尚不能痊愈的，经企业和劳动主管部门批准，可以适当延长医疗期。”依据该规定，会出现两个明显的问题：第一，哪些疾病属于特殊疾病？第二，属于特殊疾病的，是否自动适用24个月的医疗期？

①关于特殊疾病的具体范围的问题。

首先，劳动法无“特殊疾病”的准确定义，无法查找特殊疾病的列举清单，亦无法判定其具体范围；其次，上述通知在明确了癌症、精神病、瘫痪三种疾病之外，用了“等”字结尾，应理解为，既是基于那个年代对疾病种类的列举，也是对疾病性质的严重程度的界定，不应将特殊疾病的范围仅限定在癌症、精神病、瘫痪三种之内；最后，当前危及人体生命和精神健康的疾病日益增加，如白血病、抑郁症、精神分裂、肺心病、恶性肿瘤、尿毒症、重症冠心病、肝硬化等，这些疾病往往一时难以治愈，也能随时危及劳动者的生命安全，不能机械地排除在外。所以，特殊疾病应从病情严重、难以治愈、危及生命三个维度进行综合衡量。

②关于特殊疾病适用24个月医疗期的问题。司法实践出现三种观点。

第一种观点是，劳动者身患特殊疾病，可直接认定其享有24个月的医疗期。赞同此观点的，如江苏省、北京市、上海市、辽宁省、湖南省等地区。例如，《南京市中级人民法院、南京市劳动争议仲裁委员会关于印发〈关于劳动争议案件仲裁与审判若干问题的指导意见〉的通知》（宁中法〔2008〕238号）第十八条规定：“患有癌症、精神病、瘫痪等特殊疾病的劳动者，不受实际工作年限或在本单位工作年限的限制，其享受的医疗期均为24个月。医疗期满，劳动者与用人单位协商一致，可以适当延长医疗期。”

第二种观点是，劳动者身患特殊疾病，并不当然适用24个月的医疗期。理由是，《劳动部〈关于贯彻企业职工患病或非因工负伤医疗期规定〉的通知》中“在24个月内尚不能痊愈的”的表述并非对医疗期长短的规定，而是对疾病严重程度的描述，确定劳动者是否能够享受24个月医疗期，只有依据劳动者实际参加工作年限和在本单位工作年限两个因素进行确定。赞同此观点的，如广东省、河南省、浙江省、山东省等地区。例如，《山东省高级人民法院、山东省人力资源和社会保障厅关于审理劳动人事争议案件若干问题会议纪要》（2019年4月26日施行）第十七条规定：“关于患特殊疾病职工医疗期的确定问题。《劳动部关于贯彻〈企业职工患病或非因工负伤医疗期规定〉的通知》（劳部发〔1995〕236号）规定：‘对某些患特殊疾病（如癌症、精神病、瘫痪等）的职工，在24个月内尚不能痊愈的，经企业和劳动主管部门批准，可以适当延长医疗期。’该规定指根据企业职工实际参加工作年限和在本单位工作年限确定享受24个月医疗期的，该医疗期满后尚不能痊愈的情况下，职工可以申请延长，并不意味着患有上述特殊疾病职工的医疗期当然为24个月。”

第三种观点是，对是否享受特殊医疗期，设置特殊审批程序。赞同此观点的如四川省、重庆市。例如，《四川省贯彻执行〈中华人民共和国劳动法〉若干问题的意见》（川劳办〔1996〕19号）第四十八条第一款规定：“劳动者患特殊疾病（癌症、精神病、瘫痪），在规定的医疗期内尚不能痊愈的，经企业和当地劳动行政部门批准，可适当延长医疗期。延长医疗期原则上在劳动者应享受规定的医疗期内掌握。延长医疗期满仍不能恢复工作的，按医疗期满的有关规定执行。”

（3）医疗期计算周期的判断依据。医疗期的计算需在一定周期内进行，劳动者在一个计算周期内未使用完法定医疗期的，再次请病假时，在下一个计算周期内重新计算医疗期，即医疗期“归零”。《企业职工患病或非因工负伤医疗期规定》（劳部发〔1994〕479号）第四条规定：“医疗期三个月的按六个月内累计病休时间计算；六个月的按十二个月内累计病休时间计算；九个月的按十五个月内累计病休时间计算；十二个月的按十八个月内累计病休时间计算；十八个月的按二十四个月内累计病休时间计算；二十四个月的按三十个月内累计病休时间计算。”《劳动部关于贯彻〈企业职工患病或非因工负伤医疗期规定〉的通知》（劳部发〔1995〕236号）第一条规定：“……医疗期计算应从病休第一天开始，累计计算。如：应享受三个月医疗期的职工，如果从1995年3月5日起第一次病休，那么，该职工的医疗期应在3月5日至9月5日之间确定，在此期间累计病休三个月即视为医疗期满。其它依此类推……”据此，劳动者在一个劳动合同期限内计算医疗期有计算周期的限制，且不止只有一次医疗期。

（4）上海地区关于医疗期的特别规定。需要注意的是，上海地区执行与全国其他地区不同的医疗期政策。

一般疾病的医疗期：《上海市关于本市劳动者在履行劳动合同期间患病或者非因工负伤的医疗期标准的规定》（沪府发〔2015〕40号）第二条规定：“医疗期按照劳动者在本用人单位的工作年限设置。劳动者在本单位工作第1年，医疗期为3个月；以后工作每满1年，医疗期增加1个月，但不超过24个月。”据此，上海地区确定医疗期的具体月数，不参考劳动者的社会工作年限，不设置计算周期，只需根据单位工作年限一项因素即可确定。举例说明：劳动者入职1年（包括1年不满2年），医疗期为3个月；入职2年不满3年（即“以后工作每满1年”），医疗期为4个月；入职3年不满4年，医疗期为5个月；入职4年不满5年，医疗期为6个月，依此类推。用数学公式可表示为：X =（Y + 2）≤24，其中 X 代表医疗期月数，Y 代表本单位工作年限。

特殊疾病的医疗期：《上海市关于本市劳动者在履行劳动合同期间患病或者非因工负伤的医疗期标准的规定》（沪府发〔2015〕40 号）第三条规定："劳动者经劳动能力鉴定委员会鉴定为完全丧失劳动能力但不符合退休、退职条件的，应当延长医疗期。延长的医疗期由用人单位与劳动者具体约定，但约定延长的医疗期与前条规定的医疗期合计不得低于 24 个月。"用数学公式可表示为：X + Z≥24，其中 X 代表按 X =（Y + 2）公式计算出的医疗期月数，Z 代表约定延长的医疗期。

基于上述特别规定，上海地区的医疗期没有计算周期的限制，即没有"归零"规则，其被严格适用在劳动关系存续期间一次性累计计算的规定。

3. 计算医疗期的正确操作

（1）通过劳动者提供的原工作单位的劳动合同和社会保险缴费记录，综合确定劳动者的社会工作年限（累计工作年限），并根据劳动者在本单位的连续工作年限，确定劳动者法定医疗期的长度和计算周期（上海地区的，按地方规定执行）。

（2）计算医疗期从劳动者病休第一天开始。劳动者连续休病假，且是从当月 1 日（首个日历数）开始的，则按月计算医疗期，例如，劳动者享有 3 个月的法定医疗期，3 月 1 日开始连续休病假，应计算至 5 月 31 日期满；如劳动者休病假，无论连续休还是间接休，非从当月 1 日开始的，则按天计算医疗期。按照《劳动部〈关于贯彻企业职工患病或非因工负伤医疗期规定〉的通知》（劳部发〔1995〕236 号）文的规定，"病休期间，公休日、假日和法定节假日包括在内"，可以推定 1 个月的医疗期应当以 30 天为准，即按天计算医疗期的，应累计计算 30 天作为 1 个月医疗期的经过。另外，单一疾病或多种疾病合并纳入一个医疗期进行计算，即计算医疗期并不区分疾病的种类和得病的次数。

与上述操作不同的是，上海地区的医疗期按"月工作时间"计算，即排除法定的节假日和休息日。《上海市劳动局关于加强企业职工疾病休假管理保障职工疾病休假期间生活的通知》（沪劳保发［95］83 号）第三条规定："职工疾病或非因工负伤休假日数应按实际休假日数计算，连续休病假期内含有休息日、节假日的应予剔除。"因此，上海地区的劳动者应以"月工作日"折算成医疗期的月数，即以剔除法定节假日和休息日的考勤日历作为记录载体，连续或间接休满 21 天（20.83 四舍五入），作为 1 个月医疗期的经过。所以，劳动者如有 N 个月的医疗期，则医疗期内病休天数 = 21 × N。举例说明：假如劳动者有 3 个月医疗期，医疗期内的病休天数为 63 天；4 个月医疗期，医疗期内的病休天数为 84 天；5 个月医疗期，医疗期内的病休天数为 105 天。依此类推。

4. 医疗期计算有法律漏洞

医疗期归零重新起算，是指劳动者在一个计算周期内累计病休天数未超过法定的医疗期天数（医疗期未满），在这个计算周期结束后，劳动者再次请病假，则上一个计算周期内已休的病假天数归零，要在新一个计算周期内重新起算病假天数，计算医疗期。

医疗期归零重新起算的制度，使跨越两个计算周期计算医疗期时，会遇到医疗期永远不满的尴尬局面。举例说明：张三的法定医疗期3个月，从2023年1月1日起休了30日病假，又从5月4日起连续休了4个月的病假至9月3日，试问张三的医疗期满了吗？

解答步骤：

（1）张三的法定医疗期为3个月，共计90日，计算周期为6个月，则第一个计算周期应从2023年1月1日开始至6月30日结束。

（2）张三从1月1日起休了30日病假，又从5月4日起连续休了4个月病假至9月3日，则张三在第一个计算周期内共休了30日+58日（5月4日至6月30日）=88日的病假。第一个计算周期内，张三的医疗期未满。

（3）张三的第二个计算周期应从7月1日开始往后推6个月至12月31日止，其9月3日病假结束，则期间共休了31日（7月）+31日（8月）+3日（9月）=65日的病假。第二个计算周期内，张三的医疗期未满。

综上可知，当劳动者间接休病假，跨越两个或两个以上的计算周期时，劳动者如掌握了计算医疗期的规律，可能会出现医疗期永远不满的情形。用人单位适用《劳动合同法》第四十条第（一）项的规定解除劳动合同，会被“医疗期归零”阻却，难以证明劳动者“医疗期满”。值得注意的是，上海地区并不受医疗期归零的限制。

5. 总结计算医疗期的基本步骤

第一步：区分地域，确定医疗期规定；

第二步：依法确定医疗期长度，确定计算周期；

第三步：办理病假核准手续，发送《进入医疗期通知书》，固定病假证明等材料；

第四步：在计算周期内准确记录和汇总病假天数，准确判断医疗期满时的具体日期。

6. 证明劳动者不能从事原工作及另行安排的新工作

（1）“医疗期满”后，用人单位不能直接解除劳动合同，还要完成以下4个步骤：

第一步：证明劳动者不能从事原工作；

第二步：证明用人单位为劳动者另行安排了工作；

第三步：证明劳动者不能从事用人单位另行安排的工作；

第四步：审核劳动者是否属于《劳动合同法》第四十二条规定的受解雇保护的特定群体。

（2）证明劳动者不能从事原工作。劳动法没有对“不能从事原工作”作进一步的说明，如何证明“不能从事原工作”取决于用人单位的界定。医疗期满后，劳动者继续请病假的（病假成立），“继续请病假”的行为是否能够直接被认定为“不能从事原工作，不能从事用人单位另行安排的工作”呢？对于这一问题，司法实践中存在一定的争议。一般来讲，劳动者继续请病假的，应当认为其还不具备从事原工作或从事另行安排工作的基本条件；但严格来讲，继续请的病假可能与原岗位要求已无任何关联。即劳动者可能原先因 A 病进行离岗治疗，但现在因 B 病继续请病假，完全可以从事原工作。因此，从合规管理的角度出发，用人单位应在医疗期满前，提前一周或 10 日，向劳动者送达《医疗期满返岗通知书》，告知其准确的医疗期届满的时间，征求其返岗工作的意见，设定准确的返岗时间点和返岗报到流程，并要求限期答复。用人单位还要重点向劳动者强调，逾期未返岗工作的，视为不能从事原工作。另外，医疗期满后，劳动者返岗继续工作的，用人单位要对其工作进行合法、合理、客观的绩效考核。绩效考核通过，劳动者继续履行劳动合同，绩效考核未通过，则证明劳动者“不能从事原工作”，进入相应的调岗程序。用人单位应固定整个过程中的相关证据。

（3）证明劳动者不能从事用人单位另行安排的工作。“另行安排了工作”是一个必备的程序性义务，只有另行安排了工作，才能证明劳动者不能从事用人单位另行安排的工作。用人单位仅证明了“医疗期满”和“不能从事原工作”而径行解除劳动合同的，还不构成《劳动合同法》第四十条第（一）项规定的全部解除要件。医疗期满后，劳动者继续请病假，在用人单位第一次发送《医疗期满返岗通知书》后，劳动者逾期仍未报到的，用人单位应及时向劳动者发送《换岗通知书》，告知其新岗位的具体名称和工作内容，设定准确的新岗位到岗时间和报到流程。用人单位还要重点提醒劳动者，不同意调岗或逾期未到岗的，视为不能从事用人单位另行安排的工作，劳动者继续逾期时，用人单位才可发送《解除劳动合同通知书》。医疗期满后，劳动者返岗继续工作，在第一次绩效考核证明其“不能从事原工作”后，用人单位也应及时向劳动者送达《换岗通知书》，将劳动者调往工作强度相对较低的合理岗位。在劳动者未通过第二次绩效考核后，才能证明劳动者不能从事另行安排的工作，用人单位在固定相关证据的基础上，方可发送《解除劳动合同通知书》。“另行安排的工作”应是与原工作相比，在工作强度、工作要求等方面，相对较低的工作。

与上述操作不同的是，在上海地区，《上海市关于本市劳动者在履行劳动合同期间患病或者非因工负伤的医疗期标准的规定》（沪府发〔2015〕40号）第五条规定：“劳动者在本单位工作期间累计病休时间超过按照规定享受的医疗期，用人单位可以依法与其解除劳动合同。”《上海市劳动和社会保障局关于实施〈上海市劳动合同条例〉若干问题的通知》（沪劳保关发〔2002〕13号）第十六条规定：“劳动者患病或非因工负伤超过规定医疗期仍不能上班工作的，用人单位可以按超过停工医疗期规定解除劳动合同。”因此，在上海，劳动者医疗期满后，若继续请病假，可能会被默认为“不能从事原工作，也不能从事另行安排的工作”，用人单位无须履行另行安排工作的义务，可直接以医疗期满为由解除劳动合同。但从合规管理的角度出发，建议上海地区的用人单位也积极履行劳动法规定的“另行安排工作”的程序性义务，防止因小失大，以避免相应风险。

7. 医疗期满解除是否以劳动能力鉴定为前置条件

目前，《劳动法》、《劳动合同法》和相关的部门规章没有将劳动能力鉴定作为解除劳动合同的前置条件的明文规定，此问题源自劳部发〔1994〕479号和481号两个文件。

《企业职工患病或非因工负伤医疗期规定》（劳部发〔1994〕479号）第七条规定：“企业职工非因工致残和经医生或医疗机构认定患有难以治疗的疾病，医疗期满，应当由劳动鉴定委员会参照工伤与职业病致残程度鉴定标准进行劳动能力鉴定。被鉴定为一至四级的，应当退出劳动岗位，解除劳动关系，并办理退休、退职手续，享受退休、退职待遇。”

《违反和解除劳动合同的经济补偿办法》（劳部发〔1994〕481号，已废止）第六条规定：“劳动者患病或者非因工负伤，经劳动鉴定委员会确认不能从事原工作、也不能从事用人单位另行安排的工作而解除劳动合同的，用人单位应按其在本单位的工作年限，每满一年发给相当于一个月工资的经济补偿金，同时还应发给不低于六个月工资的医疗补助费。患重病和绝症的还应增加医疗补助费，患重病的增加部分不低于医疗补助费的百分之五十，患绝症的增加部分不低于医疗补助费的百分之百。”

分析上述规定可知，劳部发〔1994〕479号文本身并未明确规定将劳动能力鉴定作为解除劳动合同的前置程序，其本质是规定医疗期满后对“致残”劳动者救济性的规定。管理实践中，医疗期满后，劳动者不能从事原工作和不能从事用人单位另行安排的工作的情形很多，劳动者也并不一定要“致残”或患有“难以治愈的疾病”，因此对劳部发〔1994〕479 号文的错误理解会引发此问题。另外，劳部发〔1994〕481 号文貌似明确了医疗期满解除劳动合同要以劳动能力鉴定为前提条件，但该文已经于 2017 年 11 月 24 日被《人力资源和社会保障部关于第五批宣布失效和废止文件的通知》（人社部发〔2017〕87 号）废止了。所以，目前主流的观点是，医疗期满解除劳动合同不应以劳动能力鉴定为前提条件。但是，司法实践中，各地对此问题的具体执行口径并不统一，如北京、广州等地就要求医疗期满解除劳动合同需要进行劳动能力鉴定。因此，建议用人单位在劳动者医疗期满前发送《医疗期满返岗通知书》时，一并发送《劳动能力鉴定通知书》，要求劳动者在不能按期返岗时，应自主或协助用人单位向劳动行政部门申请劳动能力鉴定，并设置截止期限，明确相应法律后果，即逾期未申请或不配合单位要求的，视为拒绝进行劳动能力鉴定。虽然法律法规并未赋予用人单位在劳动者拒绝进行劳动能力鉴定的情形下径直解除劳动合同的权利，但此举可证明用人单位履行了告知义务，增加了解除行为的合法性和合理性。

综上所述，用人单位适用《劳动合同法》第四十条第（一）项规定解除劳动合同的，将面临医疗期计算错误、无法证明劳动者不能从事原工作、未安排新工作、无法证明安排了新工作、无法证明劳动者不能从事新工作、未进行劳动能力鉴定、适用解除对象错误（特殊群体）、未履行通知工会程序等一系列问题，从合规管理的角度出发，用人单位应当谨慎操作。

（三）劳动者不能胜任工作，经过培训或者调整工作岗位，仍不能胜任工作

关于不能胜任工作，本书第四章“不能胜任工作调岗”部分已有探讨，这里仅作补充。

1. 用人单位以劳动者不能胜任工作为由解除劳动合同的，要完成三个方面的证明

（1）证明劳动者不能胜任原工作；

（2）证明对不能胜任工作的劳动者进行了培训，或者调整了工作岗位；

（3）证明劳动者在培训或者调岗后，仍然不能胜任原工作或新工作。

2. 用人单位以劳动者不能胜任工作为由解除劳动合同，有 10 个操作步骤，且环环相扣

（1）明确岗位职责标准。“不能胜任工作”是一个模糊的法律概念，站在不同角度会有不同的理解：作为劳动者，绝大多数情况下并不认为自己不能胜任工作；作为裁判者，因难以感同身受，其认定标准很难与用人单位保持一致；作为用人单位，因与劳动者直接接触，主观评价往往会越位，自动代替客观评价标准。因此，

岗位职责说明书是能够平衡三者矛盾的重要工具，是证明劳动者“不能胜任工作”的基础。司法实践中，不能胜任工作的标准不清晰是劳动纠纷案件败诉的焦点所在。用人单位应在《岗位职责说明书》中明确劳动者的工作任务和具体指标，如管理人员要着重细化工作职责内容和指标；销售人员要具体到准确的销售额和回款率；生产人员要具体到日或月产量指标和合格率等。管理实践中，确定岗位职责标准的方式很多，如通过《劳动合同》《工作目标确认函》《劳动定额确认函》《责任书》等形式，都可以实现岗位职责说明的目的。需要注意的是，无论通过何种形式实现该目的，劳动者签字确认是依据生效的关键。

（2）搭建规章制度基础。岗位职责说明，解决的是“能证明”的问题，而绩效考核解决的是“如何证明”的问题。虽然绩效考核的最终目的不是解除劳动合同，但其为证明不能胜任工作提供了客观性、事实性的依据。管理实践中，不能胜任工作的考核不能完全等同于绩效考核，劳动者的日常工作表现也应成为考核的重要维度。劳动者的日常工作表现包括但不限于：认识与态度、行动积极性、主管或同事反馈的工作瑕疵、客户或其他第三方的投诉、反馈与处罚等。但日常工作表现需要细致地跟踪管理才能得出客观的结论，因此，月度、季度或年度的绩效考核成为说明劳动者是否能正常履行岗位职责的重要参考工具。用人单位应主动制定系统的《绩效考核方案》，明确考核方式、考核流程和考核周期，并配套《岗位职责说明书》中的各项考核指标，再辅助以劳动者日常工作的各项表现，用以证明不能胜任工作。在制定《绩效考核方案》时，其考核周期、考核程序、考核要素、签收程序、申诉程序等因素是决定该制度合理性的关键，用人单位主观任意地制定考核方案，有时并不能通过裁判机关的合理性审查。所以，用人单位应对《绩效考核方案》和《岗位职责说明书》等相关制度，积极履行民主程序与公示程序，以获得明确的合法属性和合理属性。否则，劳动者一旦否认考核制度和考核过程的合法性、合理性、公正性，用人单位将陷于被动境地。

（3）固定绩效考核和日常工作表现的证据。不能胜任工作的证据不足，经常导致证明结果“事倍功半”。固定证据最有效的办法就是固定有员工签字的各种评价表格，如员工自评表、改进工作通知书、任务完成程度确认书、绩效面谈记录等。当然，足够客观可量化的数据也能起到证明的作用，如销售额、利润率、审计数据等，用人单位也应将此类客观性数据体现在相关的书面材料中，告知劳动者。针对劳动者拒绝在与考核相关的文件上签字的问题，用人单位应设置申诉机制，使劳动者有表达异议和获得异议反馈的渠道，增加证明程序的合理性。针对劳动者未申诉或申诉后明显不能推翻考核结果的问题，用人单位还应设置公告送达机制，使向劳动者送达考核结果的方式不仅限于劳动者签字一种方式。

（4）证明第一次不能胜任工作。严格意义上讲，岗位职责说明和绩效考核是管理概念，而“不能胜任工作”是法律概念，管理概念并不必然等于法律概念，因此应将两者作“搭桥”处理，即定性不能胜任工作应与哪些考核结果相对应、相关联。如第四章“不能胜任工作调岗”中所讲：“在绩效考核方案中明确界定哪些分值、哪些档次、哪些区间、哪些情形属于不能胜任工作，并要求劳动者签字确认。理论上讲，如无上述关联性操作，劳动者哪怕是得分为零、最后一名、最低档次、不及格、销售额为零，都不能直接认定为不能胜任工作。”证明第一次不能胜任工作，是进入调岗或培训程序的前置条件，无法有效证明而直接进行调岗的系违法调岗，直接进行解除的系违法解除。另外，用列举的方式细化不能胜任工作的具体场景是绩效考核方式的有力补充，例如：“乙方同意，以下行为或情形将构成不能胜任工作：（一）因履职不彻底或存有过错，造成甲方经济损失2000元人民币以上的；（二）月度绩效考核连续3次在60分以下的；（三）乙方丧失岗位资质要求的。”人民法院案例库入库编号为2013－18－2－186－001案例的裁判要旨指出“劳动者在用人单位等级考核中居于末位等次，不等同于‘不能胜任工作’，不符合单方解除劳动合同的法定条件，用人单位不能据此单方解除劳动合同”，这也印证了上述观点的正确性。

（5）选择调岗或培训。调岗和培训，从管理角度分析，是绩效改进计划的表现形式；从履行程序角度分析，是证明劳动者第二次（仍）不能胜任工作的前置条件。调岗的合法性与合理性源于劳动者第一次不能胜任工作，所以培训的操作难度明显低于调岗。关于培训，劳动法并未明确给出具体要求。如果说调岗的目的是给劳动者创造一个变更工作内容的机会，那么，培训的目的则是为劳动者继续履行劳动合同增添一种补救性的可能。因此，围绕培训而制定的培训内容、培训时长、培训频次、培训形式等规则均要以使劳动者重新胜任本职工作为根本目标。司法实践中，因用人单位过于随意，培训内容或规则出现瑕疵致使“培训不成立”的案件较多。诸如，培训内容与本职工作无关；培训方式采用日常培训方式，如网络自学、自由探讨、咨询老师、绩效面谈等；培训群体面向多数人，并不是针对特定不能胜任工作的当事人；培训时间较短，半天或一天等。事实上，此处的培训是一种系统地、有组织地将与本职工作相关的知识、技能、标准、规则、流程，向劳动者传递、演练、测评的综合过程。因此，正确的培训要把握5个重要点位：其一，培训内容要紧贴劳动者的岗位职责，最好让劳动者在培训课纲或计划书上签字，以对应岗位职责说明书上的具体内容；其二，建议使用正规化的培训场地，指定专门的培训老师，设置专门的培训课题（也可以采用线上或线下相结合的方式）；其三，培训的主要对象是不能胜任工作的单一或几个劳动者，人数不宜过多；其四，培训时长，建议在36个课时以上；其五，培训要有文字记录或录像，设置相应考核。另外，用人单位在进入正式培训程序前，应向劳动者送达《不能胜任工作调岗或培训通知书》，通知其培训的时间、地点、内容、流程和后果性要求，并要求其签收回执。培训现场应有《签到表》，让劳动者全程签到。劳动者拒绝或在规定的时间未参加培训的，视为严重违反用人单位的规章制度。当然，这应当事先在规章制度中予以明确，并在《培训通知书》中予以说明。培训效果仍未达到原岗位职责要求的，此时法律并未限制用人单位再通过调岗的方式履行相关程序，培训的结果反而成为调岗的重要依据。

(6) 证明第二次（仍）不能胜任工作。用人单位选择培训方式的，其绩效考核标准对应原工作岗位的职责内容；用人单位选择调岗方式的，其绩效考核标准对应新工作岗位的职责内容。因此，用人单位在发出《调岗通知书》后，还应让劳动者签字确认新岗位的《岗位职责说明书》。在证明劳动者第二次（仍）不能胜任工作时，考核周期也不宜过短（绩效改进周期），仅凭一次绩效考核结果就认定劳动者仍不能胜任工作，欠缺合理性，因此建议用人单位使用两次以上绩效考核的结果作为认定依据。此外，劳动者无论是面对哪一次的不能胜任工作的结果，都有当面拒绝签字确认的可能性，因此，用人单位应采用“绩效面谈（录音录像）+公示送达+电子送达或纸质邮寄送达”的组合方式将“绩效事实”告知劳动者，并要求其作签收回复。

(7) 排除限制解除的对象（特殊群体）。用人单位即使完成了上述证明过程，也要对劳动者的状态进行审查。因为《劳动合同法》第四十二条规定了6类劳动者，即“老、弱、病、残、孕、其他法定群体”，适用解雇保护制度，即使完全符合非过错性辞退的法定条件，用人单位也不得单方面启动解除程序。

(8) 履行通知工会程序。向工会发送《解除理由向工会告知书》，固定签收回执。程序瑕疵的，应在仲裁或一审之前补正该程序。

(9) 发送解除通知。采用直接送达的方式，或依据事先约定好的送达条款，采用两种以上的方式向劳动者发送《解除劳动合同通知书》，并固定送达过程性和结果性证据。

(10) 办理工作交接，办理退工退档手续，结清应付账款，固定全程证据。在结清应付账款环节，用人单位应主动结束基于劳动关系存续期间与劳动者产生的所有金钱给付关系，并保留支付凭证和要求劳动者确认签字，不仅限于本条款规定的经济补偿和代通知金。

从上述操作步骤的难易程度出发，结合大量对裁判案例的分析可知，用人单位以劳动者不能胜任工作为由解除劳动合同，胜诉概率小，风险极大。劳动者不能胜任工作的，用人单位应将主要精力放在工作改进管理上，用尽全力“挽回”劳动者，不能完全将解除劳动合同作为最终目的。

3. 用人单位在无法充分证明劳动者“不能胜任工作”时，应及时转换管理思路

（1）根据劳动者的具体表现，转失职，或转违反规章制度，达到严重程度，启动解除程序。

（2）根据劳动者的具体表现和绩效考核结果，作辞退面谈，劝退劳动者。

（3）与劳动者变更劳动合同，签订《待岗协议》，留职待岗，为劳动者寻找新的工作留出空间。

（4）协商解除劳动合同，签订《协商解除劳动合同协议书》。

（四）劳动合同订立时所依据的客观情况发生重大变化，致使劳动合同无法履行，经用人单位与劳动者协商，未能就变更劳动合同内容达成协议

1. 用人单位以客观情况发生重大变化为由解除劳动合同的，要完成4个方面的证明

（1）证明劳动合同订立时所依据的客观情况发生了重大变化；

（2）证明劳动合同达到了不能继续履行的程度；

（3）证明双方就变更劳动合同的内容进行过协商，且未达成一致意见；

（4）证明劳动者是适格的被解除主体，即非试用期员工［备注：《劳动合同法》第二十一条并未将第四十条第（三）项纳入可以解除试用期劳动者的范围。即劳动者处于试用期，用人单位以客观情形发生重大变化为由解除劳动合同，即使符合客观事实，也系违法解除］。

2. 用人单位以客观情况发生重大变化为由解除劳动合同的基本操作步骤

（1）证明劳动者在本单位的试用期已过，属于转正员工；

（2）确认客观情况发生了重大变化，固定客观情况变化的证据；

（3）确认劳动合同无法继续履行，向劳动者告知相关事实；

（4）履行协商变更劳动合同内容的法定程序，固定协商过程的相关证据；

（5）审查劳动者是否属于《劳动合同法》第四十二条规定的解雇保护特殊群体；

（6）如协商未达成一致意见，用人单位将解除理由告知工会，并固定工会回执意见；

（7）采用综合方式向劳动者送达《解除劳动合同通知书》；

（8）办理工作交接，结清应付账款，固定付款证据；

（9）开具《解除或终止劳动关系证明》，办理档案和社会保险转移手续。

3. 如何界定“客观情况发生重大变化”

劳动合同订立时所依据的客观情况发生重大变化，致使劳动合同无法履行，是适用《劳动法》第二十六条第（三）项和《劳动合同法》第四十条第（三）项规定解除劳动合同的前提和实质要件。那么，哪些情况属于“客观情况发生重大变化”?《劳动部关于〈中华人民共和国劳动法〉若干条文的说明》（劳办发〔1994〕289号）第二十六条说明，本条中的“客观情况”指：发生不可抗力或出现致使劳动合同全部或部分条款无法履行的其他情况，如企业迁移、被兼并、企业资产转移等，并且排除本法第二十七条所列的客观情况。该规定用列举法进行了简要规定，除此之外，包括《劳动合同法》在内，目前其他法律、部门规章或司法解释对此没有进一步的细化和说明。因此，对于该问题，不同地区甚至同一地区的不同裁判者都可能有不同的理解和界定，自由裁量的差异很大，用人单位适用本条规定解除劳动合同，不确定性因素极多。从管理角度讲，用人单位能将“任何理由”都归纳为客观情况发生了重大变化，作为解除劳动合同时的说辞。但从法律角度讲，不是“任何理由”都能被认定为客观情况发生了重大变化。用人单位经常喜欢套用本条规定，用以达到解除劳动合同的目的，结果往往不能令人满意。司法实践中，对客观情况发生重大变化的认定极为复杂，情形较多，用人单位可重点从以下方面进行理解。

（1）狭义解释：客观情况的界定一般是以用人单位非主观因素（非企业所能控制）为前提条件。非企业所能控制的情形包括：自然灾害，国家阶段性政策（如限制校外学科类培训），政府要求搬迁、拆迁，企业土地被征收，企业被兼并，劳动者丧失某种特殊岗位资质等。

司法实践中，有些地方的裁判者认为“客观情况发生重大变化”应被严格界定为不以用人单位的主观意志为转移的客观情况。在这种观点下，裁判者会严格审查用人单位情况发生的初始原因，若相关变化系用人单位自身能够控制，具有用人单位较强的主观意志（客观情况不客观），则其解除劳动合同的理由不能得到支持。

《北京市高级人民法院、北京市劳动人事争议仲裁委员会关于审理劳动争议案件解答（一）》（京高法发〔2024〕534号）第七十九个问题指出：“哪些情形属于《劳动合同法》第四十条第三项规定的‘劳动合同订立时所依据的客观情况发生重大变化’?‘劳动合同订立时所依据的客观情况发生重大变化’是指劳动合同订立后发生了用人单位和劳动者订立合同时无法预见的变化，致使双方订立的劳动合同全部或者主要条款无法履行，或者若继续履行将出现成本过高等显失公平的状况，致使劳动合同目的难以实现。下列情形一般属于‘劳动合同订立时所依据的客观情况发生重大变化’：（1）地震、火灾、水灾等自然灾害形成的不可抗力；（2）受法律、法规、政策变化导致用人单位迁移、资产转移或者停产、转产、转（改）制等重大变化的；（3）特许经营性质的用人单位经营范围等发生变化的。”

（2）广义解释：客观情况也并非完全是指用人单位意志以外的外部环境情况，可以将用人单位内部某些主观原因吸纳进“客观情形”中。这种观点认为，用人单位有经营自主权，虽然经营行为的动机是主观的，但不能否定经营行为在结果层面上的客观性，即客观上动摇了劳动合同订立和履行的基础。用人单位内部原因包括：公司亏损（营业额、利润大幅降低）、组织结构调整、部门或岗位合并撤销、经营战略及范围调整、非主营业务外包、公司合并或分立、公司资产转移或变卖、专业技术升级（人工智能）、撤销分支机构、整体搬迁等。

司法实践中，并非上述理由都能被认定为导致劳动合同无法继续履行的有效原因。比如，劳动合同无法履行的直接原因有可能是“组织结构调整”，但导致“组织架构调整”的初始原因是否具有客观属性，才是决定解除理由是否成立的关键。否则，用人单位主观上随便选择一个理由，如“公司亏损”，然后冠以“客观情况发生重大变化”的名义就可以解雇劳动者了。因此，用人单位单独撤销某个岗位或某个部门，或单独针对某个劳动者或某几个劳动者，或出于明显的逐利目的进行组织架构重组等情形，一般不能被认定为客观情况发生了重大变化，用人单位以此为由解除劳动合同大概率构成违法解除。

据此，用人单位把市场环境或经营原因作为客观情况时，要有证据证明经济萧条、金融危机、市场萎缩、订单丢失、资金链断裂、经营困难、利润率下降等非单位能有效控制的经营状况发生了变化；用人单位把自身重大决策作为客观情况时，要有证据证明并购重组、搬迁、资产转让、技术革新等重大事项的必要性和合法性；用人单位把上级主体决策作为客观情况时，要有证据证明政府部门、主管单位、母公司、总公司等有管理权的主体作出了“关停并转”的政策、命令、指示和决议。

另外，劳动者自身原因发生变化，如丧失某种专业资质、董事会解聘、患有职业禁忌证等，也有可能被认定为劳动者一方客观情况发生了重大变化。

（3）在劳动合同中约定或在规章制度中规定“客观情况发生重大变化”的定义和具体情形。既然法律未作明确细致的说明和解释，各地司法实践还未实现统一，用人单位就应主动出击，将本单位可能出现的客观情况采用书面的形式予以明确，为适用情事变更原则解除劳动合同作技术性铺垫。

4. 怎样理解“劳动合同无法履行”

“劳动合同无法履行”有两个基本前提，一是“客观情况”；二是“重大”程度。一方面，用人单位虽有客观情况，但未达到“重大”程度，则不能构成劳动合同无法履行的理由，因为客观情况的变化，并不当然导致劳动合同不能履行。如用人单位整体搬迁，搬迁距离较远时（如跨省、市搬迁），才会构成劳动合同不能履行的理由；搬迁距离较近，新地址与原地址只相邻几条街，则不能构成劳动合同不能履行的理由。另一方面，“重大”程度是对适用该条款解雇劳动者的限制，如不需要达到“重大”程度就能解除，则无异于鼓励用人单位任意行使解除权。所以，只有达到“重大”程度，才能有力证明用人单位解除劳动合同时的“善意”动机。另外，劳动合同是无法履行，并非不愿履行。用人单位和劳动者不愿履行的主观动机有时是“无法履行”的本质。司法实践中，审查客观情况是否达到“重大”程度，既考验用人单位的举证能力，也考验裁判者面对具体情形的综合分析和判断能力。

5. 协商变更劳动合同内容

（1）未履行协商程序。协商变更劳动合同内容系法定程序，其目的是保障劳动者有充分的知情权，只有双方协商无法达成一致时，用人单位才可以启动解除程序。因此，用人单位在证明客观情况发生重大变化后，径行解除劳动合同的行为违法。未协商、协商过程不能被证明、非善意协商、协商的内容不全面不准确、协商的内容并非“变更劳动合同内容”等情形均不能满足协商程序的要求。实务操作中，用人单位应以书面形式，如《协商变更劳动合同内容意见函》，向劳动者发出协商请求，告知协商的内容、协商的次数、协商的截止时间以及逾期未回复或未参加协商的法律后果（视为劳动者拒绝协商且双方就变更劳动合同内容未能达成一致），也可采用面谈的方式，形成谈话记录，双方签字确认。

（2）协商变更的并非劳动合同内容。《劳动法》第二十六条第（三）项规定，“劳动合同订立时所依据的客观情况发生重大变化，致使原劳动合同无法履行，经当事人协商不能就变更劳动合同达成协议的”，用人单位可以解除劳动合同。《劳动合同法》第四十条第（三）项将《劳动法》第二十六条第（三）项中的“变更劳动合同”替代为“变更劳动合同内容”。因此，法律明确了协商的实体要件。司法实践中，“变更劳动合同内容”一般可包括工作岗位、工作地点、劳动报酬、福利待遇等事项的变更。用人单位以协商解除劳动合同、协商经济补偿金额、协商变更劳动合同主体等事项代替“协商变更劳动合同内容”的行为，不符合法律要求。

（3）协商变更劳动合同内容不合理。裁判者往往会审查用人单位是否为劳动者安排了新岗位，新岗位的工作要求与劳动者的专业是否匹配，劳动报酬和福利待遇是否与原岗位相差过大，工龄是否连续计算等事项。另外，用人单位与劳动者就变更劳动合同内容达成一致的，如果岗位、薪资变更幅度较大，应及时签订《劳动合同变更协议书》，防止劳动者反悔。

（4）协商变更劳动合同内容的时间与提前30天通知解除的时间重合。协商变更程序和提前通知程序，两者有先后顺序，不应重合，即协商变更程序在前（无论协商过程耗费的时间长短），在协商变更程序结束后，方可启动提前通知程序。若两个程序时间重合，则视为用人单位未履行或未充分履行提前通知程序，劳动者有主张其支付代通知金（1个月工资）的权利。

三、用人单位辞退劳动者送达程序的合规管理

用人单位辞退劳动者违反法定程序的具体表现，除了未履行通知工会程序外，典型的就是未将解除事由和解除通知送达劳动者。司法实践中，“送达”是相关制度、文件、通知生效的总前提，用人单位无论是适用过错性辞退还是非过错性辞退，都面临如何送达的法律问题。根据法律规定，用人单位解除劳动合同的，应将解除事由告知劳动者，同时应将解除劳动合同通知采用有效的方式送达劳动者。解除通知作出的程序违法，会直接导致违法解除的后果。同样，解除通知送达的程序存在瑕疵，将致使解除不发生法律效力。从合规管理角度出发，用人单位送达相关法律文书的程序是：优先采取直接送达，其次采取邮寄送达，直接送达和邮寄送达无效时启用公告送达，送达过程可辅助以电子送达。

1. 直接送达的合规操作。直接送达是用人单位优先采取的送达方式。直接送达即面对面送达，将通知文件制作两联，劳动者接收的，应将其中一联交给劳动者，并要求其在另一联上签字确认，签收之日即为送达之日。劳动者拒收的，用人单位可令两个以上的经办人员就劳动者拒绝签收的情况作书面说明，签字确认，或者当面向劳动者宣读通知书的内容。同时建议用拍照、录音、录像等方式记录劳动者拒绝签收的过程。

2. 邮寄送达的合规操作。用人单位无法进行直接送达的，可以采用邮寄送达的方式。邮寄送达以劳动者确认的邮寄地址为前提，解除劳动合同的通知寄往非劳动者确认的地址，解除行为并不成立。所以，仍建议用人单位事先通过《法律文书送达地址确认函》或在劳动合同中增加送达地址确认的条款的形式，与劳动者就邮寄地址进行约定。邮寄送达应通过邮政特快专递的方式（EMS），并非其他民营快递公司。因中国邮政是唯一具备寄递信函资格的主体，所以，选择其他寄递主体可能会使寄递信函的效力受到怀疑。用人单位应前往邮政营业厅办理邮寄，邮寄送达的具体操作步骤如下。

第一步：填写收件人、寄件人信息。在寄件人处填写用人单位的全称，因可能出现的混同用工情形，该用人单位的名称应是与劳动者存有劳动关系的相对方。将收件人姓名（身份证上的姓名）、电话（可填写多个）、地址用正楷字体，用力填

写清楚、准确。事先约定了邮寄地址的，应填写约定的邮寄地址；未约定的，应向劳动者身份证上所载的“住址”邮寄。因劳动者实际住址和身份证所载的住址往往并不相同，用人单位知悉劳动者实际住址的，也可向该地址同时邮寄。

第二步：填写文件名称。内件品名处应写明《解除（劳动者姓名）劳动合同通知书》，并附以解除事由和解除的具体时间，以避免劳动者将“不了解信件内容”作为拒收的理由。邮件详细说明处，应勾选“文件资料”，并准确填写“总件数”的数量。

第三步：封装过程录像。为确保寄送内容的真实性，用人单位应将《解除劳动合同通知书》原件和面单放在一起拍照，将封装文件袋的过程进行录像，妥善保管录像的原始载具（手机），不可轻易删除相关资料。

第四步：固定寄件联并要求回递邮件的寄送回执。填写和封装完成后，应在工作人员加盖邮戳后，将快递单拍照，记录快递单号，并妥善保存寄件联和付款凭证。

第五步：登录EMS官方网站跟进邮件投递情况，打印整个页面并截图保存，根据具体情况决定是否进行公证（EMS官网可查阅的官网信息一般不超过6个月）。

第六步：拒收处理。当劳动者拒绝签收或无法寄达劳动者时，快递被退件后，用人单位应妥善保存寄送回执，对于原件应禁止拆开。拆开的行为会破坏证据的真实性，劳动者不认可快递内的文件时，该证据往往被认定无效。另外，可联系邮政专柜，申请出具退件原因证明，勾选“实物返单”，要求邮政专柜加盖邮戳。[补充说明：由于解除权系形成权，不需要劳动者作出承诺，如内件品名上显示了《解除（劳动者姓名）劳动合同通知书》，劳动者拒收行为则是建立在知悉该内容的基础上，所以，我们认为，即使劳动者拒收也并不影响解除劳动合同通知书的生效]。

3. 电子送达的合规操作。用人单位可以采用电话、微信、电子邮件、内部办公系统、手机短信以及其他具有沟通交流功能的平台向劳动者送达。但是，用人单位采用电子送达时，须满足“受送达人同意”的前提条件。根据《最高人民法院印发〈关于进一步加强民事送达工作的若干意见〉的通知》（法发〔2017〕19号）以及《最高人民法院关于印发〈民事诉讼程序繁简分流改革试点问答口径（一）〉的通知》（法〔2020〕105号）的规定，电子送达应当以受送达人同意为前提条件。即，未经劳动者同意，用人单位采取电子送达的，不发生送达的法律效果。用人单位应通过《物品和电子账号领用清单》或《法律文书送达地址确认函》等工具，对相关通知送达适用电子送达作出约定，固定劳动者多种形式的电子地址。对用人单位和劳动者确认的电子地址，送达信息到达劳动者特定电子地址的时间为送达生效时间。用人单位未与劳动者事先约定相关电子地址，但向能够获取的劳动者电子地址进行送达的，以劳动者“确认收悉”的时间点作为送达生效时间，具体包括：回复收悉时间、系统反馈已阅知时间等。上述时间点均存在时，应当以最先发生的时间作为送达生效时间。另外，电话通知时，应全程录音。发短信、发微信和录音的原始载体要保存完好。

4. 公告送达的合规操作。公告送达应当是用人单位穷尽了常见的送达方式后，最后的送达手段。用人单位可以事先采用打电话、发短信、发微信、发电子邮件、邮寄等方式向劳动者送达解除劳动合同通知，在未采取可能采取的送达方式的情况下，直接登报公告，不符合法定程序，属于程序瑕疵，公告送达解除劳动关系通知无效。因此，用人单位适用公告送达，应当具备“劳动者下落不明”或者“用其他方式无法送达”两个条件之一。用人单位可选择劳动者可能出现的区域，选择在报纸、信息网络等媒体上刊登公告，发出公告的日期以刊登的日期为准。《民事诉讼法》第九十五条第一款规定：“受送达人下落不明，或者用本节规定的其他方式无法送达的，公告送达。自发出公告之日起，经过三十日，即视为送达。”因此，公告送达的时限统一为 30 日，劳动者在该期限届满后所作抗辩无效。

第三节　合规工具应用

合规工具 37：《违规情况申诉表》

违规情况申诉表

姓名		身份证号码	
违规违纪事实			
员工确认	□认可　□不认可　签字：　日期：　年　月　日		
员工意见申诉理由	签字：　日期：　年　月　日		

续表

见证人 情况说明		见证人 签字	签字： 日期：　　年　　月　　日
人力部门 意见		总经理 意见	
备注： 1. 如实填写违规违纪事实，不得捏造、虚构事实。 2. 员工如对违规违纪事实有异议，应及时申诉并说明理由。 3. 如员工拒绝签字，由所属部门、人事部门或其他人员组成见证人，见证人签字并注明情况，见证人情况说明应采用手写方式。 4. 拒绝对违规违纪事实确认的员工，送达人员可将送达现场录音、录像或将本申诉表邮寄给当事员工或向员工先前已确认的送达邮箱发送。			

合规工具38：《兼职改正通知书》

兼职改正通知书

员工姓名：______________（身份证号码：__________________________）

经公司调查，你在本公司任职期间，同时与其他用人单位建立了劳动关系（兼职），现向你提出改正意见：希望你在接到本通知____日内主动解除与其他用人单位的劳动关系（包括所有形式的兼职），并在上述期限内向本公司提交解除劳动关系的证明材料。拒不接受本改正通知的，公司有权依据《劳动合同法》的相关规定解除与你的劳动合同。

特此通知！

公司（公章）：　　　　　　　　　　　　日期：　　年　　月　　日

合规工具39：《纪律处分通知书》

纪律处分通知书

<table>
<tr><td>姓名</td><td></td><td>部门</td><td></td><td>职务</td><td></td></tr>
<tr><td>违纪
经过</td><td colspan="5"></td></tr>
<tr><td>部门
意见</td><td colspan="5">负责人签字：　　　　　　日期：　　年　　月　　日</td></tr>
<tr><td>人力资源
部门意见</td><td colspan="5">□警告　□严重警告
□违纪　□严重违纪
负责人签字：　　　　　　日期：　　年　　月　　日</td></tr>
<tr><td>总经理
意见</td><td colspan="5">总经理签字：　　　　　　日期：　　年　　月　　日</td></tr>
</table>

>>> 第八章 <<<

劳动合同终止的合规管理

劳动合同终止与劳动合同解除一样，必须遵循法定原则。与劳动合同终止相比，劳动合同解除的法定情形少，操作难度低，但也有不可忽视的法律风险，尤其是在劳动合同的到期终止、通知终止、继续用工、续签合同等环节。本章将重点探讨上述环节的典型法律风险及实务合规管理。

第一节　劳动合同终止的典型法律风险

典型风险 1：用人单位与劳动者约定劳动合同终止情形

《劳动合同法》第四十四条规定："有下列情形之一的，劳动合同终止：

（一）劳动合同期满的；

（二）劳动者开始依法享受基本养老保险待遇的；

（三）劳动者死亡，或者被人民法院宣告死亡或者宣告失踪的；

（四）用人单位被依法宣告破产的；

（五）用人单位被吊销营业执照、责令关闭、撤销或者用人单位决定提前解散的；

（六）法律、行政法规规定的其他情形。"

上述条款规定了劳动合同终止的 6 种法定情形，除此之外，用人单位不得在法定条件之外与劳动者约定终止条件。虽然，《劳动法》第二十三条规定："劳动合同期满或者当事人约定的劳动合同终止条件出现，劳动合同即行终止。"但《劳动合同法》第四十四条中，没有允许劳资双方约定终止劳动合同的规定，基于特别法优于一般法的一般认识，笔者认为，《劳动法》中关于劳动合同约定终止的规定已被《劳动合同法》取代。另外，《劳动合同法实施条例》第十三条规定："用人单位与劳动者不得在劳动合同法第四十四条规定的劳动合同终止情形之外约定其他的劳动合同终止条件。”更加说明了，劳动合同的终止只有法定终止，没有约定终止。用人单位如未注意到法律的变化，仍以约定的条件终止劳动合同，即使该约定是出于劳资双方的意思自治，也会被认定为无效，面临违法终止的法律风险。

典型风险 2：劳动合同期满，不得终止而终止

劳动合同期满时，在一些特殊情形下，用人单位不得直接终止劳动合同。针对“劳动合同期满的”，劳动合同可以终止的规定，用人单位并非只审查劳动合同的期限，还要结合《劳动合同法》第四十五条的规定，审查劳动者是否符合续延条件。

《劳动合同法》第四十五条规定：“劳动合同期满，有本法第四十二条规定情形之一的，劳动合同应当续延至相应的情形消失时终止。但是，本法第四十二条第二项规定丧失或者部分丧失劳动能力劳动者的劳动合同的终止，按照国家有关工伤保险的规定执行。”

《劳动合同法》第四十二条规定的特殊情形包括：“（一）从事接触职业病危害作业的劳动者未进行离岗前职业健康检查，或者疑似职业病病人在诊断或者医学观察期间的；（二）在本单位患职业病或者因工负伤并被确认丧失或者部分丧失劳动能力的；（三）患病或者非因工负伤，在规定的医疗期内的；（四）女职工在孕期、产期、哺乳期的；（五）在本单位连续工作满十五年，且距法定退休年龄不足五年的；（六）法律、行政法规规定的其他情形。”

此外，在《劳动合同法》第四十二条第（六）项“法律、行政法规规定的其他情形”中，还应包括 3 种情形，其一，工会主席、副主席、工会委员在任期内的；其二，集体协商代表在履行集体协商职责期间的；其三，劳动者符合签订无固定期限劳动合同条件，并主动提出签订的。用人单位在上述 8 种情形下，因“劳动合同期满”直接通知劳动者终止劳动合同的，系违法终止。因“劳动合同期满”之外的法定情形终止劳动合同的，不受上述特殊情形的限制。

另外，《劳动合同法实施条例》第十七条规定：“劳动合同期满，但是用人单位与劳动者依照劳动合同法第二十二条的规定约定的服务期尚未到期的，劳动合同应当续延至服务期满；双方另有约定的，从其约定。”因此，如用人单位未在服务期协议内约定劳动合同期满可以终止，劳动合同的期限也应续延至服务期结束。

典型风险 3：劳动合同期满，未提前通知劳动者终止或续签

劳动立法并未明确要求用人单位须提前 30 日通知劳动者劳动合同期满终止或续签，但部分地方性规定要求用人单位在劳动合同期限届满前 30 日将终止或续订

的意思表示通知劳动者，否则有支付赔偿金的法律风险。当然，此处特指第一次劳动合同终止的情形。因为，《劳动合同法》规定，用人单位与劳动者连续签订两次固定期限劳动合同后，劳动合同期满，劳动者可以要求用人单位订立无固定期限劳动合同，用人单位无视劳动者的请求执意终止劳动合同的，系违法终止（上海地区除外）。《北京市劳动合同规定》第四十条规定："劳动合同期限届满前，用人单位应当提前30日将终止或者续订劳动合同意向以书面形式通知劳动者，经协商办理终止或者续订劳动合同手续。"第四十七条规定："用人单位违反本规定第四十条规定，终止劳动合同未提前30日通知劳动者的，以劳动者上月日平均工资为标准，每延迟1日支付劳动者1日工资的赔偿金。"

除北京外，如山东、黑龙江、吉林、辽宁、浙江、湖北、宁夏、新疆、广东、青海、西藏等地区虽要求提前30日通知，但并未要求支付赔偿金。我们以山东省、黑龙江省、吉林省为例。

山东省：《关于印发〈济南市劳动合同管理工作规程〉的通知》（济劳社字〔2003〕58号）第八条规定："……劳动合同期满，用人单位同意与劳动者续订劳动合同的，应在劳动合同期满前三十日内向劳动者送达《续订劳动合同通知书》。劳动者同意续订的，用人单位应在原劳动合同期满前十五日内办理续订手续，并在续订合同之日起三十日内到劳动保障部门鉴证；劳动者不同意续订的，用人单位应按规定办理终止劳动合同手续……"

黑龙江省：《黑龙江省劳动和社会保障厅关于妥善处理劳动关系若干问题的意见》（黑劳社发〔2004〕51号）第四条规定：关于劳动关系处理的有关程序问题："……（二）劳动合同期限届满前，用人单位应当提前30日以《续订劳动通知书》（附件1）的书面形式征求职工意见。7日内职工未做出答复的，按终止劳动合同办理；职工同意续订的，应自劳动合同期满之日起15日内办理续订手续……"

吉林省：《吉林省劳动合同条例》第二十八条规定："劳动合同期限届满前，用人单位应当提前三十日将终止或者续订劳动合同的意向以书面形式通知劳动者。有固定期限劳动合同期限届满后，因用人单位的原因未办理终止或者续订手续而形成事实劳动关系的，除劳动者本人不同意续订外，用人单位应当与劳动者续订劳动合同。"

一般情况下，用人单位在劳动合同期满后，未履行通知义务的，不会构成违法终止。《天津法院劳动争议案件审理指南》（津高法〔2017〕246号）第二十九条第一款规定："【终止劳动合同的通知问题】劳动合同到期终止，劳动者以用人单位未履行通知义务为由主张违法终止合同的，不予支持。"

典型风险4：劳动合同期满后，用人单位继续用工，未签劳动合同

劳动合同期满后，用人单位继续用工，未续签劳动合同的，形成了新的事实劳动关系。此时，用人单位若再以“劳动合同期满”为由终止劳动合同，不具有法律依据，有较大的法律风险。另外，《劳动合同法》第八十二条第一款规定：“用人单位自用工之日起超过一个月不满一年未与劳动者订立书面劳动合同的，应当向劳动者每月支付二倍的工资。”因此，该种情形下还会产生支付未签订书面劳动合同二倍工资的法律风险，即从未签劳动合同的满一个月的次日向劳动者支付二倍工资（北京地区认为不需要再给予一个月的宽限期，用人单位应从原劳动合同期满的次日开始，承担未订立书面劳动合同的法律后果）。

司法实践中，有观点认为，《最高人民法院关于审理劳动争议案件适用法律问题的解释（一）》（法释〔2020〕26号）第三十四条第一款规定：“劳动合同期满后，劳动者仍在原用人单位工作，原用人单位未表示异议的，视为双方同意以原条件继续履行劳动合同……”在类似情况下，可以视为已经续订了书面劳动合同，不需要支付二倍工资。事实上，这种观点是错误的。“视为双方同意以原条件继续履行劳动合同”，是解决劳动合同期满后双方事实劳动关系权利义务如何确定的问题，即视为双方具有接受原条件的合意，如工作时间、工作地点、工作岗位、工作报酬等，而该合意并不能等于双方续签了新的书面劳动合同。因此，该种情形下，视为双方同意以原条件继续履行劳动合同的，不能免除用人单位与劳动者签订书面劳动合同的法定责任。

典型风险5：劳动者达到退休年龄未享受基本养老保险待遇，终止劳动合同

《劳动合同法》第四十四条第（二）项规定，劳动者开始依法享受基本养老保险待遇的，劳动合同终止。一般情况下，劳动者开始享受基本养老保险待遇的，一定会达到法定退休年龄，因为达到法定退休年龄通常是办理退休手续的前提条件之一，因此，这种情况下终止劳动合同，没有法律风险。但是，在现实中，存在大量达到法定退休年龄却未享受基本养老保险待遇的劳动者，用人单位是否能够仅以劳动者“达到法定退休年龄”为由，终止劳动合同呢？

关于这一问题，司法实践中一般有两种观点：一种观点认为，《劳动合同法实施条例》第二十一条规定：“劳动者达到法定退休年龄的，劳动合同终止。”该条规定属于《劳动合同法》第四十四条第（六）项“法律、行政法规规定的其他情形”，且该条只设置了年龄条件，并没有设置“享受基本养老保险待遇”的条件，

因此，“达到法定退休年龄”和“享受基本养老保险待遇”属于并列的法律关系，相互之间并不冲突，两者之间不能替代，用人单位依据任何一种规定，均可实现终止劳动合同的目的。另一种观点认为，劳动者达到法定退休年龄，并不必然导致劳动合同的终止。因为《劳动合同法实施条例》是《劳动合同法》的下位法，下位法和上位法相冲突时，应优先适用上位法的规定。基于这两种观点，最高人民法院倾向于认可第二种观点。最高人民法院民事审判第一庭在编著的《最高人民法院新劳动争议司法解释（一）理解与适用》一书中认为：“《劳动合同法实施条例》第二十一条虽然赋予了用人单位在劳动者达到法定退休年龄时对劳动合同的终止权，但人民法院在认定达到法定退休年龄的人员与用人单位用工关系时，不应仅对劳动者年龄标准作形式审查，而应当对该条规定作实质审查，具体需要审查劳动者不能享受基本养老保险待遇的原因是否与用人单位有关。如非因用人单位原因不能享受基本养老保险待遇的，用人单位依据《劳动合同法实施条例》第二十一条享有的劳动关系终止权不受影响，人民法院可以认定双方劳动关系因劳动者达到法定退休年龄自然终止。如因用人单位原因不能享受基本养老保险待遇的，人民法院应认定用人单位因自身丧失了《劳动合同法实施条例》第二十一条赋予的劳动关系终止权，《劳动合同法实施条例》第二十一条不适用于该劳动者，在该劳动者达到法定退休年龄时，双方劳动关系既无法自然终止，亦禁止用人单位主动终止。”

因此，实务中，劳动者达到法定退休年龄，却未享受基本养老保险待遇的，用人单位并不能盲目地选择终止劳动合同，应主动区分劳动者不能享受养老保险待遇是否“归咎于用人单位”。“归咎于用人单位”的情形包括：用人单位未依法为劳动者办理缴纳社会保险手续（包括劳动者拒绝办理缴纳社会保险手续）、由于用人单位原因导致档案丢失、不为劳动者办理退休手续等。

第二节　法务 HR 合规管理

一、劳动合同法定终止情形中终止的准确时间

1. 劳动合同期满终止时间。第一次固定期限劳动合同，以期满的时间为劳动合同终止的准确时间。以完成一定任务为期限的劳动合同，“工作任务完成”等同于“劳动合同期满”，即以工作任务完成日为劳动合同终止的准确时间。另外，根据《最高人民法院关于审理劳动争议案件适用法律问题的解释（二）（征求意见稿）》第十七条第（一）项“用人单位与劳动者协商延长劳动合同期限累计达到一年以

上，延长期限届满的，可以认定双方连续订立了二次固定期限劳动合同”的规定，当用人单位与劳动者协商延长劳动合同期限累计不满 1 年且延长期限届满时，延长期限的截止时间即为劳动合同期满时间，此种情形下，延长时间的截止时间为劳动合同终止的准确时间。

2. 劳动者开始依法享受基本养老保险待遇的。一般以劳动者开始享受基本养老保险待遇或领取退休金的时间为劳动合同终止的准确时间。注意，部分地区以劳动者达到法定退休年龄之日作为劳动合同终止的准确时间。

3. 劳动者死亡，或者被人民法院宣告死亡或者宣告失踪的。劳动者死亡的，死亡证明载明的死亡日期为劳动合同的终止日；宣告死亡或失踪的，被人民法院宣告死亡日或失踪日，为劳动合同的终止日。另外，被人民法院宣告失踪的，即使劳动者日后重新出现，也不能改变劳动合同终止的法律后果。

4. 用人单位被依法宣告破产的。劳动合同的终止时间以人民法院宣告用人单位破产的时间为准。

5. 用人单位被吊销营业执照、责令关闭、撤销或者用人单位决定提前解散的。用人单位被吊销营业执照、责令关闭、撤销的，以行政主管部门作出具体的行政处罚行为的时间点作为劳动合同终止的准确时间。用人单位决定提前解散的，以用人单位作出解散决定的时间作为劳动合同终止的准确时间。

二、劳动合同法定续延情形中终止的准确时间

《劳动合同法》第四十五条针对“劳动合同期满”的情形，规定了劳动合同续延终止制度，“劳动合同期满”是适用续延条款的前提。用人单位应准确掌握法定续延情形中的劳动合同终止的准确时间。

（1）劳动合同期满时，从事接触职业病危害作业的劳动者完成离岗前职业病健康检查，作出健康检查未见异常结论时，劳动合同终止。健康检查结论异常，转入工伤处理流程。

（2）劳动合同期满时，疑似职业病病人在诊断或观察期间排除职业病的，在完成诊断或医学观察时，劳动合同终止。

（3）劳动合同期满时，劳动者患病或非因工负伤，在规定的医疗期满时，劳动合同终止。

（4）劳动合同期满时，女职工在孕期、产期、哺乳期的，在哺乳期结束之日（从女职工分娩当日至婴儿 1 周岁）劳动合同终止；女职工流产的，流产假结束之日，劳动合同终止。

（5）劳动合同期满时，劳动者在本单位连续工作满 15 年，且距法定退休年龄

不足5年的，劳动者达到法定退休年龄之日，劳动合同终止。

（6）劳动合同期满时，劳动者在本单位患职业病或者因工负伤并被确认丧失或者部分丧失劳动能力的，按照国家有关工伤保险的规定执行：劳动者被鉴定为一级至四级伤残的，劳动者达到法定退休年龄时，劳动合同终止；劳动者被鉴定为五级、六级伤残的，劳动者可以主动提出终止劳动关系；劳动者被鉴定为七至十级伤残的，劳动合同期满可以终止。

三、劳动合同期满终止的合规管理

劳动合同期满终止是用人单位常见的终止情形，用人单位可从以下几个方面进行合规管理。

（1）建立劳动合同管理台账。劳动合同期限管理是人力资源管理中容易被疏忽的环节之一，用人单位的管理人员不可能仅凭脑力就能记住每一份劳动合同到期的准确时间。为了防止劳动合同逾期未能及时终止或续签，用人单位应利用表格管理，将众多劳动合同的不同到期时间进行系统登记，设置到期前30日提醒，以便有效地监督劳动合同到期情况。

（2）完善规章制度的相关条款。一般情况下，仅在第一次固定期限劳动合同到期后，用人单位拥有终止劳动合同的权利（另外，在用人单位与劳动者协商延长劳动合同期限累计未达到1年且延长期限届满时，用人单位也有终止劳动合同的权利），除此之外，固定期限劳动合同期满时，用人单位或许只有签订无固定期限劳动合同的选择。因此，用人单位应将是否“续签”的选择权主动让渡给劳动者，劳动者未提出续签或未按规定提出续签，可视为劳动者拒绝续签劳动合同，用人单位可依照约定行使劳动合同的终止权。规章制度示范条款：“劳动合同到期终止的，公司不需要提前通知。员工在劳动合同期满一个月前（提前30日），可以向公司提出书面续签申请，未提出续签申请或未按规定提出续签申请的，视为员工拒绝续签劳动合同，公司可依法行使劳动合同终止权。”

（3）劳动合同期满，用人单位不续签。劳动合同期满并不意味着劳动关系自动终止，虽然劳动立法并未明确规定用人单位在劳动合同到期前有提前通知的义务，但从合规管理的角度出发，用人单位应提前30日以上通知终止，最迟也应在劳动合同期满前通知终止。需要注意的是，为避免支付赔偿金（每延迟1日支付1日的赔偿金），北京地区应提前30日通知。通知终止的形式应以《劳动合同终止通知书》为准，不宜使用《劳动合同不续签通知书》。此外，劳动合同期满，用人单位不续签的还应主动审查两个方面：其一，注意审查劳动合同是否属于《劳动合同法》第四十五条规定的法定续延的情形（包括是否属于工会主席、副主席、工会委员、集体协商代表身份以及签订培训服务期协议的情形）；其二，注意审查劳动者是否符合签订无固定期限劳动合同的条件，是否已经明确提出订立无固定期限劳动合同的请求。劳动者符合法定续延条件的，用人单位亦可通知终止，但无须明确终止时间，续延期间无须签订新的劳动合同，并豁免支付未签书面劳动合同的二倍工资；劳动者符合订立无固定期限劳动合同条件的，在劳动者明确提出订立无固定期限劳动合同请求时，用人单位应当与之签订无固定期限劳动合同；当劳动者仅是符合订立无固定期限劳动合同的条件，但未表达订立无固定期限劳动合同的意向时，即使劳动者同意不再续签，用人单位也应主动协商终止劳动合同，不宜发送终止通知。

（4）劳动合同期满，用人单位续签。无论用人单位是否有续签劳动合同的意向，基于合规管理，用人单位都应准确固定劳动者是否同意续签的意向。《劳动合同法》第四十六条第（五）项规定“除用人单位维持或者提高劳动合同约定条件续订劳动合同，劳动者不同意续订的情形外，依照本法第四十四条第一项规定终止固定期限劳动合同的”，用人单位应当向劳动者支付经济补偿。因此，用人单位有对“维持或提高劳动合同约定的条件”和“劳动者不同意续订”的举证责任。在用人单位基于劳动者不同意续签的决定终止劳动合同后，劳动者一旦反悔，用人单位无证据证明“劳动者不同意续订”，则将陷入较为被动的境地。用人单位决定续签劳动合同的，应在劳动合同期满前30日，向劳动者有效送达《续签劳动合同征询意见函》或《续签劳动合同通知书》，或将填写完整的劳动合同文本送达劳动者。上述文书内容应体现两个重点：其一，明确表达用人单位是在维持或者提高劳动合同约定条件下发出的续签邀请；其二，设置明确的回复时间和签约时间，明确逾期未回复或虽回复但未准时签约视为不同意续签。劳动者不同意续签的，用人单位在固定相关证据的基础上，在劳动合同期满前发送《劳动合同终止通知书》。

四、劳动者达到法定退休年龄劳动合同终止的合规管理

劳动者到龄终止存在两个主要问题：其一，劳动者达到法定退休年龄但不符合享受基本养老保险待遇的，用人单位终止的问题；其二，因无法鉴别女干部身份，用人单位难以准确识别女职工的退休年龄。

（1）虽然劳动者达到法定退休年龄且不符合享受基本养老保险待遇时，用人单位终止劳动合同并不违反法律规定，也不需要支付经济补偿。但用人单位应在发送书面终止通知之前，主动审查劳动者不能领取养老金是否系用人单位的过错。经审查，不是由于用人单位原因导致劳动者不能享受基本养老保险待遇的（如劳动者原因累计缴纳社会保险费不足《国务院关于渐进式延迟法定退休年龄的办法》中的法

定年限)，用人单位可以发送终止通知，终止劳动关系；但由于用人单位原因导致劳动者不能享受基本养老保险待遇的（如用人单位未依法为劳动者缴纳社会保险费)，用人单位便不能随意终止劳动关系。另外，劳动者达到法定退休年龄但不符合享受基本养老保险待遇，用人单位继续用工的，劳资双方属于何种用工关系，司法实践中主要分为3种观点：第一种观点认为形成劳动关系。第二种观点认为形成劳务关系。第三种观点认为应视用人单位是否行使终止权而确定：用人单位行使劳动合同终止权而继续用工的，劳资双方可以建立劳务关系，用人单位未行使劳动合同终止权而继续用工的，视为劳动关系的延续，属于特殊劳动关系。司法实践中，第三种观点占据相当大的比例，因此，劳动者达到法定退休年龄时，从合规管理的角度出发，用人单位都需要对过往劳动关系作一次完结，不能简单地认为“劳动合同到期必然自动终止”。

（2）女职工退休年龄，根据《国务院关于渐进式延迟法定退休年龄的办法》的规定，是在原规定女工人年满50周岁，女干部年满55周岁的基础上渐进延迟。区分工人和干部的身份是计划经济时代的体制要求，市场经济时代应以岗位性质决定退休年龄。国家经济贸易委员会①、人事部②、劳动和社会保障部《关于深化国有企业内部人事、劳动、分配制度改革的意见》（国经贸企改〔2001〕230号）中规定：“……取消企业行政级别。企业不再套用政府机关的行政级别，不再比照国家机关公务员确定管理人员的行政级别。打破‘干部’和‘工人’的界限，变身份管理为岗位管理。在管理岗位工作的即为管理人员。岗位发生变动后，其收入和其他待遇要按照新的岗位相应调整。”因此，判断用人单位中的女职工的退休年龄，应以其从事的“岗位”确定。管理实践中，确定是管理岗位或专业技术岗位的女职工，自2025年1月1日起，应在达到延迟后的法定退休年龄时退休；确定是生产岗位或基础服务岗位的女职工，也应在达到延迟后的法定退休年龄时退休。当然这里并未考虑女职工达到法定退休年龄，所在单位与该职工协商一致后选择弹性延迟退休的情况（协商一致的最长不超过3年)。从合规管理的角度出发，建议用人单位从以下3个方面进行操作：第一，在签订劳动合同或制定规章制度时，主动划分出管理岗位和非管理岗位的具体范围，制定退休管理办法和岗位变动确认办法；第二，主动向当地劳动行政部门了解退休政策，确认当地执行的政策；第三，把即将达到延迟法定退休年龄女职工的退休材料递交当地社会保险经办部门审核，审核通过后再行使劳动合同终止权。

---

① 现为国家发展和改革委员会，后文不再赘述。

② 现为人力资源和社会保障部，后文不再赘述。

第三节　合规工具应用

合规工具40：《劳动合同到期提醒通知书》

劳动合同到期提醒通知书

员工姓名：______________（身份证号码：________________________）

公司与您在____年____月____日签订的劳动合同，将于____年____月____日到期，现提前30日通知您。

自本通知送达您处____日内，您未明确书面答复的，公司将视为您不同意续签。

公司（公章）：　　　　　　　　　　　　　　　日期：　　年　　月　　日

------------------------------ 裁剪线 ------------------------------

劳动合同到期提醒通知书
书面回执

本人决定，在劳动合同到期后，选择____种方式：

A：不再与公司续签劳动合同（个人原因）

B：与公司按原劳动合同条件续签劳动合同

C：与公司重新签订劳动合同

员工（签字）：　　　　　　　　　　　　　　　日期：　　年　　月　　日

合规工具41：《终止劳动合同通知书》

终止劳动合同通知书

员工姓名：______________（身份证号码：________________________）

公司与您在____年____月____日签订的劳动合同，将于____年____月____日到期，按照《劳动合同法》第四十四条第____项的规定，公司决定不再与您续签劳动合同，现提前30日通知您。

（本通知书一式两份，公司和员工各留存一份）

公司（公章）： 员工（签字）：
日期： 年 月 日 日期： 年 月 日

合规工具42：《劳动合同续延通知书》

劳动合同续延通知书

员工姓名：______________（身份证号码：________________________）

公司与您在____年____月____日签订的劳动合同，将于____年____月____日到期。现劳动合同期限将届满，但因您正处于：________________________________

故，本公司按照相关法律法规的规定通知如下：

您的劳动合同期限将自动续延至您______________________________________之日。届时，若双方没有续签劳动合同的，双方的劳动关系即依法到期终止；若双方同意续签劳动合同的，则另行协商。如您不同意续延，则在此处明示：____________________________。

（本通知书一式两份，公司和员工各留存一份）

公司（公章）： 员工（签字）：
日期： 年 月 日 日期： 年 月 日

>>> 第九章 <<<

规章制度的合规管理

规章制度被称为用人单位的“内部小宪法”，是用人单位充分行使经营自主权和用工管理权的法律和制度保障。规章制度与劳动合同一样，其存在的目的有两个：其一，管理目的；其二，法律目的。规章制度的管理目的在于实现用人单位内部秩序的“熵减”，从而助力效益提高；规章制度的法律目的主要在于实现用人单位内部混乱程度的“熵灭”，从而成就劳动合同的合法解除。本章将重点探讨规章制度的适用、制定和生效等环节的典型法律风险及实务合规管理。

第一节　规章制度的典型法律风险

典型风险 1：用人单位无规章制度或规章制度无效

《劳动法》第四条和《劳动合同法》第四条第一款均规定，用人单位应当依法建立和完善规章制度，保障劳动者享有劳动权利和履行劳动义务。法律使用“应当”的表述即是“必须”之意，因此用人单位建立和完善规章制度，既是法定权利，也是法定义务。事实上，规章制度是用人单位的内部治理规范，是法律赋予用人单位改进和提升工作效率，行使经营自主权的一项重要管理工具，也是防范和处理劳动纠纷，行使用工自主权的一种重要法律手段。管理实践中，大量的中小微企业没有制定专门的规章制度，日常的管理仅靠约定俗成的惯例、不成文的共识、家规或者行规。从法律角度讲，用人单位无规章制度已违法在先，一旦发生劳动争议案件将极难获得裁判机关的支持。

用人单位无规章制度的直接法律损失有 3 个：第一，用人单位无法以劳动者“严重违反用人单位的规章制度”为由解除劳动合同；第二，无法与劳动者确定除劳动合同约定之外的权利和义务；第三，丧失劳动争议仲裁或诉讼阶段的证据（依据）来源。

当然，用人单位的规章制度种类繁多，不是所有的规章制度都与劳动用工相关，也不是所有与劳动用工相关的规章制度都要“依法”建立。《劳动合同法》第四条第二款规定：“用人单位在制定、修改或者决定有关劳动报酬、工作时间、休息休假、劳动安全卫生、保险福利、职工培训、劳动纪律以及劳动定额管理等直接涉及劳动者切身利益的规章制度或者重大事项时，应当经职工代表大会或者全体职工讨论，提出方案和意见，与工会或者职工代表平等协商确定。”因此，从狭义角度理解，上述规定中列举的“8+1”事项才是用人单位要“依法”建立和完善的劳动用工规章制度。“8”指劳动报酬、工作时间、休息休假、劳动安全卫生、保险福利、职工培训、劳动纪律和劳动定额；“1”指重大事项，如裁员安置方案、持股分红方案、客观情况发生重大变化等。从广义角度理解，除上述列举的“8+1”事项之外的，凡涉及劳动者切身利益的规章制度，如招聘与入职管理制度、考勤管理制度、绩效考核制度、福利待遇制度、晋升管理制度、员工培训制度、保密制度等，也是用人单位要“依法”建立和完善的劳动用工规章制度。所以，用人单位应以“8+1”事项为制定规章制度内容的基础，结合自身的经营管理特点，补充和完善规章制度的种类和具体内容。

另外，无效的规章制度不能作为劳动争议案件的处理依据。《最高人民法院关于审理劳动争议案件适用法律问题的解释（一）》（法释〔2020〕26号）第五十条第一款规定：“用人单位根据劳动合同法第四条规定，通过民主程序制定的规章制度，不违反国家法律、行政法规及政策规定，并已向劳动者公示的，可以作为确定双方权利义务的依据。”因此，用人单位的规章制度是否有效，应当具备上述规定中的三个基本条件：第一，规章制度依法履行民主程序；第二，规章制度的内容合法、合理；第三，规章制度已向劳动者公示。不符合上述三个条件的规章制度，一般视为无效。

典型风险2：制定规章制度的主体不适格

根据法律规定，与制定规章制度相关的主体有4个：其一，用人单位；其二，职工代表大会或职工大会；其三，工会；其四，劳动者。《劳动法》和《劳动合同法》均规定“用人单位”应当依法建立和完善劳动规章制度。因此，“用人单位”才是制定规章制度的唯一适格的主体，用人单位内部的其他管理机构或个人，如人力资源部、法务部、行政部、董事会、股东会、法定代表人、总经理均不具有制定规章制度的主体资格。管理实践中，即便是由用人单位某个具体的部门负责规章制度的起草、修改工作，最终也要以用人单位的名义制定和发布。另外，用人单位主体发生变更后，相应的规章制度的名称应及时更新。

典型风险3：用人单位的规章制度内容违法或不合理

规章制度内容的合法性是规章制度生效的总前提，也是制定规章制度的基本要求。用人单位制定的规章制度内容不得违反法律、行政法规的强制性规定，否则，该内容无效，不能作为管理劳动者和处理劳动争议案件的依据。另外，法律虽然没有明确规定如何判断规章制度的合理性，但一旦被裁判机关自由裁量为“不合理”，同样不能达到预期的管理目的和法律目的。

用人单位“依法”建立和完善规章制度，是规章制度内容“合法”的重要保证。用人单位“依法”建立和完善规章制度，应遵循统筹国家和地方两个维度的法律、法规和规章的原则。《劳动部关于〈中华人民共和国劳动法〉若干条文的说明》（劳办发〔1994〕289号）第四条第二款规定：“本条中的‘依法’应当作广义理解，指所有的法律、法规和规章。包括：宪法、法律、行政法规、地方法规、民族自治地方，还要依据该地方的自治条例和单行条例，以及关于劳动方面的行政规章。”因此，一方面，用人单位的规章制度内容不能与国家层面如《劳动法》《劳动合同法》《劳动合同法实施条例》《工会法》《就业促进法》《安全生产法》《职业病防治法》《社会保险法》《工伤保险条例》《工资支付暂行规定》《民法典》《妇女权益保障法》等主要法律法规相抵触；另一方面，用人单位还要主动审查其规章制度的内容是否符合地方性法规。如关于医疗期的计算，上海地区计算规则适用地方规定；如关于女职工产假天数，不同地区产假天数不同；如关于加班费基数的约定，每个地方对是否能约定，约定的标准又有所不同；如关于脱密期规定，有些地方并不支持约定脱密期；如关于终止劳动合同是否需要提前通知，北京地区规定用人单位需提前30日通知终止，否则支付赔偿金等。

劳动法明确规定了用人单位规章制度内容违法的法律后果：

法律后果一：劳动者可以解除劳动合同，主张经济补偿。《劳动合同法》第三十八条第一款第（四）项规定，用人单位的规章制度违反法律、法规的规定，损害劳动者权益的，劳动者可以解除劳动合同。《劳动合同法》第四十六条第（一）项规定，劳动者依照《劳动合同法》第三十八条规定解除劳动合同的，用人单位应当向劳动者支付经济补偿。

法律后果二：负行政责任和损害赔偿责任。《劳动合同法》第八十条规定，用人单位直接涉及劳动者切身利益的规章制度违反法律、法规规定的，由劳动行政部门责令改正，给予警告；给劳动者造成损害的，应当承担赔偿责任。

用人单位规章制度内容违法或不合理的主要情形如下。

（1）免除自己的法定责任、排除劳动者权利类

主要情形有：试用期间无工资；试用期间不缴纳社会保险；试用期后签订劳动合同；劳动合同文本不给劳动者；劳动者请病假时优先使用带薪年休假；年休假过期作废；用人单位实行薪酬保密制度，打听其他同事薪酬，视为严重违反规章制度；女职工在职期间不得生育、在职期间禁止谈恋爱，违者予以辞退；无论何种原因解除劳动合同，单位均不给予经济补偿；劳动者在休息时间随时听候单位的工作指令；用人单位有权随时调整劳动者的工作地点、工作岗位，劳动者应无条件服从等。

（2）违反法律、行政法规强制性规定类

主要情形有：劳动者入职须缴纳押金；劳动者入职须提供担保；用人单位可随意延长试用期；录用条件涉嫌就业歧视；劳动关系双方约定法定情形之外的解除或终止劳动合同条件；劳动者须对生产经营过程中造成的损失全额赔偿；劳动者旷工1日，扣发3日工资；用人单位每月扣发劳动者月工资的5%作为年终奖或风险金；劳动者离职的，工资和经济补偿在下一个工资支付日结清；劳动报酬低于最低工资标准；劳动报酬可以延期发放；劳动者应服从单位安排的加班；法定休假日和工作日加班的，可以用补休冲抵；调休不申请的视为作废；未经批准自行规定不定时或综合工时；未完成本职工作或项目的，辞职不予批准；离职员工竞业限制的时间超过2年；劳动者离职不进行工作交接的，扣发当月工资，不开离职证明；劳动者违反操作规程发生工伤概不负责等。

（3）超越权限或不合理设定规则类

主要情形有：劳动者不得有外债；下级犯错，上级同责；劳动者违反规章制度，用人单位有权对其罚款；劳动者未提前30日通知离职，赔偿用人单位1个月工资；劳动者离职需提前60日通知用人单位；上下班须安保部门检查箱包和搜身；劳动者迟到一次，视为严重违纪；劳动者随地吐痰一次，视为严重违纪；不服从用人单位安排，无论次数，均属于严重违反规章制度；每天上厕所的次数仅限5次，每次不能超过5分钟；午餐必须在15分钟时间内用完；劳动者在本单位工作满1年可享受带薪年休假；劳动者请病假未及时履行请假手续的，视为旷工等。

典型风险4：用人单位的规章制度未依法经过民主程序或民主程序存在瑕疵

裁判机关对规章制度是否能作为劳动争议案件的处理依据，一般会围绕4个方面进行审查：第一，规章制度的制定和实施的主体是否适格；第二，规章制度的制定程序（民主程序）是否符合法律规定；第三，规章制度的内容是否合法，是否有

明显的不合理性；第四，规章制度是否向劳动者公示或告知（公示程序）。《劳动合同法》明确了规章制度须满足“程序合法”的条件，其体现的是倾向保护劳动者的立法重心。事实上，民主程序是劳动者获得参与权的重要保障，公示程序是劳动者获得知情权的重要保障，两者共同构成规章制度生效的基本要件。用人单位制定的规章制度的程序违法，其法律后果是不能适用整部规章制度；用人单位制定的规章制度的内容违法，其法律后果是不能适用违法部分的规章制度内容。两相对比，规章制度的“程序合法”更显重要。

《劳动合同法》第四条第二款规定：“用人单位在制定、修改或者决定有关劳动报酬、工作时间、休息休假、劳动安全卫生、保险福利、职工培训、劳动纪律以及劳动定额管理等直接涉及劳动者切身利益的规章制度或者重大事项时，应当经职工代表大会或者全体职工讨论，提出方案和意见，与工会或者职工代表平等协商确定。”该规定明确了用人单位履行民主程序的具体要求和操作步骤。

第一步：履行讨论程序。与职工代表大会或全体职工讨论规章制度草案内容。

第二步：履行协商确定程序。与工会或职工代表协商确定规章制度草案内容。

严格来讲，用人单位的规章制度不履行民主程序，不发生法律效力。如《厦门市中级人民法院、厦门市劳动人事争议仲裁委员会关于审理劳动争议案件若干疑难问题的解答》（厦中法〔2017〕96 号）第一个问题：“用人单位制定的规章制度未经民主程序如何认定其效力？《劳动合同法》第四条第二款规定，用人单位制定、修改或决定直接涉及劳动者切身利益的规章制度或者重大事项时，应当经职工代表大会或者全体职工讨论，提出方案和意见，与工会或者职工代表平等协商确定。因此，劳动者提出用人单位规章制度未经过民主程序而用人单位无法证明的，该规章制度对劳动者不具有约束力。”

虽然在具体的司法实践中，未经过民主程序制定的规章制度，在特殊情况下，也可能作为人民法院审理劳动争议案件的依据［具体分析见第七章第二节一、（二）严重违反用人单位的规章制度部分内容］，但是，结合近年裁判案例分析，北京、河北、湖南、安徽等地的人民法院逐渐有严格审查的趋势，他们认为，用人单位的规章制度未经过民主程序，即使已向劳动者公示，内容合理合法，也不能作为裁判依据。用人单位要清醒地认识到，不同地方、不同法院、同一地方不同法院、同一法院不同法官对规章制度民主程序的审查力度不尽相同，有的不予审查，有的严格审查，有的宽松审查，有的劳动者不提异议即不主动审查。实务中，裁判过程中劳动者未就规章制度提出制定或修改程序违反法律规定的，一般情况下裁判机关不会主动审查；但是，当劳动者对规章制度的制定或修改是否经过民主程序提出异议时，裁判机关大概率要启动审查程序，用人单位无法提供履行民主程序的过程性证据和结果性证据，将承担不利的法律后果。另外，法律并未对讨论程序和协商程序的具体履行方式作出具体要求，也并未明文规定履行民主程序存在瑕疵会导致规章制度无效（民主程序瑕疵不等同于未履行民主程序）。因此，从合规管理的角度出发，一方面，用人单位在制定和修订规章制度时应避免侥幸心理，主动履行民主程序。履行民主程序的方式可以是多样化的，如采用线下会议形式、线上会议形式、内部办公系统征求意见形式、电子邮件形式等。另一方面，要固定民主程序的过程性证据和结果性证据，如会议通知、会议签到表、征求意见汇总表、讨论和协商过程的电子数据、讨论会议纪要、协商确定会议纪要等。

另外，《劳动合同法》第四条第三款规定："在规章制度和重大事项决定实施过程中，工会或者职工认为不适当的，有权向用人单位提出，通过协商予以修改完善。"当工会、职工或职工代表提出不同意见，用人单位未完全遵从其意见导致双方不能协商一致时，用人单位是否拥有规章制度的决定权呢？这是适用"共议共决"还是适用"共议单决"的问题，司法实践中"共议单决"是主流观点。例如，《深圳市中级人民法院关于审理劳动争议案件的裁判指引》（深中法发〔2015〕13号）第七十三条规定："《劳动合同法》第四条第二款规定的'平等协商确定'主要是指程序上的要求，如果平等协商无法达成一致，最后决定权在用人单位。如该规章制度违反法律法规的规定，给劳动者造成损害的，劳动者可依据《劳动合同法》第八十条寻求救济。"法律虽然规定了职工代表大会或全体职工大会有提出意见和方案的权利，工会或职工有提出修改完善的权利，但未明确赋予其决定权，也未规定协商不一致时规章制度无效。所以，用人单位只需认真履行完法定的民主程序，并不一定要全部按照劳动者或工会的意愿制定或修改规章制度内容。

典型风险5：用人单位的规章制度未依法进行公示或告知

用人单位未将规章制度进行公示或告知，即劳动者未确认知悉规章制度内容，该制度对劳动者不产生约束力。用人单位使用该规章制度解除与劳动者的劳动合同，系违法解除。管理实践中，用人单位要谨记，未经过民主程序制定的规章制度"一般不能"作为人民法院审理劳动争议案件的依据，特殊情形除外；未经过公示或告知程序的规章制度"一定不能"作为人民法院审理劳动争议案件的依据，且绝无例外。

劳动法明确将"公示"作为规章制度生效的必备要件。《劳动合同法》第四条第四款规定："用人单位应当将直接涉及劳动者切身利益的规章制度和重大事项决定公示，或者告知劳动者。"《最高人民法院关于审理劳动争议案件适用法律问题的解释（一）》（法释〔2020〕26号）第五十条第一款规定："用人单位根据劳动合同法第四条规定，通过民主程序制定的规章制度，不违反国家法律、行政法规及政策规定，并已向劳动者公示的，可以作为确定双方权利义务的依据。”

与民主程序中讨论程序和协商确定程序一样，劳动法并未明确规定用人单位公示或告知的方法、形式、时限和细节要求。管理实践中，规章制度的公示或告知一般采用下列5种方法：第一种：签收确认法；第二种：培训考试法；第三种：电子送达法；第四种：公告公示法；第五种：劳动合同附件法［具体分析见第七章第二节一、（二）严重违反用人单位的规章制度部分内容］。虽然劳动法规定公示或告知两种程序任选其一即可实现法律目的，但从合规管理的角度出发，用人单位应选择多种方式同时进行。与此同时，用人单位也可在劳动合同或法律文书送达地址确认函中明确规章制度的公示路径，使主动获悉规章制度的内容成为劳动者应履行的约定性义务。

另外，用人单位曾经制定的规章制度并不当然自动适用于新入职的劳动者。虽然新入职的劳动者未能参与民主程序中的讨论环节和提供意见环节，但是经用人单位公示或告知后，劳动者即要履行遵守之义务。

典型风险6：用人单位的规章制度存在缺陷或不具有执行性

规章制度的制定考验用人单位的法律理解能力、文字组织能力、沟通协调能力和转化执行能力，不谓之难，亦不能谓之易。管理实践中，用人单位要么照搬照抄其他单位的制度内容，要么向专业人士索要模板进行删减或补充，经常陷入虽有规章制度，却因存在缺陷不能有效使用的被动局面。用人单位在制定规章制度时容易出现下类问题。

（1）规章制度条款界定不清，表述太原则。例如，《劳动合同法》第三十九条第（三）项规定，劳动者严重失职，营私舞弊，给用人单位造成重大损害的，用人单位可以解除劳动合同。但是，法律并未明确“重大损害”的标准。很多用人单位的规章制度中只写有“劳动者给单位造成重大损害的，单位有权解除其劳动合同”，并未对岗位职责标准和重大损害标准作出明确的界定。又如，“经劝导，屡教不改的，视为严重违纪”，何为屡教不改？如何证明进行了劝导程序？“经常迟到早退，视为严重违纪”，何为经常？“无故迟到”，何为无故，所有迟到均有原因。“故意损害公司财物”，何为故意，劳动者一定主张自己是无心之失等。

（2）规章制度中只有责任条款，没有后果条款或存在多个后果条款。规章制度相关条款的制定一般遵循“行为责任＋法律后果”的撰写模式，当只有“行为责任”时，劳动者只能知道如何干或禁止干的事项，并不知道违反的后果，违反时用人单位也不能以违反规章制度为由要求其承担相应的后果。另外，一个行为责任配备多个法律后果容易造成执行难，且容易引发劳动者对处罚结果的不满。如“员工违反公司考勤管理制度，经常迟到、早退的，公司视情况给予警告、严重警告、严重违纪的处分”。

（3）规章制度内容自相矛盾或与劳动合同相冲突。管理实践中，用人单位也会出现如规章制度内部条款自相冲突、规章制度与劳动合同约定的条款相冲突、规章制度与人力资源工具表单相冲突、规章制度内容与发布通知内容相冲突的情况。《最高人民法院关于审理劳动争议案件适用法律问题的解释（一）》（法释〔2020〕26 号）第五十条第二款规定：“用人单位制定的内部规章制度与集体合同或者劳动合同约定的内容不一致，劳动者请求优先适用合同约定的，人民法院应予支持。”因此，当规章制度内容与劳动合同内容冲突时，规章制度部分条款存在不被采纳的可能。

典型风险 7：分支机构之间相互套用规章制度

管理实践中，规章制度通常在集团公司、总公司、分公司、子公司、关联企业之间共享，管理者以期实现以一份制度管理多个主体的目的，这无可厚非。多个主体之间所适用的规章制度内容相同，并不违反法律强制性规定，但能否适用，需要以履行民主、公示程序为基本前提。司法实践中，母公司的规章制度并不当然适用于子公司（母公司和子公司都是独立的法人主体）；总公司的规章制度一般可以适用于分公司（分公司取得营业执照或登记证书后即成为劳动法框架下的用人单位，鉴于劳动关系有相对性的法律特点，分公司应将总公司的规章制度以分公司的名义再次履行民主、公示程序，即完成转化程序；未依法取得营业执照或登记证书的分公司，因受总公司委托与劳动者签订劳动合同，则不需要再次履行民主、公示程序，可直接适用总公司的规章制度）；关联公司之间的规章制度归属于不同的用人单位，相互之间并不当然适用。一般情况下，分支机构适用集团公司或总公司的规章制度处罚劳动者时，裁判机关会主动审查分支机构是否已经履行“转化程序”，是否已经转化为本用人单位的规章制度。“转化程序”并非在母公司内履行民主程序后，再在子公司内履行公示程序，而是子公司应独立自主地完成民主程序和公示程序。当然在实务中，也有不同的裁判标准。例如，江苏省南通市中级人民法院在（2019）苏 06 民终 2986 号判决中认为：“劳动者严重违反用人单位的规章制度的，用人单位可以解除劳动合同。有独立法人资格的子公司执行母公司规章制度，母公司履行了《劳动合同法》第四条规定的民主程序且在子公司内向劳动者公示或告知的，母公司的规章制度可以作为处理子公司劳动争议的依据。”

第二节　法务 HR 合规管理

一、确认规章制度生效的基本流程

第一步：制定规章制度草案。

第二步：确定讨论程序形式。采用职工代表大会形式进行讨论的，依法选举职工代表；采用全体职工讨论的，通知全体职工参加讨论会议。

第三步：履行讨论程序，由职工代表或全体职工提出方案和意见。

第四步：履行协商确定程序，与工会或职工代表平等协商确定规章制度的内容。

第五步：履行向劳动者公示或告知程序。

第六步：修订规章制度的，修订内容重新走民主程序和公示程序。

二、准确掌握与民主程序相关的法律规定

用人单位依法履行民主程序，是合规管理的关键。民主程序一般可分为讨论和协商确定两个子程序。规章制度履行讨论程序时，讨论的对象有两个可供选择，一是职工代表；二是全体职工。用人单位人数较多时，选择“职工代表”作为讨论的对象尤为合适。但职工代表的产生并不依赖于用人单位的任命，而是要经过严格的选举程序。司法实践中，因“产生职工代表程序违法”导致规章制度无效的案例时有发生。所以，用人单位须掌握职工代表的选举产生办法和召开职工大会的相应程序。另外，在规章制度履行协商确定的程序时，协商的对象也有两个可供选择，一是工会；二是职工代表。两个程序相比，“职工代表”贯穿民主程序的全过程，因此更显重要。所以，用人单位除应重点掌握《劳动合同法》第四条的核心规定外，还要掌握由中共中央纪委、中共中央组织部、国务院国有资产监督管理委员会、监察部、[①] 中华全国总工会、中华全国工商业联合会联合发布的《企业民主管理规定》（总工发〔2012〕12 号）的内容。此外，全国各地也有类似的地方性企业民主条例，用人单位也应重点关注。

《企业民主管理规定》关于职工代表大会和职工代表的规定如下。

1. 第八条规定：“企业可以根据职工人数确定召开职工代表大会或者职工大会。

① 现为国家监察委员会，后文不再赘述。

企业召开职工代表大会的，职工代表人数按照不少于全体职工人数的百分之五确定，最少不少于三十人。职工代表人数超过一百人的，超出的代表人数可以由企业与工会协商确定。”

2. 第九条规定：“职工代表大会的代表由工人、技术人员、管理人员、企业领导人员和其他方面的职工组成。其中，企业中层以上管理人员和领导人员一般不得超过职工代表总人数的百分之二十。有女职工和劳务派遣职工的企业，职工代表中应当有适当比例的女职工和劳务派遣职工代表。”

3. 第十条规定：“职工代表大会每届任期为三年至五年。具体任期由职工代表大会根据本单位的实际情况确定。”

4. 第十七条规定：“职工代表大会每年至少召开一次。职工代表大会全体会议必须有三分之二以上的职工代表出席。”

5. 第十八条规定：“职工代表大会议题和议案应当由企业工会听取职工意见后与企业协商确定，并在会议召开七日前以书面形式送达职工代表。”

6. 第二十条规定：“职工代表大会选举和表决相关事项，必须按照少数服从多数的原则，经全体职工代表的过半数通过。对重要事项的表决，应当采用无记名投票的方式分项表决。”

7. 第二十一条第二款规定：“企业应当提请职工代表大会审议、通过、决定的事项，未按照法定程序审议、通过或决定的无效。”

8. 第二十三条规定：“与企业签订劳动合同建立劳动关系以及与企业存在事实劳动关系的职工，有选举和被选举为职工代表大会代表的权利。依法终止或者解除劳动关系的职工代表，其代表资格自行终止。”

9. 第二十四条规定：“职工代表应当以班组、工段、车间、科室等为基本选举单位由职工直接选举产生。规模较大、管理层次较多的企业的职工代表，可以由下一级职工代表大会代表选举产生。”

10. 第二十五条规定：“选举、罢免职工代表，应当召开选举单位全体职工会议，会议应有三分之二以上职工参加。选举、罢免职工代表的决定，应经全体职工的过半数通过方为有效。”

三、规章制度制定与发布全流程的合规管理

1. 制定规章制度草案。制定规章制度的草案涉及制定主体和制定内容两个方面。用人单位可在内部指定起草的主体部门或个人，如单位的人力资源管理部门、法务部门，也可以委托专业机构或专业人士负责起草，如主营业务为劳动用工业务的律师事务所和律师。

规章制度的草案内容一般分为涉及劳动者切身利益的规章制度和不直接涉及劳动者切身利益的规章制度两部分。涉及劳动者切身利益的规章制度必须履行民主、公示程序，不直接涉及劳动者切身利益的规章制度，如财务管理制度、市场销售制度、行政管理制度、车辆管理制度、仓库管理制度等，属于用人单位经营自主权的范围，可以不履行民主、公示程序。涉及劳动者切身利益的规章制度事项一般可包括：(1）工资与福利制度；(2）工时与休息休假制度；(3）社会保险及公积金管理制度；(4）员工培训与发展制度；(5）劳动纪律与奖惩制度；(6）考勤管理制度；(7）绩效考核制度；(8）劳动合同管理制度；(9）岗位职责与胜任力标准管理制度；(10）职业安全管理制度等。另外，用人单位自己制定的规章制度草案，应在成稿后请专业律师进行审查、修改。

2. 确定规章制度的讨论对象。法律规定，讨论对象的主体是“职工代表大会”或者“全体职工”，但未明确规定讨论采取何种形式。因此，用人单位选择讨论对象的主体，既可以是职工代表大会，也可以是全体职工大会；选择讨论的形式，既可以采用线下的形式，也可以采用线上的形式。但无论采取哪种形式，均要以固定讨论程序的过程性证据为首要任务。用人单位选择讨论对象的主体，应以本单位人数为依据进行判断。全国厂务公开协调小组办公室印发的《职工代表大会操作指引》(国厂开组办发〔2022〕2号）规定：“企业行政管理方与企业工会委员会可以根据企业的职工人数，实际需要和客观条件协商选择召开职工大会或职工代表大会。根据规定，企业职工人数在五十人以下的，应当召开职工大会。”再结合全国各地方性的企业民主管理条例，一般把100人作为分界线，笔者认为，用人单位员工人数在50人以下的，应当选择全体职工大会；人数在50～100人的，首选全体职工大会，次选职工代表大会；人数在100人以上的，宜选择职工代表大会。

3. 职工代表的产生程序。根据《关于规范召开企业职工代表大会的意见》(总工办发〔2011〕53号）的规定，职工代表中应当有工人、技术人员、管理人员、企业领导人员和其他方面的职工。其中企业领导人员一般不超过职工代表总数的1/5。各选区按照分配名额，由工会负责组织职工直接选举职工代表。企业领导（高级管理）人员应当在相应的选区，参加职工代表的选举。选举（撤换）职工代表，必须有选区全体职工2/3以上参加，得到选区全体职工总数1/2以上同意者方可当选（撤换)。因此，用人单位在职工代表选举程序上应当做到以下几个步骤。

第一，制定选举方案。根据内部机构设置划分选举单位，根据总人数确定职工代表总数，制定书面的《选举方案》，公告或向全体员工送达。职工代表人数按照不少于全体职工人数的5%确定，最少不少于30人。以选举单位总人数100人为例，职工代表的人数一般按照 30～50 人确定，企业领导人员一般按照 6～10 人确定。

第二，采用直接选举的方式选举职工代表。用人单位应在全体员工确认收悉《选举方案》的基础上，向各部门（各选区）员工发送《职工代表会议选举通知》，以各部门为单位在《职工代表会议选举通知》上签字确认。在规定的时间、地点，用人单位应给予各部门酝酿沟通的时间，以便推荐出职工代表候选人，然后采用无记名的方式实行差额选举，选举出各部门的职工代表（用人单位应提前印制足够的选举票样）。用人单位应注意两个比例：参与选举的部门员工人数要占部门员工总人数 2/3 以上；当选职工代表的员工得票总数应占总投票数的 1/2 以上。用人单位应要求参与选举的全体员工在《职工代表选举会议签到表》和《职工代表选举结果确认表》上签字确认，并固定原始票、《职工代表选举会议签到表》、《职工代表选举结果确认表》三种过程性证据。

4. 召开职工代表大会或全体职工大会履行讨论程序。（1）召开职工代表大会的，用人单位应提前 7 日将《履行规章制度民主程序送达职工代表确认函》送达职工代表，并要求职工代表签字确认，确定职工代表大会的主要议题。采用线下方式召开职工代表大会的，应提前制作《职工代表大会签到表》《职工代表大会提出方案或意见汇总表》《职工代表大会关于规章制度草案讨论的会议纪要》3 份文件，并要求全体职工代表在上述 3 份文件上分别签字确认。（2）召开全体职工大会的，采用线下方式的，用人单位应提前制作《关于召开履行规章制度民主程序的全体职工大会的通知》《全体职工大会签到表》《全体职工大会提出方案或意见汇总表》《全体职工大会关于规章制度草案讨论的会议纪要》4 份文件，并要求全体职工在上述 4 份文件上分别签字确认。（3）采用线上方式召开职工代表大会或全体职工大会的，应要求所有职工代表或职工全程视频参加，并逐个发表意见，用人单位应将讨论过程予以总结，并向会议参与方复述确认；另外，一并履行协商确定程序的，用人单位还应将会议结果以决议的形式公布，并最大可能地得到与会人员的认可。最为重要的是，用人单位应将会议的全过程进行录音和录像，必要时要作公证处理。（4）除了以线上视频的方式召开职工代表大会或全体职工大会外，用人单位也可以通过单位内网、办公邮箱、内部办公系统等形式，向全员发放《规章制度征集意见表》，要求员工在收到制度文本后 7 日内反馈意见（最佳方案是让员工打印，手工填写意见并签字确认，然后由人力资源部门统一收集汇总加以固定；采用电子形式反馈意见的，应提前确认相关账号和实名制）。

5. 与工会或职工代表平等协商确定规章制度的最终文本。法律规定，协商程序的对象是“工会”或者“职工代表”。因此，用人单位有工会的，应将讨论之后的《规章制度确定案》向工会委员报备，召开工会座谈会，由工会最终出具盖有公章的、工会委员签字的《规章制度平等协商确定会议记录》和《规章制度平等协商确定决议》。用人单位没有工会的，应在经过职工代表大会讨论程序之后直接履行协商确定程序，防止开两次职工代表大会。用人单位应提前制定《规章制度平等协商确定会议签到表》《规章制度平等协商确定会议纪要》两份文件，并让职工代表在上述两份文件上分别签字确认。另外，对于既没有工会，也没有职工代表大会的用人单位，协商确定程序是不是就失去了协商的对象呢？全国厂务公开协调小组办公室印发的《职工代表大会操作指引》（国厂开组办发〔2022〕2号）规定："职工大会和职工代表大会是职工代表大会制度的两种形式，二者在性质、任务、职权等方面没有区别，职工代表大会在具体工作制度方面增加了职工代表大会代表的选举、罢免等内容。"因此，用人单位即便在没有工会，也没有职工代表大会的情况下，可以和全体职工履行平等协商程序。用人单位可以在全体职工大会履行完讨论程序后，继续履行平等协商确定程序，使全体职工在《规章制度平等协商确定会议签到表》《规章制度平等协商确定会议纪要》两份文件上分别签字确认。另外，对于不能认同规章制度的职工，也应让其签字，签字时可将其意见填写在会议纪要中，但一定要有其亲笔签名。

需要注意的是，仅有协商确定程序的规章制度，民主程序并未完全履行。如用人单位只有《工会决议》；仅有讨论程序的规章制度，民主程序也并未完全履行。如用人单位仅有《讨论会议纪要》，没有相关实施决议。法律并未规定用人单位在履行民主程序时，需要职工或工会"同意"，因此最终决定权仍归属用人单位。用人单位在履行完上述讨论程序和平等协商确定程序后，无论职工和工会的意见如何，用人单位都应以单位的名义发布《规章制度决议实施的通知》，以防止规章制度在法律上仍处在"履行民主程序"的过程中。

6. 规章制度公示或告知。规章制度的最终文本确定后，用人单位最好的方式是将规章制度印刷成册，让劳动者在《员工手册签收确认表》上签字确认，也可以采用多种方式完成公示程序［具体分析见第七章第二节一、（二）严重违反用人单位的规章制度部分内容］。

7. 固定规章制度的制定过程证据。

召开职工代表大会履行民主程序应固定以下证据。

（1）《选举方案》及送达证据；

（2）《职工代表选举会议通知》及送达证据；

（3）《职工代表选举会议签到表》；

（4）《职工代表选举结果确认表》；

（5）选举原始票据；

（6）《履行规章制度民主程序送达职工代表确认函》及送达证据；

（7）《职工代表大会签到表》；

（8）《职工代表大会提出方案或意见汇总表》；

（9）《职工代表大会关于规章制度草案讨论的会议纪要》；

（10）《规章制度平等协商确定会议签到表》；

（11）《规章制度平等协商确定会议纪要》。

召开全体职工大会履行民主程序应固定以下证据。

（1）《关于召开履行规章制度民主程序的全体职工大会的通知》；

（2）《全体职工大会签到表》；

（3）《全体职工大会提出方案或意见汇总表》；

（4）《全体职工大会关于规章制度草案讨论的会议纪要》；

（5）《规章制度平等协商确定会议签到表》；

（6）《规章制度平等协商确定会议纪要》。

与工会履行平等协商程序应固定以下证据。

（1）《规章制度平等协商确定会议记录》；

（2）《规章制度平等协商确定决议》。

用人单位公示告知的证据。

（1）《规章制度决议实施的通知》；

（2）《员工手册签收确认表》及有员工骑缝手印的员工手册文本；

（3）以其他形式公示告知的证据。

第三节　合规工具应用

合规工具43：《职工提出方案或意见汇总表》

职工提出方案或意见汇总表

讨论事项	
讨论时间	年　　月　　日
讨论地点	

续表

参与讨论员工签名	同意实施规章制度
提出方案意见	1. 签字：
	2. 签字：
	3. 签字：
	4. 签字：
	5. 签字：
	6. 签字：
	7. 签字：
	8. 签字：
	9. 签字：
	10. 签字：
注意	签名是关键，用人单位应确保职工代表或全体职工在本表上均有签字。

合规工具44：《规章制度草案讨论的会议纪要》

规章制度草案讨论的会议纪要

1. 会议议题：《规章制度（草案）》民主讨论会议
2. 会议时间：____________________
3. 会议地点：____________________
4. 会议主持：____________________
5. 会议记录人员：____________________
6. 参会人员：全体员工（职工代表大会）
7. 参会人员：会议应到______人，实到______人。
8. 会议纪要：

公司根据管理需要制定了《规章制度（草案）》，依据相关法律规定，公司组织全体员工（职工代表大会）对《规章制度（草案）》进行民主讨论。

第一项议程：

由________对《规章制度（草案）》进行讲解和说明。

第二项议程：

经全体员工（职工代表大会）认真讨论后，对《规章制度（草案）》的规定提出方案和意见，见《职工提出方案或意见汇总表》。

第三项议程：

根据第一项议程的讲解和第二项议程提出的方案和意见，全体参会人员就《规章制度（草案）》存在疑问、不解的地方进行了充分的提问和讨论。

参会人员（签字）：　　　　　　　　　　　　　　　　公司（公章）：

日期：　　年　　月　　日

合规工具45：《规章制度平等协商确定会议纪要》

规章制度平等协商确定会议纪要

1. 会议议题：《规章制度平等协商确定》民主会议
2. 会议时间：________________
3. 会议地点：________________
4. 会议主持：________________
5. 会议记录人员：________________
6. 参会人员：职工代表
7. 参会人员：会议应到______人，实到______人。
8. 会议纪要：

公司根据管理需要制定了《规章制度（草案）》，并于____年____月____日召开职工代表大会（全体职工）大会，由职工对草案进行讨论，提出了方案和意见。公司结合职工代表大会（全体职工）的方案和意见，确定了《规章制度》。公司组织职工代表（全体职工）对《规章制度》进行协商审核和确定通过。

第一项议程：

由________对《规章制度》进行讲解和说明。

第二项议程：

经职工代表（全体职工）就《规章制度》进行协商、审核，职工代表（全体职工）一致认为《规章制度》充分考虑了职工代表（全体职工）对草案的建议和意见，体现了员工意志，体现了民主性。

第三项议程：

公司与职工代表（全体职工）一致确认《规章制度》为最终确定稿，公司决定于____年____月____日颁布施行。

参会人员（签字）：　　　　　　　　　　　　公司（公章）：

日期：　　年　　月　　日

>>> 第十章 <<<

专项培训与服务期的合规管理

用人单位向劳动者提供专项培训费用，对其提供专业技术培训（以下简称专项培训），约定服务期条款，是劳动法中仅有的两条能与劳动者约定违约金的条款之一。用人单位与劳动者约定服务期条款的核心目的在于留住人才，降本增效；而人才管理不当会造成人才流失，增添损失。本章将重点探讨专业技术培训范围的界定、违约金的数额与支付、服务期协议的设计等环节的典型法律风险及实务合规管理。

第一节 专项培训与服务期的典型法律风险

典型风险 1：用人单位对非专业技术的培训约定服务期

劳动法规定，用人单位可以在法定情形下与劳动者约定培训服务期（以专业技术培训为对价约定劳动者在用人单位服务的最低年限，在此期限内限制劳动者解除和终止劳动合同），该约定是一种对劳动者自由解除劳动合同权利的限制，但该限制并不彻底，劳动者仍然可以以支付违约金为代价，单方解除劳动合同，用人单位不能要求劳动者继续履行劳动合同。《劳动合同法》第二十二条规定：“用人单位为劳动者提供专项培训费用，对其进行专业技术培训的，可以与该劳动者订立协议，约定服务期。劳动者违反服务期约定的，应当按照约定向用人单位支付违约金。违约金的数额不得超过用人单位提供的培训费用。用人单位要求劳动者支付的违约金不得超过服务期尚未履行部分所应分摊的培训费用。用人单位与劳动者约定服务期的，不影响按照正常的工资调整机制提高劳动者在服务期期间的劳动报酬。”劳动法并未规定用人单位有为劳动者提供专业技术培训的义务，也未规定劳动者有享受专业技术培训的权利。上述规定中“可以”的表述并不是强制性规定，因此，是否提供专业技术培训，属于用人单位的经营自主权。用人单位适用上述规定与劳动者约定培训服务期的，有3个基本前提：第一，需要对劳动者进行专业技术培训；第二，为专业技术培训提供了专项培训费用；第三，签订了服务期协议，约定了最低服务年限，且服务期协议合法有效。其中，第三个条件是基于前两个条件的成就而生效，即服务期协议有效的前提条件是用人单位为劳动者提供了专项培训费用，对其进行了专业技术培训。

对劳动者进行专业技术培训是约定服务期的首要条件，但国家层面的法律并未明确定义“专业技术培训”的内涵。因此在管理实践中，用人单位经常将日常工作培训、岗前或入职培训、转岗培训、不能胜任工作培训、管理培训、安全教育培训、企业文化培训、内部讲师培训、劳动者参观同行业、旅游性质的国外考察作为专业技术培训，进而约定服务期，而当劳动者违约时，该类培训往往不能被裁判机关认定为专业技术培训。此外，《劳动法》第六十八条规定：“用人单位应当建立职业培训制度，按照国家规定提取和使用职业培训经费，根据本单位实际，有计划地对劳动者进行职业培训。从事技术工种的劳动者，上岗前必须经过培训。”用人单位将职业培训作为专业技术培训从而向劳动者约定服务期的操作也屡见不鲜。另外，部分学历和学位培训、具有培训性质的国外考察是否属于专业技术培训的范畴，司法实践中也有不同的意见（主流观点认为可以认定是专业技术培训）。因此，弄清楚“专业技术培训”的概念显得十分重要。

地方性规定中，有部分地区对“专业技术培训”作了相关解释。我们以江西省、浙江省和四川省的规定为例。

江西省：江西省高级人民法院、江西省人力资源和社会保障厅联合发布的《2013年全省劳动人事争议裁审衔接工作座谈会纪要》第十三条规定：“《中华人民共和国劳动合同法》第二十二条规定的‘培训费用’，不包括劳动者接受专项培训期间的工资；‘专业技术培训’是指为提高劳动者特定技能而提供的培训，不包括上岗前的培训和日常业务培训。”

浙江省：《浙江省高级人民法院民一庭关于审理劳动争议案件若干问题的意见》（浙法民一〔2009〕3号）第三十九条第三款规定：“《劳动合同法》第二十二条中规定的‘培训费用’，不包括劳动者接受专项培训期间的基本工资；‘专业技术培训’是指为提高劳动者特定技能而提供的培训，不包括上岗前的培训和日常业务培训。”

四川省：《四川省高级人民法院、四川省劳动人事争议仲裁委员会关于审理劳动争议案件有关问题的会议纪要》（川高法〔2020〕39号）第十四条第二款规定：“专项培训是用人单位出于生产经营需要，对部分岗位或特殊岗位人员就专项技能或专项知识提供的专业性培训。”

根据上述部分地方性规定，我们可将“专业技术培训”的概念初步归纳为：专业技术培训是指为提高部分特殊岗位劳动者的专项（特定）技能和知识而提供的非强制性的专业性培训。结合司法实践经验，我们将专业技术培训的特点归纳如下，以便用人单位更加准确地理解。

（1）专业技术培训的主体：实施专业技术的培训方一般是独立于用人单位之外的第三方，可以是专业的培训机构、同行、集团公司、关联公司，甚至是用人单位的供应商和客户。

（2）专业技术培训的目的：劳动者参加培训是以获得某种相对稀缺性的专业知识、技术能力和专门资质为目的。

（3）专业技术培训的对象：专业技术培训的对象是特定的劳动者，是用人单位中薪资较高的少数人群，用人单位对培训对象有决定权。与职业培训相比，职业培训的培训对象是全体职工，是用人单位的法定义务，不因用人单位的主观意愿而免除。

（4）专业技术培训的内容：专业技术培训是为了满足用人单位特殊岗位的需要，培训的内容虽与岗位职责相关，但比岗位培训和职业培训的内容要求更高、针对性更强，具有技术含量高、专业性强、区域范围内稀缺、对用人单位生产经营有相当影响的特点。对比岗位培训和职业培训，岗位培训一般涉及用人单位生产经营的基础性和底层性工作内容，如工作流程、规章制度、企业文化、岗位职责等；职业培训一般与提高劳动者现有技能，拓展业务知识和操作能力有关。

（5）专业技术培训的时间：培训时间较长，几天的培训很难被定义为专业技术培训。

（6）专业技术培训的形式：虽然培训可以采用脱产、半脱产和不脱产的形式，但从专业技术培训的重要性角度分析，脱产形式的培训更符合专业技术培训的内涵要求。对比岗位培训和职业培训，岗前培训和职业培训一般采用不脱产或半脱产的形式，专业技术培训一般采用脱产形式。当然，对此也不能一概而论。

（7）专业技术培训的费用：专业技术培训需要用人单位支付专项培训费用（第三方出具的用人单位为劳动者参加培训出资的货币支付凭证），且费用一般较高，而岗前培训和职业培训一般从法定的培训费用中支付，有时甚至不需要支付费用。按照《国务院关于大力推进职业教育改革与发展的决定》（国发〔2002〕16号）中关于“一般企业按照职工工资总额的1.5%足额提取教育培训经费，从业人员技术素质要求高、培训任务重、经济效益较好的企业可按2.5%提取，列入成本开支”的规定，职业培训的费用应从上述规定中的教育培训经费中支付，而用于专业技术培训的专项培训费用不在此列。

司法实践案例中，裁判机关首先审查的就是用人单位对劳动者进行的培训是否属于专业技术培训，继而才会对专项培训费用进行审查。裁判机关在判断专业技术培训的性质时，有时也会先审查劳资双方是否就培训性质有过约定，然后再根据培训的具体特点进行综合判断。因此，用人单位在合理合法的前提下，事先通过劳动合同或规章制度对专业技术培训的内涵、范围、时长、形式等事项进行界定，再在培训前签订《专业技术培训服务期协议》，对培训性质、费用、违约责任等事项进行明确，可以获得处理该类劳动纠纷的主动权。

综上，用人单位与劳动者约定服务期的前提条件是进行了专业技术培训。用人单位对非专业技术的培训约定服务期的，即使花费了较高的培训费用，该服务期也不能成立。

典型风险 2：服务期协议约定的服务期期限不合理或起止时间不明

约定服务期期限是服务期协议的核心目的，未约定服务期期限的，裁判机关难以支持用人单位所主张的服务期期限。另外，法律并未对服务期的期限作出规定，即并未规定服务期最长不能超过几年。虽然法律一般会尊重劳动合同相对方的主观意愿，但不意味着用人单位可以以较低的培训费用约定较长的服务期期限（如花费 1 万元培训费用约定 10 年的服务期）。裁判机关在审理相关案件时，会审查服务期期限长短和培训费用数额之间是否相协调，是否具有合理性，约定的条款是否有明显不对等的情况。即使用人单位约定的服务期期限属于合理范畴，但有时用人单位会笼统地约定服务期为几年或几年几个月，并没有明确服务期具体的起止时间，这会产生劳动合同已经履行的期限和培训期是否包含在服务期之内的问题。如用人单位在劳动者已有司龄 2 年时对其进行培训，服务期约定了 5 年，劳动者认为服务期理应剩余 3 年；如劳动者进行了 1 年的专业技术培训，服务期约定了 3 年，劳动者认为服务期理应还剩余 2 年。因此，管理实践中，用人单位应对服务期的起止时间作出明确的约定，以避免歧义。实操中，约定服务期起止时间的方式一般有 3 种：第一，从劳动合同期满的第二日开始计算服务期；第二，从专业技术培训的结束日或劳动者完成专业技术培训获得相应的合格证明或资质之日起计算；第三，从专业技术培训服务期协议签订之日起计算。用人单位可以根据自身的具体情况选择具体的约定方式，但主流做法是第二种。

典型风险 3：服务期协议约定的期限与劳动合同期限不一致

《劳动合同法实施条例》第十七条规定：“劳动合同期满，但是用人单位与劳动者依照劳动合同法第二十二条的规定约定的服务期尚未到期的，劳动合同应当续延至服务期满；双方另有约定的，从其约定。”因此，服务期协议约定的期限可以长于劳动合同期限。劳动合同期限与服务期期限是两个不同的法律概念。劳动合同期限是依法产生的，是固定期限劳动合同的必备条款；服务期期限是依约产生的，是约定服务期协议的主要目的所在。管理实践中，服务期期限的长短会有三种具体情形：其一，服务期期限短于劳动合同期限，服务期包含在劳动合同期限之内，此时应以劳动合同期限履行；其二，服务期协议订立时间早于劳动合同的订立时间，无论服务期期限的长短，均应认定后签订的劳动合同变更了服务期的期限，应以劳动合同约定的合同期限履行；其三，服务期期限长于劳动合同期限，且服务协议后于劳动合同签订，该期限应视为双方对劳动合同的期限进行了变更，劳动合同应续延至服务期满。两个期限不一致并不直接产生法律风险，但在此前提下，用人单位在劳动合同期满但服务期期限未满之时，单方解除或终止劳动合同，在双方无其他约定的前提下，服务期协议依然对劳资双方均有约束力，用人单位有可能会承担违法解除或终止的法律责任。因此，一方面，用人单位无论选择何种服务期期限的起始设置方式，均可以与劳动者在签订服务期协议后，协商变更原劳动合同的履行期限或续订劳动合同，使其与服务期协议中的期限相统一（要注意，该操作可能会导致劳动者满足签订无固定期限劳动合同的条件）。另一方面，用人单位可以在服务期协议中提前约定可以放弃全部或剩余服务期权利的条款，如“甲方可以选择在劳动合同到期时，放弃全部或剩余服务期权利，终止劳动合同；也可以选择将劳动合同期限续延至服务期满”。此举可以以解除劳动者培训之后仍无法满足工作要求而用人单位不能以劳动合同期满为由行使终止权利的限制。

另外，在《劳动合同法实施条例》第十七条与《劳动合同法》第四十五条出现竞合时，即劳动者既签订了服务期协议，又符合《劳动合同法》第四十五条规定的劳动合同应当顺延至法定情形消失的情形时（第四十二条规定的6类解雇保护群体），剩余服务期期限应如何计算呢？例如，用人单位与劳动者签订了服务期协议，但劳动者在临近劳动合同期满前进入医疗期，而服务期从劳动合同期满开始剩余2年，若劳动者连续休病假1年，则服务期应剩余多长时间？对此问题，法律并没有明确的规定，基于约定服务期的目的是延长劳动关系存续时间，一般可以认为，类似于医疗期的时间可以在服务期之中予以扣除。当然也可以根据劳资双方的约定，另行规定此类情形下服务期期限变动的具体规则。

典型风险4：服务期协议未约定违约金或约定的违约金过高

劳动法禁止用人单位超出法律规定与劳动者约定违约金，法律允许用人单位与劳动者约定违约金的情形仅限两种：其一，在培训服务期协议中约定违约金；其二，在保密协议和竞业限制协议中约定违约金。《劳动合同法》第二十二条第二款规定：“劳动者违反服务期约定的，应当按照约定向用人单位支付违约金。违约金的数额不得超过用人单位提供的培训费用。用人单位要求劳动者支付的违约金不得超过服务期尚未履行部分所应分摊的培训费用。”《劳动合同法实施条例》第十六条规定：“劳动合同法第二十二条第二款规定的培训费用，包括用人单位为了对劳动者进行专业技术培训而支付的有凭证的培训费用、培训期间的差旅费用以及因培训产生的用于该劳动者的其他直接费用。”分析上述规定可知，一方面，违约金只能通过约定才能成立，用人单位就服务期协议未约定违约金的，不能追究劳动者的违约责任（可依据《违反〈劳动法〉有关劳动合同规定的赔偿办法》追究损失赔偿责任）。另一方面，违约金数额的大小受到限制，其数额大小取决于专项培训费用的多少，而专项培训费用被严格限定在 3 个方面：（1）有支付凭证的培训费用；（2）培训期间的差旅费；（3）因培训产生于劳动者的其他直接费用。此外，违约金约定过高，违约金条款并非无效，一旦发生劳动纠纷，裁判机关会根据实际的培训费用和未完成服务期的时间比例确定违约金的大小，高出部分的违约金将不能得到支持。

另外，根据服务期开始的时间，可将劳动者支付违约金分为两种情形：（1）服务期未开始的，违约金数额等于专项培训费总额；（2）服务期开始的，违约金的数额等于服务期尚未履行部分所应分摊的培训费用。管理实践中，一般可用公式表示：违约金 =（培训费用总额 ÷ 约定服务年限）×（约定服务年限 − 已服务年限）。

典型风险 5：服务期协议未约定用人单位可放弃剩余服务期权利条款

《劳动合同法实施条例》第十七条规定：“劳动合同期满，但是用人单位与劳动者依照劳动合同法第二十二条的规定约定的服务期尚未到期的，劳动合同应当续延至服务期满；双方另有约定的，从其约定。”本条规定的一个重要部分在于其后半段的“双方另有约定的，从其约定”。根据该规定，劳动合同期满，服务期未满的，如劳资双方并未有任何约定，劳动合同期限应当自动续延至该服务期满为止。但是在此前提下，用人单位是否有服务期满前的劳动合同解除权或终止权，司法实践中有不同的观点：一种观点认为，服务期属于用人单位的权利，基于权利可以放弃的原则，用人单位在劳动合同期满后，虽然没有任何约定，也可以放弃对剩余服务期的要求。《上海市高级人民法院关于适用〈劳动合同法〉若干问题的意见》（沪高法〔2009〕73 号）第六条规定：“服务期是用人单位以给付一定培训费用为代价，要求接受对价的劳动者为用人单位相应提供服务的约定。用人单位依约支付相应对价后，即已完全履行自己的合同义务，是否要求劳动者履行提供服务则成为用人单位的权利。基于民事权利都可以放弃的原则，在劳动合同期限满后，用人单位放弃对剩余服务期要求的，应当准许。此时，劳动合同可以终止，但用人单位不得向劳动者追索服务期的赔偿责任；用人单位继续提供工作岗位并要求劳动者履行服务期约定的，双方当事人应当继续履行。继续履行合同期间，用人单位不提供工作岗位的，视为其放弃对剩余服务期的要求，劳动合同终止。”另一种观点认为，服务期的约定是劳资双方协商一致对劳动合同期限的变更，对双方都有约束力，在没有任何约定的情况下，原劳动合同期限“应当续延”至服务期满为止，用人单位不得单方解除或终止劳动合同，单方解除或终止劳动合同的，系违法解除或终止（用人单位出资培训了员工，反而丧失了劳动合同到期终止的权利，服务期成为解雇保护期）。例如，广西壮族自治区南宁市中级人民法院（2014）南市民四终字第549号民事判决书就支持了这一观点。因此，用人单位要充分利用好“双方另有约定的，从其约定”的规定，应在服务期协议中提前约定可以放弃全部或剩余服务期权利的条款，根据自己的实际需要，再决定是否终止劳动合同。另外，也可以约定劳动合同到期续签合同的事项，如需要续签劳动合同，用人单位应在约定或法定的期限内向劳动者发出续签通知，或要求劳动者主动向用人单位提出续签申请。

典型风险6：用人单位为劳动者提供特殊福利待遇并约定了服务期和违约金

用人单位与劳动者约定服务期协议的核心目的是培育和留住核心人才。管理实践中，用人单位为了实现这一目的，经常会通过向劳动者提供一些超常规的特殊福利待遇，如高额住房补贴、专属交通工具、境外工作机会、高档住房、购房资助、购房贷款、安家费、股权、期权、解决劳动者或其家属的户口问题、解决劳动者子女的上学问题等，以此为对价与劳动者约定服务期和违约金。事实上，这些特殊福利待遇都不属于《劳动合同法》第二十二条规定的用人单位为劳动者提供的“专业技术培训”，因此，严格意义上讲，在《劳动合同法》实施以后，用人单位通过提供特殊福利待遇从而约定服务期和违约金的行为，因违反了《劳动合同法》第二十五条禁止除《劳动合同法》第二十二条（服务期协议）和第二十三条（保密和竞业限制协议）之外约定违约金的规定，即违反了法律的强制性规定，应属无效。

但是，司法实践中，有些地方性规定对特殊福利待遇是否能够约定服务期给予了肯定，我们以上海市为例。

上海市：《上海市劳动合同条例》第十四条对特殊福利待遇可以约定服务期进行了规定：“劳动合同当事人可以对由用人单位出资招用、培训或者提供其他特殊待遇的劳动者的服务期作出约定。”

另外，上海市针对用人单位以特殊福利待遇（较高财物）与劳动者建立与工作期限有关联性的约定后，劳动者未完全履行劳动合同的，是否可以要求劳动者按照比例返还进行了规定：

《上海市高级人民法院关于适用〈劳动法〉若干问题的意见》（沪高法〔2009〕73号）第七条对劳动者违反合同约定的期限解除劳动合同，用人单位要求劳动者返还特殊福利待遇的处理进行了规定：“用人单位向劳动者支付报酬，劳动者付出相应的劳动，是劳动合同双方当事人的基本合同义务。用人单位给予劳动者价值较高的财物，如汽车、房屋或住房补贴等特殊待遇，属于预付性质。劳动者未按照约定期限付出劳动的，属于不完全履行合同。根据合同履行的对等原则，对劳动者未履行的部分，用人单位可以拒绝给付；已经给付的，也可以要求相应返还。因此，用人单位以劳动者未完全履行劳动合同为由，要求劳动者按照相应比例返还的，可以支持。”

与上海类似的情况是，北京市对用人单位以特殊福利待遇（办理户籍）与劳动者建立与工作期限有关联性的约定后，劳动者未完全履行劳动合同的，是否可以要求劳动者承担违约责任进行了规定：

《北京市高级人民法院、北京市劳动人事争议仲裁委员会关于审理劳动争议案件解答（一）》（京高法发〔2024〕534号）第八十二个问题指出：“用人单位为其招用的劳动者办理了本市户口，双方据此约定了服务期和违约金，用人单位要求劳动者支付违约金的，如何处理？用人单位为其招用的劳动者办理了本市户口，双方据此约定了服务期和违约金，用人单位以双方约定为依据要求劳动者支付违约金的，不应予以支持。确因劳动者违反了诚实信用原则，给用人单位造成损失的，劳动者应当予以赔偿。”

因此，用人单位与劳动者基于户籍、落户手续等稀缺资源而进行服务期和违约金的约定，因其服务期的约定违反《劳动合同法》第二十二条，其违约金的约定违反《劳动合同法》第二十五条，一般不会得到裁判机关的支持。但如因劳动者在服务期内违约，违反诚实信用原则，提前离职，给用人单位造成损失的，应当予以赔偿。

虽然上述地方性的规定在一定程度上，变相认可了用人单位可以以特殊福利待遇为对价与劳动者约定服务期，但毕竟与劳动法中约定服务期和违约金的相关规定冲突，容易引起不必要的纠纷。因此，用人单位可以结合以下3个方面进行合规处理。

第一，约定最低工作年限，但不约定服务期和违约金。用人单位可以将“服务期”表述为“最低工作年限”，将“违约金”表述为“赔偿金”或“赔偿损失”，用以规避条款无效的风险。另外，还可约定损失赔偿的计算标准和计算规则，虽然损失有时难以证明（如办理户籍），但有约定比无约定更具“诚信”优势，更能赢得裁判机关的支持。

第二，将特殊福利待遇的给付时间后置。与用人单位先兑现特殊福利待遇，而劳动者后兑现最低服务年限的承诺相反，用人单位可与劳动者约定在其工作一定年限的条件成就后，用人单位再一次性兑现特殊福利待遇（也可以分阶段、分情况兑现）。从法律角度讲，这是一种附条件的赠与，当所附条件不能成就时，劳动者不能获得赠与；从管理角度讲，这是一种将“限制”劳动者自由解除劳动合同的权利转变为“激励”劳动者高质量履行劳动合同的思路，用人单位达到了“化被动为主动，变请求为要求”的管理目的。

第三，将给予特殊福利待遇的管理关系转化成借贷（债务）关系，即将劳动用工关系转化为民事法律关系。用人单位可以将特殊福利待遇先期借贷给劳动者，签订《借贷协议》，并且约定劳动者完成最低服务年限后，该债务应予免除。如劳动者不能完成最低服务年限，该债务应按照相应比例并附加相应利息予以返还。

需要指出的是，虽然劳动法并未限制用人单位向劳动者提供特殊的福利待遇，但是也未曾提及劳动者享受特殊福利待遇后的法律责任，然而《最高人民法院关于审理劳动争议案件适用法律问题的解释（二）（征求意见稿）》第二十六条弥补了这一缺陷。其规定：“用人单位除向劳动者支付正常劳动报酬外，与劳动者约定服务期限并提供住房等特殊待遇，劳动者违反劳动合同约定提前解除劳动合同且不符合劳动合同法第三十八条规定情形时，用人单位请求劳动者折价补偿服务期限尚未履行部分应分摊费用或者赔偿造成的损失的，人民法院可以判令劳动者承担相应责任。”分析该条规定可明确以下两点：其一，劳动者在享受特殊待遇后违约要承担折价补偿分摊费用或支付赔偿损失的责任；其二，劳动者依据《劳动合同法》第三十八条被迫辞职成立的，并不需要承担折价补偿分摊费用或支付赔偿损失的责任。另外，仔细分析该条规定还有两个基本问题值得注意：其一，“与劳动者约定服务期并提供住房等特殊待遇”是否有前后逻辑关系，即用人单位先依法提供专业技术培训支付专项培训费并约定服务期，进而再提供住房等特殊待遇后，才适用本条规定；还是仅“提供住房等特殊待遇”就可以与劳动者约定服务期。其二，“提供住房等特殊待遇”中的“等”字是煞尾性表述还是囊括性表述，如是囊括性表述，还应包含哪些情形？如解决户口问题是否囊括其中？针对上述两个问题，还有待对各地司法实践的具体观察。

典型风险7：用人单位招用与其他用人单位签订了服务期协议且期限未满的劳动者

《劳动合同法》第九十一条规定："用人单位招用与其他用人单位尚未解除或者终止劳动合同的劳动者，给其他用人单位造成损失的，应当承担连带赔偿责任。"此时，劳动者以劳动合同原件载明的期限已满证明与原用人单位已经终止了劳动关系，但该证明并不充分。为避免承担连带赔偿责任，用人单位应以原用人单位为劳动者开具的《解除或终止劳动合同证明书》为准。

典型风险8：用人单位在服务期内有过错，劳动者解除劳动合同

《劳动合同法实施条例》第二十六条第一款规定："用人单位与劳动者约定了服务期，劳动者依照劳动合同法第三十八条的规定解除劳动合同的，不属于违反服务期的约定，用人单位不得要求劳动者支付违约金。"因此，在用人单位有"过错"的前提下，劳动者被迫辞职的，不属于违反服务期的约定，也相应免除了支付违约金的责任。用人单位应做好合规管理，避免出现《劳动合同法》第三十八条的情形，否则，服务期协议将自行失效。另外，用人单位适用非过错辞退制度，利用《劳动合同法》第四十一条和经济性裁员制度辞退劳动者的（如以劳动者不能胜任工作为由辞退），劳动者也不需要支付违约金。换言之，在此情形下，服务期协议自行失效。

第二节　法务HR合规管理

一、劳动者支付违约金的情形

关于服务期协议，用人单位应准确掌握劳动者支付违约金三种情形。

1. 劳动者违反服务期协议须支付违约金

用人单位为劳动者提供专项培训费用，为其提供专业技术培训，并签订服务期协议，约定最低工作年限，依法约定了违约金。劳动者在约定的服务期未满之前，出于自身原因单方解除劳动合同的，属于违反服务期协议，应当按照约定支付违约金。

2. 劳动者动议协商解除劳动合同须支付违约金

劳动者依据《劳动合同法》第三十六条的规定，提出协商解除劳动合同的，因

服务期协议尚未履行完毕，劳动者的行为虽合法，但违约，劳动者有过错，需要支付违约金。

3. 用人单位依据《劳动合同法》第三十九条辞退劳动者的，劳动者须支付违约金

《劳动合同法实施条例》第二十六条第二款规定："有下列情形之一，用人单位与劳动者解除约定服务期的劳动合同的，劳动者应当按照劳动合同的约定向用人单位支付违约金：

（1）劳动者严重违反用人单位的规章制度的；

（2）劳动者严重失职，营私舞弊，给用人单位造成重大损害的；

（3）劳动者同时与其他用人单位建立劳动关系，对完成本单位的工作任务造成严重影响，或者经用人单位提出，拒不改正的；

（4）劳动者以欺诈、胁迫的手段或者乘人之危，使用人单位在违背真实意思的情况下订立或者变更劳动合同的；

（5）劳动者被依法追究刑事责任的。"

需要注意的是，在上述规定中，并没有把《劳动合同法》第三十九条第（一）项"在试用期间被证明不符合录用条件的"包括在内，用人单位应引起重视。用人单位在试用期内对劳动者进行专业技术培训，是其用工自主权的表现，但约定了服务期后，试用期与服务期的规定就出现了竞合，一方面，法律倾向于不为劳动者在试用期内不满意用人单位而选择解除劳动关系设置过多障碍；否则，将剥夺了劳动者在试用期自由解除劳动合同的权利，有违《劳动合同法》第三十七条的规定。另一方面，试用期是用人单位考察劳动者工作能力的特殊时期，用人单位在没有鉴别劳动者是否符合本单位录用条件的前提下，既安排劳动者进行专业技术培训约定服务期，后又以不符合录用条件为由解除劳动关系，主张违约金，有违法律逻辑。因此，当用人单位在试用期与劳动者约定服务期时，该服务期协议大概率无效，用人单位以劳动者"不符合录用条件"为由解除劳动合同，并不能认定劳动者有过错，因此要求劳动者支付违约金的诉求不能得到支持。

另外，劳动者在试用期主动辞职，用人单位是否能够主张违约金，有不同观点。根据《劳动部办公厅关于试用期内解除劳动合同处理依据问题的复函》（劳办发〔1995〕264 号，已废止）第三条规定："关于解除劳动合同涉及的培训费用问题。用人单位出资（指有支付货币凭证的情况）对职工进行各类技术培训，职工提出与单位解除劳动关系的，如果在试用期内，则用人单位不得要求劳动者支付该项培训费用。如果试用期满，在合同期内，则用人单位可以要求劳动者支付该项培训费用，具体支付方法是：约定服务期的，按服务期等分出资金额，以职工已履行的

服务期限递减支付……”用人单位似乎只能在试用期满后主张违约金，试用期内不能主张违约金，但上述复函于2016年4月13日，被《人力资源和社会保障部关于第二批宣布失效和废止文件的通知》（人社部发〔2016〕34号）废止，废止的理由是“已有新规定”。随着该复函被废止，是不是就可以反向得出用人单位可以在试用期内因劳动者违反服务期协议而主张违约金的结论呢？一种观点认为，可以。理由是：《劳动合同法实施条例》第二十六条第一款有“劳动者依照劳动合同法第三十八条规定解除劳动合同的，不属于违反服务期的约定”的表述，对该表述进行反向推导，可以得出“劳动者依照除劳动合同法第三十八条以外的规定解除劳动合同的，属于违反服务期约定”的结论，劳动者自然要支付违约金。另一种观点认为，不可以。劳办发〔1995〕264号文被废止的理由是“已有新规定”，新规定并未一定会否定该文件的精神。如上文所述：“法律倾向于不应为劳动者在试用期内不满意用人单位而选择解除劳动关系设置过多障碍，否则，将剥夺了劳动者在试用期自由解除劳动合同的权利，有违《劳动合同法》第三十七条的规定。”因此，应遵循对劳动者有利的处理原则，即使劳动者在试用期内辞职，用人单位也不能主张违约金。

从合规管理的角度出发，只要用人单位不在试用期内为劳动者提供专业技术培训，也不与之签订服务期协议，即不会出现“用人单位以试用期内不符合录用条件为由辞退劳动者，是否能够主张违约金”和“劳动者在试用期内签订服务期协议且接受专业技术培训后主动离职，用人单位是否能够主张违约金”两个问题。因此，用人单位应在劳动者试用期过后，或与劳动者协商缩短试用期之后，再安排劳动者进行专业技术培训，从而约定服务期。

二、劳动者无须支付违约金的情形

关于服务期协议，用人单位应准确鉴别劳动者无须支付违约金的9种情形。

（1）培训被认定为“非专业技术培训”，虽有服务期协议，劳动者亦无须支付违约金。

（2）服务期协议未约定违约金或无法证明专项培训费用的，劳动者无须支付违约金。

（3）试用期未满，服务期未满，劳动者主动辞职的，可能无须支付违约金。

（4）用人单位提出协商解除劳动合同，劳动者无须支付违约金。

用人单位依据《劳动合同法》第三十六条的规定，提出协商解除劳动合同的，因服务期协议尚未履行完毕，用人单位的行为虽合法，但违约，用人单位有过错，劳动者无须支付违约金。

（5）双方协商一致解除劳动合同，协商解除劳动合同协议中约定了免除劳动者支付违约金条款的，劳动者无须支付违约金。

（6）用人单位违法解除劳动合同的，劳动者无须支付违约金。

（7）劳动合同期满，服务期未满，用人单位终止劳动合同的，劳动者无须支付违约金。

（8）劳动合同期满，服务期未满，用人单位降低或改变原劳动合同约定的劳动条件，导致未续签成功的，劳动者无须支付违约金。

（9）用人单位适用《劳动合同法》第四十条“非过错性辞退”和第四十二条“经济性裁员”的规定单方解除劳动合同的，劳动者无须支付违约金（法律无明确规定）。

三、围绕专项培训费用设计违约金

保障劳动者高质量履行服务期协议的关键是违约金的约定，根据法律规定，违约金数额的大小受到专项培训费用的限制（用人单位不能随意约定违约金的数额），因此，围绕专项培训费用设计足额的违约金是实现合规管理目标的核心。《劳动合同法实施条例》第十六条规定：“劳动合同法第二十二条第二款规定的培训费用，包括用人单位为了对劳动者进行专业技术培训而支付的有凭证的培训费用、培训期间的差旅费用以及因培训产生的用于该劳动者的其他直接费用。”因此专项培训费用应围绕法律规定的项目进行设计。

1. 有支付凭证的培训费用。用人单位应向专业技术培训的提供方索要培训发票，无法提供发票的，用人单位应主动固定银行支付记录，用以证明向专业技术培训的提供方支付了培训费用。

2. 培训期间的差旅费。此处的差旅费是指因参加专业技术培训而产生的交通费、车辆使用费、住宿费、餐费和其他公杂费。交通费包括旅途中的车票、船票、机票等费用；车辆使用费包括旅途中的油费、过路费、停车费等费用；住宿费包括参加培训时主办方提供住宿或入住承办酒店的费用；餐费包括旅途中的餐费、参加培训时主办方或承办酒店提供的餐饮服务的费用；其他公杂费包括行李托运费、订票费等费用。另外，用人单位也可要求将由培训主办方提供的住宿费、餐费合并列入培训费用当中，一并开具培训发票。

3. 因培训产生的用于劳动者的其他直接费用。该类费用应包括书籍材料费、报名考试费、生活费等费用。另外，在培训期间，用人单位支付给劳动者的工资、缴纳的社会保险和住房公积金是否属于因培训产生的直接给予劳动者的费用有所争议。一般认为，工资和五险一金是因劳动关系而产生的费用，并非因培训产生，不应计入专项培训费总额。关于培训期间支付给劳动者的工资是否属于培训费用，我们来看四川省、江苏省、广东省的规定。

四川省：《四川省高级人民法院、四川省劳动人事争议仲裁委员会关于审理劳动争议案件有关问题的会议纪要》（川高法〔2020〕39 号）第十四条第（三）项规定："专项培训费用包括用人单位为了对劳动者进行专业技术培训而支付的有凭证的培训费用、培训期间的差旅费用以及因培训产生的用于该劳动者的其他直接费用，但不包括用人单位在劳动者培训期间支付的劳动报酬。"

江苏省：《江苏省高级人民法院、江苏省劳动争议仲裁委员会关于审理劳动争议案件的指导意见》（苏高法审委〔2009〕47 号）第十二条第一款、第二款规定："用人单位以劳动者违反服务期约定为由请求劳动者支付违约金的，人民法院、仲裁机构应对用人单位是否为劳动者提供专项培训费用、对其进行专业技术培训进行审查。用人单位对劳动者进行的上岗前培训和日常业务培训，不应认定为专业技术培训。"

广东省佛山市：《佛山市中级人民法院、佛山市劳动争议仲裁委员会关于审理劳动争议案件若干问题的指导意见》第五十二条规定："用人单位以劳动者违反服务期约定为由请求劳动者支付违约金的，应对用人单位是否为劳动者提供专项培训费用、对其进行专业技术培训的情形进行审查。用人单位对劳动者进行的上岗前培训和日常业务培训，不应认定为专业技术培训。劳动者接受专项培训期间的基本工资，不应认定为专项培训费用。"

因此，用人单位应从合理增加专项培训费用总额以便合法提高违约金的角度入手，将上述费用作以下 4 个方面的合规处理。

第一，妥善保管培训费用凭证。如因集团公司、总公司、关联公司或是培训单位为用人单位支付了培训费用（由于项目合作、产品置换、之间存在债务等原因），用人单位应积极进行内部结算，用以证明支付培训费用的实际情况。

第二，因培训过程中一些费用不能提前知晓，用人单位应提前制作《专项培训费用确认书》，待劳动者培训结束后，统一按实际发生的费用，凭发票填写确认。

第三，在服务期协议中，将培训期间工资、五险一金和福利待遇统一约定为培训费用，因该约定出于双方合意，又不违反法律法规强制性规定，被认定合法有效的可能性大。

第四，在服务期协议中约定，培训期间因劳动者未提供劳动，用人单位不支付劳动报酬，但会支付培训补贴或生活补助，该类费用属于培训费用的一部分。

四、培训服务期协议合规的七大要点

1. 签订服务期协议的时间。用人单位应在专业技术培训开始前与劳动者签订培训服务期协议；专业技术培训的开始时间应在劳动者试用期满后、合同期内。

2. 设定培训性质。裁判机关虽然会从培训的形式和期限、培训的费用和对象、培训内容和结果等方面审查是否属于“专业技术培训”，但因用人单位所处行业千差万别，培训的种类和内容多种多样，裁判机关审查时会有一定难度。用人单位应在培训服务期协议中设置“自认条款”，使劳动者签字确认参加的培训性质属于专业技术培训，从而为约定服务期夯实法律基础。否则，劳动者一旦否认，认为该培训并不属于专业技术培训，裁判机关审查时又难以辨别，很可能要承担不利的法律后果。另外，用人单位还应在规章制度或服务期协议中主动划分专业技术培训的范围和内容，用以区别日常的岗前培训和职业培训。

3. 设置签约对象范围。《劳动合同法》第二十二条规定，用人单位为劳动者提供专项培训费用，对其进行专业技术培训的，可以与该劳动者订立协议，约定服务期。规定中的“劳动者”，是否可以理解为所有类型的劳动者，如试用期员工、全日制员工、劳务人员、非全日制员工、借调人员、劳务派遣人员等。对这一问题，劳动法尚未完全细分。《浙江省高级人民法院民事审判第一庭、浙江省劳动人事争议仲裁院关于审理劳动争议案件若干问题的解答（二）》（浙高法民一〔2014〕7号）第十七条规定：“劳务派遣用工关系中，用工单位与劳动者约定服务期的效力如何认定？答：劳务派遣单位对服务期约定予以认可的，该约定有效，服务期超过劳动合同期限的，劳动合同应当顺延至服务期满。劳务派遣单位对服务期约定不予认可的，该服务期约定无效。”从这一规定来看，约定服务期的对象应以建立正式劳动关系的全日制工作人员为宜。因此，用人单位对专业技术培训的对象应慎重选择，防止被认定培训对象不适格导致服务期协议无效。

4. 制定服务期的起止时间。如前文所述：“约定服务期起止时间的方式一般有3种：第一，从劳动合同期满的第二日开始计算服务期；第二，从专业技术培训的结束日或劳动者完成专业技术培训获得相应的合格证明或资质之日起计算；第三，从专业技术培训服务期协议签订之日起计算。用人单位可以根据自身的具体情况选择具体的约定方式，但主流做法是第二种。”另外，服务期的长短要有合理性，因违约金的支付与服务期的长短有关，服务期过长，则每年所分摊的违约金较少，因此服务期设置在2～5年对用人单位的效用最大。

5. 明确专项培训费用总额的计算方法，设定违约金。因专项培训费用的总额不能提前预知，用人单位应在服务期协议中先行明确有支付凭证的培训费用金额，再制作《专项培训费用确认书》作为协议的附件，将培训结束劳动者的实际花销金额、有凭证的培训费用、约定的工资福利等费用之和作为专项培训费用总额，再以此数额设定违约金。另外，对于没有正规票据的支出，用人单位也应在《专项培训费用确认书》中列明，同时让劳动者签字确认。

6. 设置违约责任条款。用人单位应细分劳动者的违约情形，包括但不限于下列情形。

（1）因劳动者过错导致培训不能完成或无法实现培训目的；

（2）劳动者违反服务期协议，无论何种原因提前离职的；

（3）劳动者动议协商解除劳动合同的；

（4）劳动者严重失职，营私舞弊，给用人单位造成重大损害，用人单位解除劳动合同的；

（5）劳动者同时与其他用人单位建立劳动关系，对完成本单位的工作任务造成严重影响，或者经用人单位提出，拒不改正，用人单位解除劳动合同的；

（6）劳动者以欺诈、胁迫的手段或者乘人之危，使用人单位在违背真实意思的情况下订立或者变更劳动合同，用人单位解除劳动合同的；

（7）劳动者被依法追究刑事责任，用人单位解除劳动合同的；

（8）劳动者患病或者非因工负伤，在规定的医疗期满后不能从事原工作，也不能从事由用人单位另行安排的工作，用人单位解除劳动合同的；

（9）劳动者不能胜任工作，经过培训或者调整工作岗位，仍不能胜任工作，用人单位解除劳动合同的。

上述情形中第（8）～（9）项内容属于非过错性辞退的情形，因法律并未规定用人单位适用《劳动合同法》第四十条第（一）项（医疗期满解除）和第（二）项（不能胜任工作解除）规定解除劳动合同是否视为劳动者服务期违约，所以，用人单位可从“法无禁止即自由”的角度，将“医疗期满解除”和“不能胜任工作解除”两项约定视为劳动者服务期违约的情形。这样约定的另一个作用是，可以避免劳动者培训归来故意进入医疗期和不能胜任工作，故意让用人单位解除劳动合同，以逃避支付违约金的法律风险。

7. 放弃剩余服务期条款。示范条款：“甲方出资为乙方培训，乙方应按协议要求完成最低工作年限，但甲方有权处置该服务期利益。甲方主动放弃剩余服务期利益的，劳动合同到期，甲方有终止劳动合同的权利，乙方无须再履行剩余的服务期，乙方亦不构成违约。”

第三节　合规工具应用

合规工具46：《培训服务期协议》

培训服务期协议

甲方（用人单位）：____________________法人代表：____________________

联系电话：____________________办公地址：____________________

乙方（员工）：____________________身份证号码：____________________

联系电话：____________________住址：____________________

为促进甲方的经营发展，提升乙方的专业技术知识和技能，甲方同意出资为乙方提供专业技术培训，乙方亦愿意接受这次培训的各项安排。因此，根据《劳动法》和《劳动合同法》以及其他法律法规的规定，甲乙双方在自愿、平等的基础上，经协商一致签订本专项培训服务期协议，以兹共同遵守。

第1条　培训前提

1.1　培训性质：专业技术培训。乙方知悉培训内容，并认可此次培训的性质为专业技术培训。

培训目的：____。

培训内容：____。

1.2　培训对象：乙方是已与甲方建立劳动关系的全日制员工，且试用期已满。

1.3　培训期限：乙方参加培训的时间从______年____月____日起至______年____月____日止。本培训协议的启动取决于甲方为乙方办理的诸如选择培训机构、与培训机构签订代理培训合同、培训资格认证、签证、工作许可证等培训所必要的手续是否办理完毕。如遇签证办理情况、业务发展需要、工作安排或培训机构的日程等情形安排发生变化而致此次培训开始日期提前或延后，甲方有权变更本条所述培训开始日期，乙方应予以理解并接受，具体日期以甲方另行出具的书面通知所载日期为准。

1.4　培训地点：乙方到____________________（地点）____________________参加专业技术培训。

1.5　培训形式：□脱产　□半脱产　□在岗

第2条 专项培训费用

2.1 专项培训费用包括但不限于培训费、交通费、车辆使用费、住宿费、餐费、材料费、课本费、考试费、签证费用、培训期间的工资、培训期间甲方为乙方缴纳的五险一金费用、培训期间甲方向乙方发放的福利待遇、培训补贴、奖金、津贴等项目。费用计算公式为：专项培训费用总额 = 培训费 + 其他费用。培训费为人民币__________元（大写：__________）。

2.2 其他费用因不可提前预知，在培训结束后，以甲乙双方签字确认的《专项培训费用确认表》为准。培训结束后双方确认的其他费用为人民币__________元（大写：__________）。计算后专项培训费用总额为人民币__________元（大写：__________），乙方确认，上述费用甲方已经全部承担。

2.3 培训费用的负担方式为：______甲方负担__________。

2.4 乙方因个人生活需要支出的费用，由乙方自行承担。

第3条 培训期间的工资福利

3.1 双方同意培训期间工资待遇按下列________种方式处理。

3.1.1 原工资待遇不变。

3.1.2 受训期间的工资视情况按原工资的____%支付；奖金按通常支付额的____%支付。

3.1.3 甲方向乙方提供如下待遇：

（1）生活补助：____。

（2）培训补贴：____。

（3）其他福利待遇：____。

（4）其他：____。

（5）培训期间原工资待遇停发。

3.2 培训期间甲方向乙方支付的工资待遇计入本协议第2条约定的培训费用中。

3.3 从培训开始之日起，乙方所享受的带薪年休假待遇不变，但在培训期间，乙方同意不休年假。培训时间超过1年的，乙方同意年休假转移至第二年休。

第4条 培训要求

4.1 乙方保证在培训期间努力学习，保证拿到毕业证书/结业证书/资格证书/专项培训证书。

4.2 乙方承诺，参与培训期间遵守甲方有关规章制度及培训机构的纪律。如有违反，视为违反甲方规章制度与劳动纪律。

4.3 由于乙方原因未参加培训或导致培训终止，甲方将不承担乙方的培训费用，甲方可以要求乙方返还已向培训机构支付的培训费用。

4.4　乙方在培训中获得的商业秘密归属甲方，乙方按照甲方保密制度的要求，履行保密义务。

4.5　乙方在培训期内损坏甲方的形象和利益，甲方除有权取消或中止乙方继续培训外，还有权要求乙方赔偿甲方支付的全部培训费用。

4.6　乙方应在培训期内自觉维护自身安全和甲方的一切利益。

4.7　乙方在培训期间，必须对自己的学习情况作出书面总结，定期向甲方汇报，并在培训结束回到甲方后____日内作出自我评价/学习总结。

4.8　乙方承诺培训期结束后，继续为甲方工作，服从工作安排，服务期限依照协议约定执行。

第5条　服务期

5.1　甲乙双方确定服务期的起始时间为：培训结束。

5.2　服务期的起止时间为下列第______种：

（1）从______年____月____日起至______年____月____日止；

（2）至劳动合同或聘用合同期满时止。

甲方出资为乙方培训，乙方应按本协议要求完成最低服务年限，但甲方有权处置该服务期利益。服务期的结束时间晚于劳动合同期满时间时，甲方可以选择将劳动合同期限顺延至服务期满，也可以选择放弃服务期的权利，劳动合同按原期限终止。

5.3　服务期限内因培训所获证书由甲方代为保存，在本次服务期结束后甲方应返还乙方。

第6条　违约责任

6.1　乙方提前解除劳动合同时，应向甲方支付违约金。

6.2　有下列情形之一，甲方提出与乙方解除劳动合同的，乙方仍应支付违约金：

（1）乙方严重违反甲方的规章制度的；

（2）乙方严重失职，营私舞弊，给甲方造成重大损害的；

（3）乙方同时与其他用人单位建立劳动关系，对完成甲方的工作任务造成严重影响，或者经甲方提出，拒不改正的；

（4）乙方以欺诈、胁迫的手段或者乘人之危，使甲方在违背真实意思的情况下订立或者变更劳动合同的；

（5）乙方被依法追究刑事责任的；

（6）乙方医疗期满不能从事原工作，也不能从事用人单位另行安排的工作的；

（7）乙方不能胜任工作，经培训或调岗仍不能胜任工作的。

6.3 违约金的金额为__专项培训费总额______，依《劳动合同法》第二十二条的规定，按未履行服务期与全部服务期的比例进行分摊。

6.4 发生下列情形之一时，乙方应向甲方退回由甲方支付的全部培训费用：

（一）由于乙方的过错，导致不能取得相关毕业证书/结业证书/职业资格证书的；

（二）其他：____。

6.5 如发生乙方违约情形，乙方在付清违约金后，甲方应将相关培训证书返还乙方，并办理其他离职手续。否则甲方将依照法律程序追究乙方责任，由此产生的一切后果由乙方负责。

第7条 其他

7.1 培训开始前，甲方有权终止履行本协议，此时本协议不发生效力。

7.2 此协议一式两份，自双方签字或盖章后生效，具有同等法律效力。

（以下无正文）

甲方（公章）： 乙方（签字）：

日期： 年 月 日 日期： 年 月 日

合规工具47：《专项培训费用确认表》

专项培训费用确认表

确认人姓名： 确认人身份证号码：

费用项目	金额（人民币）	费用说明
1		
2		
3		

1. 确认人确认，公司承担的专项培训费用总额为人民币______元（大写：______________）。

2. 确认人对各项培训费用金额无异议。

3. 确认的上述专项培训费用总额将作为计算违约金的基准。

4. 本表是《培训服务期协议》的附件，具有同等的法律效力。

5. 计算公式：专项培训费用总额 = 培训费 + 其他费用。

（以下无正文）

确认人签字：　　　　　　　　　　　　　　　　日期：　　年　　月　　日

>>> 第十一章 <<<

保密与竞业限制的合规管理

竞业限制是保守商业秘密的一种手段，劳动法赋予了用人单位追究离职劳动者侵犯其商业秘密的权利。本章将重点探讨竞业限制协议条款的制定、竞业限制协议的有效场景、竞业限制经济补偿的约定与支付、竞业限制违约金的约定等环节的典型法律风险及合规管理。

第一节 保密与竞业限制的典型法律风险

典型风险 1：竞业限制协议条款无效

竞业限制并非法律的强制性规定，用人单位与劳动者经协商可约定适用，因此，竞业限制义务并非劳动者的法定义务，而是约定义务。用人单位适用竞业限制制度的关键目的是保护其自身的商业秘密不被泄露和维持核心竞争力不因商业秘密的泄露而降低，因此得到广泛重视。

《劳动合同法》第二十三条和第二十四条，是竞业限制制度的核心条款，其对竞业限制制度的法律基础作了详细的规定。《劳动合同法》第二十三条规定："用人单位与劳动者可以在劳动合同中约定保守用人单位的商业秘密和与知识产权相关的保密事项。对负有保密义务的劳动者，用人单位可以在劳动合同或者保密协议中与劳动者约定竞业限制条款，并约定在解除或者终止劳动合同后，在竞业限制期限内按月给予劳动者经济补偿。劳动者违反竞业限制约定的，应当按照约定向用人单位支付违约金。"第二十四条规定："竞业限制的人员限于用人单位的高级管理人员、高级技术人员和其他负有保密义务的人员。竞业限制的范围、地域、期限由用人单位与劳动者约定，竞业限制的约定不得违反法律、法规的规定。在解除或者终止劳动合同后，前款规定的人员到与本单位生产或者经营同类产品、从事同类业务的有竞争关系的其他用人单位，或者自己开业生产或者经营同类产品、从事同类业务的竞业限制期限，不得超过二年。”

从上述规定可知，竞业限制条款的约定可以采用多种形式，用人单位既可以在劳动合同中约定竞业限制条款，也可以签订单独的保密协议并约定竞业限制条款。用人单位在约定竞业限制条款时，应结合上述规定，注意竞业限制条款生效的要件：

第一，约定竞业限制条款的对象一定是负有保守义务的劳动者；

第二，约定竞业限制条款的人员一定是高级管理人员、高级技术人员和其他负有保密义务的人员；

第三，竞业限制的范围和地域一定是在合理范围之内，不能无限扩展；

第四，竞业限制的期限一定是在2年之内，不能超过此期限；

第五，竞业限制协议一定是以用人单位支付经济补偿为法律基础的。

据此，认定竞业限制条款无效或部分无效的情形可以总结如下。

第一，当用人单位的相关信息未依法构成法律意义上的商业秘密，或劳动者并不能接触到用人单位的商业秘密时，用人单位与劳动者签订竞业限制条款，该条款对劳动者无效。具体言之，根据《反不正当竞争法》第九条第四款的规定，商业秘密是指不为公众所知悉，具有商业价值并经权利人采取相应保密措施的技术信息、经营信息等商业信息。因此，用人单位的相关信息如能从公开渠道获悉，不具有商业价值，也未采取保密措施，则不能构成法律意义上的“商业秘密”，即不是所有用人单位的信息都可以被认定为商业秘密而被法律保护。用人单位签订相关协议的行为必须建立在其拥有商业秘密的基础之上，否则，即使劳动者是用人单位的高级管理人员，依据公司法的相关规定负有法定保密义务，也会因用人单位无商业秘密可保护，而使保密义务流于形式。

第二，用人单位不能与所有劳动者签订竞业限制协议，如超出法定范围（劳动者没有保密义务），即使签订了竞业限制协议，协议也因主体不适格而无效。签订竞业限制条款的劳动者一定是涉密属性较强的员工，若用人单位采用“一刀切模式”任意扩大签订范围，甚至和所有劳动者均签订竞业限制协议，则涉事劳动者有被认定为不属于负有保密义务主体的可能，进而会导致竞业限制协议无效。法律对竞业限制的主体规定明确，有且仅有3类：高级管理人员、高级技术人员和其他负有保密义务的人员。劳动法并未明确高级管理人员的范围，但《公司法》第二百六十五条第（一）项规定：“高级管理人员，是指公司的经理、副经理、财务负责人，上市公司董事会秘书和公司章程规定的其他人员。”因此，劳动法意义上的高级管理人员可借鉴参考公司法的规定。劳动法和其他相关法律也并未规定高级技术人员的范围，一般情况下，高级技术人员可从两个维度予以认定，一是具有专业技术高级职称的劳动者；二是用人单位规章制度规定的具有本单位高级技术职务或业务的劳动者。其他负有保密义务的人员，是排除高级管理人员和高级技术人员、能够接触和掌握用人单位商业秘密的其他人员。用人单位可根据法律规定，通过修订公司章程增加“高级管理人员”和修订规章制度增加“其他负有保密义务的人员”的方式，将诸如技术开发专员、经营管理人员、高级营销人员、高级技工、财务管理人员、高级秘书等可能涉及商业秘密的人员纳入签订范围。另外，劳动者为逃避违约责任，往往采取隐蔽的方式实施竞业限制行为，如通过近亲属、其他人员自营限制业务或参与竞业企业业务，司法实践中，部分裁判者对过往经验有所突破，在这种情形下也出现了劳动者被判违反竞业限制协议的案例。因此，用人单位可以在签订竞业限制协议的同时，将劳动者的近亲属名单一并列入适用范围。

第三，用人单位与劳动者约定的竞业限制范围和地域过于宽泛，该条款对劳动者无效。虽然《劳动合同法》第二十四条第一款规定，竞业限制的范围、地域和期限可以由用人单位与劳动者进行约定，但并不意味着劳资双方就可以任意约定竞业限制的范围、地域。《劳动合同法》第二十四条第二款规定：“在解除或者终止劳动合同后，前款规定的人员到与本单位生产或者经营同类产品、从事同类业务的有竞争关系的其他用人单位，或者自己开业生产或者经营同类产品、从事同类业务的竞业限制期限，不得超过二年。”因此，第一款规定中的“范围”可对应第二款规定中的“同类”，第一款规定中的“地域”可对应第二款规定中的“有竞争关系”。因此，竞业限制的范围应为劳动者离职后不能从事的“同类”行业或企业。上述条款中的“同类”，可理解为与用人单位营业执照所载的经营范围相同或类似，或与用人单位实际经营范围相同或类似的其他用人单位；竞业限制的地域应为劳动者离职后不能从事有“竞争关系”的具体地域范围，该地域范围应依据用人单位经营业务的实际市场影响力确定。实际市场影响力可以参照用人单位的实际经营地址、产品和业务覆盖区域、主要客户所在地、劳动者实际履行职务范围等因素进行确定。一般情况下，用人单位的市场影响力不能涉及全国、全球范围的，即不能与劳动者约定在全国、全球范围内施行竞业限制；用人单位的市场影响力涉及多个地区的，也应根据其是否是其主要市场范围确定，不应以在某个区域偶尔的销售或合作行为即认定该区域为竞业限制的地域。另外，同类行业或企业，即使生产的产品和经营的业务相同，但各自的市场影响力并不重叠（如一个企业的产品只供应山东市场，另一个企业的产品只供应北京市场），仅凭“同类”的属性并不能认定两个企业之间具有“竞争关系”。用人单位在确定竞业限制的范围和地域时，应结合自身的注册经营范围、实际经营范围和主要竞争对手清单3个要素确定。常见的方法就是将主要竞争对手以清单的方式列举在竞业限制协议之中，并约定以定期更新的竞争对手清单为准。

第四，竞业限制协议约定的离职后的竞业限制期限，应从劳动合同解除或终止之日起计算2年，超过2年的，其超过部分对劳动者无效，劳动者离职满2年后可不再履行竞业限制义务。但是，劳资双方对超过2年期限的竞业限制协议已经履行的，劳动者要求用人单位按约定支付经济补偿金的，裁判机关一般予以支持；用人单位以该条款无效作为抗辩理由拒绝支付经济补偿的，一般不予支持。另外，用人单位与劳动者并未约定竞业限制期限的，竞业限制协议依然有效，但该协议形如废纸，无法实现保护商业秘密的预期目的。

第五，竞业限制协议约定不支付经济补偿，因违反法律的强制性规定，该协议整体无效，劳动者可以拒绝履行竞业限制义务。《劳动合同法》第二十三条中"……并约定在解除或者终止劳动合同后，在竞业限制期限内按月给予劳动者经济补偿"，该表述意味着劳资双方约定竞业限制协议，则经济补偿自动成为竞业限制协议的条款；简言之，竞业限制协议中的经济补偿具有法律强制性。司法实践中，未约定经济补偿金的竞业限制协议不一定无效，但约定用人单位无须支付经济补偿的竞业限制协议一定无效。

典型风险2：竞业限制协议未约定经济补偿或约定不明

劳动者履行竞业限制义务是用人单位支付竞业限制补偿的前提，该经济补偿金是限制劳动者一定程度自由择业权和生存发展权的一种补偿。虽然《劳动合同法》第二十三条规定了用人单位在竞业限制期限内应按月给予劳动者经济补偿，但是管理实践中，竞业限制协议会出现未约定经济补偿或约定不明的情形，这就直接导致三个现实问题：一是未约定经济补偿的竞业限制协议是否有效？二是该情形下，用人单位当以何种标准向劳动者支付竞业限制补偿？三是用人单位当以何种标准与劳动者约定竞业限制经济补偿？

（1）未约定经济补偿的竞业限制协议是否有效？

针对这一问题，司法实践中的主流观点是，不宜认定未约定经济补偿的竞业限制条款对劳动者不发生效力。以山东省、北京市、浙江省为例。

山东省：《山东省高级人民法院、山东省人力资源和社会保障厅关于审理劳动人事争议案件若干问题会议纪要》第五条规定："关于未约定经济补偿的竞业限制协议的效力问题。竞业限制协议只约定了竞业限制义务和违约金，未约定竞业限制经济补偿，该竞业限制协议有效。劳动者与用人单位没有约定竞业限制经济补偿而劳动者已经履行竞业限制义务的，可以按照《最高人民法院关于审理劳动争议案件适用法律若干问题的解释（四）》（法释〔2013〕4号，已废止）第六条规定主张经济补偿。”

北京市：《北京市高级人民法院、北京市劳动人事争议仲裁委员会关于审理劳动争议案件解答（一）》（京高法发〔2024〕534号）第六十五个问题指出：“用人单位与劳动者在劳动合同或保密协议中约定了竞业限制条款，但未就补偿费的给付或具体给付标准进行约定，应如何处理？用人单位与劳动者在劳动合同或保密协议中约定了竞业限制条款，但未就补偿费的给付或具体给付标准进行约定，不应据此认定竞业限制条款无效，双方在劳动关系存续期间或在解除、终止劳动合同时，可以通过协商予以补救，经协商不能达成一致的，可按照双方劳动合同解除或终止前十二个月平均工资的30%确定补偿费数额，但不得低于劳动合同履行地最低工资标准。用人单位明确表示不支付补偿费的，竞业限制条款对劳动者不具有约束力。劳动者与用人单位未约定竞业限制期限的，应由双方协商确定，经协商不能达成一致的，限制期最长不得超过两年。”

浙江省：《浙江省高级人民法院民事审判第一庭、浙江省劳动人事争议仲裁院关于审理劳动争议案件若干问题的解答（三）》（浙高法民一〔2015〕9号）第二条规定：“用人单位与劳动者约定了竞业限制，但未约定经济补偿或者约定的经济补偿过低，竞业限制条款或协议的效力如何认定？答：用人单位与劳动者约定了竞业限制，但未约定经济补偿或约定的经济补偿过低的，不影响竞业限制条款或协议的效力……”

但是，在地方性规定中也有相反的观点，我们以广东省佛山市为例。

广东省佛山市：《佛山市中级人民法院关于审理劳动争议案件的若干意见》第十一条规定：“劳动合同终止或解除后的竞业限制条款未约定经济补偿金的是否有效？劳动合同终止或解除后的竞业限制是指承担保密义务的劳动者在离开用人单位一定期限内不得自营或者为他人经营与原用人单位有竞争的义务。这项制度的目的是保护企业的利益，但它同时限制了劳动者的择业自由。工资等劳动报酬是劳动者在履行劳动合同义务期间的应得报酬，劳动报酬主要是劳动者参加劳动的分配所得，不是劳动力出卖的对价，保守用人单位的商业秘密虽是劳动者的义务，但竞业限制补偿是对劳动者在劳动合同终止或解除以后不能就业或限制从业期间的补偿，就像解除劳动合同补偿金不应当包含在工资之内一样，没有约定经济补偿金的竞业限制条款对劳动者不具有约束力。同时，如果单纯限制劳动者的竞争活动，而不对劳动者提供公平、有效的对价补偿，必然会剥夺劳动者的择业自由权与生存发展权，因此，劳动者履行竞业限制条款规定的义务，就有权获得相应的合理的补偿金。”

司法实践中，即使竞业限制协议未约定经济补偿，但劳动者在履行竞业限制义务后仍可以向用人单位主张经济补偿，裁判机关一般也会予以支持。这种情形对用人单位十分不利，因劳动法对未约定经济补偿的竞业限制条款是否有效缺少明确规定，加之各地司法实践并不一致，用人单位未约定经济补偿极有可能导致竞业限制协议无效，并将是否要履行竞业限制义务的决定权让与劳动者，最终无法实现保护商业秘密的初衷。因此，用人单位应在竞业限制协议中对经济补偿的具体金额、计算标准或方法、支付方式和支付期限等事项作出明确的约定，以避免协议被认定无效的法律风险。

（2）该情形下，用人单位当以何种标准向劳动者支付竞业限制补偿？

劳动法虽然规定用人单位应向劳动者支付竞业限制补偿，却未规定具体数额，其实质是将约定权赋予了用人单位和劳动者。用人单位没有行使或故意不行使这种约定权，经济补偿的法律目的并不能因此落空，经济补偿标准应适用法定标准。

《最高人民法院关于审理劳动争议案件适用法律问题的解释（一）》（法释〔2020〕26号）第三十六条规定："当事人在劳动合同或者保密协议中约定了竞业限制，但未约定解除或者终止劳动合同后给予劳动者经济补偿，劳动者履行了竞业限制义务，要求用人单位按照劳动者在劳动合同解除或者终止前十二个月平均工资的30%按月支付经济补偿的，人民法院应予支持。前款规定的月平均工资的30%低于劳动合同履行地最低工资标准的，按照劳动合同履行地最低工资标准支付。"据此，该情形下经济补偿的标准有两个：其一，按照劳动者离职前12个月的平均工资的30%确定；其二，低于最低工资标准的，按照最低工资标准确定。这里的平均工资是指劳动者离职前12个月的所有收入的平均数，包括基本工资、奖金、津贴、补贴、加班费等各项收入；最低工资标准，在该情形下具有一定的强制性含义，即劳资双方签订竞业限制协议时并未约定经济补偿的，用人单位依法应支付的经济补偿不能低于该最低工资标准。值得注意的是，劳动法并未规定，用人单位与劳动者在约定竞业限制补偿金数额时不能低于最低工资标准。但最高人民法院的观点认为，最低工资标准制度也应适用于约定竞业限制补偿的过程中，用人单位和劳动者应适用最低工资标准确定经济补偿金的数额，如约定数额低于最低工资标准，则低于该标准的部分无效。

（3）用人单位应以何种标准与劳动者约定竞业限制经济补偿？

虽然劳动法并未明确规定约定竞业限制经济补偿的具体方法和数额，在相关司法解释出台之前，某些地方性规定作了相关探索。我们以深圳市、上海市、北京市、江苏省、浙江省为例。

深圳市：《深圳经济特区企业技术秘密保护条例》第二十四条规定："竞业限制协议约定的补偿费，按月计算不得少于该员工离开企业前最后十二个月月平均工资的二分之一。该约定补偿费少于上述标准或者没有约定补偿费的，补偿费按照该员工离开企业最后十二个月月平均工资的二分之一计算。"

上海市：《上海市高级人民法院关于适用〈劳动合同法〉若干问题的意见》（沪高法〔2009〕73号）第十三条规定："……补偿金数额不明的，双方可以继续就补偿金的标准进行协商；协商不能达成一致的，用人单位应当按照劳动者此前正常工资的20%－50%支付。协商不能达成一致的，限制期最长不得超过两年。"

北京市：《北京市高级人民法院、北京市劳动人事争议仲裁委员会关于审理劳动争议案件解答（一）》（京高法发〔2024〕534号）第六十五个问题指出："用人单位与劳动者在劳动合同或保密协议中约定了竞业限制条款，但未就补偿费的给付或具体给付标准进行约定，应如何处理？用人单位与劳动者在劳动合同或保密协议中约定了竞业限制条款，但未就补偿费的给付或具体给付标准进行约定，不应据此认定竞业限制条款无效，双方在劳动关系存续期间或在解除、终止劳动合同时，可以通过协商予以补救，经协商不能达成一致的，可按照双方劳动合同解除或终止前十二个月平均工资的30%确定补偿费数额，但不得低于劳动合同履行地最低工资标准。用人单位明确表示不支付补偿费的，竞业限制条款对劳动者不具有约束力。劳动者与用人单位未约定竞业限制期限的，应由双方协商确定，经协商不能达成一致的，限制期最长不得超过两年。"

江苏省：《江苏省劳动合同条例》第二十八条第一款规定："用人单位对处于竞业限制期限内的离职劳动者应当按月给予经济补偿，月经济补偿额不得低于该劳动者离开用人单位前十二个月的月平均工资的三分之一。"

浙江省：《浙江省技术秘密保护办法》第十五条规定："竞业限制补偿费的标准由权利人与相关人员协商确定。没有确定的，年度补偿费按合同终止前最后一个年度该相关人员从权利人处所获得报酬总额的三分之二计算。"

据此，司法实践中在确定竞业限制经济补偿的标准上出现过"二分之一""三分之一""20%－50%""30%""三分之二"等不同比例。应该说《最高人民法院关于审理劳动争议案件适用法律问题的解释（一）》（法释〔2020〕26号）第三十六条的规定在一定程度上再次统一了相关标准，我们有理由认为，"30%"的比例应当成为主流观点，但不同地区的裁审机构并不一定会统一到最高人民法院的标准上来，司法实践中执行差异仍然较大。此外，地方性法规甚至有与司法解释相冲突的情况，如《深圳市中级人民法院关于审理劳动争议案件的裁判指引》（深中法发

〔2015〕13号）第一百零七条规定，关于竞业限制补偿金的相关规定，与相关司法解释不一致时，优先适用深圳经济特区条例的相关规定，应适用“二分之一”的比例。

所以，用人单位与劳动者约定竞业限制补偿金具体数额的，建议从以下方面入手。

第一，地方性法规和地方判例明确规定了执行标准的，按地方标准执行；

第二，地方性法规允许协商确定的，可基于双方合意自由约定；

第三，劳资双方协商确定的，建议按劳动者离职前12个月平均工资的30% - 50%确定；

第四，劳资双方协商确定的，建议直接按劳动者离职前12个月平均工资的30%确定；

第五，经济补偿金低可能会导致违约金低，不建议低于劳动合同履行地的最低工资标准。

典型风险3：用人单位未按法律规定或竞业限制协议的约定支付经济补偿

（1）用人单位未按法律规定支付经济补偿。

《劳动合同法》第二十三条规定：“……在竞业限制期限内按月给予劳动者经济补偿。……”管理实践中，用人单位未按法律规定的“在竞业限制期限内按月”支付经济补偿的情况较多。用人单位支付竞业限制经济补偿常见的情形如下。

第一种情形，在工资收入组成确认单中设置“竞业限制补偿金”项目，在职时按月支付；

第二种情形，在劳动合同中约定工资福利中包含竞业限制补偿金，随月工资合并发放；

第三种情形，在劳动者离职时，一次性全额支付；

第四种情形，在竞业限制期限届满后，一次性全额支付；

第五种情形，用人单位按月支付不严格，支付行为时断时续等。

针对上述支付情形是否合法合规的问题，司法实践中，逐渐形成三种不同意见。

第一种意见认为，用人单位可以在劳动者在职期间提前支付竞业限制经济补偿。

例如，上海市第一中级人民法院发布的《竞业限制纠纷案件的审理思路和裁判要点》一文中指出：“关于补偿金的支付方式，虽然《劳动合同法》第23条第2款仅明确离职后按月给付的方式，但只要能将补偿金与其他待遇显著区分，用人单位可以与劳动者约定在职期间发放等其他给付方式。”①

第二种意见认为，用人单位不可以或不建议在劳动者在职期间提前支付竞业限制补偿。

例如，《天津市贯彻落实劳动合同法若干问题实施细则》（津人社规字〔2023〕7号）第十二条规定：“用人单位在劳动合同或者保密协议中与劳动者约定竞业限制条款的，在约定违约金和经济补偿时应遵循公平、公正、适量、对等的原则。用人单位向劳动者支付竞业限制经济补偿的，应当在劳动合同解除或者终止后支付。”又如，《山东省高级人民法院、山东省人力资源和社会保障厅关于审理劳动人事争议案件若干问题会议纪要》第九条规定：“劳动合同解除或者终止后，用人单位未支付竞业限制经济补偿，劳动者因此请求解除竞业限制协议，用人单位以其在劳动关系存续期间向劳动者支付的劳动报酬已包含竞业限制经济补偿进行抗辩的，对用人单位的抗辩不予支持。”

第三种意见认为，用人单位可以在劳动者离职时一次性支付竞业限制补偿金。

例如，《山东省高级人民法院、山东省人力资源和社会保障厅关于审理劳动人事争议案件若干问题会议纪要》第十条规定：“用人单位在劳动合同解除或者终止后，一次性向劳动者支付了竞业限制经济补偿，应当认定用人单位已经履行了竞业限制协议约定义务，劳动者违反竞业限制义务时，用人单位向劳动者主张违约金的，应予支持。”又如，《浙江省高级人民法院民一庭关于审理劳动争议纠纷案件若干疑难问题的解答》第十条规定：“《劳动合同法》第二十三条仅规定了用人单位‘在竞业限制期限内按月给予劳动者经济补偿’的补偿方式。用人单位如果在解除或者终止劳动合同时，一次性向劳动者支付了竞业限制补偿金的，劳动者违反竞业限制义务时，用人单位可以向劳动者主张违约金。”

据此可知，上述第二、四、五种情形并不合法，第三种情形符合地方司法实践时合法，第一种情形因与劳动报酬相区分，有可能被认为合法，但这并不是主流观点。用人单位如采取一次性支付的方法，虽然有时也能被认定为合法有效，但并不一定能起到竞业限制的效果。在这种情况下，劳动者一次性提前获得了全部的经济补偿，失去了对未来分段经济补偿的期待，容易产生侥幸心理，极可能选择铤而走险直接违反约定或采取隐蔽的就业行为用以逃避竞业限制的义务和责任。所以，用人单位应当按照法律规定，在解除或终止劳动合同后，以按月的形式将竞业限制经

---

① 参见《竞业限制纠纷案件的审理思路和裁判要点『类案裁判方法系列』》，载网易网2020年9月18日，https://www.163.com/dy/article/FMPOOINN05419PPO.html。

济补偿支付给劳动者，这种方式才能最大限度地实现竞业禁止的目的。

（2）用人单位未按竞业限制协议的约定支付经济补偿。

司法实践中，用人单位未向劳动者支付经济补偿，不同情形会导致不同的法律后果。

第一种情形，用人单位与劳动者签订了有效的竞业限制协议，但实际中由于用人单位原因未支付经济补偿，劳动者履行了竞业限制义务并要求用人单位支付或补足该经济补偿的，裁判机关予以支持。

第二种情形，用人单位与劳动者签订了有效的竞业限制协议，但实际中由于用人单位原因未支付经济补偿，劳动者违反竞业限制协议的（除劳动者解除和部分地方有规定外），劳资双方各自承担违约责任。用人单位承担支付经济补偿的责任，劳动者承担支付违约金的责任。

第三种情形，用人单位与劳动者签订了有效的竞业限制协议，实际中由于用人单位原因未支付经济补偿，劳动者请求用人单位支付竞业限制经济补偿时，用人单位明确表示拒绝的，视为其以行为表示解除竞业限制协议，劳动者自协议解除之日，不需要履行竞业限制义务，但用人单位须向劳动者支付 3 个月的额外竞业限制经济补偿。

第四种情形，用人单位与劳动者签订了有效的竞业限制协议，实际中由于用人单位原因未支付经济补偿满 3 个月期限的，劳动者有解除竞业限制协议的权利，劳动者解除竞业限制协议后，可以请求用人单位支付拖欠的经济补偿。

需要指出的是，用人单位未按照竞业限制协议支付经济补偿，并不影响竞业限制协议的效力。《最高人民法院关于审理劳动争议案件适用法律问题的解释（二）（征求意见稿）》第十八条就此观点予以了明确："用人单位与高级管理人员、高级技术人员和其他负有保密义务的人员约定在职期间竞业限制条款，劳动者以在职期间不得约定竞业限制、未支付经济补偿为由请求确认竞业限制条款无效的，人民法院不予支持。"另外，该条司法解释还明确了用人单位与劳动者约定在职竞业限制条款的有效性，用人单位应格外重视，积极履行该条款赋予用人单位的相关权利。

典型风险 4：竞业限制协议未约定违约金或约定金额过高

违约金条款是服务期协议的核心条款，也是竞业限制协议的核心条款。《劳动合同法》第二十三条第二款规定："对负有保密义务的劳动者，用人单位可以在劳动合同或者保密协议中与劳动者约定竞业限制条款，并约定在解除或者终止劳动合同后，在竞业限制期限内按月给予劳动者经济补偿。劳动者违反竞业限制约定的，应当按照约定向用人单位支付违约金。”这是竞业限制违约金的法律基础。劳动法虽明确规定劳动者违反竞业限制约定的，要向用人单位支付违约金，但并未对违约金的具体数额作出规定。管理实践中，竞业限制违约金的数额或计算方法全靠劳资双方的自由约定，这种自由约定应建立在公平、合理的基础之上。

管理实践中，用人单位就竞业限制协议未约定经济补偿的，司法解释中尚有补救途径，但是用人单位就竞业限制协议未约定违约金的，则会失去竞业限制的最佳制约手段，劳动者即使明显违约也不能被要求支付违约金，导致竞业限制协议难以产生最佳的法律意义。这种做法同用人单位与劳动者约定试用期但不约定录用条件或劳动者进入医疗期但不出现劳动合同解除的法定情形一样，只会产生管理意义，不能产生实质的法律意义。在这种情形下，用人单位只能根据《劳动合同法》第九十条“劳动者违反本法规定解除劳动合同，或者违反劳动合同中约定的保密义务或者竞业限制，给用人单位造成损失的，应当承担赔偿责任”的规定主张相关赔偿，但关于劳动者的违约事实、损失的具体数额和劳动者违约与具体损失之间因果关系的举证难度较大。另外，从用人单位的角度看，其以较少的经济补偿约定较高的违约金是利益最大化的管理策略，虽然经济补偿金额并不能直接决定违约金的金额，但这种做法不应违背合理性原则，例如，约定用人单位每月支付 2000 元的经济补偿，劳动者违约时需支付 200 万元的违约金。用人单位约定的竞业限制违约金过高，劳动者有权要求裁判机关予以调整。司法实践中，部分地方性规定明确了这一观点。我们以山东省、四川省、上海市为例。

山东省：《山东省高级人民法院、山东省劳动争议仲裁委员会、山东省劳动人事争议仲裁委会关于适用〈中华人民共和国劳动争议调解仲裁法〉和〈中华人民共和国劳动合同法〉若干问题的意见》（鲁高法〔2010〕84 号）第三十一条第二款规定：“用人单位在竞业限制条款中约定的违约金过分高于劳动者违约造成的损失的，人民法院、仲裁委员会可以根据劳动者的请求对违约金数额予以适当调整。”

四川省：《四川省高级人民法院民事审判第一庭关于审理劳动争议案件若干疑难问题的解答》（川高法民一〔2016〕1 号）第三十三条规定：“竞业限制违约责任与侵权损害责任发生竞合时，如果双方约定有违约金的，应首先适用违约金条款，如该违约金低于或高于实际损失 30% 的，可适当予以调整。双方未约定违约金的，按实际损失确定赔偿责任。”

上海市：《上海市第一中级人民法院竞业限制纠纷案件审判白皮书》第三部分第五条指出：“竞业限制纠纷案件的争议焦点中近八成涉及用人单位主张劳动者支付竞业限制违约金，审理中劳动者一般均主张约定的违约金数额畸高要求进行调整，而用人单位则主张违约金数额为双方订立协议时的真实意思表示，且尚不足以弥补用人单位的经济损失，不应当调整。法院通常会结合劳动者的工资、补偿金数额及用人单位的实际损失等因素，对违约金数额是否合理作出酌情判定。但是违约金数额是否在合理区间，见仁见智，目前审判实战中尚未统一标准……”

另外，《民法典》第五百八十五条第二款规定：“约定的违约金低于造成的损失的，人民法院或者仲裁机构可以根据当事人的请求予以增加；约定的违约金过分高于造成的损失的，人民法院或者仲裁机构可以根据当事人的请求予以适当减少。”

管理实践中，用人单位与劳动者约定违约金一般有以下几种方法。

第一种方法：直接约定违约金的具体数额。

第二种方法：以劳动者离职前12个月的月平均工资为基数，约定倍数。

第三种方法：以劳动者离职前的年工资总额为基数，约定倍数。

第四种方法：以竞业限制补偿金总额为基数，约定倍数。

第五种方法：将股票期权与违约金相关联。

第六种方法：基于违约金数额和计算方法，设置二次违约金或动态违约金。

用人单位与劳动者约定违约金数额或计算方法，无论采取上述何种方法，都应着重考量经济补偿和违约金之间的比例关系，建议控制在1∶3至1∶5。

典型风险5：竞业限制协议未约定劳动者违约时返还竞业限制经济补偿

劳动者违反竞业限制协议，用人单位可依法要求劳动者支付违约金。但是，劳动者在此前提下是否要退还用人单位已经支付的经济补偿，劳动法并未明确作出规定。司法实践中，针对这一问题，实务中一般会有3种情形。

第一种情形，劳资双方在竞业限制协议中约定了当劳动者违约时要同时返还竞业限制经济补偿，有约定的从其约定。

第二种情形，劳资双方未约定返还条款，裁判机关大概率只支持违约金，但在部分地方也可获得支持。

第三种情形，劳资双方未约定返还条款，执行地方性规定。

以深圳市和浙江省的观点为例。

深圳市：《2017年深圳市劳动人事争议疑难问题研讨会会议纪要》第十一条第一款规定：“劳动者在竞业限制期间违反竞业限制协议约定，用人单位主张劳动者返还违反约定期间已经支付的竞业限制补偿的，应予支持。”

浙江省：《浙江省高级人民法院民事审判第一庭、浙江省劳动人事争议仲裁院关于审理劳动争议案件若干问题的解答（三）》（浙高法民一〔2015〕9号）第三条规定：“用人单位依据竞业限制协议向劳动者支付了经济补偿，而劳动者违反了竞业限制约定，用人单位除要求劳动者承担违约金外，还要求其返还已收取的经济补偿金，能否支持？答：劳动者违反竞业限制约定，用人单位要求劳动者返还违反竞业限制约定期间用人单位向其支付的经济补偿的，应予支持。对劳动者履行竞业限制约定期间用人单位向其支付的经济补偿，用人单位要求返还的，不予支持。……”

需要着重指出的是，虽然劳动立法并未对劳动者违反竞业限制协议后是否应返还用人单位已经支付的经济补偿作出规定，但《最高人民法院关于审理劳动争议案件适用法律问题的解释（二）（征求意见稿）》第十九条给出了明确的规定，即“竞业限制条款约定的竞业限制范围、地域、期限等内容应当与劳动者知悉、接触的商业秘密和与知识产权相关的保密事项、具有的商业价值和形成的竞争优势相适应。劳动者违反竞业限制约定，用人单位按照约定依法要求劳动者返还违反竞业限制约定期间已经支付的经济补偿、支付违约金的，人民法院应予支持”。因此，竞业限制协议未约定劳动者违约时返还竞业限制补偿条款的，本质上减轻了竞业限制协议的约束力，并不是合规管理的最优化措施。用人单位应在竞业限制协议中明确约定：当劳动者违约时，应当返还违反竞业限制约定期间已经支付的经济补偿。

典型风险 6：劳动者解除竞业限制协议

用人单位与劳动者签订竞业限制协议的目的并不是获得违约金，而是保护其自身商业秘密不被泄露，以保障核心竞争力不被降低。事实上，劳动者解除竞业限制协议时，商业秘密的泄露将不可避免。从合规管理的角度出发，预防劳动者解除竞业限制协议是关键点。用人单位与劳动者签订竞业限制协议，除法定情形外，劳动者必须遵守协议，否则将承担违约责任。司法实践中，用人单位竞业限制目标落空的情形一般有两个，一个是国家层面规定的劳动者可以解除竞业限制的情形；另一个是地方层面规定的劳动者可以不履行竞业限制义务的情形。

国家层面：《最高人民法院关于审理劳动争议案件适用法律问题的解释（一）》（法释〔2020〕26 号）第三十八条规定：“当事人在劳动合同或者保密协议中约定了竞业限制和经济补偿，劳动合同解除或者终止后，因用人单位的原因导致三个月未支付经济补偿，劳动者请求解除竞业限制约定的，人民法院应予支持。”按照最高人民法院司法解释的规定，劳动者有效解除竞业限制协议的基本条件有 4 个：第一，用人单位与劳动者约定了竞业限制和经济补偿条款；第二，劳动者已经离职，即劳动合同已经解除或终止；第三，由于用人单位原因未支付竞业限制经济补偿满 3 个月期限；第四，劳动者在竞业限制期限内向用人单位进行明示解除。

上述基本条件中，用人单位应重点掌握第三个：由于用人单位原因未及时支付竞业限制经济补偿满 3 个月的期限。首先，应准确理解何为“用人单位原因”。未及时支付经济补偿的“用人单位原因”，可分为用人单位自身主观原因、用人单位自身客观原因和与用人单位相关的第三方原因。用人单位主观原因一般是指用人单位在主观上有不愿意、不情愿、恶意拒绝、恶意拖欠等感性因素或行为因素；用人单位客观原因一般是指用人单位主观愿意但客观上不能的情形，如资金链断裂、营业收入锐减、经营困难、长期停产歇业、进入破产程序等；与用人单位相关的第三方原因一般是指用人单位委托第三方单位或第三方个人向劳动者支付竞业限制经济补偿而未按时支付或未能支付的情形，第三方单位如有类似业务的企业、银行、金融机构或用人单位的关联公司等。司法实践中，用人单位以自身主观原因、自身客观原因或第三方原因作为未支付竞业限制经济补偿的抗辩理由，裁判机关一般不予支持。但是，管理实践中还会有劳动者故意阻却用人单位支付经济补偿的情形出现，其用意在于“成就”本条规定的“用人单位原因”，以达到解除竞业限制协议的目的。司法实践中，因劳动者过错，导致用人单位未及时支付经济补偿的，劳动者并无解除竞业限制协议的权利。具体情形诸如：劳动者注销用于接收竞业限制经济补偿的银行账号；劳动者故意失踪或故意不按约定的时间到用人单位领取竞业限制经济补偿等。用人单位未支付竞业限制经济补偿的，排除自身原因后，应主动固定未及时支付的证据（包括劳动者原因、重大意外或不可抗力事件），为“非用人单位原因”承担举证责任。其次，应准确理解何为“未支付经济补偿”。管理实践中，用人单位支付竞业限制经济补偿的方式多种多样，上述典型风险中有具体描述。需要注意的是，即使用人单位按照法律规定的方式在劳动者离职后按月支付了经济补偿，但支付的经济补偿金额如少于竞业限制协议约定的数额，则也属于“未支付经济补偿”的范畴，即“少付 = 未及时支付”。最后，应准确理解何为“三个月”。用人单位应将劳动合同解除或终止之日作为“三个月”的起算时间点，该时间点同时也是用人单位向劳动者支付竞业限制经济补偿的开始时间。此处的“三个月”既包括连续的 3 个月，也包括累计的 3 个月，即用人单位在竞业限制期限内连续或累计有 3 个月以上未向劳动者支付经济补偿。综上，在劳动者满足法定解除条件时，即可行使解除权，用人单位不应出现由于自身原因 3 个月不向劳动者支付竞业限制经济补偿的情况。

地方层面：《江苏省劳动合同条例》第二十八条第二款规定：“用人单位未按照约定给予劳动者经济补偿的，劳动者可以不履行竞业限制义务，但劳动者已经履行的，有权要求用人单位给予经济补偿。”通常情况下，即使用人单位未支付竞业限制经济补偿，竞业限制协议也应生效，但部分地方性规定与该观点并不一致。所以，特殊情形下，用人单位存在未向劳动者支付竞业限制经济补偿的情形时，劳动者可不以“三个月”为界限，直接拒绝履行竞业限制义务。当然，这种观点并非主流观点。

典型风险7：用人单位未及时审查劳动者是否需要履行竞业限制义务

《最高人民法院关于审理劳动争议案件适用法律问题的解释（一）》（法释〔2020〕26号）第三十九条规定："在竞业限制期限内，用人单位请求解除竞业限制协议的，人民法院应予支持。在解除竞业限制协议时，劳动者请求用人单位额外支付劳动者三个月的竞业限制经济补偿的，人民法院应予支持。"根据该条司法解释，我们可以总结以下3点：第一，用人单位拥有竞业限制协议的单方自由解除权，而这种单方自由解除权，不会由于任何原因而阻却（包括劳动者不同意）。第二，用人单位行使该解除权时，既可以采用单方通知劳动者的形式，也可以通过人民法院确认的方式（不仅限于通过人民法院确认的方式）。第三，用人单位行使该解除权，因解除时间不同而导致的后果有所不同（用人单位在劳动者离职前或离职时书面通知解除竞业限制协议的，无须向劳动者额外支付竞业限制经济补偿；用人单位在劳动者离职之后通知解除竞业限制协议的，应额外向劳动者支付3个月的竞业限制经济补偿）。

用人单位与劳动者签订竞业限制协议一般是在劳动关系建立伊始，而一个劳动合同的期限往往在1~3年，甚至更长时间。一方面，劳动者在劳动合同的履行期间，其工作能力、工作内容、工作岗位等情况会有不同程度的变化，接触商业秘密的时间、机会和概率也会随之变化；另一方面，用人单位的商业秘密可能随着时间的推移，其范围和内容均会发生变化，劳动者极有可能在2年前需要严守的商业秘密，在2年后将失去保密价值。所以，用人单位在劳动者离职之前审查其是否有必要继续履行竞业限制义务甚为必要。用人单位若在劳动者离职前未进行审查程序，则合法解除最低需要增加3个月的竞业限制经济补偿的成本；若在N个月后才发现该劳动者无须履行竞业限制义务，而劳动者又恰好履行了竞业限制义务，此时合法行使解除权的成本则变为"3+N"。

第二节 法务HR合规管理

一、竞业限制的独立性与有效场景

（一）竞业限制具有独立性特点

劳动法一般要求竞业限制条款采用书面形式，而书面形式可以通过劳动合同内置条款或劳动合同附件予以实现，当然，用人单位还可以与劳动者签订单独的竞业限制协议。竞业限制的独立性体现在，当用人单位通过劳动合同内置条款或劳动合同附件的方式约定竞业限制时，劳动合同的解除或终止并不影响竞业限制的生效，即劳动合同的消灭并不必然导致竞业限制条款或协议的消灭（竞业限制条款或协议一般只有在用人单位解除或劳动者符合法定条件下解除时才会失效）。当用人单位通过签订独立的竞业限制协议约定竞业限制时，其独立性自不必言说。因此，基于目前的劳动法和相关司法解释，竞业限制条款和协议一旦依法签订，除司法解释规定的可以约定和解除情形外，一般不受其他劳动用工场景的影响。

（二）竞业限制条款或协议的有效场景

1. 劳动合同解除时竞业限制有效

竞业限制的目的是限制劳动合同解除或终止后劳动者的自由择业权，以防止用人单位商业秘密的泄露。劳动合同的解除或终止，代表了劳动关系的完结，却不能阻却竞业限制条款或协议的生效，从某种程度上说，离职后的竞业限制是以劳动合同的解除或终止为基本生效条件的。所以，在依法订立竞业限制条款或协议的前提下，无论是用人单位提出还是劳动者提出协商解除劳动合同，无论是用人单位单方还是劳动者单方解除劳动合同，无论是合法还是违法解除劳动合同，均不能发生解除竞业限制条款或协议的法律效果，除非在解除劳动合同时，对竞业限制条款或协议另有解除约定，且双方明确认可。

（1）用人单位与劳动者适用《劳动合同法》第三十六条的规定协商解除劳动合同的，竞业限制条款或协议有效（除协商解除劳动合同协议中约定了解除竞业限制协议条款外）。

（2）劳动者适用《劳动合同法》第三十七条的规定，行使自由解除权的，竞业限制条款或协议有效。

（3）劳动者适用《劳动合同法》第三十八条的规定，以用人单位存在过错为由，辞职的，竞业限制条款或协议有效。

（4）用人单位适用《劳动合同法》第三十九条的规定，以劳动者有过错为由，解除劳动合同的，竞业限制条款或协议有效。

（5）用人单位适用《劳动合同法》第四十条的规定，依据法定情形解除劳动合同的，竞业限制条款或协议有效。

（6）用人单位适用《劳动合同法》第四十一条的规定，实行经济性裁员的，竞业限制条款或协议有效。

（7）用人单位和劳动者违法解除劳动合同的，竞业限制条款或协议有效。

2. 劳动合同终止时竞业限制有效

与劳动合同解除的情形同理，符合《劳动合同法》第四十四条的情形，劳动合同终止时，竞业限制条款或协议有效。

3. 劳资双方违约时竞业限制有效

（1）用人单位不支付竞业限制经济补偿时，劳动者依法拥有附条件的解除权，在解除权成就之前，竞业限制条款或协议有效。

（2）劳动者违反竞业限制协议时，在承担违约责任后，除用人单位明确解除外，竞业限制条款或协议继续有效。

4. 劳资双方约定在职竞业限制条款的，劳动者在职期间有效

《最高人民法院关于审理劳动争议案件适用法律问题的解释（二）（征求意见稿）》第十八条规定："用人单位与高级管理人员、高级技术人员和其他负有保密义务的人员约定在职期间竞业限制条款，劳动者以在职期间不得约定竞业限制、未支付经济补偿为由请求确认竞业限制条款无效的，人民法院不予支持。"

二、合理利用相关规定

《最高人民法院关于审理劳动争议案件适用法律问题的解释（一）》（法释〔2020〕26 号）第三十七条规定："当事人在劳动合同或者保密协议中约定了竞业限制和经济补偿，当事人解除劳动合同时，除另有约定外，用人单位要求劳动者履行竞业限制义务，或者劳动者履行了竞业限制义务后要求用人单位支付经济补偿的，人民法院应予支持。"用人单位应着重理解和运用"除另有约定外"的法律授权。在上述法律风险中，用人单位未及时审查劳动者是否确有必要履行竞业限制义务，可能会导致解除竞业限制协议的成本增加，但是将竞业限制的启动程序作为"另有约定"，即将竞业限制的启动条件约定进协议之中，可将用人单位的"被动审查"转化为"约定执行"。

管理实践中，用人单位可在竞业限制协议中约定启动条款时有 2 种模式。

第一种模式，将启动通知作为协议生效的条件。示范条款："甲乙双方签竞业限制协议的效力以劳动合同解除或终止时（前），甲方向乙方出具的竞业限制协议效力通知书为准。如甲方在劳动合同解除或终止时（前）向乙方发送了《竞业限制开始通知书》，竞业限制协议生效；如甲方未在劳动合同解除或终止时（前）向乙方发送《竞业限制开始通知书》，则竞业限制协议无效。"

第二种模式，将启动通知作为用人单位的管理手段。示范条款："甲方有决定乙方在解除或终止劳动合同后，是否继续履行竞业限制义务的权利。甲方如确认乙方有履行竞业限制义务的必要，应在劳动合同解除或终止时（前）向乙方发送《竞

业限制开始通知书》，乙方应严格遵守竞业限制协议的约定；甲方如确认乙方无履行竞业限制义务的必要，可在劳动合同解除或终止时（前）随时解除本协议，解除的方式以向乙方发送《竞业限制终止通知书》为准，协议解除后，乙方无须承担离职后的竞业限制义务；甲方既未向乙方发送《竞业限制开始通知书》，也未向乙方发送《竞业限制终止通知书》的，视为竞业限制协议自签订之时有效，乙方应自觉履行竞业限制义务。”

另外，用人单位应避免约定这样的条款“甲方有权在解除或终止劳动合同后，即乙方离职后30天内，决定是否要求乙方继续履行竞业限制义务”或“甲方向乙方支付竞业限制经济补偿的，视为要求乙方开始履行竞业限制义务”。上述两种条款虽然都不违反法律的强制性规定，但因用人单位的相关行为均发生在“劳动合同解除或终止后”，均有被劳动者要求支付额外3个月竞业限制经济补偿的可能，因此应当避免。

三、竞业限制的8大合规要点

关于竞业限制合规管理的建议已在前文典型风险中有所提及，这里作归纳和补充。用人单位可从以下8个方面掌握竞业限制合规管理要点。

1. 依法确定本单位的商业秘密

《反不正当竞争法》第九条第四款规定：“本法所称的商业秘密，是指不为公众所知悉、具有商业价值并经权利人采取相应保密措施的技术信息、经营信息等商业信息。”因此，商业秘密具有3个特性：秘密性、价值性和保密性（采取保密措施）。在用人单位的相关信息具有了秘密性和价值性两个属性后，如果未对该类信息采取保密措施，也不能构成法定条件下的商业秘密。用人单位确认商业秘密的步骤一般分为两步。

第一步：梳理不为公众所知悉和具有商业价值性信息，确认哪些技术信息和经营信息具有秘密性（不为公众所知悉）。《最高人民法院关于审理侵犯商业秘密民事案件适用法律若干问题的规定》（法释〔2020〕7号）第一条规定：“与技术有关的结构、原料、组分、配方、材料、样品、样式、植物新品种繁殖材料、工艺、方法或其步骤、算法、数据、计算机程序及其有关文档等信息，人民法院可以认定构成反不正当竞争法第九条第四款所称的技术信息；与经营活动有关的创意、管理、销售、财务、计划、样本、招投标材料、客户信息、数据等信息，人民法院可以认定构成反不正当竞争法第九条第四款所称的经营信息。前款所称的客户信息，包括客户的名称、地址、联系方式以及交易习惯、意向、内容等信息。”

用人单位无法确认自身哪些信息为“不为公众所知悉”的信息时，首先，应当对标法释〔2020〕7号中第四条中关于“公众所知悉”的列举情形，适当采用排除的方法予以确认。《最高人民法院关于审理侵犯商业秘密民事案件适用法律若干问题的规定》（法释〔2020〕7号）第四条规定：“具有下列情形之一的，人民法院可以认定有关信息为公众所知悉：（一）该信息在所述领域属于一般常识或者行业惯例的；（二）该信息仅涉及产品的尺寸、结构、材料、部件的简单组合等内容、所属领域的相关人员通过观察上市产品即可直接获得的；（三）该信息已经在公开出版物或者其他媒体上公开披露的；（四）该信息已通过公开的报告会、展览等方式公开的；（五）所属领域的相关人员从其他公开渠道可以获得该信息的。将为公众所知悉的信息进行整理、改进、加工后形成的新信息，符合本规定第三条规定的，应当认定该新信息不为公众所知悉。”其次，确认哪些信息具有价值性（商业价值）。《最高人民法院关于审理侵犯商业秘密民事案件适用法律若干问题的规定》第七条规定：“权利人请求保护的信息因不为公众所知悉而具有现实的或者潜在的商业价值的，人民法院经审查可以认定为反不正当竞争法第九条第四款所称的具有商业价值。生产经营活动中形成的阶段性成果符合前款规定的，人民法院经审查可以认定该成果具有商业价值。”因此，确定信息属于“不为公众所知悉”是认定“具有商业价值”的前提条件，基于此，人民法院才能进行“审查认定”程序。

第二步：采取相应的保密措施。用人单位采取相应的保密措施，并非任意采取措施，该措施应符合法律认定规范。《最高人民法院关于审理侵犯商业秘密民事案件适用法律若干问题的规定》第六条规定：“具有下列情形之一，在正常情况下足以防止商业秘密泄露的，人民法院应当认定权利人采取了相应保密措施：（一）签订保密协议或者在合同中约定保密义务的；（二）通过章程、培训、规章制度、书面告知等方式，对能够接触、获取商业秘密的员工、前员工、供应商、客户、来访者等提出保密要求的；（三）对涉密的厂房、车间等生产经营场所限制来访者或者进行区分管理的；（四）以标记、分类、隔离、加密、封存、限制能够接触或者获取的人员范围等方式，对商业秘密及其载体进行区分和管理的；（五）对能够接触、获取商业秘密的计算机设备、电子设备、网络设备、存储设备、软件等，采取禁止或者限制使用、访问、存储、复制等措施的；（六）要求离职员工登记、返还、清除、销毁其接触或者获取的商业秘密及其载体，继续承担保密义务的；（七）采取其他合理保密措施的。”可以说，该条司法解释将用人单位采取何种保密措施列举得相当清楚，用人单位只需对号入座即可。

在确定本单位商业秘密的操作步骤中，对用人单位有挑战的是梳理“不为公众所知悉”的技术信息和经营信息。用人单位应耐心、细心、专心地作梳理工作，为生成商业秘密作基础准备。

2. 规章制度或公司章程要明确保密人员的范围

用人单位可根据法律规定，通过修订公司章程增加“高级管理人员”和修订规章制度增加“其他负有保密义务的人员”的方式，将诸如技术开发专员、经营管理人员、高级营销人员、高级技工、财务管理人员、高级秘书等可能涉及商业秘密的人员纳入签订范围。用人单位应将竞业限制适用范围严格限定在法定的三类主体之内：高级管理人员、高级技术人员和其他负有保密义务的人员。另外，用人单位不应以为规章制度中有竞业限制的内容就等同于与劳动者签订了竞业限制条款或协议，竞业限制的本质属性应为合同，是针对特定的某个人，而规章制度的本质属性是规定，针对多数人，两者有性质差别。因此，用人单位以规章制度作为竞业限制条款的依据，一般不对劳动者具有约束力，除非将规章制度作为劳动合同的附件。

3. 签订竞业限制协议的对象要适格

就劳动者而言，一定属于高级管理人员或高级技术人员或负有保密义务的其他劳动者。就用人单位而言，一定是与劳动者签订劳动合同的相对方。司法实践中，子公司按照劳动者与母公司的竞业限制协议要求其履行竞业限制义务或追究其违约责任的案例时有发生，因竞业限制协议只附属和发生效力于劳动合同（劳动关系）的相对方，所以，未与劳动者签订竞业限制协议的用人单位不享有要求劳动者履行竞业限制义务的权利。因此，劳动者在关联公司之间变更劳动关系，变更用工主体的，原用人单位应与新用人单位做好竞业限制的承继衔接工作。直接的承继方式是要求劳动者与新用人单位重新签订竞业限制协议，或签订竞业限制义务三方衔接协议。另外，用人单位要与劳务派遣人员签订竞业限制协议的，因劳动法对此并无禁止性规定，用人单位的行为并不违法。但基于劳务派遣用工是劳动合同用工的补充形式，其工作岗位具有临时性、辅助性和可替代性的法律属性，与可签订竞业限制条款或协议的三大类主体对象大概率有不可重合性（劳务派遣人员一般不能成为高级管理人员或高级技术人员，除非用人单位将其纳入其他负有保密义务的人员之内）。因此，并不建议用人单位在未与劳务派遣单位履行相关人员用工关系的承继衔接程序前，与劳务派遣人员签订竞业限制协议。

4. 签订竞业限制协议的时间要有利

劳动法并未规定签订竞业限制条款或协议的具体时间，理论上在劳动者离职时或之后亦可签订。用人单位应有“宁可事先签，也不事后补”的理念，应选择在劳动者入职时与之签订竞业限制条款或协议。值得注意的是，无论在何时签订，竞业限制协议中都应约定生效条款或启动条款。

5. 行业范围、地域范围和竞业限制期限要合理合法

这一点可参考本章第一节典型风险 1 的相关内容。

6. 约定明确的竞业限制补偿金数额和支付方式

用人单位支付竞业限制经济补偿的方式是在劳动者离职之后按月支付。

7. 约定明确的违约金数额或计算标准

如本章第一节典型风险 4 中列举的 6 种违约金的列举方法，用人单位无论采用哪一种，均要注意经济补偿和违约金之间比例的合理性。司法实践中，裁判机关一般会根据劳动者在职时的工资水平、竞业限制经济补偿的数额、劳动者的主观恶意程度、对用人单位造成的损害程度及其他相关因素，进而综合评定违约金是否约定过高。其中，竞业限制经济补偿数额的大小，一定是裁判机关审查的重点，在某种程度上，竞业限制经济补偿的数额决定了违约金的数额，虽然两者之间的关系并无法律条文予以确认。

8. 设置启动、履行、终止和承继程序

启动、终止和承继程序前文有所讲述，此处补充履行程序。用人单位可以在竞业限制协议中约定支付经济补偿的附加条件，即要求劳动者在约定的竞业限制经济补偿支付日期之前，向原用人单位汇报任职信息，汇报的方式是提供当时当月的诸如社会保险缴费记录、住房公积金缴费记录、与新用人单位的劳动合同、当月的工资收入证明等材料。管理实践中，这种方法行之有效；但司法实践中，具有不确定性（有的法院认可，有的法院不认可）。从管理角度来看，用人单位可大胆与劳动者约定类似条款，但在劳动者未及时履行汇报义务时，用人单位也不应立即停止支付竞业限制经济补偿，一旦累计 3 个月未支付，则劳动者会自动获得竞业限制协议的解除权。

另外，在竞业限制启动程序上需要补充的是，用人单位和劳动者虽然能够约定在“劳动合同解除或终止时（前）”启动或解除竞业限制协议的程序，但不能约定在“劳动合同解除或终止后”的某个时间段启动或解除竞业限制协议的程序，即不能在劳动者离职后的几个月后再行通知其开始履行竞业限制协议。另外，用人单位将竞业限制纠纷过程中的仲裁和诉讼时间不计入竞业限制总时间的约定也无效。人民法院案例库入库编号为 2022－18－2－186－006 案例的裁判要旨指出：“用人单位与劳动者在竞业限制条款中约定，因履行竞业限制条款发生争议申请仲裁和提起诉讼的期间不计入竞业限制期限的，属于劳动合同法第二十六条第一款第二项规定的‘用人单位免除自己的法定责任、排除劳动者权利’的情形，应当认定为无效。”

第三节　合规工具应用

合规工具48：《商业秘密确认单》

商业秘密确认单

确认人员姓名：

部门岗位名称：

一、确认说明

（一）本确认单所填写的信息系基于履行职务的需要，确认人已经收到所有信息。

（二）本确认单所填写的所有信息均为公司的商业秘密。

（三）本确认单未列尽的商业秘密，确认人依据公司规章制度和相关约定亦应严格遵守。

（四）商业秘密信息涉及的所有知识产权均归公司所有。

二、商业秘密列举

（一）公司客户信息

1. ______________________________

2. ______________________________

3. ______________________________

（二）其他秘密信息及书面材料

1. ______________________________

2. ______________________________

3. ______________________________

声明确认：

上述所列举的信息我已经全部收到并知悉。

我确认并保证在职和离职之后均不会泄露上述任何商业秘密信息。

确认签字：

日期：　　年　　月　　日

合规工具49：《竞业限制开始通知书》

竞业限制开始通知书

员工姓名：______________（身份证号码：________________________）

鉴于您与公司于____年____月____日签订了《竞业限制协议》，并于____年____月____日正式与公司解除/终止劳动关系。竞业限制义务的期限为____个月，自离职日起算。竞业限制经济补偿计算与发放方式按照双方签订的《竞业限制协议》中的相关条款执行。另外，公司有可能在您履行期内书面通知您提前终止竞业限制义务，届时以公司的书面通知为准。

（以下无正文）

公司（公章）： 日期： 年 月 日

-- 裁剪线 --

签收回执

本人已收到公司于____年____月____日发出的《竞业限制开始通知书》。本人保证将自觉遵守竞业限制条款的约定，如有违反将承担包括但不限于违约金、赔偿金及相关法律责任。

本人离职后的联系方式为：

1. 收件地址：____
2. 电子邮箱：____
3. 联系电话：____
4. 其他联系方式：____________________________________

履行人签字： 日期： 年 月 日

合规工具50：《竞业限制终止通知书》

竞业限制终止通知书

员工姓名：______________（身份证号码：________________________）

鉴于你与公司于____年____月____日签订了《竞业限制协议》，并于____年

____月____日正式与公司解除/终止劳动关系。竞业限制义务的期限为____个月。

现公司根据你在离职前的实际工作情况和公司的实际需要，决定解除对你离职后的竞业限制，离职后你不需要继续履行《竞业限制协议》中约定的相关的竞业限制义务，公司也不需要向你支付任何经济补偿金。

你离职后对掌握的公司所有信息，包括公司尚未公开的部分，仍有保密义务，请自觉遵守双方签署的《保密协议》。

（以下无正文）

公司（公章）：　　　　　　　　　　　　　　日期：　　年　　月　　日

-- 裁剪线 --

签收回执

本人已收到公司于____年____月____日发出的《竞业限制终止通知书》。本人确认自收到本通知之日起不再负有履行竞业限制义务，公司无须发放竞业限制补偿。

签收确认：　　　　　　　　　　　　　　日期：　　年　　月　　日

合规工具51：《竞业限制协议》

竞业限制协议

甲方（用人单位）：____________________法定代表人：____________________

联系电话：____________________办公地址：____________________

乙方（员工）：____________________身份证号码：____________________

联系电话：____________________住址：____________________

鉴于乙方系甲方（A 高级管理人员；B 高级技术人员；C 其他负有保密义务的人员），在职或服务期间乙方有从甲方获得商业秘密的机会，有利用甲方物质技术资料进行创作的机会，有获得及增进知识、经验、技能的机会；甲方为乙方的劳动支付工资、奖金、提成、奖励等劳动报酬；乙方清楚不与甲方竞业是获取以上回报的必要条件。为切实保护甲方的商业秘密及其他合法权益，确保乙方不与甲方竞业，根据《中华人民共和国劳动法》《中华人民共和国劳动合同法》等法律法规的规定，双方遵循平等、自愿、协商一致的原则，经协商一致签订本竞业限制协议，以兹共同遵守。

第1条 竞业限制的基本要求

1.1 竞业限制：指用人单位有条件地要求劳动者不能直接或间接从事竞业行为。具体是指乙方不得在与甲方及甲方关联公司有竞争关系的单位内任职或以任何方式为其服务（包括但不限于担任竞争性单位的合伙人、董事、监事、股东、管理人员或一般职员、代理人、顾问等），也不得自己生产、经营与甲方及甲方关联公司有竞争关系的同类产品或业务。

1.2 第1.1条所指的“有竞争关系”是指乙方离职时与甲方及其关联公司已开展的业务有竞争关系；有竞争关系的单位包括与甲方及其关联公司直接竞争的单位及其直接或间接参股或控股或受同一公司控制的单位。有竞争关系的地域范围，以能够与甲方形成实际竞争关系的地域为限。

1.3 有竞争关系的单位范围。

1.3.1 单位范围：营业执照的经营范围涉及____________的企业及与甲方有竞争关系的甲方关联公司。关联公司名单如下：____。

1.3.2 地域范围：____。

1.4 限制乙方生产或经营的产品范围和限制从事的业务范围。

1.4.1 限制生产或经营的产品范围：____。

1.4.2 限制从事的职位：包括但不限于____________产品研发、设计、编程、软件开发、硬件设备设计、销售、售后服务以及其他有可能了解或接触____________产品相关信息、文档、资讯的职位（甲方应根据乙方的实际情况填写本条内容）。

1.4.3 地域范围：____。

1.5 其他视为乙方违反竞业限制义务的情形。

1.5.1 从有竞争关系的单位处领取任何报酬，或获得实物、购物卡、消费卡、报销等好处。

1.5.2 在有竞争关系的单位缴纳个人所得税，或社会保险，或住房公积金。

1.5.3 乙方近亲属从有竞争关系的单位处领取任何报酬或获得旅游、实物、购物卡、消费卡、报销等好处，而乙方不能提供合理说明的。

1.5.4 乙方不能按本协议约定向甲方说明当下工作情况或所说明情况与实际情况不符的。

1.5.5　其他违反竞业限制义务的情形的。

1.6　离职后竞业限制的期限：从______年____月____日起至______年____月____日止。

甲方有权书面通知乙方缩短离职后的竞业限制期间或提前解除本竞业限制协议。

1.7　在职期间，即劳动关系存续期间或非劳动关系任职期间，乙方有在职竞业限制的义务。劳动关系存续期间：是指乙方与甲方正式签订劳动合同或形成事实劳动合同关系之日开始到双方劳动关系结束（或消灭）为止的期间。非劳动关系任职期间：包括但不限于乙方到达退休年龄之后继续为甲方所聘用期间，劳务派遣期间、乙方为甲方提供劳务期间等情形。

1.7.1　未经甲方事先书面许可，乙方在甲方任职期间，不得从事竞业行为。

1.7.2　在职期间的竞业限制义务的履行，甲方无须向乙方支付额外经济补偿。乙方在职期间违反竞业限制义务的，乙方应承担如下责任：(1) 甲方有权解除劳动合同，且无须支付任何经济补偿或赔偿；(2) 乙方从事竞业行为所获利益应归甲方所有；(3) 赔偿竞业行为给甲方造成的损失。

第2条　竞业限制的生效与启动

2.1　本条所指的竞业限制专指劳动合同解除或终止后的竞业限制，在职竞业限制自劳动关系建立之日自动生效。

2.2　甲乙双方所签订本竞业限制协议的效力，以劳动合同解除或终止时（前），甲方向乙方出具的竞业限制协议效力通知书为准。如甲方在劳动合同解除或终止时（前）向乙方发送了《竞业限制开始通知书》，本竞业限制协议生效；如甲方未在劳动合同解除或终止时（前）向乙方发送《竞业限制终止通知书》，则本竞业限制协议无效。

第3条　本协议所指的商业秘密

3.1　甲方及甲方关联公司内部的有关文件、资料；

3.2　属甲方及甲方关联公司所有的产品信息、商业信息、技术信息、用户信息等；

3.3　属甲方及甲方关联公司所有专利和专有技术；

3.4　所有产品的研发过程中产生的图纸、模型、数据、资料库、程序等；

3.5　乙方在甲方及甲方关联公司工作期间取得的劳动成果；

3.6　《公司保密制度》及《保密协议》中所提及的商业秘密项目；

3.7　《商业秘密确认单》中确定的相关信息。

第4条　竞业限制经济补偿与违约金

4.1　劳动合同解除或终止后，在竞业限制期内甲方按月给予乙方经济补偿。

甲方每月向乙方支付的经济补偿金额为人民币＿＿＿＿＿＿＿＿元（大写金额＿＿＿＿＿＿＿＿＿＿＿＿）。

4.2 经济补偿计算标准：＿＿＿＿＿＿＿＿＿＿＿＿＿＿＿＿＿＿。

4.3 竞业限制补偿发放时间：按月发放，自乙方离职之日的下月月底开始发放，下月月底之前发放上月补偿金。发放日期及逾期发放的其他约定：＿＿＿＿＿＿＿＿＿＿＿＿＿＿＿＿＿＿＿＿＿＿＿＿。

4.4 竞业限制补偿发放方式：甲方向乙方实名的银行卡内支付。乙方的银行账户信息如下：

账户1：账号：＿＿＿＿＿＿＿＿ 开户银行：＿＿＿＿＿＿＿＿ 户名：＿＿＿＿＿＿＿＿

账户2：账号：＿＿＿＿＿＿＿＿ 开户银行：＿＿＿＿＿＿＿＿ 户名：＿＿＿＿＿＿＿＿

上述账户无法收款时，乙方应在月底之前到甲方处领取现金竞业限制补偿金，或书面确认乙方名下的其他收款账户之后甲方再行发放。

4.5 个人所得税：甲方负责为乙方代扣代缴由竞业限制补偿费所产生的个人所得税，并直接在给予乙方的补偿金中扣除该款项。

4.6 甲方每月支付经济补偿前，乙方应向甲方出示当时的就业情况证明（包括但不限于乙方自述就业情况证明书、有关部门盖章的社保记录、新单位劳动合同、新单位任职证明、新单位工作证等），经甲方向乙方的工作单位确认后可领取。乙方应在每月25日前提供上述材料，乙方按照本条规定履行任职情况说明义务是甲方发放经济补偿的前提条件，若乙方逾期提交、虚假提交或未按要求提交，则视为乙方违背竞业限制义务并放弃该月的补偿金。乙方就业情况说明材料：＿＿＿＿＿＿＿＿＿＿＿＿＿＿＿＿＿＿＿＿＿＿＿＿。

4.7 乙方违反本协议关于保密及竞业限制义务的约定，应当承担违约责任，应当向甲方支付违约金人民币＿＿＿＿＿＿＿＿元（大写金额＿＿＿＿＿＿＿＿）；同时，乙方应将甲方在离职后支付的竞业限制补偿金全部返还给甲方。如造成甲方损失而违约金不足以弥补时，乙方还应赔偿甲方因此导致的所有损失。甲方的损失包括但不限于甲方直接或间接的利润损失、商誉损失、业务机会损失及为制止乙方违约行为所支付的合理费用。损失额依照以下4种方式计算，以计算结果最高的为准：（1）甲方获取或开发该产品技术的全部费用；（2）甲方因此损失的相关业务收入；（3）竞争单位相关业务因此取得的业务收入；（4）其他方式计算的损失。乙方违约导致甲方产生重大经济损失的，甲方除追究民事违约责任外，有权向公安机关、工商部门举报，追究乙方的行政责任或刑事责任。

4.8 乙方违约时，甲方有权不再支付本协议约定的竞业限制补偿费，乙方须支付违约金，返还已经领取的经济补偿，并继续履行本协议。再次违反的，应按本协议4.7条约定的违约金数额的____倍，再次支付违约金。

第5条 通知的送达

5.1 在职期间，就本协议事宜，甲方可通过在劳动合同或其他文件中乙方提供的地址进行送达。

5.2 离职后，甲方可通过下列方式之一向乙方进行通知或送达：

通信地址：____

电邮地址：__________手机微信：__________其他账号：__________

无论乙方是否实际查阅或拒收，甲方通过上述方式之一向乙方发出通知时，即视为乙方已经查阅且甲方已实际完成送达。

5.3 甲方的送达地址为：________________________________

第6条 其他事项

6.1 双方同意，与本协议有关的一切纠纷，由双方当事人协商解决，协商不成的，任何一方均可向甲方所在地有管辖权的劳动争议仲裁机构提请仲裁或向人民法院提起诉讼。

6.2 乙方确认已认真阅读了本协议的全部内容，同意遵守本协议约定。

6.3 本协议一式两份，甲乙双方各执一份。

6.4 本协议自双方签章之日起开始生效。

（以下无正文）

甲方（公章）： 乙方（签字）：

日期： 年 月 日 日期： 年 月 日

>>> 第十二章 <<<

离职权益结算的合规管理

劳动法如缺少相关权益计算的规定，则会使法条流于形式，不能发生规制劳资双方的切实效果。产生劳动纠纷的核心原因是劳动者的相关权益未得到满足。从这种意义上讲，劳动者有时比用人单位更精通相关权益的计算规则。一般情况下，劳动纠纷有“秋后算账”的典型特点，即劳动者在职时与用人单位相安无事，离职后矛盾集中爆发，而矛盾爆发的焦点往往在于相关权益计算和给付。离职权益是劳动者必然关注的重点，一般包括经济补偿、赔偿金、未休年休假工资、竞业限制补偿金、加班费、年终奖、医疗补助费、未签订书面劳动合同的二倍工资等。司法实践中，这些离职权益的计算既要符合国家层面的法律规定，有时还要配合地方层面的执行政策。而不同地方的执行政策又不尽相同，不可谓不复杂。管理实践中，用人单位如无法准确掌握相关权益的计算规则，不能及时清算和完结彼此的权利与义务，则会为劳动纠纷的发生埋下隐患。

本章重点梳理企业劳动用工中高频出现的离职权益计算事项，包括经济补偿、未休年休假工资、年终奖等。

第一节　离职权益计算的典型法律风险

典型风险 1：未支付或少支付解除或终止劳动合同的经济补偿

经济补偿，是用人单位依法或依约，在劳动合同解除或终止后向劳动者支付的补偿款项。经济补偿，严格意义上并非称为经济补偿金，因在《劳动法》和《劳动合同法》中，并未有经济补偿金的概念，所以较为准确的称呼为经济补偿。在劳动法框架中，并非所有的劳动合同解除或终止的情形都需要支付经济补偿，支付经济补偿的情形均是以用人单位或劳动者合法解除或终止劳动合同为基本前提。《劳动合同法》第四十六条明确列举了支付经济补偿的 7 种法定情形，因此用人单位向劳动者支付经济补偿的行为，在法律本质上具有法定性，在履行范围上具有限制性。另外，劳资双方基于有效合意，协商一致降低或免除经济补偿的，法律亦认可双方协议有效。因此，用人单位向劳动者支付经济补偿，在实务操作上具有约定性。

管理实践中，在支付经济补偿法定条件或约定条件成就时，用人单位未向劳动者支付或少于法定金额或约定金额支付经济补偿的（除劳资双方协商一致降低或免除外），将面临较大法律风险。《劳动合同法》第八十五条规定："用人单位有下列情形之一的，由劳动行政部门责令限期支付劳动报酬、加班费或者经济补偿；劳动报酬低于当地最低工资标准的，应当支付其差额部分；逾期不支付的，责令用人单位按应付金额百分之五十以上百分之一百以下的标准向劳动者加付赔偿金：

（一）未按照劳动合同的约定或者国家规定及时足额支付劳动者劳动报酬的；

（二）低于当地最低工资标准支付劳动者工资的；

（三）安排加班不支付加班费的；

（四）解除或者终止劳动合同，未依照本法规定向劳动者支付经济补偿的。"

据此，用人单位未向劳动者支付或少支付解除或终止劳动合同经济补偿的（除劳资双方协商一致降低或免除外），系"未依照本法规定向劳动者支付经济补偿"，有加付赔偿金的法律风险。另外，劳动者还有直接向人民法院申请支付令的可能。关于加付赔偿金的适用标准和操作步骤，可参考本书第六章第二节劳动者被迫辞职的相关内容，此处不再赘述。

结合实务操作经验，用人单位未向劳动者支付或少支付解除或终止劳动合同经济补偿（除劳资双方协商一致降低或免除外）的原因可总结为以下 5 条：

第一，不清楚应支付或无须支付经济补偿的具体情形，导致应付未付。

第二，未掌握经济补偿的基本计算方法，导致计算金额少于法定标准。

第三，经济补偿的计算基数未执行地方规定，导致计算金额少于地方执行标准。

第四，拖欠支付经济补偿或支付时间不符合法律规定，导致未及时支付。

第五，劳资双方并未约定经济补偿金额是否属于税前金额，用人单位在支付时进行了代扣代缴，导致劳动者认为经济补偿少于约定标准。

典型风险 2：解除或终止劳动合同时未支付未休年休假工资报酬

司法实践中，绝大多数的劳动者在提起仲裁时，都将支付未休年休假工资报酬列入请求事项中，带薪年休假纠纷逐渐成为劳动争议中的高发性纠纷。

用人单位安排劳动者休带薪年休假是法定义务。《职工带薪年休假条例》第五条规定："单位根据生产、工作的具体情况，并考虑职工本人意愿，统筹安排职工年休假。年休假在1个年度内可以集中安排，也可以分段安排，一般不跨年安排。单位因生产、工作特点确有必要跨年度安排职工年休假的，可以跨1个年度安排。单位确因工作需要不能安排职工休年休假的，经职工本人同意，可以不安排职工休年休假。对职工应休未休的年休假天数，单位应当按照该职工日工资收入的300%支付年休假工资报酬。"从上述规定的用词角度看，"考虑"职工意愿，并非"遵照"职工意愿，"统筹安排"职工年休假，并非"根据申请"安排年休假。因此，用人单位对安排劳动者休带薪年休假有决定权，且不需要劳动者"同意"。只有在用人单位确因工作需要不能安排职工年休假或者跨1个年度安排年休假的情况下，才应征得职工本人"同意"。

用人单位未安排劳动者休年休假或未支付未休年休假工资报酬，潜在2个法律风险。

其一，有向劳动者支付600%日工资的可能。《企业职工带薪年休假实施办法》第十条第一款规定："用人单位经职工同意不安排年休假或者安排职工年休假天数少于应休年休假天数，……按照其日工资收入的300%支付未休年休假工资报酬，其中包含用人单位支付职工正常工作期间的工资收入。"第十五条第二款规定："用人单位不安排职工年休假又不依照条例及本办法规定支付未休年休假工资报酬的，由县级以上地方人民政府劳动行政部门依据职权责令限期改正；对逾期不改正的，除责令该用人单位支付未休年休假工资报酬外，用人单位还应当按照未休年休假工资报酬的数额向职工加付赔偿金；对拒不执行支付未休年休假工资报酬、赔偿金行政处理决定的，由劳动行政部门申请人民法院强制执行。"据此，用人单位除了支付正常工作期间的100%的工资外，还应支付200%的未休年休假工资报酬，符合上述办法第十五条第二款规定的，如劳动行政部门作出"按照未休年休假工资报酬的数额"1倍的标准加付赔偿金处罚的（300%未休年休假工资报酬），则合计为600%。

劳动者为获取600%日工资，一般会采取以下操作：

第一步，向劳动监察部门举报、投诉，要求劳动监察部门责令用人单位支付日工资300%的未休年休假工资；

第二步，用人单位未支付的，再次向劳动监察部门投诉，要求劳动监察部门责令用人单位按照应付金额的50%～100%标准加付赔偿金；

第三步，用人单位仍未支付的，向劳动争议仲裁委员会提起仲裁。

用人单位需要注意的是，劳动者直接提起仲裁而未经劳动监察前置程序的，其加付赔偿金的主张不能得到支持。

其二，劳动者有主张经济补偿的可能。《劳动合同法》第三十八条第一款第（二）项规定，用人单位未及时足额支付劳动报酬的，劳动者可以解除劳动合同。劳动者解除劳动合同后，可依据《劳动合同法》第四十六条的规定主张经济补偿。因此，用人单位未支付的未休年休假工资报酬（200%法定补偿部分）如被认定为“劳动报酬”，则用人单位会增加支付经济补偿的法律风险。

司法实践中，对未休年休假工资是否属于劳动报酬一般分为两种观点：第一种观点，认可未休年休假工资属于劳动报酬，如重庆、云南、山东等地；第二种观点，不认可未休年休假工资属于劳动报酬，如北京、天津、上海、山西、陕西、广东、广西、浙江、江苏等地。管理实践中，用人单位所在地的裁判机关执行第一种观点的，则用人单位将面临此类风险。以云南为例：

《云南省高级人民法院　云南省人力资源和社会保障厅关于审理劳动人事争议案件若干问题的座谈会纪要》（云高法〔2015〕27号）规定：“用人单位未按照法律规定或劳动合同约定及时足额向劳动者发放津贴、未休年休假工资报酬，劳动者以此为由解除劳动合同并向用人单位主张经济补偿的，应予支持。”

其实争议未休年休假工资是否属于劳动报酬是问题的表象，背后的核心是适用哪一种仲裁时效的问题。劳动争议仲裁时效有一般时效和特殊时效之分。一般时效指劳动争议申请仲裁时效时间为一年，仲裁时效期间从当事人知道或者应当知道其权利被侵害之日起计算；特殊时效较之一般时效的不同在于二者的仲裁时效起算时间不同。特殊的仲裁时效是指劳动关系存续期间因拖欠劳动报酬发生争议的，劳动者申请仲裁不受一般时效规定的限制；但是，劳动关系终止的，应当自劳动关系终止之日起一年内提出。因适用仲裁时效的不同，未休年休假工资的主张年限就会发生不同。但是，《最高人民法院关于审理劳动争议案件适用法律问题的解释（二）（征求意见稿）》第五条统一了未休年休假工资适用何种时效的问题，变相认可了未休年休假工资属于劳动报酬的观点。该司法解释第五条规定：“劳动者主张用人单位支付未休年休假工资报酬、加班费的仲裁时效适用劳动争议调解仲裁法第二十七条第四款规定的，人民法院应予支持。”因此，理论上讲，劳动者在未离职的情况下，可以主张过往多年的未休年休假工资，这与过往的司法实践有很大不同。另外，当未休年休假工资被认定为劳动报酬，劳动者便有了适用《劳动合同法》第三十八条第一款第（二）项“未及时足额支付劳动报酬”的法定理由。管理实践中，有多少用人单位依法合规地安排劳动者休年假？这是一个主观评价和客观调查的问题。笔者从主观评价角度认为，部分或大部分的用人单位未依法合规安排劳动者休年休假，劳动者主张未休年休假工资报酬和经济补偿的劳动纠纷案件将与日俱增。

管理实践中，还存在解除或终止劳动合同时的具体原因或事由，是否影响用人单位支付未休年休假工资报酬的问题。《企业职工带薪年休假实施办法》第十二条第一款规定："用人单位与职工解除或者终止劳动合同的，当年度未安排职工休满应休年休假的，应当按照职工当年已工作时间折算应休未休年休假天数并支付未休年休假工资报酬，但折算后不足1整天的部分不支付未休年休假工资报酬。"上述规定中"用人单位与职工解除或者终止劳动合同的"，并不能狭隘地理解为只有用人单位动议与劳动者解除或终止劳动合同这一种情形，事实上，该规定并未详细区分劳动合同解除或终止的事由。司法实践中，一般认为，用人单位应支付未休年休假工资报酬的情形可包括：（1）用人单位与劳动者协商一致解除劳动合同的；（2）用人单位依据《劳动合同法》第三十九条、第四十条、第四十一条解除劳动合同的；（3）劳动者依据《劳动合同法》第三十七条行使自由解除权解除劳动合同的（有的观点认为，劳动者辞职剥夺了用人单位安排带薪年休假的权利，此情形不应支付劳动者未休年休假工资报酬）；（4）用人单位违法解除或终止劳动合同的；（5）劳动者依据《劳动合同法》第三十八条被迫解除劳动合同且成功的；（6）劳动合同依法终止的（劳动者退休、死亡均应支付未休年休假工资报酬）。

综上，无论劳动者是何种原因离职，用人单位在其离职之前集中安排休完年休假是首选之策。劳动者接受休假安排的，用人单位可将年休假休完之日作为劳动者离职之日，劳动报酬及相关福利可结算至年休假休完之日；如此时不符合休年休假的客观条件（如劳动者急于离职），用人单位也应做好结算未休年休假工资报酬的工作。此外，劳动法并未禁止劳资双方对剩余未休年休假作协商处理，从《企业职工带薪年休假实施办法》第十条第二款的规定看，反而允许劳资双方协商，并允许劳动者有放弃年休假的权利。因此，如劳动者在协商解除劳动合同协议等文件中放弃未休年休假工资报酬（放弃年休假应以明示的方式），或承诺不再追索未休年休假工资报酬，则用人单位无须再支付。

典型风险3：未支付年终奖

劳动法并未规定用人单位必须施行年终奖制度，即是否施行年终奖制度是用人单位的经营自主权。管理实践中，劳动者离职，用人单位通常以劳动者并未达到年终奖支付条件为由（如劳动者并未工作到年底），拒绝支付，从而引发争议。支付年终奖引发的劳动争议，其争议焦点往往在于如何认定年终奖的性质，即年终奖属于工资还是属于福利的问题。

《国家统计局关于工资总额组成的规定》第四条规定："工资总额由下列六个部分组成：（一）计时工资；（二）计件工资；（三）奖金；（四）津贴和补贴；（五）加班加点工资；（六）特殊情况下支付的工资。"第七条规定："奖金是指支付给职工的超额劳动报酬和增收节支的劳动报酬。包括：（一）生产奖；（二）节约奖；（三）劳动竞赛奖；（四）机关、事业单位的奖励工资；（五）其他奖金。”

《国家统计局〈关于工资总额组成的规定〉若干具体范围的解释》第二条“关于奖金的范围”第（一）项规定：“生产（业务）奖包括超产奖、质量奖、安全（无事故）奖、考核各项经济指标的综合奖、提前竣工奖、外轮速遣奖、年终奖（劳动分红）等。”

基于上述两个规定，我们可大致了解清楚年终奖的性质归属：年终奖（劳动分红）属于生产（业务）奖的一种，生产（业务）奖属于奖金的一种，而奖金属于工资总额的6个组成部分之一，因此年终奖（劳动分红）应属于工资。司法实践中，如果用人单位未在劳动合同或规章制度中定性年终奖的性质，即未将年终奖和劳动报酬（工资）相区分，大概率会被认定为劳动报酬。在劳动法明确禁止拖欠和克扣劳动报酬（工资）的基本前提下，用人单位在劳动者离职时拒不支付年终奖，将面临较大法律风险。

管理实践中，用人单位施行年终奖制度的方式多种多样，有的在劳动合同或规章制度中明确施行年终奖制度，并约定了发放条件、发放时间和计算标准；有的则并未作出任何约定，但是有发放惯例。结合具体案例分析，用人单位明确施行年终奖制度的，在发放条件成就的前提下，劳动者离职后主张年终奖的，大概率会得到裁判机关的支持。用人单位未有明确文件证明实施了年终奖制度，但有发放惯例且可被证明发放条件已成就的，劳动者离职后主张年终奖的，大概率也会得到裁判机关的支持。

需要注意的是，用人单位仅以劳动者未工作到年底不符合发放条件（发放时不在职）为由拒绝发放的，一般不会得到支持。2022 年 7 月 6 日最高人民法院发布第 32 批指导性案例第 183 号指导案例中认为，虽然用人单位的规章制度规定年终奖发放前离职的劳动者不能享受年终奖，但劳动合同的解除非因劳动者单方过失或主动辞职所致，且劳动者符合年终奖发放标准时，劳动者主张用人单位支付年终奖的，人民法院应当予以支持。本案例对人民法院审理涉年终奖的劳动争议案件具有指导意义，防止用人单位借规章制度之名侵害劳动者合法权益。该表述最后的“侵害劳动者合法权益”应可理解为“年终奖应属于劳动报酬（工资）范畴，不可拖欠”。另外，《天津法院劳动争议案件审理指南》（津高法〔2017〕246 号）第三十七条规定：“【年终奖发放】用人单位以规章制度、通知、会议纪要等规定有权利领取年终奖的劳动者范围为年终奖实际发放之日仍然在职的劳动者为由，拒绝向考核年度内已经离职的劳动者发放年终奖的，如该年终奖属于劳动报酬性质，劳动者请求给付年终奖的，应予支持。劳动者在年终奖对应的考核年度工作不满一年的，用人单位应当按照劳动者实际工作时间占全年工作时间的比例确定发放年终奖的比例。”这里需要补充的是，用人单位将年终奖与绩效挂钩是承认了年终奖的劳动报酬性质，仅以未审批、审批未通过等理由不予发放年终奖的，将不会得到支持。人民法院案例库入库编号为2022－18－2－186－004案例的裁判要旨指出：“用人单位规定劳动者在完成一定绩效后可以获得奖金，其无正当理由拒绝履行审批义务，符合奖励条件的劳动者主张获奖条件成就，用人单位应当按照规定发放奖金的，人民法院应予支持。”

第二节 法务HR合规管理

一、经济补偿的5条法律依据

用人单位向劳动者支付经济补偿的法律依据集中在《劳动法》、《劳动合同法》和《劳动合同法实施条例》中，其中最为重要的是以下5条。

其一，《劳动合同法》第四十六条规定：“有下列情形之一的，用人单位应当向劳动者支付经济补偿：

（一）劳动者依照本法第三十八条规定解除劳动合同的；

（二）用人单位依照本法第三十六条规定向劳动者提出解除劳动合同并与劳动者协商一致解除劳动合同的；

（三）用人单位依照本法第四十条规定解除劳动合同的；

（四）用人单位依照本法第四十一条第一款规定解除劳动合同的；

（五）除用人单位维持或者提高劳动合同约定条件续订劳动合同，劳动者不同意续订的情形外，依照本法第四十四条第一项规定终止固定期限劳动合同的；

（六）依照本法第四十四条第四项、第五项规定终止劳动合同的；

（七）法律、行政法规规定的其他情形。”

其二，《劳动合同法》第四十七条规定：“经济补偿按劳动者在本单位工作的年限，每满一年支付一个月工资的标准向劳动者支付。六个月以上不满一年的，按一年计算；不满六个月的，向劳动者支付半个月工资的经济补偿。劳动者月工资高于用人单位所在直辖市、设区的市级人民政府公布的本地区上年度职工月平均工资三倍的，向其支付经济补偿的标准按职工月平均工资三倍的数额支付，向其支付经济补偿的年限最高不超过十二年。本条所称月工资是指劳动者在劳动合同解除或者终止前十二个月的平均工资。”

其三，《劳动合同法实施条例》第十条规定："劳动者非因本人原因从原用人单位被安排到新用人单位工作的，劳动者在原用人单位的工作年限合并计算为新用人单位的工作年限。原用人单位已经向劳动者支付经济补偿的，新用人单位在依法解除、终止劳动合同计算支付经济补偿的工作年限时，不再计算劳动者在原用人单位的工作年限。"

其四，《劳动合同法实施条例》第二十二条规定："以完成一定工作任务为期限的劳动合同因任务完成而终止的，用人单位应当依照劳动合同法第四十七条的规定向劳动者支付经济补偿。"

其五，《劳动合同法实施条例》第二十七条规定："劳动合同法第四十七条规定的经济补偿的月工资按照劳动者应得工资计算，包括计时工资或者计件工资以及奖金、津贴和补贴等货币性收入。劳动者在劳动合同解除或者终止前 12 个月的平均工资低于当地最低工资标准的，按照当地最低工资标准计算。劳动者工作不满 12 个月的，按照实际工作的月数计算平均工资。"

二、用人单位支付经济补偿的 35 种情形

根据《劳动合同法》第四十六条列举的前 6 项情形，再结合其第（七）项"法律、行政法规规定的其他情形"，总结用人单位支付经济补偿的 35 种情形如下（劳务派遣情形除外）。

（1）用人单位动议，提出协商解除劳动合同的；

（2）用人单位未按照劳动合同约定提供劳动保护，劳动者被迫辞职的；

（3）用人单位未按照劳动合同约定提供劳动条件，劳动者被迫辞职的；

（4）用人单位未及时（无故拖欠）支付劳动报酬，劳动者被迫辞职的；

（5）用人单位未足额（克扣）支付劳动报酬，劳动者被迫辞职的；

（6）用人单位低于最低工资标准向劳动者支付工资，劳动者被迫辞职的；

（7）用人单位未依法为劳动者缴纳社会保险费，劳动者被迫辞职的；

（8）用人单位的规章制度违反法律、法规的规定，损害劳动者权益，劳动者被迫辞职的；

（9）用人单位以欺诈之手段，使劳动者在违背真实意思的情况下订立或者变更劳动合同，致使劳动合同无效，劳动者被迫辞职的；

（10）用人单位以胁迫之手段，使劳动者在违背真实意思的情况下订立或者变更劳动合同，致使劳动合同无效，劳动者被迫辞职的；

（11）用人单位乘劳动者之危，使其在违背真实意思的情况下订立或者变更劳动合同，致使劳动合同无效，劳动者被迫辞职的；

（12）用人单位免除自己的主要法定责任、排除劳动者的主要权利，致使劳动合同无效，劳动者被迫辞职的；

（13）用人单位订立的劳动合同违反法律、行政法规的强制性规定，致使劳动合同无效，劳动者被迫辞职的；

（14）用人单位以暴力手段强迫劳动者劳动，劳动者被迫辞职的；

（15）用人单位以威胁手段强迫劳动者劳动，劳动者被迫辞职的；

（16）用人单位以非法限制人身自由之手段强迫劳动者劳动，劳动者被迫辞职的；

（17）用人单位违章指挥危及劳动者人身安全，劳动者被迫辞职的；

（18）用人单位强令冒险作业危及劳动者人身安全的，劳动者被迫辞职的；

（19）劳动者患病或者非因工负伤，在规定的医疗期满后不能从事原工作，也不能从事由用人单位另行安排的工作，用人单位合法解除劳动合同的；

（20）劳动者不能胜任工作，经过培训或者调整工作岗位，仍不能胜任工作，用人单位合法解除劳动合同的；

（21）劳动合同订立时所依据的客观情况发生重大变化，致使劳动合同无法履行，经用人单位与劳动者协商，未能就变更劳动合同内容达成协议，用人单位合法解除劳动合同的；

（22）用人单位依照《企业破产法》规定进行重整，依法进行经济性裁员的；

（23）用人单位生产经营发生严重困难，依法进行经济性裁员的；

（24）用人单位转产、重大技术革新或者经营方式调整，经变更劳动合同后，仍需裁减人员，依法进行经济性裁员的；

（25）其他因劳动合同订立时所依据的客观经济情况发生重大变化，致使劳动合同无法履行，依法进行经济性裁员的；

（26）劳动合同期满，劳动者同意续订劳动合同，用人单位不同意续订且终止固定期限劳动合同的；

（27）劳动合同期满，用人单位同意续订劳动合同，但续订的劳动合同中约定的劳动条件低于原劳动合同，劳动者不同意续订的；

（28）用人单位依法宣告破产，劳动合同终止的；

（29）用人单位被吊销营业执照，劳动合同终止的；

（30）用人单位被责令关闭，劳动合同终止的；

（31）用人单位被撤销，劳动合同终止的；

（32）用人单位决定提前解散，劳动合同终止的；

（33）用人单位终止以完成一定工作任务为期限的劳动合同的；

（34）用人单位经营期限届满不再继续经营，导致劳动合同不能继续履行的；

（35）自用工之日起超过1个月不满1年未与劳动者订立书面劳动合同，经用人单位书面通知，劳动者仍不与用人单位订立书面劳动合同，用人单位书面通知劳动者终止劳动关系的。

三、用人单位无须支付经济补偿的23种情形

用人单位无须支付经济补偿的情形，即支付金额为“0”的情形，共有以下23种。

（1）用人单位和劳动者协商一致，达成有效书面协议，约定不予支付经济补偿的；

（2）劳动者动议，提出协商解除劳动合同的；

（3）劳动者在试用期内提前3日通知用人单位解除劳动合同的；

（4）劳动者在非试用期内提前30日以书面形式通知用人单位解除劳动合同的；

（5）劳动者由于个人原因单方解除劳动合同，不辞而别的；

（6）劳动者被迫辞职，但其被迫辞职理由不能被证明是由于用人单位原因或未写明辞职理由的；

（7）劳动者在试用期内被证明不符合录用条件，用人单位合法解除劳动合同的；

（8）劳动者严重违反用人单位的规章制度（包括严重违纪），用人单位合法解除劳动合同的；

（9）劳动者严重失职，给用人单位造成重大损害，用人单位合法解除劳动合同的；

（10）劳动者营私舞弊，给用人单位造成重大损害，用人单位合法解除劳动合同的；

（11）劳动者与其他用人单位建立双重或多重劳动关系，对完成本单位的工作造成严重影响，用人单位合法解除劳动合同的；

（12）劳动者与其他用人单位建立双重或多重劳动关系，经用人单位提出，拒不改正，用人单位合法解除劳动合同的；

（13）劳动者以欺诈之手段，使用人单位在违背真实意思的情况下订立或变更劳动合同，致使劳动合同无效，用人单位合法解除劳动合同的；

（14）劳动者以胁迫之手段，使用人单位在违背真实意思的情况下订立或变更劳动合同，致使劳动合同无效，用人单位合法解除劳动合同的；

（15）劳动者乘用人单位之危，使用人单位在违背真实意思的情况下订立或变

更劳动合同，致使劳动合同无效，用人单位合法解除劳动合同的；

（16）劳动者被依法追究刑事责任，用人单位合法解除劳动合同的；

（17）固定期限劳动合同期满终止，用人单位维持或者提高劳动合同约定条件续订劳动合同，而劳动者不同意续订的；

（18）劳动者依法享受基本养老保险待遇，劳动合同终止的；

（19）劳动者死亡，劳动合同终止的；

（20）劳动者被人民法院宣告死亡，劳动合同终止的；

（21）劳动者被人民法院宣告失踪，劳动合同终止的；

（22）劳动者系非全日制员工，劳资双方任意一方通知对方终止用工的；

（23）自用工之日起1个月内，经用人单位书面通知，劳动者拒不与用人单位签订书面劳动合同，用人单位书面通知劳动者终止劳动关系的。

四、经济补偿的计算标准和封顶规则

《劳动合同法》第九十七条第三款规定："本法施行之日存续的劳动合同在本法施行后解除或者终止，依照本法第四十六条规定应当支付经济补偿的，经济补偿年限自本法施行之日起计算；本法施行前按照当时有关规定，用人单位应当向劳动者支付经济补偿的，按照当时有关规定执行。"据此，经济补偿以2008年1月1日作为分界线可分段计算，且在支付情形、年限计算、封顶情形和封顶方法方面，前后均有不同。管理实践中，用人单位分段计算经济补偿需满足3个基本条件：其一，劳动者在用人单位有2008年之前的工作年限；其二，劳动者在2008年后解除或终止劳动合同满足用人单位须支付经济补偿的条件；其三，劳动者主张经济补偿应在仲裁时效内。现实用工中，随着时间的推移，分段计算的情形会越来越少，碍于篇幅原因，此处只探讨按照《劳动合同法》及相关规定计算经济补偿标准和规则。

1. 基础规定

劳动者应得的经济补偿等于在本单位工作年限乘以其在本单位的月工资。实务中，月工资也称为计算基数，用公式表示：经济补偿金额 = 工作年限 × 计算基数，因此工作年限和计算基数，是计算经济补偿金额的两大关键要素。

根据法律规定，对计算经济补偿，可总结以下基本规定。

（1）工作年限与月工资的数学关系：经济补偿按劳动者在本单位工作的年限，每满1年支付1个月工资的标准向劳动者支付；6个月以上不满1年的，按1年计算；不满6个月的，向劳动者支付0.5个月工资的经济补偿。

（2）月工资的定义：月工资是指劳动者在劳动合同解除或终止前12个月的平均工资；劳动者工作不满12个月的，按实际工作的月数计算平均工资。

（3）月工资的内涵：月工资按劳动者应得工资计算，包括计时工资或者计件工资以及奖金、津贴和补贴等货币性收入。

（4）底线规则：劳动者在劳动合同解除或终止前12个月的平均工资低于当地最低工资标准的，按照当地最低工资标准计算。

（5）双封顶规则：劳动者月工资高于用人单位所在直辖市、设区的市级人民政府公布的本地区上年度职工月平均工资三倍的，向其支付经济补偿的标准按职工月平均工资三倍的数额支付，向其支付经济补偿的年限最高不超过12年。

2. 计算经济补偿的关键要素一：工作年限

通常情况下，工作年限是指劳动关系存续期间劳动者提供劳动时间和应当计入工作年限中的非劳动时间之和。非劳动时间如劳动者请病假进入医疗期、请事假、享受法定休假日、停工留薪期等情形的时间。但是，计算经济补偿的工作年限，还包括法定应当“合并计算”的工作时间，即计算经济补偿的工作年限 = 在本单位提供劳动时间 + 在本单位计入工作年限的非劳动时间 + 合并计算时间。

管理实践中，劳动者在用人单位一直工作到劳动合同解除或终止或者劳动者离职之后再次入职用人单位时，其工作年限容易计算。劳动者未曾离职的，其工作年限应在入职时间至劳动合同解除或终止时间之间确定；劳动者离职后再次入职的，工作年限在再次入职时间（最后一次入职时间）至劳动合同解除或终止时间之间确定。但是，劳动用工的情形并非只有固定用工一种，这期间可能涉及集团公司、关联公司、跨国公司之间的“混同用工”，也会涉及用人单位为逃避支付经济补偿采取一些违法手段的“混淆用工”。因此，劳动法与相关法律法规对工作年限“合并计算”的情形作出了明确规定。管理实践中，用人单位（企业）常见的5种合并计算情形如下。

合并计算情形1：用人单位自身原因导致合并、分立、变更名称、变更法定代表人、变更主要负责人或者投资人等事项的，劳动者的工作年限应当合并计算。

主要依据：《劳动合同法》第三十三条规定：“用人单位变更名称、法定代表人、主要负责人或者投资人等事项，不影响劳动合同的履行。”第三十四条规定：“用人单位发生合并或者分立等情况，原劳动合同继续有效，劳动合同由承继其权利和义务的用人单位继续履行。”另外，上述规定中的“等”字还应包括兼并、合资、单位改变性质等情形（劳动部〔1996〕33号文废止后，其相关规定应被《劳动合同法》第三十三条、第三十四条所吸收）。

合并计算情形2：劳动者非因本人原因被安排到新用人单位工作，原用人单位的工作年限合并计算为新用人单位的工作年限。

主要依据：《劳动合同法实施条例》第十条规定：“劳动者非因本人原因从原用

人单位被安排到新用人单位工作的，劳动者在原用人单位的工作年限合并计算为新用人单位的工作年限。原用人单位已经向劳动者支付经济补偿的，新用人单位在依法解除、终止劳动合同计算支付经济补偿的工作年限时，不再计算劳动者在原用人单位的工作年限。”另外，最高人民法院在司法解释中，也对“劳动者非因本人原因从原用人单位被安排到新用人单位工作”的认定情形进行了界定。《最高人民法院关于审理劳动争议案件适用法律问题的解释（一）》（法释〔2020〕26号）第四十六条第二款规定：“用人单位符合下列情形之一的，应当认定属于‘劳动者非因本人原因从原用人单位被安排到新用人单位工作’：（一）劳动者仍在原工作场所、工作岗位工作，劳动合同主体由原用人单位变更为新用人单位；（二）用人单位以组织委派或任命形式对劳动者进行工作调动；（三）因用人单位合并、分立等原因导致劳动者工作调动；（四）用人单位及其关联企业与劳动者轮流订立劳动合同；（五）其他合理情形。”

合并计算情形3：用人单位作为军队接收安置单位的，军队退伍、复员、转业军人的军龄，计算为接收安置单位的连续工龄，即军龄等同于在接收安置单位已经工作的年限。

主要依据：《劳动和社会保障厅关于复转军人军龄及有关人员工龄是否作为计算职工经济补偿金年限的答复意见》（劳社函〔2002〕20号）规定：“……关于退伍、复员、转业军人的军龄是否作为计发经济补偿年限问题。按照《中华人民共和国兵役法》和中共中央、国务院、中央军委《军队转业干部安置暂行办法》（中发〔2001〕3号）第三十七条以及国务院、中央军委《关于退伍义务兵安置工作随用人单位改革实行劳动合同制度的意见》（国发〔1993〕54号）第五条规定，军队退伍、复员、转业军人的军龄，计算为接收安置单位的连续工龄。劳动部《违反和解除劳动合同的经济补偿办法》（劳部发〔1994〕481号，已废止）规定，经济补偿金按职工在本单位的工作年限计发。因此，企业与职工解除劳动关系计发法定的经济补偿时，退伍、转业军人的军龄应当计算为‘本单位工作年限’……”

合并计算情形4：合资、合作的中方单位安排到合资、合作企业工作的中方职工，其连续工龄按在原单位工作时间和在合资、合作企业工作时间合并计算。

主要依据：《劳动部办公厅关于贯彻〈外商投资企业劳动管理规定〉有关问题的复函》（劳办发〔1995〕163号，已废止）第二条第六款第（一）项规定：“由合资、合作的中方单位安排到合资、合作企业工作的中方职工，其连续工龄按在原单位工作时间和在合资、合作企业工作时间合并计算。”

合并计算情形5：用人单位与劳务派遣劳动者签订劳动合同，将派遣关系变更为劳动关系的，劳动者在该用人单位的原工作年限应合并计算。（该情形属于上述

情形 2 的细化情况）

主要依据：《最高人民法院关于审理劳动争议案件适用法律问题的解释（一）》（法释〔2020〕26 号）第四十六条第二款第（一）项规定，劳动者仍在原工作场所、工作岗位工作，劳动合同主体由原用人单位变更为新用人单位，应当认定属于“劳动者非因本人原因从原用人单位被安排到新用人单位工作”。

值得注意的是，有 2 种特殊情形，劳动者的工作年限不能合并计算：一是劳动者在用人单位筹备阶段提供劳动，筹备期间工作年限不能合并计算入成立后的用人单位；二是劳动者由于自身原因请求用人单位调动工作，如劳动者申请从母公司前往子公司工作或申请到关联公司工作的，该情形并不符合“劳动者非因本人原因”的法定情形，亦不能合并计算。

司法实践中，用人单位因涉嫌计算“工作年限”不符合法律规定而引发争议的，应按照《最高人民法院关于审理劳动争议案件适用法律问题的解释（一）》第四十四条的规定，承担举证责任。因此，用人单位应积极固定劳动者的入职登记表、劳动合同、社保缴费记录、解除或终止劳动合同通知书、调岗通知书、委任状等材料，用以准确计算劳动者的工作年限。

3. 计算经济补偿的关键要素二：计算基数

用人单位在确定经济补偿的计算基数时容易选错计算对象：一是将劳动合同约定的工资数额作为计算基数；二是将劳动者上年度的月平均工资作为计算基数，此二者皆不可取。法律规定的计算基数是指劳动者在劳动合同解除或终止前 12 个月的平均工资（劳动者工作不满 12 个月的，按实际工作的月数计算平均工资）。一般情况下，用人单位应从劳动者离职当月的前一月开始往前推算 12 个月，如该劳动者离职前工作不满 12 个月，则按其实际工作的月数计算。劳动者离职日是当月月底的，如离职日期为当月 30 日，可选择将当月纳入离职前 12 个月计算；劳动者离职日是当月伊始或月中的（提供劳动时间不足月），如离职日期为当月 16 日，应剔除该月，从当月的前一月开始往前推算 12 个月。

另外，法律规定计算劳动合同解除或终止前 12 个月平均工资应按照劳动者的应得工资计算。管理实践中，用人单位在确定计算基数时，应注意 2 个核心问题：一是对应得工资的界定；二是各地司法实践对应得工资的内涵有不同的规定。

（1）应得工资的界定

管理实践中，用人单位通常认为，给劳动者支付的工资即应得工资，这种认识是不准确的，事实上，劳动者每月到手的工资为实得工资或实发工资。应得工资即应发工资，《劳动合同法实施条例》第二十七条规定，应得工资包括计时工资或者计件工资以及奖金、津贴和补贴等货币性收入。用人单位应当注意，应得工资一般还应包含2项内容：其一，由用人单位为劳动者代扣代缴的社会保险费和住房公积金部分；其二，由用人单位为劳动者代扣代缴的个人所得税部分（应得工资为税前工资）。所以，应得工资用公式表示：应得工资=计时工资+计件工资+奖金+津贴+补贴+等其他货币收入+代扣代缴的五险一金+代扣代缴的个人所得税。

据此，我们可以初步得出计算经济补偿的基本公式：

经济补偿=工作年限×劳动合同解除或终止前12个月每月应得工资之和÷12。

（2）各地司法实践对应得工资的内涵有不同的规定

司法实践中，应得工资中是否包含加班费、病假工资等项目有不同的执行标准。在不掌握相关执行标准的前提下，计算得出的经济补偿金额可能与实际金额有出入。因此，用人单位应结合所在地的相关规定计算经济补偿。

①应得工资中是否应该包含加班费

第一种观点认为，应得工资中应包含加班费。理由是加班费的本质是劳动报酬，且属于《劳动合同法》第二十七条规定的“等货币性收入”范围。另外，根据《劳动部关于贯彻执行〈中华人民共和国劳动法〉若干问题的意见》（劳部发〔1995〕309号）第五十三条的规定，劳动法中的“工资”是指用人单位依据国家有关规定或劳动合同的约定，以货币形式直接支付给本单位劳动者的劳动报酬，一般包括计时工资、计件工资、奖金、津贴和补贴、延长工作时间的工资报酬以及特殊情形下支付的工资等。《国家统计局关于工资总额组成的规定》第四条规定，工资包括计时工资、计件工资、奖金、津贴和补贴、加班加点工资、特殊情形下支付的工资。根据上述规定，工资的组成部分中包含了“加班加点工资”。而《劳动合同法》中规定的“月工资”和《劳动合同法实施条例》中规定的“应得工资”，均属于法律规定的“工资”的范畴。因此，计发经济补偿的应得工资中应当包含“加班加点工资”即加班费。司法实践中，我们可归纳这一种观点为“工资定义说”，目前执行这一观点的有北京、江苏、陕西等地。以陕西为例：

《陕西省高级人民法院关于审理劳动争议案件若干问题的解答》（陕高法〔2020〕118号）第十八条规定：“问：如何确定解除或终止劳动合同经济补偿的月工资基数？答：劳动者的月工资包括基本工资、奖金、提成、津贴、补贴、加班工资等货币性收入，不包括用人单位代扣代缴的个人所得税和应当由个人缴纳的社会保险费。……”

第二种观点认为，应得工资中不应包含加班费。理由是计算经济补偿的应得工资应指用人单位正常生产情况下劳动者解除或终止劳动合同前12个月的平均工资，加班费不属于“正常生产状况下”的工资。加班费是劳动者提供额外劳动所获得的报酬，不属于正常工作时间内的劳动报酬。再者，《劳动合同法实施条例》第二十七条，并未将“加班费”列举在内，加之《国家统计局关于工资总额组成的规定》和劳部发〔1995〕309号文是对“工资”的界定，并非明确指明是确定经济补偿的依据。所以，计发经济补偿的应得工资中不应包含加班费。司法实践中，我们可归纳这一观点为“非正常工作时间说”。目前执行这一观点的有上海、四川、厦门等地，以四川为例。

《四川省高级人民法院民一庭关于审理劳动争议案件若干疑难问题的解答》（川高法民一〔2016〕1号）第二十九条规定：“《劳动合同法》中规定的经济补偿金及二倍工资计算基数按照劳动者正常工作状态下十二个月的应得工资计算，即未扣除社会保险费、税费等之前的当月工资总额，但不应包括：（一）加班工资；（二）非常规性奖金、津补贴、福利。”

管理实践中，用人单位将加班费列入应得工资之中会导致经济补偿数额提高，用工成本相应增加；反之，剔除加班费会降低经济补偿数额，但可能会与地方执行标准有差别，会导致“未依照本法规定向劳动者支付经济补偿”。因此，找准当地司法实践标准是用人单位计算经济补偿的基本前提。另外，有些用人单位在了解当地的司法实践标准后，并未依法执行计算经济补偿的地方标准，反而要“钻法律空子”。例如，用人单位在劳动报酬发放确认之时，恶意将本应计算在正常工作时间内的工资数额或项目“移花接木”进加班工资中，从而使正常工作时间的工资降低，以达到降低经济补偿的目的。又如，用人单位在确定工资结构时，故意将正常工作时间内的工资项目设定为较低数额，将加班工资项目设定为较高数额，用以达到降低经济补偿的目的。上述两种行为是通过恶意手段降低法定经济补偿数额逃避法定义务的行为，一旦劳动者对此有异议，裁判机关会严格审查，大概率会重新核定经济补偿计算基数。

针对计算经济补偿时，是否将加班费列入应得工资范畴的问题，用人单位在结算经济补偿时，如能做到依据地方规定执行，则属合规；如不能确定地方规定，则应在结算经济补偿时，让劳动者签署“结算条款”，并在条款中明确如“经济补偿金额若与法定标准或地方标准有所出入，视为乙方自愿放弃相关权利”等相关意思表达。这样，即使少支付了经济补偿，也会因结算条款生效，而规避加付赔偿金的法律风险。

②应得工资中是否应该包含病假工资

第一种观点认为，应得工资中应包含病假工资。理由是《劳动合同法》第四十七条第三款规定：“本条所称月工资是指劳动者在劳动合同解除或者终止前十二个月的平均工资。”该规定并未明确病假工资不计算在12个月平均工资之中，且病假工资属于《国家统计局关于工资总额组成的规定》第四条规定中的“特殊情形下支付的工资”，所以应得工资中应包含病假工资。目前执行这一观点的有北京、天津、广州、重庆等地。

第二种观点认为，应得工资中不应包含病假工资。该观点依旧是“非正常工作时间说”的延伸。理由是劳动合同解除或终止前的12个月的平均工资应为“正常工作状态下”的前12个月的平均工资。目前执行这一观点的有东莞、深圳、四川、浙江、云南等地，以东莞、深圳为例。

《东莞市中级人民法院、东莞市劳动人事争议仲裁委员会劳动争议裁审衔接工作座谈会议纪要》（东中法〔2019〕73号）第五条规定：“在计算解除或终止劳动合同经济补偿金或赔偿金基数（即劳动者离职前12个月的月平均工资）时：（1）对劳动者非正常出勤月份的工资一般予以剔除。正常出勤月份是指当月正常时间满勤，且对劳动者非正常出勤一般不区分原因。……”

《深圳市中级人民法院关于审理劳动争议案件的裁判指引》（深中法发〔2015〕13号）第九十七条第一款规定：“在计算经济补偿或赔偿金时，劳动者解除劳动合同前十二个月平均工资，除包括正常工作时间的工资外，还包括劳动者的加班工资。劳动者已领取的年终奖或年终双薪，计入工资基数时应按每年十二个月平均分摊。”

针对计算经济补偿时，是否将病假工资列入应得工资范畴的问题，司法实践中并无统一的结论，各地裁判标准差异较大，但第二种观点从裁判案例的数量上分析，应属主流观点。因此，劳动合同解除或终止前12个月内，如劳动者曾经历过医疗期，领取过病假工资，在计算经济补偿之前，用人单位都应提前确认所在地的执行标准。无法确认执行标准的，则应在结算经济补偿时，让劳动者签署“结算条款”，并在条款中明确如“经济补偿金额若与法定标准或地方标准有所出入，视为乙方自愿放弃相关权利”等相关意思表示。

另外，值得用人单位关注的是，法律并未禁止用人单位可以与劳动者就经济补偿的计算基数进行约定。用人单位可以根据劳动者的工作能力和薪资水平等因素，提前在劳动合同中约定经济补偿的计算基数，甚至可以在劳动合同履行期间根据相关变化随时变更计算基数标准。因劳动者个人情况和履职状态不尽相同，并不建议用人单位在规章制度中作统一规定。

4. 掌握计算经济补偿的特殊规则：“双封顶”规则

用人单位在确定劳动者工作年限和计算基数两项关键要素后，两者相乘的结果即为经济补偿的金额，但这并不一定是执行金额。《劳动合同法》第四十七条第二款规定："劳动者月工资高于用人单位所在直辖市、设区的市级人民政府公布的本地区上年度职工月平均工资三倍的，向其支付经济补偿的标准按职工月平均工资三倍的数额支付，向其支付经济补偿的年限最高不超过十二年。"根据这一规定，计算经济补偿时会有"3 倍—12 个月双封顶"的规则，即计算基数和补偿月份同时封顶。管理实践中，用人单位认为劳动者工作年限只要超过 12 年，在计算经济补偿时就应适用 12 年封顶的规则，这种观点是片面的。执行"3 倍—12 个月双封顶"的前提条件是：劳动者离职前 12 个月的平均工资高于当地上年度职工月平均工资 3 倍，即先满足"3 倍"条件，才有"3 倍—12 个月双封顶"规则；反之，若劳动者离职前 12 个月的平均工资低于当地上年度职工月平均工资 3 倍，计算基数和补偿年限并不封顶。

因此，用人单位计算高收入劳动者的经济补偿时，经济补偿的支付标准为：（1）计算基数按当地上年度职工月平均工资的 3 倍计算，并非劳动者本人月平均工资的 3 倍。（2）工作年限不足 12 年的，按实际年限计算；工作年限超过 12 年的，按 12 年计算。

另外，值得一提的是，计算经济补偿除了有"双封顶"规则外，还有"保底"规则，即劳动者由于疾病或其他原因导致在劳动合同解除或者终止前 12 个月的平均工资低于当地最低工资标准时，计算基数按照当地最低工资标准计算。因此，"保底"规则和"双封顶"规则将计算经济补偿的最后金额限定在了合理区间，不会导致过低，亦不会导致过高。

五、经济补偿支付与涉税管理

1. 用人单位支付经济补偿的时间

用人单位完成经济补偿的支付标准有 2 个：其一，依法依约计算经济补偿的金额；其二，按时（不拖欠）支付经济补偿。用人单位未按时支付经济补偿的，也存在加付赔偿金的法律风险。那么用人单位应当何时支付经济补偿呢？《劳动合同法》第五十条第二款规定："劳动者应当按照双方约定，办理工作交接。用人单位依照本法有关规定应当向劳动者支付经济补偿的，在办结工作交接时支付。"与支付工资相比，用人单位应在解除或终止劳动合同时一次性付清劳动者工资，而支付经济补偿的时间应在劳动者"办结工作交接时支付"，即用人单位无须在解除或终止劳动合同时立即支付经济补偿。因此，用人单位应在劳动合同或规章制度中约定关于离职交接的相关程序，并将离职交接工作与支付经济补偿的时间相关联，用以保证离职交接工作的高质量履行。例如，约定"乙方应按照甲方离职管理规定履行工作交接义务，经济补偿在乙方按照离职管理规定的要求办结工作交接手续后支付；乙方未按照规定办理或拒不办理工作交接的，经济补偿暂不予发放”。基于这样的约定，劳动者由于各种原因无法办理或拒不办理工作交接的，用人单位可暂时不支付经济补偿，该情形也不会被视为“故意拖欠”，继而就不会有加付赔偿金的法律风险。反之，如用人单位未约定相关离职交接条款，此时以劳动者未办理工作交接为由而不支付经济补偿，则涉嫌拖欠，存在一定风险。另外，上述法条中“在办结工作交接时支付”是一种法定支付条件，但并非强制性规定。因此，用人单位亦可以与劳动者在劳动合同或协商解除协议中约定经济补偿的支付时间，也可约定其他支付条件。

在这里需要补充的是，用人单位约定支付经济补偿的支付条件不应超出法律规定的限度，如约定劳动者完全履行完毕竞业限制义务后支付经济补偿。人民法院案例库入库编号为2023－07－2－186－004案例的裁判要旨指出：“3. 在用人单位与劳动者解除劳动合同后，竞业限制主要约束劳动者离职后的行为，在经济补偿金支付时间到来时劳动者能否履行竞业限制义务具有不确定性。劳动者竞业限制义务的承担通常由保密及竞业禁止协议规制，法律亦对劳动者违反竞业限制义务应承担的赔偿责任作出规定。用人单位主张以劳动者离职后履行保密、竞业限制等义务作为支付解除劳动合同经济补偿金条件的，人民法院不予支持。”

2. 用人单位支付经济补偿的涉税管理

按照相关规定，用人单位发放给劳动者解除或终止劳动合同的经济补偿，劳动者应缴纳个人所得税。管理实践中，在用人单位未与劳动者约定经济补偿属于税前金额的前提下，用人单位向劳动者支付经济补偿，并代扣代缴了个人所得税，有的劳动者可能对该经济补偿金额不认可。事实上，《劳动合同法实施条例》规定的经济补偿的月工资按照劳动者应得工资计算，此处的“应得工资”，是劳动者的应发工资，而经济补偿的个人所得税部分，由用人单位在劳动者应发工资中减除，依法进行代扣代缴。因此，由应得工资计算而来的经济补偿金额应属于税前数额。为避免此类不必要的争议，用人单位应在劳动合同、协商解除协议、离职清算条款中将经济补偿金额约定为税前金额。

《财政部、国家税务总局关于个人所得税法修改后有关优惠政策衔接问题的通知》（财税〔2018〕164号）第五条第（一）项规定：“个人与用人单位解除劳动关系取得一次性经济补偿收入（包括用人单位发放的经济补偿金、生活补助费和其他补助费），在当地上年职工平均工资3倍数额以内的部分，免征个人所得税；超过3倍数额的部分，不并入当年综合所得，单独适用综合所得税率表，计算纳税。”因此，劳动者会因经济补偿金额的大小，有免征个人所得税的可能。根据上述规定，免征个人所得税的部分是：经济补偿在“当地上年职工平均工资3倍数额以内的部分”，即当地上年职工全年平均工资3倍以内的部分（非上年职工月平均工资的3倍）。

《财政部、国家税务总局关于个人与用人单位解除劳动关系取得的一次性补偿收入免征个人所得税问题的通知》（财税〔2001〕157号，部分废止）第二条规定：“个人领取一次性补偿收入时按照国家和地方政府规定的比例实际缴纳的住房公积金、医疗保险费、基本养老保险费、失业保险费，可以在计征其一次性补偿收入的个人所得税时予以扣除。”因此，经济补偿的个人所得税计算应有“扣除”环节。

综上所述，计算经济补偿的个人所得税的计算公式为：

经济补偿的个人所得税 =（经济补偿总额 - 免税收入金额 - 实际缴纳的住房公积金 - 医疗保险费 - 基本养老保险费 - 失业保险费）×适用税率 - 速算扣除数。（免税收入金额 = 年职工全年平均工资3倍）

值得注意的是，财税〔2018〕164号文规定的是“解除劳动关系取得一次性经济补偿收入”，而非“终止劳动关系取得的一次性补偿收入”。因此，在符合终止劳动合同支付经济补偿情形时，该经济补偿并不符合财税〔2018〕164号文规定的相关政策，此时应按照规定计征个人所得税。

六、结算未休年休假工资报酬

1. 如员工放弃年休假，则不需要支付未休年休假工资报酬

《企业职工带薪年休假实施办法》第十条第二款规定：“用人单位安排职工休年休假，但是职工因本人原因且书面提出不休年休假的，用人单位可以只支付其正常工作期间的工资收入。”基于权利可以放弃的原则，只要有证据证明用人单位对年休假确有安排，而劳动者书面提出自愿不休，则200%日工资补偿部分即被合法放弃。用人单位固定劳动者申请放弃年休假的书面材料是合规要点。

2. 劳动者离职时，未休年休假应折算成工资

折算未休年休假工资报酬以解除或终止劳动合同为基本前提。如劳动者处于在职状态，用人单位随时可安排其休年休假，此时并不能作折算处理。应注意，折算过后不足1整天的部分并不享受年休假。计算未休年休假折算工资应先确定2个关键要素：其一，折算天数；其二，工资基数。

折算天数用数学符号X表示：X =（当年度在本单位已过日历天数 ÷ 365天）× 劳动者全年应当享受的年休假天数 - 当年度已休完的年休假天数。

工资基数用数学符号Y表示：Y =（未休年休假工资报酬前12个月剔除加班工资后的月平均工资）÷（月计薪天数21.75天）

举例说明：张三 2012 年 6 月毕业后直接到 A 公司工作，月工资 5000 元，无加班工资。A 公司决定于 2023 年 6 月 30 日解除与张三的劳动合同，而张三 2023 年离职前的年休假只休了 1 天，则用人单位应给付的未休年休假折算工资是多少？

根据公式计算：X =（180 天 ÷ 365 天）×10 天 − 1 天 = 4 天；Y = 5000 元 ÷ 21.75 天 = 230 元/天（四舍五入）；未休年休假折算工资 = 230 元/天 ×（300% − 100%）×4 天 = 1840 元。

3. 劳动者在职时（劳动关系存续期间），主张过往多年的未休年休假工资报酬

从《最高人民法院关于审理劳动争议案件适用法律问题的解释（二）（征求意见稿）》第五条的规定来看，劳动者理论上能主张过往多年的未休年休假工资报酬，但从用人单位举证责任的角度讲，用人单位可依据《工资支付暂行规定》第六条第三款[①]进行抗辩，即用人单位可将提供相关证据的时间区间控制在劳动者提请仲裁之日倒推最多“两年”以内。

七、转换年终奖为履约（劳动合同）福利

从管理实践的角度分析，用人单位实行年终奖制度的目的是留住人才，激发效率，创造业绩。事实上，实现这一目的，并非只有年终奖一种形式。

从合规管理的角度出发，用人单位可从以下 2 个方面入手。

第一，用人单位明确实行年终奖制度的，且用“年终奖”作为具体表述的，应在劳动合同或规章制度中明确区分其与劳动报酬（工资）的性质，并将发放条件约定清楚、准确。在薪酬管理制度中，不应将“年终奖”设定在劳动报酬组成（月度）确认表或工资结构确认单中。

第二，转换年终奖为履约福利。在这种思路下，用人单位在劳动合同中不应约定年终奖，在规章制度中不应设定年终奖，在薪资结构中不应显示年终奖，在工资发放记录上不应记载年终奖，明确表示不实行年终奖制度。用人单位可在劳动合同或规章制度中明确：“本公司不实行年终奖制度，但每年度对诚实守信高质量履行劳动合同的员工发放‘高质量履约福利金’。该福利金是公司的特别福利（奖励），不属于劳动报酬，不属于工资组成的一部分，非全体员工都有，数额不固定，具体见《高质量履约福利金发放规定》。”基于此，用人单位就可将年终奖的发放条件转载入《高质量履约福利金发放规定》中，且可合法合理地约定：“员工无论何种原因离职的，即丧失获得当年度高质量履约福利金的资格。”

---

① 用人单位必须书面记录支付劳动者工资的数额、时间、领取者的姓名以及签字，并保存 2 年以上备查。用人单位在支付工资时应向劳动者提供一份其个人的工资清单。

第三节　合规工具应用

合规工具52：《年休假安排确认表》

年休假安排确认表

年度：______年

姓名		离职日期	___年___月___日
入职日期	___年___月___日	累计工作年限	___年___月
应休年假	______日	已休年假	______日；剩余______日
未休年假处理	□按照基本工资的200%支付未休年休假工资报酬 □集中工作、集中休息		
	□安排于　　年　　月　　日至　　年　　月　　日期间休完		
	□放弃剩余年休假（劳动者选择）		
确认	本人认可公司对未休年休假的安排。签字：　　　　日期：　　年　月　日		

作者简介

主编

亓伟龙，中共党员，济南泺源法律服务事务所主任、执行事务合伙人。管理学博士学位，法律和人力资源管理双重职业资格，国家一级企业人力资源管理师，人力资源和社会保障部国家职业技能等级鉴定高级考评员；是多所大学和职业院校的客座教授，多家中小企业劳动用工专项法律顾问，也是法律铭家讲堂、智元法律课堂、明法学苑、智拾网、法之苑讲坛等多个法律培训平台签约讲师，累计培训人次超30万。

专业领域：劳动法与企业用工专项法律顾问、专项法律培训与企业管理咨询。

贺继征，深圳市赋能教育训练有限公司总经理、首席管理咨询顾问，深圳市盐田区人民法院陪审员，深圳市福田区劳动人事争议仲裁委员会调解员，深圳市人力资源管理协会监事长，广东省职业技能鉴定指导中心高级考评员、督导员，深圳市罗湖区劳动模范。

专业领域：劳动用工风险预防控制，劳动关系协商、调解、仲裁、应诉，人力资源管理实操与应用。

陈锐，执业律师，注册会计师（非执业会员），注册税务师（非执业会员），佗企·法天眼合规·增长平台创始人，高级人力资源法务师，基金、证券从业资格，工科背景+10年“500强”外企管理经验，高级工程师、注册电气工程师、一级注册消防工程师、项目管理专业人士（PMP）。

专业领域：企业劳动用工、财税合规及风险管理、企业法律顾问。

游本春，硕士研究生导师，盈科全国劳动与社会保障专业委员会主任，北京盈科（昆明）律师事务所劳动用工合规管理事务部主任，佗企·法天眼合规·增长平台创始人。

专业领域：劳动用工法律风险与合规管理专项。

▶▶▶副主编

赵金，云南春锐律师事务所创始人合伙人，佗企·法天眼合规·增长平台事业合伙人，高级人力资源法务师，高级劳动关系管理师，高级人力资源管理师，高级企业法律顾问，国家企业教练师（中级）。

专业领域：劳动争议、劳动用工合规管理、合同合规管理。

周杰，安徽鹿上律师事务所合伙人，安徽省律师协会第九、十届劳动与社会保障法律专业委员会委员。在《法制日报》（现为《法治日报》）、《人民法院报》、安徽律师门户网、中国律师网等报刊网络上发表多篇专题文章，曾受聘为《中国律师》特约评论员、《读者》特约评刊员。

专业领域：劳动争议、劳动用工合规管理、侵权纠纷。

焦荣军，河南九都律师事务所党支部书记、律师，经济师，企业合规师，企业人力资源管理师（一级），高级法律顾问，房地产经纪人，拍卖从业人员，担任政府及多家企业法律顾问。

专业领域：刑事辩护、重大民商事案件代理、企业常年法律顾问。

齐波，河南朗齐律师事务所主任，济源市律师协会副会长，河南省律师协会会员处分复查工作委员会执行委员，第十一届济源市政协常委，济源市新联会（新的社会阶层人士联谊会）会长，河南省新联会常务理事。

专业领域：劳动用工合规顾问、刑事、建筑房地产。

许高伟，北京万商天勤（武汉）律师事务所合伙人律师，高级企业人力资源管理师，高级劳动关系管理师，企业用工风险管控专家，劳动和社会保障方面实战专家，湖北之声《长江云说法》节目劳动和社会保障方面嘉宾。

专业领域：劳动人事争议、劳动用工合规专项顾问、公司与股权、常年法律顾问、侵权纠纷、合同纠纷。

梁柱坚，广东赛力律师事务所主任、首席合伙人、专职律师，佗企·法天眼合规·增长平台事业合伙人，第十至十二届肇庆市政协委员，肇庆仲裁委员会委员兼仲裁员，肇庆市人民检察院人民监督员以及多家仲裁机构仲裁员。

专业领域：公司股权、劳动用工、合规管理、资产（债务）重组、建设工程、商事合同、刑事辩护。

陈阵芳，经世律师事务所合伙人、劳动人事部负责人，内蒙古自治区律师协会第一届企业合规法律专业委员会委员，高级企业合规师，高级人力资源法务师，佗企·法天眼合规管理平台事业合伙人。

专业领域：劳动用工合规管理咨询专项、公司业务。

陈萍，四川瀛领禾石律师事务所主任、党总支书记、创始合伙人、建设工程与房地产专业委员会主任，佗企·法天眼合规·增长平台事业合伙人，四川省律师协会规则与大数据工作委员会委员、乡村振兴法律专业委员会委员，成都市律师协会理事、成华区分会副会长，成都仲裁委员会仲裁员，北海国际仲裁院仲裁员。

专业领域：常年法律顾问、公司法律、行政法律、合同法律、刑事辩护。

杨春霞：江苏石城（常州）律师事务所主任。

专业领域：劳动用工合规、常年法律顾问、股权架构设计、股权激励、民商事争议解决、建设工程争议解决、企业内训。

何志霞，四川天责律师事务所合伙人、副主任，佗企·法天眼合规管理平台事业合伙人，雅安市律师协会监事会监事，四川省劳动人事争议仲裁调解员，高级企业合规师，高级企业法律顾问。

专业领域：劳动用工合规、合同风险管理。

马丽，民革党员、宁夏言宗律师事务所合伙人、劳动与社会保障专业委员会主任，从事律师工作15年，佗企·法天眼合规·增长平台事业合伙人，高级企业合规师。

专业领域：劳动用工合规顾问，刑事辩护，民商事争议解决，医疗损害、交通事故等侵权类争议解决。

刘学玉，云南东新律师事务所主任、合伙人，从事律师工作10年余，佗企·法天眼合规·增长平台事业合伙人。

专业领域：劳动用工合规、常年法律顾问、刑事辩护、民商事诉讼等。

▶▶▶编委

庄延坤，创新创业导师，悦者德道智慧学院股道研究院执行院长，京师律所（全国）合同法专业委员会理事、北京市京师（沈阳）律师事务所合伙人、律师培训中心执行主任、合伙股权法律事务部主任。

专业领域：劳动关系，薪酬绩效，加盟连锁，合伙股权，业务、法律、税务融合。

邵文艳，盐城与行法务创始人，法学教师，具有多年民企、央企法务管理工作经验。

专业领域：公司经营法律风险预防、公司劳动用工合规管理体系完善。

柳慧波，江苏五道口企业管理有限公司创始合伙人，资深人力资源用工管理专家，国家高级人力资源管理师，高级企业合规管理师，高级人力资源法务师，仡企·法天眼合规·增长平台合规顾问。

专业领域：劳动用工合规顾问、企业人力资源管理体系建设、企业财税合规管理顾问。

宋婷，云南建广律师事务所合伙人、疑难商事诉讼负责人，云南省劳动与社会保障专业委员会委员。

专业领域：劳动用工合规顾问、重大民商事争议解决。

吕培涛，江西瀛赣律师事务所主任、专职律师，中国中小商业企业协会“中国中小企业法治人才库”律师组成员、《民法典》宣讲团专家成员，江西省律师协会青年律师工作委员会副主任，上饶市律师协会副会长，上饶仲裁委员会仲裁员。

专业领域：民商事诉讼，企业法律顾问（含股权设计、劳动用工合规管理、投融资等）。

林树焕，北京市盈科（广州）律师事务所股权高级合伙人、刑民交叉法律事务部主任，盈科律师事务所第五届全国反垄断与反不正当竞争法律专业委员会副主任，广州市律师协会“执业30年贡献奖”获得者。

专业领域：刑事控告、刑事合规与风险防控、企业常年合规顾问。

游锦泉，华商律师事务所合伙人，华商证券业务及基金业务内核委员。曾为唐德影视、蕾奥规划、中国力鸿、四零七医院、瑞尔康、鑫度武术等公司挂牌上市，TCL中环、凯撒股份、国恒铁路（老三板）等公司再融资、重大资产重组及深圳多家企业不良资产（股权/债权/债务）的处置方案设计、商务谈判及良性退出等提供了相关法律服务。

专业领域：首次发行股票并上市（IPO）、上市公司再融资及重大资产重组、并购重组、投融资尽调、公司股权激励、私募基金、公司法律事务。

刘建军，人力资源管理师，北京市餐饮行业资深高级复合型人才，北京千人大型连锁企业人力资源负责人，资深劳动用工实战派专家，对劳动法颇有研究，在企业用工法律风险防范方面实务经验丰富。

专业领域：劳动争议、劳动用工合规顾问。

马金，山东方良律师事务所高级合伙人，第九届济南市律师协会劳动与社会保障法律专业委员会委员，山东省彩虹伞“千名律师送法进校园活动”成员，高级企业合规师；拥有多年大型民企法务管理工作经验。

专业领域：公司劳动用工合规管理、专项法律培训与企业管理、企业法律顾问。

杨月婷，北京市盈科（西安）律师事务所合伙人律师、未成年人保护工作委员会副主任，西北政法大学法治学院和法律硕士教育学院见习指导老师，陕西电视台新闻综合频道《帮忙有一套》栏目普法律师。

专业领域：企业法律风险、合规管理和劳动争议。

张素玉，拥有法律职业资格、证券从业资格、基金从业资格、企业合规师（高级）、婚姻家庭咨询师（三级）。

专业领域：企业法律风险控制，企业上市、改制、重组，房地产、婚姻家庭、刑事辩护、公司日常法律事务。

罗永清，中共党员，四川政聚律师事务所主任、专职律师，重症医学主治医师；毕业于西南医科大学（原泸州医学院）临床医学专业，四川大学华西医院管理 MBA；曾在武警四川总队成都医院、德阳市人民医院（三甲）工作。

专业领域：劳动争议，工伤、交通事故等人身损害，医疗纠纷，保险合同纠纷，公司法务等。

陈效峰，山东九一律师事务所高级顾问，中国建设工程造价法律合作联盟理事。1986年开始从事律师工作，现主要代理复杂疑难民商事案件，其中一起医疗损害纠纷案件曾在央视《今日说法》报道。

专业领域：建设工程、医疗纠纷、劳动关系、公司法务。

王凤英，四川丰宜律师事务所副主任、合伙人律师。

专业领域：企业常年合规顾问。

杨伟，北京市盈科（临沂）律师事务所合伙人，高级企业合规师，北海仲裁委员会、北海国际仲裁院仲裁员，临沂市第五届仲裁委员会仲裁员，盈科瑞诚税务师事务所（临沂）有限公司顾问。

专业领域：劳动用工及税务合规顾问、常年法律顾问、公司治理与合规、商事争议解决。

郑慧丽，北京市京师律师事务所专职律师，京师律所（全国）商事仲裁专业委员会理事，从事法律工作20余年。

专业领域：企业法律服务、民商纠纷、建工纠纷、静态交通纠纷。

张桂春，北京市盈科（福州）律师事务所律师、高级合伙人、党支部书记，兼任中华全国律师协会第十届法律顾问专业委员会委员、福建省律师协会民商诉讼法律专业委员会副主任、福州仲裁委员会仲裁员、福建师范大学法学院兼职副教授、福州大学法学院硕士研究生校外导师等职务。

专业领域：重大民商事争议处理、企业法律风险防控。

王建，拥有律师、注册会计师职业资格，高级企业法律顾问、高级人力资源法务师，高级税务合规师，佗企·法天眼合规·增长平台合规顾问，曾获第一届中国·山东数字经济优秀项目（产品）大赛优秀奖。

专业领域：民商事诉讼，常年法律顾问，劳动用工、合同、财税法律风险管理专项。

王毅，民盟盟员，北京市盈科（西安）律师事务所西安律师事务所管委会副主任、股权高级合伙人、民商事疑难案件研究中心主任、仲裁与执行法律事务部主任，盈科西北区商事仲裁调解专委会主任，仲裁员，调解员，兼任西北政法大学特聘教授，《法治日报》特聘专家。

专业领域：公司法、房地产法、仲裁、执行。

刘悦，西南政法大学本科，中国地质大学（北京）硕士研究生，目前从事纪检监察工作。

专业领域：行政法、监察法。